미주 한인사회의
독립운동가

김도형

국민대학교 국사학과 졸업하고, 동 대학원에서 문학석사·문학박사 학위를 받았다. 충남대학교·국민대학교·단국대학교·가천대학교·서경대학교·국제대학교에서 한국근현대사와 독립운동사 등을 강의하였다. 국민대학교 한국학연구소 상임연구위원, 하와이대학 한국학연구소 객원학자, 국가보훈처 독립유공자공적심사위원 등을 역임하였다. 독립기념관 연구위원을 정년 퇴직 하였으며, 문화재청 문화재전문위원으로 활동하고 있다.

주요 저서

『권승렬 평전』(2022)
『미주한인사회의 한국독립운동』(2021)
『일왕을 겨눈 독립투사 이봉창』(2011)
『일제의 한국농업정책사 연구』(2009)

표지 사진

- 한인비행가양성소 사진(USC, Korean American Digital Archive)
- 샌프란시스코의거 신문기사(『San Francisco Chronicle』 1908월 3월 24일)
- 한인경위대 신문기사(『New Korea』 1942월 4월 30일)

미주 한인사회의 독립운동가

김도형 지음

역사공간

책머리에

    2021년 스무 해 가까이 재직한 독립기념관을 정년퇴직하였다. 필자가 연구하였던 미주지역 독립운동사를 정리하여 작년 말 『미주한인사회의 한국독립운동』을 낸 데 이어 이번에는 미주에서 활동한 독립운동가들을 다룬 『미주 한인사회의 독립운동가』를 출간하게 되었다. 책을 내면서 새삼 너무나 부족하다고 생각된다. 그럼에도 불구하고 또 책을 내는 것은, 미주지역 독립운동사 연구에 조금이나마 도움이 되기를 바라는 작은 소망이 있기 때문이다.

    한국독립운동의 역사에서 미주지역은 그다지 주목을 받지 못했다. 그 이유는 국내와 멀리 떨어져 있고, 일제에 대항하여 직접적으로 독립투쟁을 벌이지 않았다고 보는 경향이 있기 때문일 것이다. 만주와 연해주는 격전지의 최전선인 데 비해, 미주는 후방의 지원부대와 같은 역할을 하던 곳이라고 인식하는 것 같다. 만주와 연해주에서는 생명을 바쳐서 독립운동을 했는데, 미주 본토와 하와이에서는 무슨 독립운동을 했는가라고 말하는 것이 이런 인식 때문이다. 이같은 선입견은 일반 대중들만이 아니라, 역사를 전공하는 학자들도 마찬가지이다.

    하지만, 필자는 단연코 그렇지 않았다고 말할 수 있다. 미주가 만주나 연해주보다는 생명을 담보로 하는 위험성이 높지 않았을지는 모른다. 그렇지만 1만 명에 불과한 미주의 한인들은 모두 먹고 자는 것을 제외하고, 자신이 가진 모든 것을 희생하여 비장한 각오로 독립운동에 참여한 것은 분명한 사실이다. 당시 미주 한인들이 발간하던 신문에는 매우 심한 인종차별을 당했다는 내용의 기사가 많이 보인다. 지금도 할리우드 스타인 한국계 배우가 동양인이라는 이유로 인종차별을 받는다고 언론에 보도되고 있다. 상상도 할 수 없을 정도의 엄청난 차별대우를 받으면서 10시간 이상의 힘든 노동을 하는 열악한 환경 속에서도 푼푼이 돈을 모아 독립운동자금으로 내어놓았던 것이다.

미주의 한인들은 고국을 떠나올 당시 자신의 나라가 있었지만, 사회적으로 경제적으로 안정되지 못한 상태에서 통한의 '망국'을 당하고 말았다. 국내에서 3·1운동이 일어나면서 미주에는 독립을 위한 활동들이 폭풍같이 한인사회를 휩쓸고 나아갔다. 해방이 되는 순간까지 재미 한인들은 조국의 독립을 위해 비장한 각오로 분투하였다. 미주지역이 우리 독립운동의 역사에서 중요한 의미를 가지게 되는 이유가 여기에 있다.

미주지역에서 전개된 독립운동은 다음 두 가지 특징에서 다른 지역의 독립운동과 차이가 있다. 하나는 특정 지도자의 절대적 지도력에 의해 조직된 단체가 중심이 되어 독립운동이 전개되었다는 점이다. 하와이에서는 이승만의 정치적 노선을 옹호하고 그의 지도하에 있는 동지회를 중심으로 독립운동이 전개되었다. 그리고 북미에서는 안창호의 지도 노선을 따르는 대한인국민회와 흥사단이 독립운동의 중추적 역할을 하였다. 이처럼 미주 독립운동은 이승만과 안창호라는 독립운동계의 두 거목의 지도력에 절대적으로 따르는 독립운동 단체와 세력이 있었다.

또 하나는 임시정부와 미주지역 독립운동 양자가 서로 밀접하게 연계되어 움직이고 있었다는 점이다. 대한인국민회를 비롯하여 동지회·흥사단, 1940년대 재미한족연합위원회까지 대부분의 미주 한인단체들은 임시정부를 옹호하고 지원하는 활동을 펼쳤다. 그렇기 때문에 미주지역 독립운동이 활기를 띠면 임시정부의 활동도 활발하게 전개되었고, 반대로 임시정부의 활동이 침잠되면 미주의 독립운동도 위축되었다.

위의 두 가지 특징을 보이는 미주 독립운동의 저변에는, 미주지역이 독립운동자금의 최대 공급지였다는 사실이 깔려 있다. 미주의 한인들은 "금전으로 싸우는 군인"이라고 할 정도로 독립운동자금 모집을 위한 활동에 온갖 정성을 쏟았다. 임시정부는 곧 미주 한인들의 꾸준한 자금지원에 의해 정부를 유지하고 명맥을 이어갈 수가 있었다.

미주의 대표적인 독립운동가로는 이승만과 안창호 두 사람만 널리 알려져 있다. 필자도 미주지역 독립운동사를 본격적으로 공부하기 전에는 두 사람 외에는 별로 알지 못했다. 미주 독립운동 공부가 깊어갈수록 독립운동 인물에 대한 연구의 중요성을 깨닫기 시작하였다. 모든 역사는 사람이 만들어가는 것이고, 독립운동도 사람이 하는 것이기 때문이다.

이 책은 미주지역에서 활동한 독립운동가에 대한 논문 10편을 수록하였다. 미주의 대표적인 독립운동가인 도산 안창호, 샌프란시스코의거의 주역 전명운, 『신한민보』 주필로 언론활동을 펼친 홍언, 대동보국회와 대한인국민회에서 독립운동을 한 문양목, 구미위원부와 하와이 국민회에서 활동한 김현구, 독립운동과 동포들을 위해 막대한 자금을 제공한 김형순, 윌로우스 한인비행가양성소를 창설한 노백린, 마지막으로 3·1독립선언서를 미주에 가져온 미국인 맥클래치 등에 대한 논문을 실었다. 이 책에 수록된 논문 가운데는 오래 전에 쓴 것도 있고, 최근에 발표한 논문도 있다. 그리고 학술지에

게재한 논문이 대부분이지만, 학술대회에서만 발표한 한 글도 있다.

　미주지역 독립운동가들에 대해 지속적으로 연구할 수 있었던 것은 필자가 근무하였던 독립기념관에 귀중한 자료가 소장되어 있었기 때문이다. 그리고 미국에서 귀한 자료를 제공해 주시고 또 도움을 주신 최영호·차만재 교수님, 김운하·이덕희·윤창희 등 여러 선생님께 감사를 드린다. 아무쪼록 이 책이 미주지역 독립운동 이해와 연구에 조금이나마 보탬이 될 수 있기를 긴절히 바란다. 마지막으로 3년째 계속되는 '코로나 19'로 모든 여건이 여의치 않음에도, 필자의 책을 출판해 준 역사공간 주혜숙 대표님께 감사드린다.

2022년 3월
천안 우거에서　김도형

차례

책머리에 4

1장 안창호의 미주 재류 시기 독립운동

1. 머리말	12
2. 1902~1907년 미주활동	14
3. 1911~1919년 미주활동	21
4. 1924~1926년 미주활동	41
5. 맺음말	53

2장 미주 한인 동포의 어머니, 이혜련

1. 머리말	56
2. 미국 이주와 생활	58
3. 도산의 독립운동 원조 활동	64
4. 가정 수호와 자녀 교육	72
5. 맺는말	79

3장 전명운의 샌프란시스코의거

1. 머리말	84
2. 국내에서의 활동	86
3. 하와이 이민과 미국 생활	90
4. 샌프란시스코의거의 결행	97
5. 의거 현장에 대한 의문점	112
6. 의거 이후의 활동과 생활	121
7. 맺음말	125

4장　홍언의 독립운동자금 모금활동

1. 머리말　128
2. 북미지역 독립운동자금 모금활동　130
3. 중남미지역 독립운동자금 모금활동　139
4. 독립운동자금 모금방법과 성과　150
5. 맺음말　158

5장　미주 한인사회를 개척한 지도자 문양목

1. 머리말　162
2. 국내활동과 하와이 이민　164
3. 샌프란시스코 의거와 문양목의 역할　169
4. 한인소년병학교와 대한인국민회 활동　176
5. 하와이 한인사회와 문양목의 역할　183
6. 3·1운동 이후 미본토에서의 활동　190
7. 맺음말　195

6장　북미·하와이의 독립운동가 김현구

1. 머리말　198
2. 미국유학과 한인소년병학교　201
3. 3·1운동의 발발과 독립운동 참여　207
4. 구미위원부 위원장 활동　212
5. 교민총단관 점령사건과 하와이 분쟁　227
6. 하와이 한인사회 통합운동　235
7. 맺음말　244

7장　김형순의 동포 지원활동

1. 머리말　248
2. 하와이 이주와 귀국　250
3. 김형제상회와 독립운동 지원　256
4. 해방 후의 국내 농포 원조활동　280
5. 맺음말　283

8장 윌로우스 한인비행가양성소와 노백린

1. 머리말 — 286
2. 비행가양성소의 설립 과정 — 288
3. 비행가양성소의 조직과 운영 — 301
4. 맺음말 — 320

9장 3·1독립선언서 국외 전파자 V. S. 맥클래치

1. 머리말 — 324
2. 서울 방문과 3·1운동 현장 목격 — 326
3. 3·1독립선언서의 국외 전달 — 334
4. 3·1운동에 대한 평가 및 견해 — 343
5. 미주 한인들과의 교류활동 — 347
6. 맺음말 — 353

10장 도산 안창호의 '여행권'과 독립운동

1. 머리말 — 356
2. 대한제국 발행 집조 — 358
3. 블라디보스토크 청국영사관 발급 호조 — 365
4. 멕시코 순행과 여행권 — 369
5. 필리핀 시찰 당시 중화민국 호조 — 374
6. 맺음말 — 382

참고문헌 384
원제목 및 게재지 396
찾아보기 398

1장

안창호의
미주 재류 시기 독립운동

1 머리말

　　미주지역 독립운동 지도자로는 안창호, 이승만, 박용만을 꼽을 수 있다. 이승만은 1904년 미국에 도착하여 박사학위를 취득한 후 1910년 10월 귀국하여 1년 반 정도 YMCA에서 교육과 전도활동을 하다가 1912년 3월 미국에 다시 건너왔다. 그리고는 줄곧 미국에서 활동하다가 중국에서 6개월 정도 체류한 것 외에는 거의 대부분을 미국에서 활동을 하다가 1945년 10월 귀국하였다. 박용만도 이승만이 미국으로 간 지 석 달 후인 1905년 2월 미국에 도착하여, 3·1운동 이후인 1919년 5월 블라디보스토크에 갈 때까지 미주에서 활동하였으며, 그 후 1928년 중국 베이징[北京]에서 암살당했다.

　　안창호의 아호 '도산(島山)'은 미국으로 유학갈 때 태평양 선상에서 하와이섬을 보고 지었다고 하며, 샌프란시스코에 있을 때부터 사용하였다고 한다. '도산'이라는 호와 같이, 운명적으로 안창호와 '미주'는 떼어 놓을 수 없는 관련을 맺고 있었다고 할 수 있다. 안창호는 1902년 25세라는 늦은 나이에 부부동반으로 미국유학의 길을 떠났다. 원래 학업을 목적으로 미국에 건너간 도산은 미주한인사회 초창시대부터 일반동포의 사정을 돌보며 사회조직 활동에 많은 시간을 쓰게 되면서 결국 학업의 목적은 포기되었다. 그러다가 몰락일로로 기울어져 가는 조국의 장래를 위하여 헌신할 각오를 가지고 1907년 고국으로 귀환을 하게 되었다. 국내에서 청년학우회와 비밀결사 신민회를 통해 국권회복운동을 펼치다가 결국은 일제의 국권 침탈을 막지 못하고 다시 국외로 망명하게 되었다.

　　중국으로 망명한 안창호는 러시아 연해주와 북만주지역에서 독립운동기지를 개척하려다가 실패하고 1911년 9월 두 번째로 미국에 건너오게 되었다. 미국에서는 대한인국민회를 해외한인의 중심기관 역할을 수행할 수 있도록 하였으며, 미주 동포들의 대동단결과 실력 배양을 위해 각지를 순방하였다. 그러다가 국내에서 3·1운동이 일어난 후 중국으로 가서 각지의 임시정부를 통합하여 실질적으로 정부로서 역할을 수행할 수 있게 하였다. 그리고 임시정부를 독립운동을 최고기관으로 만들기 위해 각종 제도를 정비하고 각지의 독립운동 세력을 대한민국임시정부 산하로 들어오게 하였다. 국내외의 모든 독립운동 세력을 통합하기 위해 국민대표회의를 개최하였으나 이념과 노선에 따라 각기 산회되고 말았다.

국민대표회의가 끝난 이후 도산은 이상촌 건설을 통한 독립운동 근거지를 만들고자 하였으며, 독립운동 단체의 통합한 대독립당을 성립시키고자 하였다. 이같은 활동을 하기 위해 미주지역 동포들의 재정적 지원을 위해 1924년 12월 3차로 미국에 가게 되었다. 도산은 미주 각지의 동포들을 순방하였으며 특히, 서부와 동부의 한인 지도자 및 유학생들과 독립운동의 방략과 전도에 대해 깊이 있는 논의를 하였다. 그 후 1926년 3월 다시 중국으로 돌아가 이상촌 건설과 대독립당 건설을 위해 활동하다가 1932년 윤봉길의 홍커우[虹口]공원 의거 때 일제에 체포되어 국내로 이송되었다.

이처럼 안창호는 세 차례에 걸쳐 미주에서 활동하였다. 첫 번째는 1902년 10월부터 1907년 1월까지(4년 3개월), 두 번째는 1911년 9월부터 1919년 4월까지(7년 7개월), 세 번째는 1924년 12월부터 1926년 2월까지(1년 2개월)이다. 그는 세 번에 걸쳐 모두 13년 정도를 미주에서 활동하였다. 안창호 자신도 1924년 12월 제3차로 미주에 갔을 때, 한 연설에서 "나는 나의 제2고향인 미주에 다시 와서 여러분을 대할 때에 그 기쁜 것이 다만 형식이 아니고 진정한 기쁨이 있습니다"라고 하였다. 그래서, '도산'이라고 하면 '미주'를 떠올리게 된다. 그렇지만 기존의 연구에서는 그가 미주에서 활동상에 대해 소략하게 평가되고 있다. 따라서 필자는 안창호의 미주에서의 구체적인 활동상을 중심으로 독립운동에 기여한 측면을 중심으로 살펴보고자 한다.

2 1902~1907년 미주활동

　　안창호는 평양에서 서울에 올라와 미국 북장로회 소속의 밀러 학당을 마친 후, 밀러의 소개로 미국으로 유학을 가게 되었다. 미국으로 가기 위해 서울로 올라 온 안창호는 계속 언더우드 학당에서 공부하고 있었다. 그리고 유학을 가기 전에 결혼식을 올리는 것이 좋겠다 하여 김윤오의 주선으로, 인천에서 배를 타기 전날 서울 제중원에서 밀러 목사의 주례로 결혼식을 올렸다. 1902년 9월 안창호는 신부 이혜련과 미국에 가 있는 장경의 부인과 딸을 대동하고 태평양을 건넜다. 그의 나이 25세, 부인의 나이 19세였다.

　　도산이 미국유학을 결심하게 된 것은 교육학을 전공하여 교육자가 되겠다는 청운의 뜻을 품고 1903년 10월 14일 미국 샌프란시스코에 도착하였다.[1] 나중에 수양동우회 사건으로 다시 일제에 잡혔을 때 예심조서에서, 미국 유학을 간 목적이 무엇인가를 물었다. 이에 안창호는 "미국에서 교육학을 연구하고 돌아와 국내에서 교육사업에 종사하려는 생각과 기독교의 오의(奧義)를 연구하려고 도미하였던 것이다"라고 대답하였다.[2]

　　필자는 안창호와 그의 부인이 미국 유학을 가는 과정에 대해 그가 사용한 여행권(執照)을 분석한 바 있다.[3] 도산과 그의 부인은 캐나다 밴쿠버를 경유하여 1902년 10월 7일 시애틀을 거쳐 14일에 샌프란시스코 이민국을 통해 미국에 입국하였다. 샌프란시스코에 도착한 안창호는 의사인 드류(A. D.

---

[1] 주요한 편, 『안도산전서』 상, 삼중당, 1963, 34쪽.
[2] 「安昌浩訊問詔書」, 『도산안창호전집』 9, 2000, 168쪽; 박현환 편, 『續篇 島山 安昌浩』, 삼협문화사, 1954, 79쪽.
[3] 김도형, 「도산 안창호의 '여행권'을 통해 본 독립운동 행적」, 『한국독립운동사연구』 52, 2015, 37~40쪽 참조.

Drew) 박사의 집에서 숙식을 하고 있었다.[4] 드류 박사는 한국에서부터 잘 아는 사이였는데, 샌프란시스코 거리에서 우연히 만나게 되었던 것이다. 도산은 드류 박사의 집에서 어학을 준비하기 위하여 공립소학교에 다녔다. 그러나 '기특한 한국 노학생'이라는 신문기사가 난 후, 이 학교는 18세 이상은 절대로 입학을 허가하지 않기 때문에 퇴학을 당하게 되었다. 간신히 입학했던 것을 신문 기사로 인하여 그만 퇴교 처분을 당하게 되었던 것이다. 공부를 계속해야 하였지만 입학을 허가하는 학교는 없었다. 그러다가 세 번째 학교에서는 비로소 그를 받아주었다. 도산이 소학교에 입학하려고 한 이유는, 소학교·중학교·대학교 단계별로 미국의 학교 공부를 해보자는 생각을 가지고 있었기 때문이었다. 다시 말해 미국의 교육과정을 직접 체험해 보고 상세하게 연구하여 조국에 돌아가 그 장점을 적용하고자 하였던 것이다.[5]

안창호가 처음 샌프란시스코에 도착할 당시에는 20여 명의 한인들이 살고 있었다. 인삼장수가 10여 명, 고학을 목적으로 미국에 온 학생들이 10여 명이 있었다. 도산과 같은 목적으로 유학을 온 이강·정재관·김성무 등의 학생들은 그후 그의 충실한 동지가 되었다. 한인의 미본토 상륙에 대한 기록은 샌프란시스코항에 들어온 한인들의 명단을 통해서 확인된다.[6] 「샌프란시스코 항구 도착 통계표」에 따르면 1894년 1월부터 1895년 9월까지 9명의 한인들이 입항한 것으로 되어 있는데, 학생과 요리사 각 1명을 제외하고 나머지 모두 상인으로 기록되어 있다. 또 1896년 3월 4일부터 1898년 10월 2일까지 32명 가운데도 상인이 9명, 약종상이 6명, 인삼상이 1명으로 되어 있다. '동해수부(東海水夫)'라는 필명을 가지고 오랫동안 신한민보 주필을 역

---

4 『San Francisco Chronicle』, 1902년 12월 /일사, 「Corea The Sleeping Land, Its Queer People Strange Customs and coming Awakening」.
5 주요한 편, 『안도산전서』 상, 42쪽.
6 성백걸, 『샌프란시스코의 한인과 교회』, 상항한국인연합감리교회100년사편찬위원회, 2003, 713~719쪽 참조.

임한 홍언(洪焉)이 기록한 「국민회 략사」에 의하면, "건양 년간(1895)에 소수 한인 인삼 장사들이 샌프란시스코와 뉴욕에 내왕하였다"고 한다.[7] 초기 미국에 온 한인들 가운데 상인과 약종상은 대부분 '고려인삼상인'이었다.

    샌프란시스코에서 안창호의 동포 생활 개선 활동에 대해서는 잘 알려져 있지만, 간략하게 소개하고자 한다. 미국의 한인 인삼상인들이 각 지방에 인삼을 팔러 나갔다가 돌아오면 술을 마시고 서로 싸우는 것이 일과처럼 되었다. 인삼장수들은 대부분 상투를 틀고 있어 학생들은 그들을 '상투'라고 깔보았고, 학생들은 머리를 깎았기 때문에 '깍아대기'라고 놀렸다.[8] 도산이 샌프란시스코에 상륙한 지 얼마 안되는 어느 날, 길에서 두 사람이 서로 상투를 붙잡고 싸우는 것을 백인들이 재미있게 구경을 하고 있었다. 싸움을 말리고 그 연유를 물어 보니, 그들은 물론 가게를 가진 일이 없고 행상으로 장사를 하는 데 장사하는 구역을 침범했다는 것이다. 그래서 그는 샌프란시스코에 사는 한인들의 생활을 샅샅이 조사해 보니, 그들의 생활 상태가 백인이 보기에 국민의 체면을 유지할 수 없음을 발견하였다. 도산은 미국 사람들이 한국인을 야만인으로 취급하여 한국은 독립할 자격이 없다고 볼 것임 틀림이 없다고 보았다. 그래서 이곳의 한인들을 잘 지도하여 모범이 되게 하여야만 한국이 독립할만한 자격이 있다는 것을 세계에 알릴 수가 있다고 판단하였다. 어쩔 수 없이 미국 유학의 목적을 중단하게 되었다. 이강·정재관·김성무 등에게는 "공부도 해야겠지마는 이왕 늦은 공부니 한 삼년 더 늦어도 큰 일없소. 우선 시급한 노동 주선과 생활 지도의 일을 해야 하겠소"라고 하였다. 동지들은 노동을 하여 도산의 생활비를 대기로 하고, 이 일에 전력을 하도록 하였다.[9]

---

[7]   동해수부, 「국민회 략사」 『신한민보』 1944년 2월 10일자.
[8]   주요한 편, 『안도산전서』 상, 42쪽.
[9]   주요한 편, 『안도산전서』 상, 43쪽.

안창호는 그날 이후 빗자루를 들고 동포들이 거처하는 집 안팎을 쓸었다. 유리창의 먼지를 닦고, 철사와 천을 사다가 커튼을 달았으며, 창문과 문 앞에 화분을 놓고 꽃씨를 심었다. 동포들은 처음 의심도 하고 거절도 하였으나 나중에는 믿고 환영하였다. 방안을 정돈하고 냄새나는 것을 쓸고 닦았다. 주방과 변소까지 도산의 손이 갔다. 얼마 안가서 동포들의 생활은 면목을 일신하게 되었다. 한인들이 미국인에게 불쾌하게 하면, 우리 민족 전체를 불쾌하게 생각할 것이 아니냐며 권고하였다. 동포들은 도산을 신임하게 되어 어려운 일이 있으면 의논하러 찾고, 음식을 만들고 초대하게 되었다. 비를 들고 변소를 치는 도산은 어느덧 동포들의 지도자가 되었다.

안창호는 인삼장수들을 달래서 행상구역을 서로 공평하게 정하고 한 달에 한 번씩 구역을 바꾸며, 판매가를 협정하여 싸게 파는 것을 방지하게 하였다. 나중에는 계를 만들어 인삼 사고 파는 것을 협동적으로 하여 신용을 세우고 이익을 보장하게 하였다.

안창호는 만 1년 동안 이 일을 하였다. 그랬더니 집을 세놓는 미국 기업가들 눈에서 한인들의 생활에 커다란 변화가 있다는 것을 알게 되었다. 집주인들은 자기 집에 세 든 한인의 집세를 1년에 열 한 달치만 받기로 하고, 한인들의 모임을 위한 회관을 무료로 제공하였다. 도산은 샌프란시스코 동포들을 위해 '친목회'를 1903년 9월 23일 결성되었는데, 미주 최초의 한인 단체라고 할 수가 있다. 친목회는 원래 자연적인 동질감 속에서 주로 어려운 환경 가운데 조직되기 마련인데, 당시 조직된 친목회는 한인들 간의 단결을 도모하고 상호이익을 증진시키기 위한 것이었다. 친목회 회장에는 안창호가, 발기인에는 박성겸·이대위·김성무·박영순·장경·김찬일·김병모·전동삼·박승지 등이었다.

그런데 로스앤젤레스에서 새로운 일자리가 생기면서 샌프란시스코의 한인들도 그리로 이주하는 사람들이 늘었다. 안창호는 1904년 3월 23일 샌프란시스코에서 기차를 타고 로스앤젤레스 근방 리버사이드로 갔다.[10] 그는 개인가정의 고용인으로 생활비를 벌고, 그의 아내는 중국인이 설립한 학교에 다니게 하였다. 그리고 이강·임준기 두 사람에게는 노동주선을 맡겼다. 이강과 임준기가 세운 노동주선소는 처음 8명으로 시작하였으나 금방 18명으로 늘어났다. 리버사이드에서 동포들을 위한 사업을 할 당시 안창호는 늘 입버릇처럼, 미국의 과수원에서 귤 한 개를 정성껏 따는 것이 나라를 위하는 것이라고 하였다. 오렌지 농장에서 노동을 하던 동포들이 이를 그대로 실천하게 되면서, 과수원 주인들을 비롯한 미국인들은 한인들을 신용하게 되었던 것이다.

리버사이드 한인 캠프에 참여하는 동포들이 늘어나자, 도산은 집을 따로 얻어 야학을 하자고 하였다. 그래서 리버사이드에서 18명의 한인 노동자들이 모여 공립협회를 조직하게 되었다.[11] 하와이 한인노동자들이 미본토로 이주해 오자, 조직의 확대 필요성을 느껴 교육지도와 취업알선을 목적으로 1904년 리버사이드에 공립협회를 조직하였다. 그러나 이때의 공립협회는 친목회의 연장적 성격으로 조직체계도 제대로 갖추지 못하였다. 이 당시의 공립협회는 야학을 설치하고 영어·성경·역사·지리 등을 교수하는 등 구국계몽을 위한 활동을 전개하였다. 노동도 능숙해지고 신용도 두터워지면서, 먼 곳에 있는 동포들이 모여 들었다. 공립협회에서는 경찰을 두기로 하고 적극적으로 생활지도에 힘쓰게 되었다. 공립협회의 자치 생활이 자리 잡히고 경제적 토대도 점차 안정되자 회원들은 힘과 자신을 얻게 되었다. 동지들은 도산을 더 큰 일을 할 수 있게 다섯 사람이 버는 몫을 떼어 활동자금으로 제공하겠다고 강권하였다. 그와 같은 간곡한 청을 받아들여 샌프란시스코로 가게 되었다.

샌프란시스코에서 1905년 4월 5일 정식으로 공립협회를 성립시키고, 초

---

10   장태한·캐롤박 지음, 장태한·윤지아 옮김, 『미주한인사』, 고려대학교 출판문화원, 2019, 68쪽.
11   주요한 편, 『안도산전서』 상, 48쪽.

대 회장으로 선출되었다. 제2대 회장에 송석준, 제3대 회장에 정재관이 추대되었다. 그리고 앞서 도산이 조직했던 상항 친목회는 공립협회에 흡수되었고 사업 목적에 상부상조와 조국광복이 추가되었다. 퍼시픽가 3층 집을 사서 그해 11월 14일 회관을 설립하고, 20일부터 『공립신보』를 발행하였다.

공립관을 설치하면서 거점을 확보한 공립협회는 미본토내의 지회 설립에 착수하였다. 1905년 12월 26일 레드랜드 지방회를 설립하였고, 유타주의 솔트레이크시티 지방회, 락스프링스 지방회, 새크라멘토 지방회, 프레즈노 지방회, 핸포드 지방회 등 캘리포니아주를 중심으로 한 미주 서해안 일대에 지방회를 조직하였다.

1905년 11월 일제가 우리나라의 주권을 박탈하기 위한 을사늑약을 체결하자, 공립협회는 국권회복을 위한 다양한 운동을 전개하고자 하였다. 공립협회는 다양한 국권회복방략으로 통일연합기관을 설치하고자 하였다. 국내를 비롯하여 한인이 거주하는 모든 지역에 독립운동을 담당할 기관을 설치하고, 이를 다시 하나로 통일한 후 독립전쟁을 수행하자는 것이었다. 통일연합기관의 설치는 먼저 국내와 연계를 맺어야 한다는 견해로 집약되었다. 1907년 1월 초순 캘리포니아 리버사이드에서 공립협회의 중견간부인 안창호·이강·임준기·신달윤·박영순·이재수 등이 미국에 본부를 두고 국내에 통일연합기관의 일환인 '신민회'를 설립할 것을 논의하였다. 그리하여 안창호를 전권위원으로 임명하였다. 안창호는 1907년 1월 8일 샌프란시스코를 출발하여 도릭호 편으로 국내에 파견되었다.[12] 공립협회는 정미의병전쟁을 독립전쟁의 최적기로 파악하고, 중견인물들을 파견하여 신민회 결성을 적극 후원하였다.[13]

---

12 『공립신보』1907년 1월 12일자, 「安氏歸國」.
13 김도훈, 「공립협회(1905~1909)의 민족운동 연구」, 『한국민족운동사연구』 4, 지식산업사, 1989 참조.

안창호는 누란의 위기에서 놓여 있는 조국을 구하기 위해 국내로 가게 되었던 것이다. 제1차 미주생활 4년 3개월 동안에 원래 계획했던 학업은 하지 못하고, 이민으로 가서 있는 동포들을 조직·훈련하는 데 모든 정력을 빼앗겼다. 제1차 미주활동에서 도산이 학업에 조금 더 많은 시간을 투입할 수 있었으면, 향후 그의 민족 혁명사업에 확실히 도움이 되었을 것만은 분명하다. 어쨌든 조직·훈련할 만한 자료가 눈앞에 있는데, 공부만 열중할 수 없음이 그의 천성이었던 모양이다.[14]

1907년 고국에 돌아온 도산은 무너져가는 조국을 구하고자 하는 일념으로 엄청난 시련을 견디고 활동을 시작하였다. 『안도산전서』에서도 이 기간은 3년 미만의 짧은 시일이었으나, "도산 일생중 최고의 3년간이라고 칭할 만하다"고 평가하고 있다.[15] 왜냐하면 당시의 쟁쟁한 지사들과 더불어 정치적 비밀결사인 신민회를 조직하여 국권을 회복하려고 하였으며, 표면사업으로 대성학교·청년학우회·태극서관·실업회사 등을 세워 교육·언론·산업 등 각 방면에서 민족을 구하려고 하였기 때문이다.

국내에 들어가 국권을 회복시키기 위해 청년학우회 비밀결사 신민회를 창설하는 등 쓰러져 가는 국권을 지키기 위해 다방면에서 노력을 하였지만, 1910년 봄 다시 국내를 떠나 해외로 망명하지 않을 수가 없었다. 기우는 조국의 운명을 건져 보려고 본국 땅을 다시 밟은 지 만 2년 반 만에 망명의 길을 떠났다. 일단 중국 칭타오[青島]에서 이갑 등 동지들과 협의를 한 끝에, 북만주에 장차 독립운동 근거지를 만들어 영농과 군사양성을 병행하기로 하였다. 도산은 노령 블라디보스토크로 갔다가 북만주로 가서 독립운동 근거지를 세우려고 계획하였으나 필요한 자금을 마련할 수가 없었다. 부득이 동지들과 작별하고 유럽을 횡단하여 대서양을 배로 건너 가족들이 있는 미국으로 갔다.

---

14   주요한 편, 『안도산전서』 상, 40쪽.
15   주요한 편, 『안도산전서』 상, 55쪽.

3 1911~1919년 미주활동

　　북만주와 연해주 일대를 돌아다니며 독립운동을 모색하던 안창호는 7개월 가량 활동하다가 러시아의 수도 상트 페테르스부르크로 향하였고, 그곳에서 이갑과 작별하고 1911년 8월 독일의 베를린에 잠시 머문 후 영국 런던으로 갔다. 이광수가 쓴 『도산 안창호』에는 "한국 신민(臣民)이라는 옛날 여행권은 가끔 말썽을 일으켰다. 더구나 일본과는 동맹국이던 영국에서는 '일본신민'이라고 선언하기를 요구하였으나 정치망명가라는 것으로 무사히 통과되었다"고 한다.[16]

　　안창호는 영국 글래스고(Glasgow)에서 1911년 8월 26일 9,400톤급의 칼레도니아(Caledonia)를 타고, 9월 3일 미국 뉴욕항에 도착하였다.[17] 뉴욕항에 입항한 이민자들의 자료를 정리한 엘리스재단(Ellis Island Foundation)의 자료에 의하면, 안창호는 'Ho An Chang'이라는 이름으로 1911년 9월 3일 뉴욕항에 입항한 것으로 기록되어 있다. 그의 입국서류에는 33세, 국적란에 'Korea'라고 기재되어 있으며, 직업란에는 교육가(school manager), 최종목적지는 캘리포니아 리버사이드로 적혀 있다.[18] 국적을 'Korea'라고 한 점은 도산이 대한제국의 집조를 보여주었지만 더 이상 존재하지 않는 나라의 여행권이기 때문에 '무여행권(without passport)'으로 처리되지 않았나 추측된다.

16　이광수, 『도산 안창호』, 도산안창호선생기념사업회, 1947, 96쪽.
17　박재섭·김형찬 편저, 『나의 사랑 혜련에게』, 小花, 1999, 65쪽.
18　안창호의 뉴욕항 입항기록은 엘리스재단에서 인턴으로 근무하였던 금교혁에 의해 발굴되어 소개되었고(『연합뉴스』 2009년 10월 22일자 참조), 그 원본은 흥사단 미주 위원장 윤창희 변호사가 필자에게 제공해 주었다. 지면을 빌어 감사드린다.

1) 흥사단 결성 및 북미실업회사 운영

1907년 미국에서 나라를 구하려고 조국에 들어갔다가, 목적을 달성하지 못하고 4년 8개월 만에 가족과 동지들이 있는 로스앤젤레스에 도착하였다. 도산의 제2차 미주활동은 1911년부터 1919년 국내에서 3·1운동이 일어나면서 중국 상하이[上海]로 갈 때까지 7년 7개월 간 재미동포들의 조직·훈련과 권익옹호, 실력양성에 모든 열정을 쏟았다. 그가 미국에 도착하여 제일 처음 한 일은 러시아의 수도 상트 페테르스부르크의 병석에 있는 동지 이갑에게 치료비와 미국으로 건널 올 수 있는 여비를 보내는 일이었다. 부인 이혜련이 삯바느질과 세탁으로 푼푼이 저축한 것을 합쳐서 미화 300달러를 보냈다. 이갑을 미주 대한인국민회의 기관지『신한민보』주필로 초빙하기 위하여 여비를 보냈다. 이갑이 도산의 도움을 받아 뉴욕항에 들어왔던 기록은 현재 미국 이민국 소장자료에서도 확인이 된다.[19] 이갑은 1912년 4월 13일 독일 함부르크에서 프레토리아(S. S. Pretoria)를 타고 4월 29일에 뉴욕항에 도착하였다. 「미국 도착항의 이민국에 대한 외국인 승객의 리스트 혹은 명단(List of manifest of Alien Passengers for the United States Immigration Officer at Port of Arrival)」에 따르면, 이갑은 김국범(Kim Koku Bum)과 함께 미국으로 왔다. 이갑의 나이는 35세, 국적은 '한국(Korea)', 민족은 '한국인(Korean)' 아버지는 '이정', 마지막 출발지는 서울, 도착지는 캘리포니아 샌프란시스코, 건강상태는 '양호(good)'라고 기재되어 있다. 그런데 이민국 신체검사에서 탈락하여 이민국 병원에 입원(In Hospital), 그리고 퇴원(Discharge)한 기록이 있고, 미국에 입국하지 못하였다. 이갑은 미국 뉴욕항에 도착하였으나 중한 병자라고 상륙이 거부되었던 것이다.

---

19   이갑의 뉴욕항 입항 기록도 원본은 흥사단 미주 위원장 윤창희 변호사가 필자에게 제공해 주었다.

안창호는 1911년 9월 미국으로 오면서 곧 하상옥·정도원·강영소[20] 세 청년을 데리고 '동맹수련' 운동을 시작함과 동시에 홍사단 창립을 준비하였다. 그는 국내에서 탈출하여 중국으로 망명하여 다시 블라디보스토크로 갔을 때, 밀산에 독립운동 근거지를 세우고자 계획을 하였다. 그런데 이 계획은 처음부터 이종호가 자금을 투자하기로 하였으나 그가 이를 거부하게 되면서 크게 실망하였다. 이렇게 실패한 이유가 근본적으로 민족성이 잘못된 탓이라고 보았다. 그는 블라디보스토크에서 이강에서 실패를 하지 않으려면 민족성 개량을 먼저 해야만 한다고 하고, 다시 미국으로 돌아가서는 민족성 개량운동의 단체로 '홍사단'을 조직해야 한다고 하였다. 도산의 홍사단 조직 계획은 블라디보스토크에서부터 배태되었다고 할 수 있다.[21]

안창호는 1913년 5월 13일 샌프란시스코에서 정식으로 홍사단 발기회를 개최하고, 전국 8도의 대표를 골라 창립위원으로 삼았다. 홍사단의 약법에 의하면, 그 목적은 "무실·역행으로 생명을 삼는 충의 남녀를 단합하여 정의를 돈수하고, 덕·체·지 삼육을 동맹 수련하여 건전한 인격을 작성하고 신성한 단결을 조성하여 우리 민족 전도 대업의 기초를 준비함에 있음"이라고 하였다. 도산이 홍사단을 창립할 때, '단원'을 가리켜 '단우'라 하였는데, 이는 단원 모두가 '동지'로서 평등함을 나타내려고 한 것이라고 할 수 있다. 홍사단에 들어가고자 하는 사람은 엄격한 문답을 행하고 입단식을 거행하였다. 예비단우로 6개월 이상 의무에 각근한 단우를 다시 문답식과 서약례를 거쳐 통상단우의 자격을 주었다. 미주 홍사단은 샌프란시스코의 강영소 집에서 창립되었으나 단소를 로스앤젤레스 벙커 힐로 정하였고, 피규로아 거리로 옮겼다가, 1935년 사우스 카탈리나 거리에 땅을 사고 집을 지었다.

도산이 홍사단을 창립한 이유는 이를 통해 장래의 민족운동 지도자를 양

---

20 박현환 편, 『續篇 島山 安昌浩』, 三協文化社, 1954, 156~157쪽.
21 주요한 편, 『안도산전서』 상, 118~119쪽.

성함으로써 '민족의 전도 대업'의 기초를 준비하는 원대한 계획을 갖고 있었기 때문이다. 홍사단 결성과 더불어 안창호는 경제운동을 주장하였다. 민족운동을 하는 데도 개인생활을 하는 데도 물질이 필요하기 때문이다. 그래서 착안한 것이 북미실업주식회사였는데 한 주에 50달러씩으로 하고 주주는 멕시코에 있던 동포까지 합해서 1천명에 달하였다. 그래서 회사는 6만 달러를 모아 벼농사를 시작해서 상당한 자금을 마련하였다.[22] 당시 캘리포니아주에는 벼농사가 별로 없었는데, 도산이 북미실업주식회사를 설립하여 벼농사를 집단적으로 시작하였다.

북미실업회사에서는 월로우스 벼농사에 3만 달러를 투자하였다가 실패로 손해를 보았고, 귤밭을 매수하여 농작하는 것이 있었고, 김홍균 공농사에 1,500달러를 대여하였다가 그도 농사에 실패하여 채무를 상환하지 못하였다.[23] 그리고 나중에 상하이에서의 폭탄사건으로 프랑스 조계 경찰이 부상을 당해 이에 대한 위자료를 지불하게 되었다.

2) 대한인국민회에서의 활동

안창호는 제2차 미주활동을 시작하면서 다시 노동에 종사하였으나 동지들의 권고로 동포들의 지도사업에 나설 수밖에 없었다. 당시 미주에는 도산이 조직한 '공립협회'와 하와이의 '한인합성협회'가 통합하여 1909년 2월 '국민회'가 되었으며, 1910년 2월 대동보국회가 합쳐지면서 대한인국민회가 결성되었다. 대한인국민회로 정착된 이후 만주 한인사회 및 러시아 시베리아·연해주 일대의 한인사회를 통할할 목적으로, 1911년 10월 시베리아지방총회, 1912년 2월 만주지방총회 그리고 그해 10월 수청

---

22 박현환 편, 『續篇 島山 安昌浩』, 159쪽.
23 곽림대, 『안도산』, 1968, 79쪽(『도산안창호전집』 11, 2000, 656쪽).

지방총회를 설치하였다. 대한인국민회는 미주뿐만 아니라 한인이 거주하는 모든 곳에 지방회가 설립되면서 명실공히 해외한인의 최고기관이었다.

1909년 국민회가 성립되면서 「국민회 장정」 제2장에 '중앙총회'를 두기로 하였다. 그러나 당시 중앙총회를 둘 수가 없어 북미지방총회가 대리케 하였다. 그러다가 1910년 9월 국민국가 건설 움직임을 본격화하면서 새로운 국민국가를 대신할 중앙총회 설립을 재차 촉구하고 나섰다.

> **미주에 있는 동포는 국가에 대한 세납이 의무를 대신하여 사회에 공헌하기로 의론이 일치하며, 하와이에 있는 동포는 국민회의 중앙기관을 속히 설립하기로 제의가 되어 유지제공의 의견이 일치하니 이로써 보건대 대한인국민회는 국가인민을 대표하는 총기관이 확연히 되었도다.[24]**

『신한민보』 1910년 10월 5일자 「대한인의 자치기관」이라는 제목의 논설에서, 하와이지방총회와 북미지방총회가 의론을 정하고 우선 대표원을 뽑기로 하여 하와이 대표원은 한재명·윤병구·김성권을 피선하였다.[25] 경술국치로 인해 나라도 없고 정부도 없어진 현재에 미주에 있는 한인들의 실제적인 정부적 기관으로서의 역할을 대한인국민회가 담당하여야만 한다고 하였다. 이를 위해서는 중앙총회는 다음과 같이 임시정부로서의 역할을 수행하여야만 한다.

> 一. **중앙총회는 대한국민을 총히 대표하여 공법상에 허한 바 가정부의 자격을 의방하여 법립·행정·사법의 3대 기관을 두어 완전히 자치제도를 행할 일.**
>
> 一. **내외국인이 신앙할만한 명에 있는 이를 받들어 총재를 삼아 중대사건을 고문**

---

24 『신한민보』 1910년 10월 5일자 「대한인의 자치기관」.
25 『신한민보』 1910년 9월 28일자, 「중앙총회 대표원」.

케 할 일.

一. 회원과 안임을 물론하고 각국 각지에 있는 대한국민에게 그 지방 생활정도를 따라 얼마씩 의무금을 정하여 전체 세일세출을 정관할 일.
一. 일체의 회원은 병역의 의무를 담임할 일(다만 연령을 따라).[26]

위와 같이 대한인국민회의 중앙총회가 임시정부로서의 입법·사법·행정권을 장악하고 해외에 있는 한인들의 임시정부로서의 역할을 수행하여야만 한다는 것이다. 다시 말해, 대한인국민회를 국가인민을 대표하는 총기관인 임시정부로 설립하고 입법·사법·행정 등 3권 분립에 의한 자치제도 실시와 병역·납세의무를 규정하였다. 이는 대한제국 멸망을 공식화하고 국내·외를 막론한 한인 최초의 국민국가에 바탕한 임시정부 건설을 제창하는 혁명적인 선언이었다.

미주에 있는 한인들이 주도가 되어 '유형의 정부'를 만들고 '무형의 국가'를 건설하고자 하였던 것이다. 먼저 한인들이 있는 곳에 대표자를 선출하고 이들이 헌장을 만들고, 다시 제도를 만드는 한인의 자치기관을 만들어 자치제도를 실행하여 정식 법률로서 기관을 만들자는 것이다.[27] 이는 곧 북미와 하와이의 한인들이 새로운 정치적 조직체를 성립시키는 이유는 "우리가 나라를 잃고 정부가 없어 2천만 인민이 낱낱이 허여졌으니 우리가 만일 아주 망하고 말고저 하면 그만 두려니와 만일 국가를 다시 세워 완전한 독립국 백성이 되고저 하면 마땅히 그 터를 닦아야"[28]하기 때문이라고 하였다. 그러나 일제가 강점하고 있어 국내에서의 정치적 조직의 결성을 불가능하기 때문에 해외에 있는 한인들에 의해 정치적 기관을 성립시킬 수 없다는 것이다. 즉,

---

26 위와 같음.
27 이관영, 「조선민족의 정치기관을 두어야 할 일」, 『신한민보』 1911년 4월 19일자.
28 『신한민보』 1911년 5월 17일자, 「정치적 조직의 계획」.

> 만일 오늘날 우리가 나랏 집이 무너지지 않고 정부가 성하여 있으면 하필 우리가 내지에 있으나 바다밖에 있으나 정치적 조직을 의론할 바 있으리요만은 오늘날 당하여는 국가도 없고 정부도 없고 다만 국민만 남아 있어 허여진 백성이 이리 몰리고 저리 몰려 … 정치학 가운데 국가라 일컫는 것을 상고하여 보면 국가는 결단코 야만시대에 부르는 바 아니요. 반드시 개화하고 개명한 백성이 가지는 물건이니 이는 완전한 정치제도로 조직하여 권리와 의무로 성립한 것이라.[29]

북미와 하와이에서는 대한인국민회의 중앙총회를 명실상부한 정부기관으로 성립시키고자 하였다. 「국민회장정」 제2장에 중앙총회의 두고 있었지만, 총회장만 선출하였을 뿐 실질적인 역할을 수행하지 못하고 있었다.

> 첫째, 외국에 나온 조선민족을 마땅히 무형한 국가와 무형한 정부앞에 통합할 일.
> 둘째, 완전한 헌법을 정하여 일반 한인이 법률상 공민이 될 일.
> 셋째, 사람마다 의무를 담당하고 권리를 이용하게 할 일.
> 넷째, 정치적 구역을 나누어 행정기관이 효력을 얻게 할 일.
> 다섯째, 중앙총회로 권리를 모아 법률을 의지하여 호령이 실행케 할 일.[30]

정치적 조직체는, 대한인국민회 중앙총회를 정치적 조직인 '무형의 정부'로 개편하자는 논의는 1911년 8월 정식으로 중앙총회가 조직되게 되었다.

안창호는 미국에 도착 이후 샌프란시스코 순행위원으로 1911년 11월 23일부터 12월 4일까지 지방회가 설립된 각지에 특파되었다. 그리고 북미지방총회 대의회에 참석하여 총회세칙 기초위원으로 선출되었다. 대한인국민회가 성립된 지 3년이 지난 1912년 11월 8일 샌프란시스코에서 정식으

---

29 『신한민보』 1911년 5월 3일자, 「정치적 조직에 대하여 두 번째 언론」.
30 『신한민보』 1911년 5월 17일자, 「정치적 조직의 계획」.

로 중앙총회 제1차 의회를 개최하게 되었다. 도산은 중앙총회대의원 의회에서 북미지방총회 대표로 중앙총회장 선거에 출마하였다. 그러나 총회장에는 하와이지방총회 대표인 윤병구가, 부회장에는 황사용이 선출되었다. 그리고 중앙총회 제1차 대표원회의에서는 우선 「대한인국민회 장정」을 수정하여 「헌장」 76조목을 제정하였으며, 이때 도산은 박용만·박상하와 함께 헌장 수정위원으로 선출되었다.[31] 중앙총회가 「대한인국민회 헌장」을 사용한 지 2개월이 지난 1913년 2월 1일 하와이 지방총회에서는 총 6장 155개조의 「대한인국민회 하와이지방총회 자치규정」을 제정하였다.[32]

대한인국민회 중앙총회가 정부로서의 기능은 다만 미주지역 한인사회에만 국한되는 것이 아니었다. 미국정부로부터도 한인의 자치권을 인정받게 되었다. 북미지방총회가 1913년 6월 미주 한인들이 일본인으로 오인되어 축출당한 이른바 '헤밋사건'을 계기로 미국 국무장관에게 한국인과 일본인의 분별 대우를 요청하자 국무장관은 이를 인정하였다.[33] 미국정부는 미주에 있는 한인은 일본정부와 관계가 없다는 것을 인정하고 한인사회에 자치권을 허가하였던 것이다. 그리고 미국 상공부에서는 한인이 미국에 들어올 때 필요한 '여행권(빙표)'이 없이 상륙을 허가하는 등 국민회를 한국정부와 같이 대우하였다.[34]

대한인국민회 중앙총회 초대 총회장에는 윤병구가 선임되었고, 1914년 11월 중앙총회장 선거를 위해 개최된 대표원회에서 안창호와 백일규가 총회장 후보로, 부회장에는 박용만과 홍언이 출마하였다. 선거결과 총회장에 안창호, 부회장에 박용만이 압도적으로 당선되었다. 도산은 1915년 6월 23일 제3대 중앙총회장에 취임하여, 미주 한인사회의 발전과 조국 독립운동

---

31   『신한민보』 1912년 12월 9일자, 「대표회 의사초록」.
32   이덕희, 『하와이 대한인국민회 100년사』, 연세대 대학출판문화원, 2013, 28쪽.
33   『신한민보』 1913년 7월 4일자, 「뿌라연의 명령으로 헤밋 한인의 사건을 정지」.
34   『신한민보』 1913년 9월 12일자, 「국민의 의무와 권리」.

을 위해 활동하였으며, 부회장에는 박용만이 선임되었다.

그러나 중앙총회의 재외 한인 최고기관으로서의 위상은 사실 1914년 7월 만주리아지방총회가 해체되고, 1915년 5월 시베리아지방총회가 폐지됨으로써 약화될 수밖에 없었고 이후 지방총회로 유지된 것은 북미와 하와이 두 곳뿐이었다. 그런데 1915년 4월 하와이지방총회 카우아이섬 콜로아지방의 회원들이 김종학 등 임원들이 헌장을 무시하고 행정을 집행한다고 하면서 이들의 사면을 요구하였다.[35] 이어서 이승만 지지세력에 의해 하와이 국민회가 장악되고 이들을 중심으로 새로운 1915년 6월 15일 총부회장 선거가 거행되었다. 이로 인해 새로운 임원진이 구성되었는데 총회장에 홍한식, 부회장에 정인수, 서기에 안현경, 재무에 안영칠, 대의원 의장에 주영환 등이 선출되어 임명되었다.[36]

김종학 등 구임원진들이 고소함에 따라 1915년 6월 20일자로 홍한식 등의 신임원에 대한 영장이 발부되는 등 법정다툼이 있었다. 하와이의 분규는 계속되었고, 이대위 북미지방총회장은 중앙총회장 안창호에게 개입을 요청하였다.[37] 하와이의 분쟁을 종식시키기 위해 중앙총회에서는 지도자들의 합심과 동포들의 단결을 강조하였으며, 풍파를 잠재우기 위해 중앙총회의 안창호 총회장이 8월 15일로 출발하여 31일에 호놀룰루에 도착하였다.[38] 곽림대의 『안도산』에 의하면, 당시 안창호가 하와이에 온다는 소식을 들은 이승만과 박용만 두 사람은 그를 만나지 않으려고 각각 자기가 좋아하는 섬에 있었다. 안창호를 피해 각 섬을 다니던 이승만은 하와이 동포들을 심방하면서 말하기를, "나는 철학박사이지만은 지금 말박사가 오는 터이니 부디 조심하

---

35 『신한민보』 1915년 4월 22일자, 「가와이 골로아 임시민회 의견서에 대한 의론」.
36 『Honolulu Star Bulletin』 1915년 6월 25일자, 「Koreans plead for outstanding of new officials」.
37 「이대위 → 안창호, 1915.6.7 서한」, 『도산안창호전집』 3, 2000, 379쪽.
38 『신한민보』 1915년 9월 2일자, 「중총장 하와이행」.

오"라고 하였다고 한다.[39]

안창호는 처음 하와이에 도착하여서는 이승만과 박용만을 만나지 못했지만, 서로 밝은 양해를 가지게 한 결과로 최후에는 공동대회에서 만장일치로 분쟁을 정지하기로 하였다. 그의 노력으로 1915년 9월 29일 구임원진이 고소를 취하함에 따라 하와이에는 혁명의 한 파고를 넘고 평화가 찾아왔다. 안창호는 넉 달 동안 하와이에 머물면서 이승만을 만나지는 못했지만, 10월 30일에 거행된 한인여학원 신축교사 낙성식에서 박용만과 함께 참석하여 축사를 하였다.[40]

3) 멕시코 순행과 성과

안창호는 멕시코 한인들의 초빙으로 1917년 10월부터 1918년 8월까지 10개월 가량 멕시코 전역을 순행하면서 한인들을 위무하고 한인사회에 독립운동의 활기를 불어 넣었다. 필자는 도산의 멕시코 순방에 대해서 논문으로 정리한 바 있기 때문에 여기에서는 간략하게 소개하고자 한다.[41]

안창호는 개인의 자격이 아닌 대한인국민회 중앙총회장이라는 공적인 직함을 가지고 멕시코를 방문하였다. 멕시코에도 1909년 4월 국민회 메리다 지방회가 조직되면서 한인들의 이익을 옹호하고 독립운동을 지도하는 기관이 탄생되었던 것이다.[42] 그러나 멕시코지역 한인사회는 국민회를 중심으로 단결되어 있음에도 불구하고 한계가 있었다. 그 무엇보다도 한인들의 경제난을 근본적으로 해결할 수 있는 방책을 강구하지 못했다는 점이며, 또 하나

---

39 곽림대, 『안도산』, 79쪽(『도산안창호전집』 11, 643쪽).
40 손세일, 『이승만과 김구(1975 – 1919)』 1부 3권, 나남, 2008, 349쪽.
41 김도형, 「도산 안창호의 멕시코 순행과 그 업적」, 『도산학연구』 13, 도산학회, 2010.
42 김도형, 「멕시코지역 대한인국민회의 조직과 활동」, 『국사관논총』 107, 국사편찬위원회, 2005 참조.

는 멕시코 국민회에는 절대적인 지도자가 없었다는 점이다. 멕시코 이민자들 가운데 지도적인 지식층이 부족하였기 때문에 한인사회를 이끌어 나갈 지도력이 빈곤하였던 것이다. 이에 따라 미주의 국민회에 지도자를 갈구하였지만, 중앙총회에서도 이에 대한 근본적인 대책을 마련해주지 못하였다.

그런 가운데 1917년 4월 메리다지방회 통상회의에서 중앙총회장 안창호를 청빙하기로 결정하였다. 그 이유는 1917년에 들어 멕시코의 혁명이 치열해지면서 각 지역에 흩어졌던 한인들이 다시 유카탄지방으로 모여들었다 점이다. 멕시코혁명의 와중에서 유카탄은 다른 지방에 비하여 상대적으로 안전하여, 한인들에게는 경제적으로 상당히 양호한 형편이어서 대한인국민회 총회장을 초빙할 수 있을 정도로 경제력이 생겼기 때문이었다.

안창호는 멕시코 한인들의 초빙을 받아 1917년 10월 12일 산호세호를 타고 샌프란시스코를 출발하여, 11월 28일 유카탄의 메리다에 도착하였다.[43] 그는 멕시코 순행을 통해 국민회를 중심으로 한인사회를 단결시켰고, 노동신용을 회복시켜 경제적으로 안정시켰으며, 각종 악습을 철폐하는 등 한인사회에 새로운 질서를 정립시켰다. 특히, 한인들이 노동을 하는 유카탄의 에네켄 농장을 일일이 찾아 다녔다. 최병덕[Jose Sanchez Pac]의 『교포역설』에 의하면, 도산은 장갑과 칼을 가지고 직접 에네켄 잎을 잘랐다고 한다.[44] 이를 통해 그는 한인노동자들의 신용을 확신시켜 주었으며,[45] 메리다 국민회에서는 안창호의 뜻에 따라 「노동규정」을 제정하고, 1918년 2월 6일 통상회에서 다음과 같은 「메리다 노동규정」을 반포하였다.[46] 이로 인해 멕시코 한인들은 신용을 회복했을 뿐만 아니라, 멕시코정부에서도 상당히 대우

---

43 박재섭·김형찬 편저, 『나의 사랑 혜련에게』, 85쪽.
44 호세 산체스 지음, 서성철 옮김, 『회상 – 멕시코 유카탄 반도의 한국인들과의 삶과 노동』, 재외동포재단, 2005, 75쪽.
45 곽림대, 『안도산』, 83쪽.
46 『신한민보』 1918년 2월 21일자, 「메리다 노동규정」.

를 받게 되었다. 그리고 현지의 신문에서는 "안창호라는 지도자가 오더니 조선동포들은 과연 명목이 일신하여 일에 열심스럽고 정성을 들여서 농장에 큰 이익을 올리게 하였다"고 칭찬이 자자하였다고 한다.[47]

멕시코 한인들도 안창호의 멕시코 순행의 성과를 ① 단결력 증진, ② 질서정돈, ③ 노동상 신용회복, ④ 자유생활과 청년교육 발전 등을 이룰 수 있게 되었다고 평가하였다. 또한 멕시코 한인사회의 지도자 가운데 한 사람인 김치일도 안창호의 멕시코 순행에 대해 "재류(在留) 동포의 사회발전과 장래희망을 묵상함에 우로(雨露) 같으신 혜택을 못내 감사하옵니다"라고 하였다.[48]

안창호는 유카탄지역에서 한인사회 전반에 걸쳐 활기를 불어 넣고 약 5개월 동안 머물다가 1918년 5월 초 다시 미국으로 회정하게 되었다. 그는 멕시코 순방을 마치고 1918년 8월 27일에 미국 입국이 허가되어 28일 미국령 노갈레스에서 출발하여, 다음날인 29일 로스앤젤레스에 돌아왔다.

4) 3·1운동 발발 전후의 활동

안창호는 1915년 6월 중앙총회장으로 취임한 이후 재미 한인의 단결과 통일을 위해 노력을 경주하였지만, 하와이지방총회의 분쟁 등으로 인해 별다른 성과를 거두지 못하고 있었다. 그는 1917년 8월 8일 대한인국민회 대표원들에게 보낸 지시에서 "양년(1916~17년 – 필자)에 아직도 시기가 허락지 아니하고 더욱 재능이 부족하야 허명의 일이라도 전일에 비하야 퇴보가 되었으니 스스로 참송함을 깨닫지 못하노라"라고 중앙총회장으로서의 활동에 진진이 없었음을 고백하였다.[49] 이러한 상황에서 도산은

---

47 박현환 편, 『續編 島山 安昌浩』, 160쪽.
48 「김치일 → 안창호(1918. 10. 5)」, 『도산안창호전집』 제3권, 197쪽.
49 『신한민보』 1917년 8월 23일자, 「중앙총회 공독초록」.

1918년 말까지 멕시코를 순행하고, 각 지방을 순방하며 동포들을 위무하고 대동단결을 호소하는 외에 별다른 활동이 없었다.

제1차 세계대전이 종결되자 미주지역 한인사회를 대표하는 대한인국민회에서는 1918년 11월 11일 뉴욕의 소약국동맹회로부터 대표를 파송해 달라는 연락을 받았다. 그래서 북미대륙에 있던 민찬호와 정한경을 대표자로 선정하였다. 그 후 1918년 11월 25일 하오 8시 샌프란시스코에서 개최된 국민회 중앙총회 제1차 임시협의회에서, 총회장 안창호가 주재하고 20여 명이 참석한 가운데 뉴욕의 소약국민동맹회의 대표자로 이승만·민찬호·정한경 3명을 선출하였다.[50] 또한 파리강화회의 대표자 파견문제가 겹치면서 외교사무와 관련하여 많은 논의와 여론이 비등하여 처음에는 정한경 한 명을 파견할 것으로 하였다가 12월 24일 중앙총회 임시위원회에서 이승만을 추가하여 2명을 파견하기로 하였던 것이다.[51] 이에 따라 뉴욕 소약국동맹회의 국민회 대표인 민찬호와 정한경은 뉴욕으로 가서 그곳에서 외교활동을 펼쳤다.[52]

국민회 중앙총회로부터 파리평화회의 대표로 선임된 이승만은 1919년 1월 6일 하와이를 떠나 미국 본토로 향하였고 1월 15일 엔터프라이스호로 샌프란시스코에 도착하여 저녁에 한인예배당에서 성대한 환영회가 개최되었다.[53] 그 후 그는 다시 필라델피아로 가서 정한경과 서재필을 만났다. 그리고 이들 3인은 당시 정세로 보아 한인 대표자들이 파리평화회의에 참석할 수도 없고 설령 출석한다 하여도 뾰족한 해결방법이 없을 것으로 인식하고 있었다.[54]

이승만과 정한경이 현실적으로 파리로 갈 여행권(여권)을 받지 못할 상황

---

50   도산안창호선생기념사업회·도산학회, 『미주 국민회 자료집』 6, 경인문화사, 2005, 269~271쪽.
51   도산안창호선생기념사업회·도산학회, 『미주 국민회 자료집』 6, 282~283쪽.
52   민찬호는 1918년 11월 30일 로스앤젤레스를 출발하여 시카고로 가서 정한경과 만나 뉴욕으로 향하였다(『신한민보』 1918년 12월 5일자, 「호외」).
53   『신한민보』 1919년 1월 16일자, 「리박사 도미」.
54   方善柱, 「李承晩과 委任統治案」, 『在美韓人의 獨立運動』, 한림대학교 아시아문화연구소, 1993, 213~214쪽.

에서 미국정부를 통한 단계적 독립을 달성할 수 있는 점진적 방법을 모색하였고, 그것이 국제연맹에 위임통치를 청원하는 방법이라고 생각하였던 것이다. 필자는 우리 독립운동계에 분란과 파쟁을 일으킨 '위임통치청원' 문제에 대해 대한인국민회와 안창호의 연루관계에 대한 논문을 발표한 바 있기 때문에 그 중점적인 내용만을 언급하고자 한다.[55] 위임통치청원은 이승만과 정한경 두 사람의 독단에 의한 결정이 아니라, 대한인국민회 중앙총회의 협의를 거쳤다는 점과 중앙총회장 안창호의 일정한 지시가 있었다. 위임청원서 제출의 당사자인 이승만측의 관련자료를 검토하고, 또 안창호측 관련자료를 검토한 결과, 위임통치청원은 정한경·이승만 두 사람의 독단에 의해 이루어진 것이 아니라 안창호와 국민회 중앙총회에서 논의된 사항이라는 것이 확인된다. 그래서 이승만과 정한경은 1919년 2월 25일자로 윌슨 미대통령과 파리평화회의에 '위임통치청원서'를 보냈다.

파리강화회의 대표자 파견 문제 등과 대한인국민회에서는 분주하게 움직이고 있을 무렵인, 1919년 1월 말 미주지역에도 광무황제가 승하하였다는 소식이 전해졌다. 그 소식과 더불어 일본 도쿄[東京]의 조선기독교회관 강당에서 한국 유학생들이 '독립선언'을 했다는 소식이 미국 본토와 하와이 한인사회에 전해졌다. 미주한인들이 이러한 소식을 알 수 있었던 것은 2월 17일경 샌프란시스코에 있는 일본신문을 통해서였다. 이 신문의 기사내용을 보도한 『신한민보』에 따르면 일본유학생 9명이 일본 경찰에 피체되었으며, 이들이 피체된 자세한 이유는 알 수 없지만 독립선언과 관련되어 있다는 것이었다.[56] 이러한 일련의 소식이 미주 한인사회에 전파되자 미주의 한인들은 1919년에 들어 국제정세와 관련하여 시국이 긴박하게 돌아가고 있음을 짐작하고 이에 상응하는 무엇인가를 준비해야 한다는 분위기가 형성되어 갔

---

55 김도형,「안창호의 위임통치청원 관련자료 검토」,『한국근현대사연구』 68, 2014 참조.
56 『신한민보』1919년 2월 27일자,「일본에 한국 유학생이 무슨죄로 피착!」.

다. 이런 분위기 속에서 3·1운동이 국내에서 일어났다는 소식이 한인사회에 전해졌다. 3·1운동이 일어나기 직전 상하이로 탈출하였던 현순이 미주 시간으로 1919년 3월 9일 상오 11시경 대한인국민회 중앙총회장 안창호 앞으로 3·1운동이 일어났다는 소식을 전했던 것이다. 이는 『신한민보』를 통해 한인사회 전체로 전파되었는데, 그 내용은 다음과 같다.[57]

> **3월 1일발 전보에 가라대 독립단은 예수교회 3천과 천도교회 5천과 각 대학교와 모든 학교들과 및 각 단체들이 일어나 조직한 자라. 독립단은 3월 1일 하오 1시에 서울, 평양과 및 그밖에 각 도시에서 대한독립을 선언하고 대표자는 손병희, 이상재, 길선주 3씨로 파송하였오, 이승만박사는 어디 있오. 회전하시오. 상해특별대표원 현순.**

샌프란시스코의 대한인국민회 기관지 『신한민보』가 1919년 3월 13일자로 3·1운동의 소식을 알렸다. 그런데 하와이지방총회의 기관지인 『국민보』는 이 보다 하루 빠른 3월 12일자로 보도하였다. 중국 상하이의 현순으로부터 하와이 국민회에서는 3월 9일 오전 10시에 3·1운동 발발 전보를 받고, 바로 「별보」를 인쇄하여 각 지방에 보냈다. 하와이에서 발행된 「대한독립 별보」의 내용은 『국민보』 1919년 3월 12일자에 실렸다.[58]

> **대한인국민회 하와이지방총회 각하**
> **대한국에 3백만 애국당은 3천 곳 예수교회와 5천 곳 종교단체와 전국에 있는 소·중·대학교 급 각종 단체들이 대동 단결한 후 3월 1일 하오 1시에 평양, 서울, 기타 각도, 각읍, 각시에서 대한독립을 광포하옵고, 이미 손병희, 길선주, 이상재 3인으**

---

57 『신한민보』 1919년 3월 13일자 호외, 「대한독립선언」.
58 『국민보』 1919년 3월 12일자, 「大韓獨立 廣布」.

로 국민대표를 정하였으니, 하처에 이박사가 있는지 회답을 요구. 상해한인대표 원 현순.

위의 『국민보』 기사에 따르면, 중국 상하이의 현순으로부터 3·1운동 발발 전보를 받은 하와이 국민회에서는 3월 9일 10시에 현순에게서 전보를 받았다고 한다. 3·1운동의 소식이 미주에 전해진 3월 9일은 마침 일요일이기 때문에 대부분의 한인들은 한인교회에서 이 소식을 접하였다.

필자는 미주지역의 3·1운동 동향과 관련하여 논문을 발표한 바가 있기 때문에,[59] 여기에서는 3·1운동 당시 안창호의 활동과 관련된 내용을 간략하게 정리하였다. 3·1운동의 소식이 전해진 이후 안창호를 중심으로 한 국민회 중앙총회는 3월 9일 하오 7시 30분경 한인감리교회에서 중앙총회 임시협의회를 개최하였으며, 국민회가 시급히 해야 할 안건 6가지를 선정하여 통과시켰다. 그 가운데 중요한 세 가지 안건은 다음과 같다.[60]

1. 평화회 파견 대표자 이승만, 정한경 양씨가 여행권을 얻지 못하는 경우에는 서재필 박사를 파견할 일
2. 미국 각 종교계와 및 각 단체에 교섭하여 대한 독립에 대한 동정을 얻을 것
3. 전항에 기록한 교섭위원은 윤병구, 정인과 양씨로 선정한 일

국민회는 3·1운동 이후 독립운동의 중요한 수단으로 파리강화회의를 지목하였으며, 이에 파견할 한인의 대표로 이승만과 정한경을 선정하였다. 또 대표단의 여권을 발급받기 위해 노력할 것이며, 이것이 실현되지 않을 경우 서재필을 대신 파견할 것을 결정하였다.

59　김도형, 「3·1운동기 미주 한인사회의 동향과 대응」, 『한국근현대사연구』 50, 2009.
60　『신한민보』 1919년 3월 13일자 호외, 「大韓獨立宣言」.

3·1운동의 소식을 접한 이후 국민회 중앙총회는 우선 세 가지의 행동목표를 설정하고 이에 대응하기로 하였다. 첫째 파리강화회의 대표 파견문제, 둘째 3·1운동에 대한 미국민과 미국정부에 대한 외교, 셋째 독립후원을 위한 재정을 마련하는 일이었다. 이 세 가지 문제는 국민회가 단독으로 행할 수 있는 것이 아니었기, 미주 전체 한인들의 단결과 응원이 필요하였다. 따라서 중앙총회장 안창호는 매일같이 회의를 열고 이에 대한 대책을 마련하였던 것이다. 그런 가운데 가장 쉽고 빠르게 할 수 있는 것은 파리강화회의에 대표자 파견과 외교활동에 필요한 자금을 마련하는 일이었다. 중앙총회에서는 3월 29일 총회장 안창호 명의로 평화회의에 참석한 윌슨대통령에게 민족자결주의를 믿으며, 국제연맹 활동을 믿으며 큰 나라나 적은 나라가 동등권을 가지는 것을 믿는다[61]는 간절한 전보를 보내는 등 한국인 대표가 파리강화회의에 참석할 수 있게 해달라고 요청하였다. 또한 국민회 중앙총회에서는 4월 5일 파리강화회의의 미국, 영국, 프랑스, 이탈리아 대사들에게 3월 1일에 반포한 「독립선언서」의 원문을 보냈다.[62] 이와 더불어 중앙총회는 각 지방회에 연락하여 우선 시급한 자금 7만 6천 달러를 모금하기로 하였다.[63] 위에 언급한 세 가지 과제 가운데 북미, 하와이, 멕시코의 한인들의 가장 큰 책임은 재정을 공급하는 데 있다는 것을 인식하게 되었던 것이다.

이같은 인식을 구체적인 실천에 옮긴 것이 3월 13일에 개최된 국민회 중앙총회 임시위원회의 결정이었다. 중앙총회에서는 이번의 재정 확보책을 '독립의연'이라 이름하고, 중앙총회에서 직접 북미·하와이·멕시코 각 지방에 출장소를 두고 3월까지 매명 10달러의 의연금을 거두게 하였다. 이와 함께 4월부터는 매삭·매주일 혹 1년 수입의 20분의 1을 내게 하는 '21례'를

---

[61] 『신한민보』 1919년 4월 3일자, 「중앙총회가 각국평화대사에게 전보」.
[62] 『신한민보』 1919년 4월 10일자, 「중앙총회에서 4대국 정부에 발한 공첩」.
[63] 『신한민보』 1919년 3월 22일자, 「중앙총회보」.

실시하기로 하였던 것이다.⁶⁴

또한 3·1운동의 소식이 전해진 이후 재미한인들의 두 번째 행동목표는 미국정부와 미국민에게 한국독립의 정당성과 3·1운동에 대한 국제적 동정을 얻는데 있었다. 이 때문에 윌슨대통령에게 파리강화회의에 한국대표가 참가할 수 있게 해 달라고 하였으며, 국제연맹에서 한국문제가 토론주제가 되도록 해달라고 탄원하는 등 3·1운동에 대한 국제적 동정을 얻고자 하였다. 이와 더불어 3·1 독립만세 시위에 대해 무자비한 탄압을 행하여 한국민의 귀중한 인명을 살해하였다는 등 일제의 식민통치의 부당성과 3·1운동에 대한 무자비한 폭력 행사 등을 집중적으로 알리려고 하였던 것이다.

국내에서 3·1운동과 같은 거족적인 독립운동이 일어날지는 안창호도 전혀 예상하지 못한 것이었기 때문에, 나중에 독립운동이 너무 일찍 일어났다고 술회한 적이 있었다.⁶⁵ 3·1운동으로 미주 동포들이 온통 감격해 있을 때, 도산은 자기가 믿는 동지들 한테는 다음과 같은 말을 했다고 한다. "이제 독립운동이 일어났지만 독립은 안된다. 지금은 결코 독립이 될 수 없을 것이니 동하지 말고 지금 하는 일에 충실해라. 그것이 정말 다음날의 독립을 위한 일이다. 젊은 사람들은 배울대로 배우고 모을대로 모아 두어라. 그러나 나 자신은 동포의 부름으로 나서지 않을 수 없다. 너희들은 내 말을 착념하고 떠드는 것은 삼가라"라고 하였다.⁶⁶ 안창호는 3·1운동을 계기로 해서, 독립운동을 크게 일으킬 수 있는 절호의 기회라고는 믿고 있었다. 그래서 독립운동이 벌어지는 현장인 중국으로 대한인국민회 전권위원의 자격으로 파견되었던 것이다.

도산은 1919년 3월 28일 미국 관세청(Customs Service) 재무국(Treasury Department)으로부터 '무여권(without passport)'으로 미국을 떠날 수 있는

---

64 『신한민보』 1919년 3월 22일자, 「중앙총회 포고서」.
65 주요한 편, 『안도산전서』 상, 154쪽.
66 박현환 편, 『續篇 島山 安昌浩』, 161쪽.

허가를 받았다. 현재 남아 있는 문서에 의하면, "1919년 4월 1일 샌프란시스코에서 산타크루즈호(Str. Santa Cruz)를 타고 필리핀섬을 경유하여 무여권으로 미국을 떠나 중국으로 가는 것을 허가한다"라고 기재되어 있다.[67] 안창호는 대한인국민회 북미지방총회 특파원으로 정인과·황진남을 데리고, 부두에서 홍언과 최희송의 배웅을 받았다고 한다.[68]

미국 관세청의 허가를 받은 안창호는 4월 2일 샌프란시스코에서 배를 타고 9일 하와이 호놀룰루항을 거쳐, 29일 필리핀의 마닐라항에 도착하였다.[69] 마닐라에서 안창호는 중국으로 들어가는 배를 기다리며 2주간 머물면서 필리핀총독과 미국영사를 만나 홍콩과 상하이로 들어가는 안전문제를 협의하였다. 그리고 그는 홍콩에 도착하여 현순을 만나 무사히 5월 25일 상하이로 들어갈 수가 있었다.[70]

안창호의 제2차 미주활동은 정확하게 7년 7개월만이었다. 그의 나이 만 41세에 중국 상하이에 5월 25일 도착하였고, 다음날 저녁 국제조계에 있는 북경로 중국인 예수교회당에서 환영회가 개최되었다. 상하이에 도착한 지 한 달이 넘은 6월 28일에 대한민국임시정부의 내무총장으로 취임하였다. 그의 취임이 늦어진 것은 그가 '정부'의 형태를 먼저 만드는 것을 반대하였기 때문이다. 『안도산전서』에도 실린 것처럼, 도산은 임시정부의 형태를 먼저 만들지 말고 우선 각 지방에 흩어져 있는 지도자들을 한 자리에 모아 놓고 해외 동포의 대동단결을 실현하되, 제일보로서는 '정부' 보다도 '독립당'을 결

---

67 「W. R. Hamilton → Customs Officers(1919. 3. 28)」, 『The Syngman Rhee Correspondence in English, 1904~1948』 vol IV, Institute for Modern Korean Studies Yonsei University, 2009, 156쪽.
68 박현환 편, 『續篇 島山 安昌浩』, 162쪽.
69 이 같은 경로는 안창호가 1919년 4월 29일 마닐라에 도착하여 샌프란시스코의 대한인국민회에 전보 보냈기 때문에 확인이 된다(「안창호가 대한인국민회로 보낸 전보 기록(1919. 4. 29)」.
70 주요한 편, 『안도산전서』 상, 195쪽.: 이규갑, 「한성임시정부수립의 전말」, 『신동아』 1969년 4월호, 185쪽.

성할 것을 구상하였다. 만일 그것이 불가능하다면 제2안으로 지도자들이 모여서 세 가지 명단을 통일하는 한 개의 정부 형태로 만든 뒤에 정식으로 공포하고 각기 취임하자는 것이었다.[71] 이처럼 도산은 처음에는 '정부'라는 형태보다도 '혁명운동 본부'와 같은 기구로서 삼두지도체계(三頭指導體系)를 주장하였다. 그렇지만 임시정부가 이미 성립되어 있었기 때문에 내무총장에 취임하지 않을 수 없었다.

중국에서 안창호는 임시정부의 실질적인 책임자로서 실질적으로 정부로서 역할을 할 수 있는 기초를 다지는 활동을 전개하였다. 그는 임시정부를 독립운동의 중심기관으로 만들고자 하였다. 그리고 미주 대한인국민회에서 절대적인 지도력을 발휘하던 안창호가 3·1운동과 더불어 중국 상하이로 감에 따라 안창호의 지도력에만 의지하던 대한인국민회에 다양한 지도력을 갈구하게 되었으며, 국민회의 역할과 위상을 새롭게 정립하지 않으면 안될 상황이 도래하였던 것이다.

---

71 주요한 편, 『안도산전서』 상, 196쪽.

4 1924~1926년 미주활동

　　대한민국임시정부를 개조하고자 하였던 안창호는 국민대표대회를 통해 통일을 시도하였지만 실패하고 말았다. 1921년부터 3년에 걸쳐 임시정부와 독립운동계의 통일 시도였지만 실패로 돌아간 것이다. 그래서 미주로 돌아가고자 하였다. 그런데, 그가 임시정부에서 활동하였다는 것이 널리 알려져 있었기 때문에, 미국 입국 비자를 얻지 못하였다. 1921년 9월 도미하려다가 미국정부의 입국 허가를 얻지 못하였다. 그 후 그는 가족을 만나기 위해 중국 상하이에 있는 미국영사관에 입국사증을 신청하였으나 또 거절당하였다. 이에 도산은 서재필에게 통지하여 미국에 입국할 수 있게 해 달라고 하였다. 도산의 부탁을 받은 서재필은 구미위원부에 의뢰를 하였고, 이승만은 구미위원부 고문 돌프가 미국무성과 교섭을 하게 하였고, 스펜서 상원의원이 국무성에 편지를 보냈으나 미국 입국이 거절되었다.[72]

　　그래서 안창호는 1923년 7월 중국에 입적하여,[73] 안창호(晏彰昊)라는 이름으로 중국여권을 발급받아 미국 당국으로부터 입국을 허락받았다. 1924년 11월 22일 상하이를 출발하여 하와이 호놀룰루에서 사흘간 머문 후, 12월 10일 매소니아(Matsonia)호를 타고 16일 샌프란시스코에 도착하였다.[74] 그곳에서 동포들을 위한 연설을 하였고, 가족들이 있는 로스앤젤레스로 갔다. 12월 21일 로스앤젤레스에서는 400명의 동포들이 참석한 가운데 대대적인 환영회가 개최되었다.[75]

---

72 「안창호씨 도미설」, 『태평양잡지』 1923년 3월 1일.
73 한시준, 「도산 안창호의 피체와 석방운동」, 『역사학보』 210, 2011, 210~212쪽.
74 『신한민보』 1924년 12월 18일자, 「안창호씨 도착」.
75 『신한민보』 1925년 1월 1일자, 「로스앤젤레스 지방에서 안창호씨 환영회」.

안창호가 미국으로 가기 위해 '중국외교부특파강소교섭원(中國外交部特派江蘇交涉員)'이 1924년 10월 20일자로 발급한 호조(護照)를 소지하고 입국하였다. 이때 발급된 중국 호조에는 중국 이름으로 '안창호(晏彰昊)'라고 하였고, 1877년 11월 11일생으로 직업은 '교원(敎員)'이라고 되어 있다.[76] 그의 제3차 미국 입국에 대한 자료는 현재 미국 국립문서관리청(NARA) 샌프란시스코 지국(San Francisco District)에 관련 자료가 소장되어 있다. 여기에서는 이 자료를 중심으로 살펴보고자 한다. 샌프란시스코 이민국 (Immigration and Naturalization Service, INS)에 의해 작성된 문서에는 안창호의 사진이 있고, 사진에는 상하이 미국 영사관의 스탬프가 찍혀 있다.[77] 도산은 미국에 입국하기 위해 1924년 11월 13일자로 중국 상하이 주재 미국 영사관에서 'Section 6'의 입국허가를 받았다.[78] 안창호의 입국은 미국 이민국에 의해 철저하게 조사되었는데, 그는 1925년 6월 3일 시카고에 있는 미국 노동부(U.S. Department of Labor) 이민국(Immigration Service)에서 조사를 받았다. 이민국의 조사관은 블레커(J. B. Brekke), 통역은 시카고에서 워싱턴 카페테리아를 운영하였던 김경(K. Bernard Kim)이었다. 도산이 미국 노동부 이민국 시카고 지국에서 조사를 받았던 내용을 보면, 그의 활동 내용을 상세하게 알 수 있다.[79]

문 : 당신의 이름은 어떻게 되나요?
답 : 안창호.

---

76 안창호가 1924년 미국에 가기 위해 소지한 중국 호조는, 북미주한인이민100주년 기념화보 편찬위원회가 발행한 『태평양을 가로지른 무지개』(크리스쳔 헤럴드, 2006) 97쪽에 실려 있다.
77 『National Archives and Records Administration - Pacific Region(San Francisco)』, p.20.
78 안창호의 미국 입국허가서도, 북미주한인이민100주년 기념화보 편찬위원회가 발행한 『태평양을 가로지른 무지개』(크리스쳔 헤럴드, 2006) 96쪽에 실려 있다.
79 [Ahn Chang Ho](25/40/24 National Archives and Records Administration Pacific Region(Laguna Niguel).

문 : 당신은 요번, 미국에 언제 오셨나요?

답 : 1924년 12월 16일 샌프란시스코에 상륙했습니다.

문 : 어떤 종류의 조건하에 허가가 되었나요?

답 : 나는 'Section 6 여행자(Traveler)'로 허가되었습니다. 나는 중국 상하이에 있는 미국 총영사관에서 발행된 'Section 6 증서(Certificate)'를 가지고 있습니다.

문 : 몇 살입니까?

답 : 47세입니다.

문 : 어디서 태어났습니까?

답 : 한국 평양.

문 : 어디서 승선했습니까.

답 : 상하이.

문 : 상하이에서는 얼마나 오래 거주했나요?

답 : 약 3년.

문 : 상하이에서 당신의 직업은 무엇입니까?

답 : 나는 대한민국임시정부의 한 멤버였습니다.

문 : 지금도 임시정부의 멤버입니까?

답 : 아니요.

문 : 지금 당신의 직업과 지위는 어떻게 됩니까?

답 : 그저 여행자.

문 : 당신이 샌프란시스코에 상륙한 이래로 어디를 여행했습니까?

답 : 샌프란시스코에서 로스앤젤레스로 갔고, 그곳에서 두 달 가량 머물렀습니다. 로스앤젤레스에서 스탁톤, 새크라멘토, 다뉴바, 리들리, 샌디에고, 리버사이드, 베이커스빌(Bakersville, 필자 – Bakersfield의 오기) 등에 갔습니다. 캘리포니아에서 시카고로 가는 도중에 나는 덴버에 잠깐 들렀습니다. 그리고 시카고로 왔습니다. 시카고에서 필라델피아로 갔고, 뉴욕, 코네티컷주 뉴헤븐(New Haven), 매사츄세스주 보스톤과 폴리버(Fall River), 워싱턴 D.C, 뉴저

지의 패터슨(Patterson, 필자 - 중가주의 패터슨 오기), 프린스턴, 그리고 뉴욕으로 와서, 다시 시카고로 돌아왔습니다.

문 : 당신이 이같이 여러 곳을 방문하는 목적은 무엇입니까?

답 : 목적은 친구들을 방문하는 것이고, 이들 친구들 가운데 대부분은 학생들입니다. 나는 그들의 요청으로 방문하였습니다.

문 : 그들은 당신이 그들을 방문하였을 때, 그들과 얘기, 연설이나 강연 혹은 그 무엇을 할 것을 요청받았습니까?

답 : 나는 그들과 개인적으로 얘기도 하고, 그들에게 대중 강연도 했습니다.

문 : 당신의 연설 주제는 무엇입니까?

답 : 대개, 나는 그들에게 장래에 한국의 자유와 독립을 위한 적절한 준비를 하라고 충고했습니다. 학생들에게 모든 일을 성실하게 할 것과, 그들이 기회가 있는대로 할 수 있는 모든 것을 배우고, 학생들 간에 서로 도우라고 충고를 했습니다.

문 : 당신은 러시아 소비에트 정부에 관심이 있습니까?

답 : 나는 직접적으로나 간접적으로 관심이 없습니다.

문 : 당신이 여러 지역의 학생들과 나눈 얘기에는 미국정부와 관련된 것이 있습니까?

답 : 없습니다.

문 : 당신은 전혀 미국정부에 관심이 없습니까? 즉, 당신은 현재 모든 것이 옳다고 생각하는지 혹은 어떤 식으로든 변화할 것이라고 생각하는지요?

답 : 내가 아는 한, 미국정부에 관해 어떤 흠결도 발견할 수 없었습니다.

문 : 당신이 한 연설에서, 언제든지 미국정부에서 급격한 변화를 옹호한 적이 있습니까?

답 : 결코, 나는 그럴만한 이유가 없습니다.

문 : 그기에 '대한인국민회'라는 단체가 있습니까?

답 : 예.

문 : 그 단체의 목적은 무엇입니까?

답 : 한국인의 상호부조입니다.

문 : 대한인국민회에서는 언제든지 미국정부의 정책에 영향을 미칠 노력을 하고 있습니까?

답 : 아니오.

문 : 당신이 알고 있는 한, 미국에 당신의 적들이 있습니까?

답 : 내가 아는 한, 나는 적들이 없습니다. 나의 활동을 싫어하는 몇몇 한국인들은 있을 것입니다.

문 : 이번에 당신이 미국에 온 진정한 목적은 무엇입니까?

답 : 그것은 세 가지입니다. 첫째는, 나의 가족을 보는 것입니다. 둘째는, 미국에서의 교육사업을 조사하는 것입니다(예를 들면, 가난한 학생들이 어떻게 파트타임으로 일을 하고, 파트타임으로 학교에 갈 수 있는지). 나는 늘 교육사업에 관심을 가지고 있었습니다. 나는 한국에 있을 때, 학교 교장이었습니다. 세 번째는, 나의 오랜 친구들을 방문하는 것입니다.

문 : 여기서 당신 가족들은 어떻게 됩니까?

답 : 부인, 동생 1명, 두 아들과 두 딸.

문 : 현재 당신 부인과 아이들은 어디에 있습니까?

답 : 로스앤젤레스 피규로아(Figueroa) 106번지.

문 : 중국 상하이로 돌아가기 전에 미국에 얼마나 머물 것입니까?

답 : 원래 나는 8개월만 머물려고 했습니다. 그러나 나는 체류연장을 요청해서 허가된다면, 다음해 1월까지 머물고 싶습니다. (나는 8개월 머물도록 허가를 받았습니다)

안창호(晏彰昊)

위에 인용한 이민국의 조사내용이 길지만, 도산의 제3차 미주 방문에 대해 가장 상세하게 기록되었기 때문에 이 자료를 활용하고자 한다. 안창호는 미국에 입국하기 위해 중국 상하이 주재 미국영사관에서 'Section 6 Certificate'의 허가를 받았는데, 당시 미국입국은 1924년의 이민법을 적용되던 시기이기 때문에, 단기 여행자로서 'Section 6 Certificate'의 여행자로 입국하였던 것이다.

미국 이민국이 안창호의 입국목적과 그의 활동에 대해 매우 치밀하게 조사되었고, 미주에서의 행적과 관련하여 살펴볼 필요가 있다. 도산은 1924년 12월 미국에 도착하여 가족들이 있는 로스앤젤레스에서 두 달 가량 머물렀다. 가족들과 있을 때 캘리포니아의 여러 지역 북가주의 샌프란시스코부터 스탁톤과 새크라멘토를, 중가주에서는 다뉴바와 리들리·베이커즈필드를, 남가주에서는 리버사이드와 샌디에고까지 동포들을 순방하였다. 『신한민보』1925년 2월 5일자 기사에 의하면, 2월 8일 로스앤젤레스에서 개최되는 공동대회에 참석해야 하기 때문에 스탁톤과 새크라멘토 지방에 있는 동포들만을 심방할 수 없었다고 한다.[80] 2월 1일 상항한인감리교회에서 '죄를 회개하라'는 제목으로 전도 연설을 하였다.[81] 그리고 2월 8일 로스앤젤레스에서 공동대회에 참석하고, 13일에는 태프트(Taft)·맥팔랜드(MacFarland) 지방을 심방하고,[82] 2월 24일 샌프란시스코로 돌아왔다.[83] 2월 19일에는 다뉴바와 리들리 동포들이 공동으로 환영회를 다뉴바한인교회에서 개최하였고,[84] 3월 10일에는 콜링가(Coalinga)로 왔고, 3월 12일 로스앤젤레스로 돌아갔다.

그리고 1925년 4월 중순부터 안창호는 미국 동부지역을 순방하였는데, 먼저 시카고로 가서 그곳에서 동부로 가고자 하였다. 『신한민보』 4월 16일자 기사에 따르면, "안도산 선생은 4월 10일에 나성을 발하여 동부 동포 심방의 길"에 올랐다고 한다.[85]

80　『신한민보』 1925년 2월 5일자, 「안도산 북방 순행」.
81　『신한민보』 1925년 2월 5일자, 「안도산 선생의 전도, 죄를 회개하라고」.
82　『신한민보』 1925년 2월 19일자, 「안도산의 소식」.
83　『신한민보』 1925년 2월 5일자, 「안도산 상항 내착」.
84　『신한민보』 1925년 2월 26일자, 「안도산의 환영회」.
85　『신한민보』 1925년 4월 16일자, 「안도산의 동부 심방」.

시카고로 가는 길에 유타주의 솔트레이크시티, 네브라스카주의 덴버를 들러서 시카고로 갔다. 4월 16일 시카고에 도착하여, 그곳의 동포들인 김경·황휴·강영소 등의 초청으로 시카고 한인감리교회에서 환영회가 개최되었다.[86] 김경은 1920년 시카고 다운타운의 중심가인 워싱턴에 '워싱턴 카페테리아(Washington Cafeteria)'를 차려 크게 성공하였다. 도산은 시카고에서 필라델피아로 갔다. 그곳에서 서재필을 만났을 것이고 많은 이야기를 나누었을 것으로 추측된다. 그리고는 뉴욕에서 그 아래로 프린스턴과 워싱턴 DC, 뉴욕 위쪽으로는 코네티컷주 뉴헤븐, 매사츄세스주 폴리버와 보스톤 등을 방문하였다. 워싱턴에서는 허정과 남궁염, 돌프 등 구미위원부 관계자들을 만났다. 도산이 동부지방을 방문할 당시, 이승만이 임시정부 대통령에서 면직되고 또 구미위원부가 폐지되었다. 그래서 동부지방의 동포들은 이 모든 일을 안창호가 시킨 것이라고 생각하여 환영을 받지 못하였다고 한다.[87]

미국 동부에서 다시 시카고로 돌아와 6월 3일 이민국의 조사를 받았다. 이민국에서는 안창호가 미국에 온 목적에 대해 계속적으로 질문을 하였고, 그는 동부지역 학생들의 초청으로 그곳에 가서 연설과 강연을 하였다고 하였다. 연설 내용은 도산이 항상 주장하는 것과 같이, 우리민족이 독립이 될 수 있는 준비를 해야만 한다고 하였다. 인터뷰 내용 가운데 특이한 점은, 미국 조사관이 그에게 러시아의 소비에트 정부에 대해 관심이 있는지에 대해 질문을 하였고, 그는 직접적이던 간접적이던 관심이 없다고 대답했다. 그리고 조사관이 미국정부에 변화가 필요한지 등에 대해 관심이 있는지 묻자, 미국 정부는 아무런 흠결이 없고, 급격한 변화를 옹호한 적도 없다고 대답하였다. 조사관의 질문 가운데 이상한 점은 미국에 도산의 적이 있는가에 대해 질문을 하였고, 적은 없고 다만 나의 사업을 싫어하는 한인들이 있다고 답변하였

---

86 『신한민보』 1925년 4월 23일자, 「안도산의 소식」.
87 『신한민보』 1925년 6월 4일자, 「동부 여행에 유익과 유감이 많다고」.

다.『안도산전서』에도, 미국 국무성에 안창호를 공산당이라고 중상한 일이 있었다고 한다. 미국측에서 도산에게 이것을 알리고, "당신네 동포 중에 당신을 원수 시하는 사람이 있느냐"고 물었다. 도산은 "천만에 그럴 리가 없다. 내 동포는 모두 내 친구요 형제인데 원수가 있을 수 없다"고 대답하였고, 미국 관리는 탄복하였다고 한다.[88]

미국 이민국의 조사는 마지막으로, 언제 중국 상하이로 돌아갈 예정인지에 대한 물음에, 원래 8개월간 머물고자 하였지만 1926년 1월까지 있다고 돌아가고 싶다고 하였다. 도산은 당초 계획보다도 6개월 더 미국에 있겠다고 미국정부에 청원을 하였다. 그런데 그를 공산당이라고 모함하였던 것이다.[89] 미국 노동부 이민국은 안창호의 미국에서의 활동에 대해 매우 지대한 관심을 가지고 주목을 하고 있었다. 그래서 미국 노동부 로스앤젤레스 이민국에서는 1925년 4월 17일자로 안창호에게 편한 시간에 그들의 사무실을 방문해 조사를 받을 것을 요청하는 공문을 보냈다. 그런데, 도산은 당시 미국 동부에 있었기 때문에, 이 공문을 실질적으로 받은 것은 로스앤젤레스 자택에 돌아온 7월 27일이었다.

도산은 1924년 12월 미주에 도착한 이후 중국 상하이로 갈 때까지 약 13개월 간 미주 각지를 순방하였다. 이때 도산의 미주활동은 ① 흥사단의 사업을 확대할 것, ② 이상촌 건설을 실현할 것, ③ 대독립당을 조직할 것이라는 목표를 두고 미주의 동지들을 방문하였던 것이다.[90] 이를 실행하기 위해서는 재정적 문제가 해결되어야만 했다. 그래서 그 자신이 미주로 건너가 동지들과 면담을 하여 재정적 기초를 마련하게 되었던 것이다. 특히, 도산은 국민대표회가 결렬되고 미주로 다시 건너갈 때 비로소 구체적으로 대독립당

---

88 주요한 편,『안도산전서』상, 411쪽.
89 박재섭·김형찬 편저,『나의 사랑 혜련에게』, 138쪽.
90 주요한 편,『안도산전서』상, 363쪽.

결성 계획을 세웠다.

안창호는 로스앤젤레스에 머물면서 캘리포니아일대의 교민사회를 둘러보고, 1925년 4월부터 7월까지 미국 동부지방을 순회하며 교포들을 만나고 강연을 하였다. 도산은 1925년 4월 10일부터 미국 동부로 가는 길에 시카고를 거쳐 뉴욕·뉴헤븐·보스톤·폴리버필라델피아·워싱턴DC 등지의 한인 학생들과 교민들을 만났다. 도산은 세 번째 미주에 건너갔을 때는 그 전과 마찬가지로 많은 교포들을 두루두루 심방하면서 중서부 또는 동부지방 각지에 흩어져 있는 한인 학생들을 찾아서 대화를 나누었다.

도산은 동부의 여러 곳을 심방하다가 5월 5일 뉴욕에 도착하였다. 가는 곳마다 청년들이 면회를 요구하여, 매일 8시부터 밤 12시 혹은 새벽 2시까지 대화를 하였다.[91] 뉴욕에 도착할 당시 그곳의 홍사단우로는 임초·조병옥·곽림대 등 10여 명의 학생들이 있었다. 그는 뉴욕에서 장덕수와 윤홍섭 두 사람을 접촉하여 홍사단주의를 설명하게 되었다. 윤홍섭은 민족전도에 관한 도산의 이론에 많은 이해가 되었지만 장덕수는 토론이 되지 않았다고 한다.[92] 도산은 나중에 장덕수에 대해 "너무 영웅심이 강해서!"라고 하였다고 한다.[93] 안창호의 세 번째 미주 방문 때 특색은 많은 교포들을 위한 연설 보다는 적은 수의 명사와 더불어 논의를 하였다. 정한경 또는 장덕수 등과 긴 밤과 긴 낮에 걸쳐서 독립방략에 관한 의견을 교환하였다. 시카고에서는 정한경과 더불어 자정을 걸쳐서 장장 8~9시간이나 하였다고 한다.[94]

동부지방 순방을 마친 도산은 5월 27일 뉴욕을 출발하여, 29일 시카고에 도착하여 학생회에서 토론을 하고, 31일에는 한인감리교회에서 '단합'이

---

91 박재섭·김형찬 편저, 『나의 사랑 혜련에게』, 134쪽.
92 곽림대, 「안도산」, 659쪽.
93 張利郁, 「도산의 인격(7)」, 『기러기』 제35호, 8쪽(『도산안창호전집』 11, 2000, 362쪽 소수).
94 張利郁, 「도산의 인격(2)」, 『기러기』 제27호, 11쪽(『도산안창호전집』 11, 342쪽 소수).

라는 대의로 연설을 하였다.[95] 시카고에 도착하여 매일 오전 8~9시부터 새벽 1~2시까지 공·사석에서 담화를 나누었다. 시카고에서는 5월 28일부터 7월 8일까지 한 달 정도 머물면서 한인 학생들과 대화를 하였다. 시카고대학 및 노스웨스턴대학에 재학하는 학생들과 많은 시간을 가졌으며, '우리 주의 주장과 사업진행에 관한 용무' 등을 주제로 토론을 벌였다. 특히, 6월 18일부터 21일까지 시카고 하이드파크 장로교회에서 열린 제3회 북미대한인유학생대회에 서재필과 함께 참석하여 '조선학생, 우리의 목적과 계획'을 주제로 강연과 학생예배 설교를 하였다. 그런데, 『서재필박사자서전』에는 호놀룰루에서 개최되는 태평양문제회의(Institute of Pacific Relations)에 참석하기 위해 하와이로 가는 도중, 시카고에서 안창호를 만나 회담을 하게 되었다고 한다. 앞에서 잠시 언급한 바와 같이, 도산은 시카고에서 필라델피아로 갔을 때, 그곳에서 서재필을 만났을 것이다. 따라서 태평양문제회의에 가는 도중 시카고에서는 도산과 재회하였다. 아무튼 서재필과 안창호는 이 당시 많은 교분을 나누었고, 서로 간에 의견이 일치하였음에 틀림이 없다. 위의 『서재필박사자서전』에도 "안창호에게서 나는 원동의 정세와 독립운동 진행의 구체적 내용을 상세히 알게 되었다"고 하였다. 그리고 "의견이 일치되어 나와 민족개조주의자 안창호는 한국 독립 완성을 위하여 굳은 악수를 하였으니, 그것은 우리 두 사람이 이상과 실천방법에 크게 공통되는 점이 있었기 때문이었다"라고 하였다.[96]

도산은 시카고에서 염광섭·황창하·김훈 등 유학생총회 간부를 비롯한 유학생들이 흥사단에 가입하게 되었다.[97] 7월 16일 시카고역을 출발하여 샌

---

95 『신한민보』 1925년 6월 11일자, 「안도산 시카고에」.
96 김도태, 『서재필박사자서전』, 을유문화사, 1972, 292~292쪽.
97 장규식, 「1900-1920년대 북미 한인유학생사회와 도산 안창호」, 『한국근현대사연구』 46, 2008, 118~119쪽.

프란시스코를 경유하여 로스앤젤레스로 돌아가게 되었다.[98] 동부 순행을 마친 안창호는 중국에서 독립운동을 전개하면서 지친 심신을 원동으로 다시 가기 전에 몇 개월 동안 한가한 시간을 보냈다. 1925년 11월에는 캘리포니아 각지를 순방하였고,[99] 로스앤젤레스 서북방에 위치한 윌슨 마운틴을 탐승했고, 또 자동차 편이 제공되는 때면 태평양 해변에서 종종 드라이브를 했다. 이 일대 해변 가운데 산타모니카 해안의 풍광은 그가 특히 좋아했던 곳이다.[100]

세 번째 미주활동에서 안창호는 미주 동포들의 심리를 수습하고, 이상촌 계획의 동지를 얻고, 그를 위한 약간의 자금, 동명학원과 국내에서 발행코자 하는 잡지 등의 자금을 주선하였다. 1년 2개월 정도 미국에서 활동하던 안창호는 1926년 3월 2일 샌프란시스코를 출발하여,[101] 3월 8일 하와이 호놀룰루에 도착하여 2주 정도 머물고자 하였으나 이민국에서 허락하지 않았다.[102] 그래서 그는 오스트레일리아로 가는 배를 타고 3월 15일 페고페고(Pango Pango)섬을 거쳐, 17일에는 수바(Suva)섬에, 23일 오스트레일리아 시드니(Sydney)에 도착하였다.[103] 4월 14일 시드니를 출발하여 16일에는 오스트레일리아 퀸즈랜드주의 주도인 브리스베인(Brisbane)이라는 곳에 다달았다.[104] 그리고 4월 22일 홍콩에 거쳐 5월 16일 중국 상하이에 온 안창호는 만주 등을 오가며 독립운동을 전개하였다.[105]

미주에 돌아온 안창호는 이상촌 후보지 선정과 남북 만주 군사운동을 통일하여 대독립당을 구성하려는 목적으로 중국 각지를 돌아다녔다. 그러다가

---

98 『신한민보』 1925년 7월 23일자, 「동방 여행을 필하고 서방으로 향하는 안도산 선생은」.
99 『신한민보』 1925년 11월 12일자, 「안도산 선생의 북가주 순행」.
100 張利郁, 「도산의 인격(7)」, 『기러기』 제35호, 6쪽(『도산안창호전집』 11, 360쪽 소수).
101 『신한민보』 1926년 3월 4일자, 「안도산 또다시 발정」.
102 『신한민보』 1926년 3월 25일자, 「안도산 6시간 호항에 하륙후」.
103 박재섭·김형찬 편저, 『나의 사랑 혜련에게』, 145·148쪽.
104 박재섭·김형찬 편저, 『나의 사랑 혜련에게』, 150쪽.
105 박재섭·김형찬 편저, 『나의 사랑 혜련에게』, 151쪽.

일제가 만주사변과 상해사변을 일으켜 본격적인 침략전쟁을 개시하면서, 중국내에 독립운동 중심지를 건설하려는 계획은 사실상 실행이 불가능하게 되었다. 그러던 중 윤봉길의 홍커우공원의거로 불행히 프랑스 조계 경찰에 연행된 뒤 일본영사관에 이관되어 1932년 여름 서울로 압송되었다.

5 맺음말

　　　　　　안창호는 국내에서도 독립협회 등을 통해 우리 민족이 근대화될 수 있는 활동을 펼치기는 하였지만, 본격적인 민족운동은 미국에서부터 시작되었다고 보는 것이 맞을 것이다. 1905년 샌프란시스코에서 공립협회를 통해 미주 동포들의 생활개선과 더불어 국권을 회복시키려는 운동을 전개하게 되었다. 그는 공립협회를 통해 미주에서 민족운동의 지도자로서의 굳건한 토대를 마련하고 국내에서 신민회를 결성하여 독립운동을 펼칠 수가 있었다. 그후 국내에서의 활동이 불가능하게 됨에 따라 다시 국외로 망명하여 독립운동을 모색하다가 1911년 제2차로 미국에 방문하게 되었다. 미국에 건너가서 대한인국민회 중앙총회장으로서 미주 각지를 순방하며 한인사회의 단결과 실력을 향상시키고자 노력하였다. 1919년 3·1운동이 발발하면서 중국에 건너가 각지 임시정부를 통합하였을 뿐만 아니라, 실질적으로 임시정부를 이끄는 역할을 수행하였다. 그렇지만 그의 노력에도 불구하고 국민대표회가 결렬되면서 독립운동계의 통일을 이루지 못하고 북만주 일대를 순행하였다.

　　도산은 1924년 12월 중국에서 이상촌 건설과 대독립당 활동을 확대시키기 위해 미주 동포들의 지원을 받고자 3차로 미국에 건너가게 되었다. 로스앤젤레스를 중심으로 동포들을 순방하였으며, 1925년 4월부터 7월까지 미국 서부와 동부지방을 순행하며 한인 지도자와 유학생 등과 폭넓게 논의를 펼쳤다. 그러다가 1926년 3월 이상촌 건설운동과 대독립당을 성립시키기 위해 다시 중국에서 활동하다가, 1932년 윤봉길의 의거 때 일제에 체포되었다.

　　미주지역 독립운동 지도자 가운데 한 사람인 서재필은 1925년 8월 여자애국단 기념식 연설에서, "안창호 선생 같은 이는 아브라함 링컨같은 이요.

그가 학교에는 못다녔으나 천연적 지혜와 능력이 있는 인도자이외다. 그러한 이로 한국에 아브라함 링컨을 만들어 봅시다"라고 하였다.[106] 안창호는 서재필보다 14살이나 적고, 사회적 지위나 경력에서 보아도, 그를 '선생'이라 부를 수 있는 처지에는 있지 않다. 그런데, 서재필은 '안창호 선생'이라고 경칭하였으며, 그를 미국의 흑인노예를 해방한 '아브라함 링컨'과 같은 자질을 가진 위인이라고 추켜 세웠다. 서재필은 안창호의 자질과 인물됨을 처음부터 잘 알고 있는 사이는 아니었다. 그런데, 그가 도산에 대해 깊은 인상을 받은 것은, 1925년 도산이 미국 동부와 시카고를 방문했을 때 그와 많은 이야기를 나누면서 그의 생각과 애국심에 대해 완전히 알게 되면서 깊은 감명을 받았기 때문일 것이다.

서재필과 같이 안창호를 만나 격의 없는 대화를 나누어 본 사람들은 모두 그의 인품에 감복을 받았다. 도산은 애국적 열정과 인간에 대한 무한한 긍정적 사고로 자신의 생각을 전파할 수 있는 엄청난 능력을 가졌다. 미국에 온 이후 동포들의 생활 일반을 개선시키고 조직적 단체생활을 할 수 있게 변화시켜 갔다.

이처럼 안창호가 국내외에서 독립운동을 전개할 수 있었던 가장 큰 기반은 미주의 대한인국민회에 재미동포들이었다. 특히, 미주지역은 독립운동의 젖줄이라고 할 수 있는데, 안창호는 미주 대한인국민회를 근거로 하였기 때문에 비교적 재정적 여유가 있었다는 것은 분명하다. 안창호에게 '미주'는 자신의 독립운동 노선을 지지하고 또 재정적으로 후원해 주었던 가장 큰 기반이라고 할 수 있다.

---

106 『신한민보』1925년 9월 3일자, 「여자애국단 기념식에서 박사의 연설에」.

2장

미주 한인동포의 어머니, 이혜련

1 머리말

흔히 위대한 인물 뒤에는 반드시 훌륭한 여성이 있다고 한다. 그 여성은 어머니가 될 수도 있고, 부인이 될 수도 있다. 안중근 의사의 어머니 조마리아, 백범 김구의 어머니 곽낙원은 우리 독립운동의 역사에 길이 남을 위대한 인물을 키워냈다. 그리고 우당 이회영의 부인 이은숙, 우사 김규식의 부인 김순애, 백파 김학규의 부인 오광심, 단재 신채호의 부인 박자혜 등과 같이 독립운동에 헌신하는 남편을 지지해 주고 또 묵묵히 가정을 꾸리며 함께 독립운동을 했던 부인들이 있었다.

이혜련은 도산 안창호의 아내이다. 두 사람은 37년 동안 결혼생활을 하였다. 그렇지만 도산이 민족의 자유와 독립을 위해 국내외로 돌아다녔기 때문에 겨우 13년 동안만 같이 살았으면서도 3남 2녀의 자녀를 두었다.

이혜련은 민족의 위대한 지도자를 남편으로 두었고, 그래서 남편이 없는 동안 혼자 다섯 남매를 키우고 가족을 돌보며 살았다. 사실상 고난의 한 평생이었다고 할 수 있다. 혜련은 눈물이 많은 사람이었다. 그래서 그녀 자신도 "당시 나는 울보였어요. 모든 일을 눈물로 풀었어요"라고 하였다. 거리에서 한인동포를 만나면 반갑다고 울고, 사람들이 울지 말라고 하면 더 많은 눈물이 쏟아졌다. '인정'이 많은 만큼 이국땅에서 고달픈 이민생활을 하였던 것이다. 만리타국 미국에서 한인 여성들의 독립정신을 일깨우고, 조국의 독립과 민족의 자유를 위한 자금을 모았다. 그뿐만 아니라, 미주 한인사회의 궂은 일을 도맡아 하면서 언제나 든든한 어머니로서 역할을 해 왔다.

이혜련은 1884년 4월 21일 평안남도 강서군에서 아버지 이석관의 큰 딸로 태어났다. 그녀의 집안에 대해 별로 알려진 바는 없지만, 아버지는 도산이 태어난 도롱섬에서 한문서당의 훈장으로 있었다. 혜련의 친동생 두 명과 서모(庶母)가 낳은 두 명의 동생이 있어 다섯 남매였다. 그러나 여덟 살 때에 어머니가 세상을 떠났기 때문에, 고모할머니의 슬하에서 자라면서 어릴 때부터 동생들을 돌보고 집안일을 도맡아 해야만 했다.[1]

혜련의 아버지는 서당훈장을 할 때, 이미 안창호의 영특함을 잘 알고 있었다. 그래서 그는 딸이 13살이 될 때 도산을 사위로 미리 점찍어 두고 있었다. 1897년 도산이 고향에 돌아와 독립협회 운동에 매진하고 있을 당시, 혜련의 아버지와 도산의 조부가 두 사람을 혼인시키기로 결정하였다. 그런데, 도산은 종교가 다르고 신교육을 받지 않은 신부를 맞이할 수 없다고 혼인을 거부하였다. 도산의 혼인 거부 사유에 따라, 혜련의 아버지는 온 가족이 모두 기독교인이 되었고, 혜련에게 더 이상 집안일을 하지 못하게 한 뒤 신교육을 받게 하였다. 이로써 도산은 혜련과 약혼을 하게 되었던 것이다.

혜련은 15살 때 신교육을 받기 위해 도산의 여동생 안신호와 함께 서울 정신여학교에 입학하여 2년간 수학하였다. 안창호는 평양의 쾌재정에서 '만민공동회'를 개최하고 웅변가로 명성을 얻는 등 청년 애국지사로서 점점 알려지게 되었다. '독립협회'가 해산당한 이후, 고향에 돌아와 '점진학교'와 '탄포리교회'를 설립하면서 계몽운동을 펼쳤다. 그러나 도산은 우리나라를 선진적인 국가로 발전시키기 위해서는, 자신이 직접 미국에 가서 교육학을 체계적으로 공부하지 않으면 안 된다고 판단했다. 그래서 그는 약혼녀 혜련의 집안에 10년간 미국유학을 다녀온 후 결혼을 하겠다고 말하였다. 그렇지만 혜련의 아버지는 딸의 혼인을 더 이상 미룰 수가 없다고 하면서, 도산과 함께 미국 유학을 가라고 하였다. 안창호는 25살, 이혜련은 19살이 되는 1902년 9월 3일, 밀러 목사의 주례로 서울 제중원에서 혼례를 올렸다. 그리고 다음 날 두 사람은 미국유학을 떠나, 그 해 10월 7일 미국 시애틀을 거쳐 14일에 샌프란시스코에 도착하였다.

---

[1]   존차 지음, 문형렬 옮김, 『버드나무 그늘아래』, 문학세계사, 2003, 56쪽.

2 미국 이주와 생활

　　미국에 도착한 안창호, 이혜련 부부는 의사이자 이민국 심사관인 드류(A. D. Drew) 박사의 집에 거주하며 신혼생활을 시작하였다. 도산은 미국에 온 지 석달 정도 지난 후 미국 교육체계를 익히기 위해 초등학교 1학년부터 학업을 시작하였다. 도산은 샌프란시스코에서 공립초등학교에 다니고 있었는데, 스쿨 보이(school boy)로 한 달에 2달러 50센트를 받고 미국인 가정에서 일을 하였다. 그러나 학업을 하던 중 미주 동포들의 생활을 개선하지 않으면 안 된다고 보았다. 동포들의 생활을 개선시키는 것이 더 중요하다고 생각하고 일단 학업을 중단하였다. 그러면서 혜련은 자연스럽게 자신이 모든 생계를 담당하여야만 할 입장이 되었던 것이다. 당시 미주 지역 한인 여성들이 할 수 있는 일은 요리하고 청소하는 가정부 생활이었다. 가정부 생활을 한 지 석 달 뒤 두 사람은 파인 스트리트(Pine Street)에는 있는 하숙집으로 이사하였고, 요리와 바느질, 세탁을 해 주며 하숙비를 내고, 먹고 입는 데 필요한 돈을 벌기 시작하였다. 미국에 온 지 한 해가 지나자 혜련의 샌프란시스코 생활도 익숙해져 갔다. 도산은 그곳에서 1903년 9월 3일 미주 최초의 한인단체인 '친목회'를 조직하였다. 그런데 얼마 후 도산이 로스앤젤레스 동쪽으로 약 45마일(약 72km) 떨어진 리버사이드의 농장 지역으로 가야만 한다고 하였다.

　　샌프란시스코에서는 동포들의 생활 개선이 어느 정도 되었기 때문에, 한인 노동자들이 많은 리버사이드에서 동포들의 생활을 돌봐야만 한다고 했다. 그래서 도산은 혜련을 샌프란시스코에 남겨 두고 1904년 3월 리버사이드로 혼자서 갔다. 리버사이드에서 도산은 농장에서 일을 하며 한인동포들을 위한 활동을 하고 있었기 때문에, 바로 혜련을 데리고 와서 같이 생활을 할 수가 없었다.[2] 그 후 리버사이드에서의 생활이 안정되면서 혜련을 리버사이드로 데리고 왔다. 리버사이드에서 도산은 알타 비스타(Alta Vista) 오렌지 농장의 주인 럼지(Rumsey)의 권유로 그가 빌려 준 1,500달러로 '한인노동주선소'를 차렸다. 노동주선소는 파차파 애비뉴(Pachappa Avenue) 1532번지에 사무실을 마련하였다. 이곳은 한인 노동자들의 노동주선소이기도 했지만, 도산 가족의 생활공간이기도 하였다. 리버사이드에 노동주선소가 설립되면서 여러 곳에 흩어져 있던 한인 노동자들이 모여들기 시작하였다. 현재 리버사이드 코티지(Cottage) 애비뉴와 파차파 애비뉴 코너의 3에이커 지역에 '한인촌(Korean Settlement)'이 형성되었다. 이 한인촌에 한인노동자들을 위한 노동주선소의 사무실이 있었다. 리버사이드 한인사회에서 도산은 오렌지 농장과 노동주선소에서 일을 하고, 혜련은 틈틈이 학교에 다니며 지역의 병원에서도 일을 하였다. 그러나 남편이 한인사회의 지도적인 인물이 되면서, 혜련은 곧 학교를 그만두어야만 했다. 왜냐하면 그녀가 돈을 벌지 않으면 안 되었기 때문이다. 그녀는 다시 풀타임으로 일하러 갔다. 도산은 이제 혜련의 남편이 아니라, 한인사회 모든 곳에서 찾는 지도자가 되었다. 그러면서 혜련은 남편을 볼 수 있는 시간이 점점 더 없어졌고, 도산은 결국 한인들이 더 많이 필요로 하는 대도시인 샌프란시스코로 돌아갔다.

 미국에 온 지 2년 만인 1905년 3월 29일 혜련은 로스앤젤레스의 한 교회에서 교인들의 도움을 받아 큰 아들 필립을 낳았다. 이 시기 도산은 샌프란시스코에서 미주 한인들의 연합기관인 '공립협회'를 창립하였다. 혜련은 아들과 함께 리버사이드에서 가정부, 요리사, 청소부, 재봉사로 일을 하며 돈을 벌었다.

 국내에서 결혼식을 올리자마자 미국에 온 혜련과 도산 부부는 신혼생활을 시작하게 되었다. 혜련은 샌프란시스코에서 신혼생활을 하면서 의식주를 해

---

2 박재섭 · 김형찬 편저, 『나의 사랑 혜련에게』, 소화, 1999, 20~21쪽.

결해야만 했다. 가장 중요한 것이 먹는 일이기 때문에, 음식을 만들어야만 했던 것이다. 혜련은 장녀로 어머니가 일찍이 세상을 여의였기 때문에, 어릴 때부터 아버지와 동생들을 위해 음식을 만들었다. 그래서 웬만한 음식은 척척 조리할 수 있었다. 그런데, 미국에 와서는 음식 재료가 충분하지 못하고, 또 서양식 재료이기 때문에 음식을 조리하는 것이 쉽지 않았다. 그럴 때면 도산이 늘 음식 조리법을 가르쳐 주었고, 자연스럽게 의견 차이가 생겨 조그마한 다툼도 벌어졌다. 혜련은 얼마 후 미국 음식도 훌륭하게 조리할 수 있게 되었다.

혜련은 가족들뿐만 아니라 미주 한인사회에서도 소문이 날 정도로 음식솜씨가 좋았다. 그렇지만 도산은, 아내의 음식 솜씨는 모두 자신이 가르쳐준 것이라고 은근히 자랑 하였다. 도산이 중국 상하이[上海]에 있을 당시인 1920년 12월 15일에 아내에게 보낸 편지에서, "당신은 음식을 지금에는 나보담 선생님답게 하지마는 그 근본은 나한테 많이 배운 것을 기억하시오. 당신이 하나도 나한테 배우지 아니하였다고 싸우던 것이 기억됩니다"라고 하였다. 미국에서 신혼생활을 한 도산과 혜련은 결혼 초기에 서로 약간의 다툼도 있었다.[3]

도산은 결혼 직후 모든 면에서 아내에게 권면하는 말을 하였던 것 같다. 1920년 4월 22일 도산이 아내에게 보낸 편지에 보면, "옛날 내가 당신한테 무슨 말을 좀 하면 당신은 잘 듣지 않고, 입을 삐쭉하면서 '나는 생기기를 그렇게 생겼어요.' 하던 것이 생각나서 혼자 속으로 웃었소이다"라고 하였다.[4] 그런 것을 보면, 이혜련은 도산의 말을 대부분 잘 따랐지만 고집도 있었던 것 같다. 그렇지만 어릴 때부터 아버지의 엄격한 유교적 교육을 받아서 그런지, 자신의 감정을 결코 겉으로 드러내지는 않았다.

도산은 가끔 혜련의 마음을 아프게 한 적도 있었다. 로스앤젤레스 웨스트

---

3   박재섭·김형찬 편저, 『나의 사랑 혜련에게』, 115~116쪽.
4   박재섭·김형찬 편저, 『나의 사랑 혜련에게』, 106쪽.

4번가에 살 때, 도산은 사흘이나 말을 하지 않았다. 그래서 화가 난 혜련이 손가방을 들고 집을 나가겠다고 하였다. 그리고 클레어몬트에 갔을 때와 이옥형의 혼인 때도 부부가 크게 싸운 적이 있었다. 그렇지만 혜련은 잠들지 못하고 깊은 밤, 어두운 방에 들어와서 사랑과 동정으로 도산을 감싸 주었다고 한다.[5] 이렇게 모든 부부가 그런 것처럼 사소한 다툼도 있었다. 그렇지만 늘 두 사람이 상대를 사랑하고 존중하면서 어려운 시간을 이겨 나갔다.

이혜련과 도산이 미국에서 생활하는 동안 고국은 일제에 의해 을사늑약이 강제로 체결되고 국권을 침탈당하면서 망국으로 치닫고 있었다. 망해 가는 나라를 앉아서 두고 볼 수가 없었던 도산은 나라를 새롭게 하려는 포부를 가지고 1907년 귀국하게 되었다. 도산이 국내에 들어가 '신민회'를 조직하는 등 국권회복운동을 전개할 당시 혜련은 어린 필립을 데리고 미국에서 생활하고 있었다. 도산은 국내에 들어갈 당시 1년 이상 장기간에 걸쳐 활동하게 될 것이라고 생각하지는 않았다. 그러나 당시 시국이 급변하여 대한제국의 국권이 일제에 의해 점점 침탈당하는 상황이었고, 많은 동지들이 도산이 미국으로 돌아가는 것을 만류하며 국내에서 활동하여 달라고 부탁하였다. 그러다 보니 가족들이 있는 미국으로 돌아갈 시기가 미뤄지게 되었던 것이다. 도산은 1908년 12월 30일 자로 혜련에게 보낸 편지에서 다음 해 가을에는 결단코 돌아가겠다고 하였으며,[6] 1909년 2월에도 금년 안으로 돌아간다고 하였다.[7] 국내에서의 활동이 장기화되자 혜련은 도산과 함께 살기 위해 귀국을 하려고 결심하였지만 도산은 국내에 들어오지 말라고 만류하였다.[8]

남편이 국가와 민족을 위해 일하고 있을 당시 혜련은 미국에서 생계를 꾸려 가야만 했다. 1908년 7월 27일자 도산의 편지에 보면, "그대는 간호원은

---

5   박재섭·김형찬 편저,『나의 사랑 혜련에게』, 119~120쪽.
6   박재섭·김형찬 편저,『나의 사랑 혜련에게』, 48쪽.
7   박재섭·김형찬 편저,『나의 사랑 혜련에게』, 50쪽.
8   박재섭·김형찬 편저,『나의 사랑 혜련에게』, 54쪽.

그만두고 음률을 할 수 있는 대로 배우면 좋겠소이다"라고 하였다.[9] 이를 보아 혜련은 병원에서 간호원으로 일을 하고 있었던 것이 분명하다. 그렇지만 젊은 부인이 홀로 아들을 키우며 집안 살림을 감당하기는 결코 쉽지는 않았다. 그런 가운데서 혜련은 남편에게 편지로 가족들의 근황과 미국 소식을 자세히 알려 주었다. 당시 도산은 국내에서 너무나 많은 활동을 하느라고 아내에게 자주 편지하지 못하였다. 그래서 도산은 "나만 사랑치 않고 나라를 사랑하는 그대는 나를 나랏일 하라고 원방(遠邦)에 보낸 셈으로 치고 스스로 위로 받기를 원하나이다"라고 부탁하였다.[10]

도산은 망해 가는 대한제국의 국권을 회복시키기 위해 노력하였지만 1910년 봄, 다시 국내를 떠나 해외로 망명하지 않을 수가 없었다. 도산은 국외에 독립운동기지를 세우기 위해 러시아 연해주 블라디보스토크로 갔다. 혜련은 아들 필립을 키우며 돈을 벌어야만 했다. 왜냐하면 도산이 연해주에서 활동하고 있기 때문에, 남편을 위해 돈을 보내주어야만 했기 때문이었다. 혜련은 포도 농장에서 일을 하며 생활을 꾸려 가고 있었다. 그녀가 일하던 포도 농장은 쿠카몽가(Cucamonga)라는 곳으로, 인가가 드물고 광막하기 때문에 아이를 키우는 것도 쉽지 않은 지역이었다.[11]

도산이 블라디보스토크에 있는 동안 그의 생활비는 아내가 보내 주었다. 도산은 아내에게 미안한 마음에 돈을 보내지 말라고 하였지만, 혜련은 남편을 위해 100달러를 블라디보스토크로 송금하였다.[12] 1911년 당시 1달러는 현재의 구매 가격으로 약 30달러에 해당된다. 혜련이 도산에게 보낸 100달러는 현재적 가치로 3,000달러(약 3백만 원) 정도가 된다. 남편이 연해주와

[9] 박재섭·김형찬 편저, 『나의 사랑 혜련에게』, 43쪽.
[10] 박재섭·김형찬 편저, 『나의 사랑 혜련에게』, 47쪽.
[11] 박재섭·김형찬 편저, 『나의 사랑 혜련에게』, 61쪽.
[12] 박재섭·김형찬 편저, 『나의 사랑 혜련에게』, 125쪽; 이혜련이 안창호에게 보낸 편지」(1911.06.03.), 독립기념관 소장자료(1-A00020-010).

북만주에서 독립운동기지를 건설하려고 돌아다니는 동안, 혜련은 "살구도 짓고 포도 따러" 가는 등 과일농장에서 노동을 하고 있었다. 그리고 남편에게 "속히 돌아오시기만을 바라나이다"라고 편지를 보냈다.

3   도산의 독립운동 원조 활동

중국과 러시아에서 활동하던 도산은 영국 글래스고에서 칼레도니아호를 타고 1911년 9월 3일 미국 뉴욕항에 입항하였다. 미국을 떠난 지 4년 만에 부인과 아들을 다시 만나 단란한 가정을 이루고 살 수가 있게 되었던 것이다. 아들 필립은 그때 이미 여섯 살이 되어 있었다. 그러나 오랫동안의 객지 생활로 몸이 성한 곳이 없었기 때문에 얼마간의 요양이 필요하였다.

도산이 미국에 도착하여 제일 처음 한 일은 러시아의 수도 상트페테르부르크의 병석에 있는 동지 이갑(李甲)에게 치료비와 미국으로 갈 수 있는 여비를 보내는 일이었다. 남편의 안타까운 마음을 잘 아는 혜련은, 삯바느질과 세탁으로 푼푼이 저축한 것을 합쳐서 미화 300달러를 보냈다. 이갑을 미주 대한인국민회의 기관지 『신한민보』 주필로 초빙하기 위하여 여비를 보냈던 것이다. 이갑이 도산의 도움을 받아 뉴욕항에 들어왔던 기록은 현재 미국 이민국 소장자료에서도 확인된다.[13] 이갑은 1912년 4월 13일 독일 함부르크에서 프레토리아(S. S. Pretoria)를 타고 4월 29일에 뉴욕항에 도착하였다. 그런데 이민국 신체검사에서 중한 병자라고 상륙이 거부되었던 것이다. 혜련이 고생해서 번 돈을 보냈지만, 결국 미국에 가지 못하게 되었던 것이다. 결국 이갑은 1917년 연해주에서 세상을 떠나고 말았다.[14]

도산이 미국에 돌아온 지 1년쯤 뒤인 1912년 7월 5일 둘째 아들 필선이 태어났다. 첫째 딸 수산은 1915년에, 그리고 둘째 딸 수라는 1917년에 태어났다. 남편이 다시 미국으로 돌아온 것만으로 혜련은 너무나 행복했다. 남편

---

13   이갑의 뉴욕항 입항 기록은 흥사단 미주 위원장 윤창희 변호사가 필자에게 제공해 주었다.
14   박재섭·김형찬 편저, 『나의 사랑 혜련에게』, 79쪽.

이 돌아왔다고 혜련이 오로지 홀로 감당해 온 일들이 줄어들지는 않았다. 아니 도산이 돌아온 뒤 혜련의 일이 두 배, 세 배로 늘어났다. 왜냐하면 도산을 찾아오는 동포들이 수도 없이 많았기 때문이다. 그녀의 집은 독립운동을 논의하는 곳이며, 모든 한인의 모임 장소였다. 일요일이면 모든 사람이 예배를 마치고, 혜련의 집으로 몰려왔다. 그녀는 집에 오는 동포들을 위해 밥뿐만 아니라 김치도 충분히 준비해 두었다.

미주 동포들은 도산을 충실한 가장으로 편하게 살게 해 주지 않았다. 1912년 1월부터 도산은 동포들이 사는 모든 곳을 찾아다녔다. 샌프란시스코에서 캘리포니아 북부 스탁톤, 새크라멘토로, 다시 샌프란시스코에서 캘리포니아 중부의 다뉴바로, 다뉴바에서 로스앤젤레스로, 가족들과 함께 지낼 수 있었지만 거의 집에 있지 않다. 도산은 1912년 2월 3일 혜련에게 보낸 엽서에 다음과 같이 썼다.

> 나는 산타바바라(Santa Barbara)를 다녀서 롬폭(Lompoc)에 와서 어제 잤고, 내일은 샌프란시스코로 가는데 밤에야 내리겠소. 새크라멘토에서 그저께 스탁톤으로 와서 그 근경 각 섬 농장으로 다니니 자연 시간이 많이 허비됩니다. 이곳에 2~3일을 허비하고, 다뉴바(Dinuba)로 갈터인데, 실버데일(Silverdale)과 롬폭을 다니어 가면 여러 날이 되겠소이다. 그렇지 않으면 빨리 갈 것같소.[15]

도산은 한인들이 많이 살고 있는 캘리포니아주 지역을 중심으로 동포들을 심방하였으며, 멀리는 콜로라도주의 덴버(Denver)까지 갔었다.[16] 또한 1915년 4월 '대한인국민회 중앙총회' 총회장으로 선임되면서 더욱더 많은 활동을 하였다.

---

15 박재섭·김형찬 편저, 『나의 사랑 혜련에게』, 69쪽.
16 박재섭·김형찬 편저, 『나의 사랑 혜련에게』, 77쪽.

그러다가 1917년 8월부터 1918년 8월까지 1년 동안 멕시코를 순방하게 되었다. 멕시코 혁명으로 인해 위험해진 유카탄의 메리다를 방문할 때, 혜련은 남편에 대한 걱정으로 마음고생이 많았다. 특히, 도산은 치아가 좋지 못해 음식을 잘 못 먹을 뿐만 아니라, 멕시코의 풍토병에 걸리지 않을까 하는 염려가 있었다. 그녀의 그러한 걱정은 현실이 되고 말았다. 도산은 멕시코의 수도 멕시코시티에 도착하였을 때 이미 학질에 걸려서 정신이 몽롱하였다. 그뿐만 아니라 치통이 재발하여 건강상태는 말이 아니었다. 혜련은 남편의 안전과 건강에 노심초사하였다. 1918년 5월 11일 도산이 아내에게 보낸 편지에, "나의 사랑인 혜련, 당신의 평생에 몸 고생도 많았거니와 몸 고생보다 마음 고생하여 온 것을 생각하니 나는 어떻다고 말할 수 없소이다"라고 미안함을 표현하였다.[17]

미국에 있으면 혜련이 도산의 건강을 돌봐주었겠지만, 멕시코에 있으니 어쩔 수가 없었다. 혜련과 가족들은 1914년부터 1935년까지 로스앤젤레스 노스 피게로아 스트리트(North Figueroa Street) 106번지에 살았다. 이 집은 일반 가정집이기도 했지만, 도산이 창설한 '흥사단'의 단소이기도 했다. 흥사단소에서 큰딸 수산, 둘째 딸 수라, 막내아들 필영이 태어나고 자랐다. 그런데 흥사단소를 사우스 카탈리나 스트리트(South Catalina Street) 3421번지로 옮기면서 도산의 가족들도 이사를 갔다. 1935년부터 혜련과 가족들은 웨스트 37번가 954번지의 주택을 세들어 살았다. 혜련과 그의 자녀들이 살았던 이 주택은 로스앤젤레스 시당국에서 철거해 서던캘리포니아대학교(남가주대학, University of Southern California)의 부지로 사용하려 하였다. 그러자 이 대학 한인 동문들이 이 집의 역사적 중요성을 학교 당국에 알렸고, 도산 가족의 집은 옛 모습대로 복원하여 현재 '남가주대학 한국학연구소'로 사용하고 있다.

---

17 박재섭·김형찬 편저, 『나의 사랑 혜련에게』, 91쪽.

도산은 대한인국민회 총회장으로 동포사회를 돌보고 독립운동을 지도하고 있을 당시, 혜련도 남편 못지않게 한인사회를 위한 일을 하고 있었다. 로스앤젤레스에 거류하는 한인 부인들도 1917년 11월 '부인친애회'를 조직하고 그 해 12월 20일 통상회를 열어 회장 이하 각 임원을 선출하였는데, 조직 목적은 부인의 미덕과 수양을 쌓는 부인 간의 친애 도모에 있었다.[18] 혜련도 부인친애회에 가입하여 회원으로 활동하고 있었으나 로스앤젤레스 부인친애회에서 그녀가 어떠한 일을 하였는지에 대한 자료는 없다. 다만, 도산이 중국으로 갈 때인 1919년 4월 9일 호놀룰루에서 아내에게 보낸 편지에, "나는 국민회의 일을 맡았고, 당신은 부인회의 회장으로 있으니 우리의 짐이 더욱 무겁고 우리 동포에게 빚진 것이 많소이다"라고 하였다.[19] 이를 보아, 3·1운동이 일어날 당시 혜련은 로스앤젤레스 부인친애회의 회장을 맡고 있었던 것이 확실하다.

1919년 3월 1일 국내에서는 민족대표 33인의 이름으로 독립국임과 자유민임을 전 세계에 선포하였다. 국내에서 독립을 선언하였다는 소식을 중국 상하이에 있는 현순(玄楯)이 3월 9일 전보로 안창호에게 알렸다. 이에 따라 대한인국민회 중앙총회에서는 독립운동을 지도하기 위해 도산을 중국에 파견하기로 결정하였다. 이 같은 결정에 따라 도산은 1911년 미국에 다시 돌아온 지 7년 7개월 만인 1919년 4월 2일, 미국을 떠나 중국으로 향했다.

혜련은 남편이 대한인국민회를 대표하여 중국으로 갔기 때문에, 다시 혼자서 가족을 돌봐야만 했다. 도산은 4월 9일, 하와이 호놀룰루에 도착하여 아내에게, "덕이 많으신 당신은 여러 여자에게 모범되도록 힘쓸 줄을 믿나이다"라고 편지를 보냈다.[20] 국내의 3·1운동 소식이 북미 지방에 전해진 이후 한

---

18 『신한민보』 1918년 1월 10일자, 「라성의 부인친애회」.
19 박재섭·김형찬 편저, 『나의 사랑 혜련에게』, 101쪽.
20 박재섭·김형찬 편저, 『나의 사랑 혜련에게』, 101쪽.

인여성들도 3·1운동을 후원하는 데에 모든 노력을 다 바쳤다. 다뉴바의 '신한부인회'도 그렇고, 혜련이 활동하고 있었던 로스앤젤레스의 부인친애회에도 임시회를 소집하고 독립운동을 어떻게 지원할 것인가를 결의하였다.[21]

북미 지역에서 독립운동을 지원하던 여성단체들의 통합운동이 일어나, 1919년 8월 5일, '다뉴바 신한부인회', '로스앤젤레스 부인친애회', '새크라멘토 한인부인회', '샌프란시스코 한국부인회', '윌로우스 지방부인회' 대표자들이 다뉴바에 모여 합동을 결의하고 '대한여자애국단'을 결성하였다. 대한여자애국단 조직에 참여하였던 다뉴바, 새크라멘토, 샌프란시스코, 로스앤젤레스, 윌로우스 등의 부인회가 소재하였던 지방에는 곧바로 지부가 설립되었다. 그리고 캘리포니아주의 한인들이 많이 거류하였던 맥스웰, 델라노, 오클랜드 지방에도 지부가 설립되었다. 혜련이 살고 있었던 로스앤젤레스에도 대한여자애국단 지부가 설치되었다.

도산은 중국 상하이에서 대한민국 임시정부를 지도하면서 바쁜 나날을 보내느라고 아내에게 편지를 쓸 여유도 없었다. 그래서 그는 "나는 바쁜 것만 생각하여 도무지 편지하지 아니함으로 큰 빚을 진 듯이 괴로웠소이다"라고 자신을 책망하면서, "당신은 너그러이 생각하여 용서하소서"라고 하였다.[22] 혜련은 남편이 독립운동에 전념하는 동안 미국에서 대한여자애국단을 통해 남편의 사업을 음으로 양으로 돕고 있었다.

도산은 중국에서 독립운동을 하면서 "우리 민족의 지식, 금전, 단결의 능력이 너무도 부족한 가운데서 큰일을 지으려 하니 앞이 막막한 때가 많소이다"라고 아내에게 속내를 털어놓기도 했다.[23] 상하이에서는 도산의 동서인 김창세가 도산의 건강을 돌볼 뿐만 아니라, 홍사단에 입단하여 그를 보호하

---

21 『신한민보』 1919년 5월 1일자, 「로스앤젤레스 부인의 애국 열심」.
22 박재섭·김형찬 편저, 『나의 사랑 혜련에게』, 103쪽.
23 박재섭·김형찬 편저, 『나의 사랑 혜련에게』, 111쪽.

였다. 처제 이신실은 천성이 간사하고 꾸미는 것은 모르고 다만 근본 생긴대로 이름같이 신실하고 충성스럽게 형부를 따랐다. 그래서 도산은 처제가 "나를 아버지 이상으로 믿고 사랑합니다"라고 하였다.[24]

혜련은 남편이 중국에 있기 때문에 필요한 물품을 보내주기도 하였다. 도산은 여러 곳을 다니다 보니, 신발이 헤져서 새로 신발을 사야만 했다. 그런데 신발가게에 세 번이나 갔지만 좋지 못한 것은 마음에 들지 않았고, 마음에 드는 것은 비싸서 사지 못하고 돌아왔다. 그러던 때 혜련이 남편을 위해 신발을 보내주었던 것이다. 남편에게 보낸 신발은 큰아들 필립의 발 크기에 맞추었다. 그런데 신발의 길이나 볼의 크기가 너무나 잘 맞았던 덕에 주위의 사람들로부터 부러움을 샀다. 도산이 어느 날 연회에 갔더니, 누가 일어나서 말하기를 "오늘 도산 선생의 가장 기쁜 일 당한 것을 광고합니다. 도산 선생의 부인이 도산 선생한테 예물하였어요"라고 하였다.[25] 도산이 중국에서 독립운동을 하고 있을 동안, 필립은 어느덧 성년이 되어 아버지가 없는 가정을 이끌어가는 든든한 가장으로서 역할을 하고 있었다.

도산은 1921년부터 3년에 걸쳐 임시정부와 독립운동계를 통일하는 사업을 하였지만 실패로 돌아가자 가족들을 만나기 위해 미국으로 가게 되었다. 그는 1924년 12월 16일 샌프란시스코에 도착하였고, 6년 만에 로스앤젤레스에 가서 아내와 아이들을 만났다.

도산은 미국에 도착하여 가족들과 두 달가량 같이 지냈다. 6년 동안 집을 떠나 미국에 다시 돌아왔지만 가족들과 함께 보낼 시간은 없었다. 캘리포니아 북부의 샌프란시스코부터 스탁턴과 새크라멘토를, 캘리포니아 중부에서는 다뉴바와 리들리, 베이커즈필드, 캘리포니아 남부에서는 리버사이드와 샌디에고까지 동포들을 순방하였다. 도산 자신도 "당신과 아이들 하고 같이

---

24   박재섭·김형찬 편저, 『나의 사랑 혜련에게』, 106쪽.
25   박재섭·김형찬 편저, 『나의 사랑 혜련에게』, 125~126쪽.

있지 못하고 이렇게 돌아다니다가 또 멀리로 갈 것을 생각하니 마음이 때때로 처참합니다"라고 하였다.[26]

혜련의 입장에서는 남편이 6년 만에 집에 돌아와서도 각 지역으로 돌아다니니 원망하지 않을 수가 없었다. 도산은 1925년 4월 중순부터는 시카고, 뉴욕, 보스턴, 필라델피아 등 동포들이 있는 미국 동부 지역을 순방하고 7월 27일에 집으로 돌아왔다. 세 달 이상 집을 떠났다가 돌아온 것이다. 도산이 오랫동안 외지에 있다가 미주에 돌아와서도 집에 있지 않고 돌아다니니 화가 나서, 혜련은 남편에게 '등한한' 가장이라고 책망하는 편지를 보냈다. 이 편지를 받은 도산은 "당신이 나를 등한한 사람이라고 함에 대하여 나는 조금도 부인하지는 않고 그렇다고 자처합니다"라고 하였다. 그러면서 "나야 근본이 그런 사람이 아닙니까, 당신은 여지껏 잘 참더니 왜 늙어가면서 참지 못하고 그리 야단을 칩니까"라고 하였다. 가정사를 등한시한다는 아내의 책망을 들은 도산은, 미국 동부 순행을 그만둘 수밖에 없었다.[27] 그리고는 자신을 따르는 장리욱과 같이 집으로 갈 것이니, 맛있는 김치를 준비해 달라고 하였다.

도산이 로스앤젤레스 집에 돌아왔기 때문에 그를 보기 위한 동포들의 방문은 끊이지 않았다. 멀리서 방문한 동포들을 먹이고 재우기 위해서는 돈이 필요하였다. 혜련은 식비를 마련하기 위해 병원이나 부유한 백인들의 집을 밤낮으로 청소하고, 빨랫감을 세탁하고, 바느질을 하였다. 1년 2개월 정도 미국에서 활동하던 안창호는 1926년 3월 2일, 샌프란시스코를 출발하여 다시 중국으로 돌아갈 수밖에 없었다. 그가 떠나기 전에 혜련은 임신을 하고 있었다. 중국 상하이로 돌아간 도산은 아내에게 "당신의 태기 있는 것을 아이들한테 편지하려고 하였으나 내역 무어라고 말할는지 하도 염치가 없어 못썼나이다"라고 하였다. 임신한 아내를 두고 다시 중국으로 온 도산은 가족들

---

26 박재섭·김형찬 편저, 『나의 사랑 혜련에게』, 136쪽.
27 박재섭·김형찬 편저, 『나의 사랑 혜련에게』, 140~141쪽.

에게 미안한 마음을 다 표현할 수가 없었다. 배 속에 있는 "아이 이름은 남자이면 '필영'이라 하고, 여자이면 '수경'이라 하는 것이 좋을 듯합니다"라고 하였다.[28] 도산은 임신한 아내에게 너무나 염치가 없었다.

---

28   박재섭·김형찬 편저, 『나의 사랑 혜련에게』, 153~154쪽.

4 가정 수호와 자녀 교육

　　　　　　도산은 1924년 12월 가족들이 있는 곳으로 미국으로 와서, 1926년 3월 이상촌 건설운동과 대독립당을 성립시키기 위해 다시 중국으로 돌아갔다. 가장이 없는 미국에서 다섯 아이의 보호자가 된 혜련은 더욱 힘을 내어야만 했다. 장남 필립을 계속 공부시키려는 욕심도 있어, 부유한 집의 수양아들로 보내려고도 했다. 둘째 아들 필선도 계속해서 공부를 시켜야만 했으나, 경제적으로 뒷받침을 해 줄 수가 없었다. 그러나 필립은 1925년에 20세의 성년이 되어 있었다. 경제적으로도 이미 도매업을 통해 상당한 성과를 거두고 있었다. 그는 아버지가 독립운동에 전념하는 동안 아버지를 대신하여 가장이 되었던 것이다. 막내동생을 임신한 어머니 혜련을 돌봐야만 했다.

　그렇지만 혜련은 필립에게만 기댈 수 없었기 때문에, 다른 사람들의 집안일을 해주면서 과일가게에서 필립과 함께 일을 하였다. 그리고 딸 수산과 수라도 방과 후나 주말에는 어머니를 도와 집안일을 거들었으며, 필선 또한 필립의 과일가게 일을 도왔다. 도산은 중국에서 나라를 되찾기 위한 독립운동에 매진하고 있었다. "나는 더욱이 여러 동지와 동포에게 빚진 것이 많고 지금은 늙었으니 다시는 집이나 무엇이나 사사로운 일을 돌아볼 여지가 없고, 오직 혁명을 위하여 최후로 목숨까지 희생할 것을 재촉할 뿐입니다. 당신은 아이들에게까지도 혁명의 정신을 넣어주기를 힘쓰소서"라고 하였다.[29]

　1932년 4월 29일, 윤봉길의 홍커우공원[虹口公園] 의거 직후 도산은 일제에 체포되었다. 아버지가 체포되었다는 소식을 들은 필립은 상하이에 있는 미국영사에게 아버지의 석방을 부탁하였다. 도산이 체포되었다는 소식을

---

[29]　박재섭·김형찬 편저, 『나의 사랑 혜련에게』, 157~158쪽.

전해들은 미주 한인사회에서도 그의 안위를 걱정하였다. 미주의 한인 여성들도 "도산 선생이 국가사업에 공헌이 많으신 만큼 우리 여자된 심리로서는 더욱 안부인에 헌신적 사상을 흠모하오며 감사함을 마지 못합니다"라고 혜련에게 위로의 편지를 보냈다.[30]

일제에 붙잡혀 국내로 압송된 도산은 서대문형무소에서 감옥생활을 하였다. 몸이 쇠약해질 대로 쇠약해진 도산이 일제의 가혹한 감옥에서 생활하기는 정말로 어려웠다. 혜련은 남편에 대한 걱정이 이만저만하지 않았다. 도산의 강직한 성정(性情)을 너무나 잘 알기 때문이었다. 그래서 제일 먼저 남편에게 절대로 단식을 하지 말라고 전보를 보냈다.[31] 도산은 "지금의 조선 형편이 당신이 미주에 있어 재래(在來) 생각하던 형편과는 많이 다릅니다"라고 하면서, 걱정하는 아내를 안심시키기 위해 감옥생활에 아무런 어려움이 없다고 편지를 보냈다.[32] 도산이 국내에서 감옥에 갇히자, 혜련은 남편의 옥바라지를 위해 귀국하겠다고 하였다. 이같은 소식을 들은 도산은, "당신이나 누구든지 조선에 오지 마시오. 장차 내가 나온 후에 서로 만날 것을 경영하겠나이다"라고 하면서 만류하였다.[33]

혜련과 가족들이 국내로 들어가겠다는 계획은 도산의 만류 때문에 그만둘 수밖에 없었다. 서대문형무소에서 수형생활을 하던 도산에게는, 두 달에 한 번씩만 편지를 할 수 있었다. 그래서 그리운 아내와 가족들에게 마음대로 편지를 할 수가 없었다. 일제는 서대문형무소에서 갇혀 있던 안창호를 1933년 3월 28일 대전형무소로 이감시켰다. 대전형무소에서 감옥살이를 하던 도산은 아내에 대한 미안함을 다음과 같이 말하였다.

---

30 「김배세가 이혜련에게 보낸 편지」(1932.05.10.), 독립기념관 소장자료(1 - A00002 - 005).
31 박재섭·김형찬 편저, 『나의 사랑 혜련에게』, 159~161쪽.
32 박재섭·김형찬 편저, 『나의 사랑 혜련에게』, 163쪽.
33 박재섭·김형찬 편저, 『나의 사랑 혜련에게』, 162쪽.

이왕에도 말하였거니와 내가 평생에 당신에게 기쁨과 위안을 줌이 없었고, 이제 느즈막에 와서 근심과 슬픔을 주게 되오니 불안한 마음을 측량할 수 없습니다. 더욱이 가사와 아이들에 대한 모든 시름을 늘 혼자 맞게 하니 미안하고 미안합니다. 내가 조용한 곳에 홀로 있어 평소에 그릇한 여러 가지 허물을 생각하고 한탄하는 중에 남편의 직분과 아비의 직분을 다하지 못한 것이 또한 스스로 책망하는 조건입니다.[34]

일제의 감옥에 갇혀 있던 도산은 아내에게 아무런 근심하지 말고 모든 일은 자연의 순리에 맡긴 채, 집안을 돌보며 아이들을 잘 교육시킬 것을 당부하였다. 대전형무소에서 수형생활을 하던 도산은 1934년 2월, 1년 감형을 받았다. 그렇지만 국내에 있는 그를 대신하여 늘 그랬듯이, 집안을 돌보며 아이들을 교육시키는 것은 혜련의 몫이었다. 그래서 도산은 편지로 아내에게 슬퍼하지 말고, 또 근심하지 말라고 당부하였다. 아버지가 감옥에 있을 당시 장남 필립은 쨍쨍 내리쬐는 워싱턴 거리에서 과일 판매하는 일을 하였다. 그 후 로스앤젤레스 밴 나이스 대로(Van Nuys Blvd.)의 길모어에 있는 타워 식료품 상점 안에 매장을 얻었다. 거리에 있는 과일 판매대보다 엄청나게 많은 손님들이 몰려들었다. 벨몬트 중학교를 다니던 큰 딸 수산은 방과 후에는 시금치를 다듬고, 오렌지와 사과를 윤이 나게 닦는 것으로 가게 일을 도왔다. 가족 모두가 협력해서 신선하고 깨끗한 야채와 과일을 손님들에게 제공하기 위해 즐겁게 열심히 일을 하였다. 그래서 장사는 너무나 잘 되어 갔고, 서던캘리포니아대학교에서 가까운 37번가에 보다 큰 집으로 이사를 갈 정도로 돈을 벌었다. 필립은 아버지가 당부한 책임을 다했다. 큰아들로서 아버지가 없는 가족들을 돌보는 도리를 잘 지키며 평생을 살았다. 그 후 그는 할리우드에서 영화 일을 하면서 경제적으로는 실질적 가장이 되어 있었다.

---

34 박재섭·김형찬 편저, 『나의 사랑 혜련에게』, 164쪽.

안창호는 일제로부터 징역 4년형을 선고받고 복역하던 중 감옥에서 위장병이 심하여 1935년 2월 10일 가출옥되었다. 약 30개월 동안 감옥생활을 하고 대전형무소를 나올 때 58세였다. 도산이 출옥하자, 이혜련은 1936년 7월경 수산·수라·필영을 데리고 국내로 들어간다는 전보를 보냈다. 혜련은 장남 필립이 마련해 준 돈으로 배편을 준비하여 국내로 들어갈 생각을 하고 있었다. 필립은 영화 일을 하면서 충분한 돈을 벌었다. 그래서 어머니가 동생들을 데리고 국내에 가서 아버지를 만날 수 있도록 도왔다. 필립은 1936년 8월 3일, 산페드로 항구를 출발하여 일본 고베에 도착하는 프레지던트 쿨리지(S.S. President Coolidge)호에 승선할 배표 4장을 구입하였다. 그리고 어머니와 동생들이 국내에 가서 아버지를 만날 계획이라는 전보를 보냈다.

혜련이 국내에 들어가고자 하는 이유는 단순했다. 도산과 일생을 부부라는 이름으로 살았지만, 나이 들어 함께 단란한 가정을 이루고 생활해 보자는 것이었다. 혜련은 도미(渡美)한 지 30여 년 동안 혁명가의 아내로 빈곤과 싸우며 남편의 안위를 위하여 하루도 안심치 못하면서 일각여삼추(一刻如三秋)의 세월을 보냈던 것이다.[35]

아내의 전보를 받은 도산은 이것이 꿈인가 생시인가 형언할 수 없었다. 오랫동안 그립던 아내 혜련을 만나고, 또 사랑하는 딸과 어린 필영을 볼 것을 생각하니 너무나 기뻤다. 그러나 도산은 현실적으로 이것이 맞지 않다고 보았다. 왜냐하면, 국내에서는 일제가 도산의 일거수일투족을 통제하고 감시하고 있었기 때문이었다. 그리고 남에게 폐 끼치는 것을 극히 싫어하는 도산은, "당신과 아이들이 조선에 들어오면 내 가족생활까지 남을 의뢰하게 될 터이니 이것은 감당할 수 없는 것"이라고 하였다.[36] 그래서 도산과 아내와 아이들이 국내에 들어오는 문제에 대해 다시 고려해 보자는 전보를 보냈고, 또

35 『신한민보』 1936년 7월 30일자, 「안부인 고국 방문」.
36 박재섭·김형찬 편저, 『나의 사랑 혜련에게』, 183쪽.

오지 못하게 하는 편지도 보냈다.[37] 결국 혜련과 수산, 수라, 필영은 아버지를 만나러 가는 것을 포기하고 말았다.

도산이 국내에 있을 동안 혜련은 대한여자애국단 로스앤젤레스 지부장으로 활동하고 있었다. 『신한민보』에 "(1937년) 2월 21일에 본 여자애국단 나성(로스앤젤레스) 지방 통상회를 나성지부장 안혜련(이혜련) 씨 댁에서 개회하오니 일반회원은 일제히 출석하시기를 바라나이다"라는 특별 광고가 실리기도 했다.[38]

혜련의 집은 도산이 없어도 여전히 독립운동을 논의하는 곳이였으며, 미주 애국부인들의 집회장소였던 것이다. 혜련은 대한여자애국단의 모든 행사에 꼭 참석하여 회의를 주재하는 역할을 하고 있었다.

일제는 중일전쟁을 도발하기 직전 국내에 있는 민족주의 단체에 대해서도 대대적인 탄압을 가하였다. 1937년 6월, '동우회사건'으로 평양의 동우회 회원들과 송태산장에 은거하고 있던 도산을 체포하였다. 서울로 압송된 도산은 11월 1일 종로경찰서 유치장에서 서대문형무소로 이감되었다. 그러나 12월 24일 위장병과 폐결핵 증세가 심해지면서 보석으로 출감하여 경성제국대학 부속병원에 입원하였으나, 병세가 악화되어 1938년 3월 10일 병원에서 60세로 별세하였다.

혜련은 도산이 서대문형문소에 있다가 병세가 악화되어 병원에 입원하고 있다는 소식을 듣고 남편의 안위가 무척 걱정되었다. 도산이 별세하기 이틀 전인 1938년 3월 8일, 혜련은 "병이 그리 침중한 가운데 위로를 받으시겠는지 무슨 말로 쓸런지 알 수 없수이다. 이 세상에서 허락하신다면 아무쪼록 병이 낫으시기를 바라나이다. 하나님께서 허락하시면 병이 속히 낫으시기를

---

37 박재섭·김형찬 편저, 『나의 사랑 혜련에게』, 182~186쪽; 『신한민보』 1936년 8월 6일자, 「안부인 귀국 중지」.
38 『신한민보』 1937년 2월 18일자, 「특별광고를 보시오」.

믿습니다"라고 간절한 바람을 담은 편지를 보냈다.[39] 이 편지가 남편에게 보내는 마지막 편지라는 것을 알지 못하였고, 편지가 국내에 당도하였을 때 도산은 이 세상에 있지 않았다.

혜련의 믿음직한 큰아들 필립은 영화배우로서 유명해졌다. 게리 쿠퍼가 주연으로 나오는 세실 B. 데밀 감독의 컬러 영화인 《와셀 박사의 이야기》에 출연하였고, 그 외에도 《퍼플 하트》, 《카이로의 다섯 개 무덤》, 《용의 자손》, 《바탄으로의 귀환》, 《중국의 하늘》 등의 여러 작품에서 그레고리 펙, 험프리 보가트, 로렌스 버컬 등 할리우드의 대스타들과 함께 출연하였다. 필립은 40여 편의 영화에서 대체로 '악한' 역을 맡았는데, 일본군으로 나오는 영화가 개봉될 때는 수많은 증오의 편지를 받아야만 했다. 사람들은 필립을 모두 알아보았고, 그들에게 사인을 해 주면서 '전쟁공채'를 사도록 권유하였다.

1941년 12월 7일, 일제가 하와이 진주만을 기습 공격하면서 미국과 일본의 전쟁이 시작되었다. 그러자 장녀 안수산은 일본에 맞섰던 아버지의 싸움을 이어 가기 위해서 미국 해군에 입대하였다. 그녀는 샌디에이고 주립대학을 졸업한 후 웨이브(WAVE) 부대 장교로 해군 비행사들에게 공중전 전략을 가르쳤다. 수산이 미 해군에 입대하여 대일전 승리를 위해 공헌한다는 사실에 혜련은 너무나 기뻤다.

도산이 서거하였다고 혜련의 집에 동포들의 방문이 결코 줄어든 것은 아니었다. 오히려 늘 사람들로 넘쳐났다. 한인 학생, 도산의 동지들, 그리고 한인 2세 등 사람들로 항상 북적거렸다. 태평양전쟁기 그들은 다양한 군복을 입고 혜련의 집을 방문하였다.

유명 영화배우가 된 필립도 육군에 입대하였으며, 필선도 육군에 입대하기를 원하였다. 그러나 그는 버클리대학을 졸업하고 비행기를 만드는 알루미늄 주물 회사인 휴즈 항공(Hughes Aircraft Corp.)에서 화학자로 일하였기

---

[39] 「이혜련이 안창호에게 보낸 편지」(1938.03.08.), 독립기념관 소장자료(1-A00029-038).

때문에, 미국 정부에서 입대를 허가하지 않았다. 그러던 필선은 맹호군(로스앤젤레스 한인경위대)에 입대하여 후방에서라도 대일전 승리를 위해 노력하였다. 둘째 딸 수라도 서던캘리포니아대학교 사회학과를 졸업하고 군수공장에서 실험실 기술자로 일을 하였으며, 막내 필영도 1944년 11월 해군에 지원하여 훈련소에 들어갔다.[40] 혜련과 도산의 자녀 5명이 모두 전쟁과 관련된 일을 하였다.

태평양전쟁기 혜련의 걱정은 자녀들이 나이가 들면서, 혼기를 넘어가고 있다는 것이었다. 필립은 마흔이 되었고, 수라도 서른이 넘었다. 필립은 결혼을 하면 그 여자가 자신의 어머니에 대한 관심을 빼앗아 갈 것이라고 생각했다. 그만큼 어머니에 대한 효심이 누구보다도 많았다. 그러면서도 혼기가 넘은 수산과 수라가 결혼을 하지 않을까 봐 걱정이 많았다. 전쟁은 계속되고 있었지만, 1944년 4월 18일, 혜련은 회갑을 맞이하게 되었고, 어머니에 대한 극진한 효심을 가지고 있는 아들과 딸들은 카롤 식당이라는 곳에서 그녀를 위해 성대한 잔치를 준비하였다.[41] 그리고 5월 7일 로스앤젤레스에 있는 식당에서 도산의 동지인 송종익의 주재로 50여 명이 참석한 회갑연이 개최되었다. 혜련을 아끼는 사람들이 특별히 열어 준 회갑연에서 그녀는, "내가 받기만 하여도 항상 주는 친우를 가진 것을 나는 자랑하고 싶다"라고 감사의 뜻을 표하였다.[42]

---

40 『신한민보』 1944년 11월 30일자, 「안, 김 양 청년 해군 자원 종군」.
41 『신한민보』 1944년 4월 13일자, 「안도산 선생 부인 회갑연 준비」.
42 『신한민보』 1944년 5월 11일자, 「안부인 혜련씨의 회갑연」.

5 맺는말

　　　　　　도산이 목숨을 바쳐 바라던 조국의 자유와 독립이 현실로 다가왔다. 그렇지만 혜련의 생활은 별로 달라진 것이 없었다. 여전히 여러 지역에서 동포들이 그녀의 집으로 찾아왔고 그들을 대접하였다. 해방이 되었지만 헐벗고 굶주리는 고국의 동포들을 돕는 일을 하고 있었다. 혜련의 자녀들은 모두가 결혼을 하지 않은 미혼이었다. 혜련은 수산에게 "지금 서른 살이라는 거. 한국 같았으면 넌 노처녀야. 네 나이의 여자들을 벌써 자식이 둘 셋은 됐을 테니까"라고 잔소리를 했다. 혜련은 과년한 딸들의 결혼 상대로 한국남자를 염두에 두고 있었다. 그녀는 한국남자와 결혼하기를 간절히 바라는 전형적인 한국 어머니였다.

　그런데 수산은 미국인 프랭크 커디(Frank Cuddy)와 사귀고 있었다. 혜련이 미국인과 결혼을 반대한 것은 그들이 미처 볼 수 없는 문화적 차이와 성격 불일치에 대해 걱정하였기 때문이다. 혜련은 두 사람 사이의 결혼을 말리기 위해 로스앤젤레스에서 대륙횡단 열차를 타고 버지니아까지 갔다. 수산이 사는 아파트에 함께 지내면서 결혼을 포기하도록 설득하였다. 그럼에도 불구하고 수산은 1947년 4월 25일, 프랭크 커디와 결혼하였다. 너무나 실망한 혜련은 그 후 5년간 수산에게 집에 오라는 말을 하지 않았다. 그러다가 둘째 아들 필선의 결혼식 전날에야, 필립이 수산에게 전화를 걸어서 집에 올 수가 있었다.

　조국이 독립되었지만 남과 북으로 분단되고 말았다. 북에는 소련이 진주하고 남쪽에는 미군이 진주하였다. 남쪽에는 대한민국이 수립되었다. 대한민국의 장관, 국회의원 등 고위관리들이 미국을 방문하였을 때, 혜련은 그들을 위해 한국음식을 만들어 대접하였다. 그러나 결국 혜련의 조국은 남북으로 갈라졌고 공산주의와 자본주의라는 이데올로기로 나뉘어 형제들 간에 서로 총을 겨누는 동족상잔의 전쟁을 하게 되었다. 전쟁은 3년 동안 지속되었고, 혜련은 그 전쟁에 대해 아무런 말도 하지 않았다. 그 대신 적십자사와 피난민을 돕기 위해 세워진 한국구제회(Korea Relief Society)에서 자원봉사 활동을 하였다. 전쟁으로 찢긴 고국으로 보낼 옷가지, 약품, 담요 등을 사는 일에 모든 힘을 쏟았다.

나이가 들어 혜련은 캘리포니아 남부 파노라마시(Panorama City)에서 필립, 수산, 수라, 그리고 막내 필영까지 가족들 모두와 함께 문게이트(Moongate)라는 광동요리 레스토랑을 경영하였다. 문게이트는 파노라마시의 산페르난도(San Fernando Valley) 계곡 중앙에 위치해 있었다. 이 레스토랑은 말론 브란도, 프랭크 시나트라 등 할리우드의 유명 영화배우들이 자주 찾는 명가가 되었다. 문게이트 식당이 문을 연 이후 가장 큰 연회는 1960년 4월 21일에 열린 혜련의 77회 생일잔치였다. 혜련의 77회 생일잔치에는 미국 내 한인사회의 오래된 친구들과 도산의 지지자 등 300여 명이 참석하였다.

혜련이 80세가 되었을 때인 1963년, 한국정부에서 도산에게 훈장을 수여하였다. 그래서 훈장을 받기 위해 한국에 초청을 받았다. 혜련은 1902년 젊은 새댁으로 고국을 떠난 이후 61년 만에 처음에 고국의 땅을 밟게 되었다. 막내아들 필영의 부축을 받으며 김포공항에 내렸다. 그리고는 기자들에게 "도산은 갔지만 한강은 여전히 흐릅니다"라고 말하였다. 당시 국가재건최고회의 의장 박정희는 혜련에게 "만약 도산이 살아계셨다면 우리는 분단국가가 되지 않았을 것입니다"라고 하였다고 한다.[43]

말년에 혜련은 레슬링 애호가였다. 혜련과 같이 토요일 텔레비전의 레슬링을 보는 오랜 친구들은, 그레이스 송, 로다 임, 블라쉬 임, 헬렌 김, 한성실 등이었다. 모두 도산을 충실히 따랐던 사람들의 부인들이었다. 1969년 4월

---

43 존차 지음, 문형렬 옮김, 『버드나무 그늘아래』, 293쪽.

21일, 86회 생일은 성대한 축하파티 없이 조용히 맞이했다. 그날 혜련은 잠깐 낮잠을 자겠다고 수라에게 말하고는 영면하였던 것이다. 서울 강남에는 안창호를 기념하는 도산공원이 조성되어 기념탑과 동상이 세워졌다. 이혜련의 유해는 1973년 11월 10일 일생을 서로 떨어져 지냈던 남편과 재회하게 되었다.

그리고 혜련이 오랫동안 간직해 오던 약 2,500점의 도산 관련 문서와 유품들은 독립기념관에 기증되었다. 미주 한인사회에서 혜련은 부유한 사람들, 가난한 사람들, 교육받은 사람들, 교육받지 못한 사람들, 오래전에 이민 온 사람들과 막 도착한 학생들을 그냥 편견 없이 의연하게 대우해 주었다. 미주 한인동포들은 혜련을 모두 '어머니'라고 불렀다. 대한민국 정부에서는 2008년 이혜련의 독립운동에 기여한 공을 기려 애족장을 추서하였다.

3장

전명운의
샌프란시스코의거

1 머리말

　　1908년 3월 23일 오전 9시 30분 장인환과 전명운이 미국 샌프란시스코의 페리빌딩(Ferry Building) 앞에서 대한제국의 외교고문 스티븐스(Durham White Stevens) 저격하는 의거를 일으켰다. 이 의거는 우리나라 독립운동사상 최초의 의열투쟁이었기 때문에 국내에 뿐만 아니라 해외에 있는 모든 한인들에게 민족독립과 국권회복에 대한 열망을 불어넣었던 대사건이었다.

　　스티븐스는 대한제국의 외교고문이라는 직책을 가지고 실제적으로 일제가 한국을 병탄하는데 온갖 노력을 경주한 인물이다. 그는 한국민의 의사와는 정반대로 일제의 한국 침략정책을 미화하고 정당화시키고자 하였으며, 이같은 그의 친일적 행동과 견해는 미주 한인사회에 알려지게 되었다. 이에 미주한인들은 스티븐스의 친일적 망언에 분개하여 그의 발언을 취소해 줄 것을 당부하였다. 하지만 그는 재미한인들의 간곡한 요구에도 불구하고 그의 친일적 견해를 계속적으로 주장하였고, 한인들은 그에 대한 처단만이 왜곡된 한국과 한국민에 대한 인식을 바꿀 수 있을 것으로 믿었다. 따라서 전명운과 장인환의 스티븐스 처단의거는 단지 친일적 언사를 일삼는 미국인에 대한 응징이 아니라, 일본의 한국침략 사실과 그와 더불어 일제가 저지른 반인륜적이고 반인도적인 만행을 미국과 미국민에게 알리는 계기가 되었다.

　　스티븐스의 망발이 미국 신문기사를 통해 보도되자 미주한인 대부분은 그를 처단하여야만 한다고 하였으나, 그 실제적 행동은 전명운과 장인환에 의해 실행되었다. 샌프란시스코의거를 단행하였음에도 불구하고 의거의 주역인 전명운과 장인환의 생애에 대해서는, 헤이그 한국특사인 이상설이 『공립신보』에 쓴 「양의사합전(兩義士合傳)」을 통해 기본적인 사항만이 알려져 있을 뿐 정확한 사실이 밝혀져 있지 않다. 그리고 기존에 전명운에 대한 평전과 여러 편의 글들이 있지만 내용면에서 오류가 적지 않다.[1] 따라서 이 글에서는 전명운이 왜 미주에 갔는가, 미주에서 어떠한 활동을 하였는가, 왜 스티븐스를 처단하게 되었는가, 샌프란시스코의거 이후 어떠한 활동을 하였는가 등 전반적인 측면에서 그의 생애를 재조명하고자 하며, 이를 통해 기존에 착간되었던 오류를 바로잡고자 한다.

또한 이 글에서는 미주지역 독립운동과 관련하여 전명운과 장인환 외 다른 한인들도 이들과 마찬가지로 스티븐스에게 응징하고자 하였을 것으로 판단하였다. 왜냐하면 처단의거 당시 미주 본토에는 공립협회와 대동보국회라는 한인단체가 존재하였고 대부분의 한인들은 이들 두 단체에 속해 국권회복운동을 하고 있었기 때문이다. 다시 말해 전명운과 장인환의 스티븐스 처단의거와 관련하여 이들 두 사람외에 스티븐스 처단 행동에 관여하지 않았는가라는 풀리지 않는 의문점을 해결하고자 하였다.

---

[1] 기존의 연구성과로는 다음의 연구가 참조된다. 朴津觀, 「田明雲傳(논 획손)」, 『新東亞』 1968년 10월호; 김원모, 「장인환의 스티븐즈 사살사건 연구」, 『동양학』 18, 1988; 張伯逸, 『義士 田明雲』, 集文堂, 1997; 문충한, 『의사 장인환』, 청조사, 2008; 조철행, 『의열투쟁의 선구자, 전명운』, 독립기념관 한국독립운동사연구소, 2011.

2 국내에서의 활동

전명운은 출생년도부터 매우 불명한 점이 많다. 헤이그특사인 이상설이 『신한민보』에 게재한 「양의사합전」에 전명운의 "적은 담양이오. 대로 한성에 있어시니 나이 장의사보다 다섯 해가 적으니라"라고 하여,[2] 서울에서 출생하였으며 장인환보다 다섯 살이 적다고 하였다. 「양의사합전」에 장인환의 출생년도를 단기 4211년(1878년)생이라고 하였기 때문에, 다섯 살이 적다고 하면 전명운은 1883년생이 된다. 또 『신한민보』에 게재된 「장전 양의사의 약사」에 의하면, 장인환은 정축년(1877) 3월 11일생이라고 한다.[3] 그렇다면 전명운은 장인환보다 다섯 살 적은 1882년생이 된다. 이처럼 전명운에 관한 기록은 출생년도부터 정확하지 않다.

김원용의 『재미한인오십년사』와 독립운동 공훈록에도 1880년 5월로 기재되는 등 출생년도와 생년월일이 전혀 일치되어 있지 않다.[4] 『의사 전명운』이라는 평전을 쓴 장백일은 족보와 『신한민보』에 실린 전명운의 부고에 의거하여 갑신년(1884년) 6월 25일이라고 하였다.[5] 족보에도 1884년으로 기록되어 있는 것으로 보아 1884년이 정확하다고 판단된다. 왜냐하면 전명운이 스티븐스의거에 경찰에 피체되었을 때 "성명은 전명운. 연령은 25세"[6]라고 진술하고 있는 것으로 보아 1884년생이 정확하고, 전명운 자신도 경찰서

---

2   창해자, 「양의사 합전」, 『신한민보』 1909년 4월 7일자.
3   『신한민보』 1924년 4월 17일자, 「장전 양의사의 약사」.
4   김원용, 『재미한인오십년사』, Reedley California, 1959, 329쪽; 국가보훈처, 『독립유공자공훈록』 8, 1990, 214~242쪽.
5   장백일, 『의사 전명운』, 23~24쪽.
6   『San Francisco Chronicle』 1908년 3월 24일자, 「Statement by Chun」.

에서 1884년 5월이라고 진술하였다.

따라서 전명운의 출생년도는 1884년이고 월일은 정확하지 않으나, 경찰 진술서에 5월이라고 한 것으로 보아 1884년 5월이 정확하다고 볼 수 있다. 전명운은 아버지 전성근(田聖根, 1845~1900)과 어머니 전주이씨 사이에 3남 중 둘째 아들로 태어났다. 본관은 담양(潭陽)이고 시조 경은파(耕隱派) 제27대손이며, 족보상으로 보면 자(字)는 영선(永善)이고, 호는 죽암(竹嵒)으로 기록되어 있다.

전명운은 담양전씨 제27대손이다. 시조 전득시는 고려 의종 1155년 현량천(賢良薦)으로 문과에 급제하였으며, 좌복사(左僕射) 및 참지정사(參知政事)를 역임하였고, 담양군(潭陽君)에 봉해졌으며, 시호는 충원(忠元)이다. 중시조 전조생의 자는 계경(季耕), 호는 경은(耕隱), 시호는 문원(文元)이며, 파조 전봉우의 자는 윤보(允甫)이며, 가정대부우복사(嘉靖大夫右僕射)를 지냈다. 공조판서 김장혁(金長赫)과 함께 강계(江界)에 와서 병영(兵營)을 설치하고 부자(父子)가 천호(千戶)와 만호(萬戶)로 지냈다. 그러나 전명운의 제24대부터 벼슬을 가진 선대들은 없었다.

전명운 집안은 대대로 서울에 세거한 것으로 보아 지금의 종로에서 태어났을 것으로 판단된다. 전명운의 가문은 제24대부터 관직에 진출하지 못한 것으로 보아 서울에서 상업에 종사한 것으로 추측된다. 전명운의 아버지 전성근은 상업활동을 하다가 전명운이 청소년기에 사망하였다. 전명운의 형제관계는 3형제 중 둘째 아들이라고도 하고, 「부고」에는 일곱 번째 아들이라고도 한다. 그러나 「양의사 합전」에 형제가 단조[7]하다는 것과 족보에도 형만 기재되어 있는 것으로 3형제만 있었던 것 같다.

전명운의 가정환경은 아버지가 상업에 종사하였기 때문에 집안살림이 어려운 편은 아니었던 것같고, 그렇다고 아주 유복하지도 않은 서울의 중산층

7 『공립신보』1909년 4월 7일자, 「양의사 합전」.

이었다고 할 수 있다. 어릴 때부터 서울의 상업적 환경에서 성장하였기 때문에 매우 진취적인 성향을 가졌으며, 서구의 신문물을 받아들이고 근대화시키는데 매우 적극적이었다. 성장기에 전명운은 우리나라가 외세의 침략에서 벗어나기 위해서는 빠른 시일내에 근대국가가 되어야만 한다고 생각하였다.

전명운의 나이 15~16세 경 서울에는 독립협회가 설립되어 서구의 민권사상과 부국강병을 위한 토론회 등이 개최되었고, 그가 살고 있던 종로에는 만민공동회의 집회가 열리는 등 서구의 근대문물을 받아들이자는 운동이 한창 일어나고 있었다. 감수성이 예민한 청소년기에 있었던 전명운도 우리나라의 근대화가 필요함을 절실히 느끼고 독립협회와 독립신문을 통하여 유신사업[8]에 일조하고자 하였다.

그러나 전명운이 국내에 있을 무렵 어느 정도의 교육을 받았는지 현재 자료의 부족으로 알 수 없다. 다만, 「양의사 합전」에 의하면 전명운은 '학교당'에 가서 댕기머리를 깎고 신학문을 익혔다고 하는데,[9] 아마도 당시 서울에 세워졌던 근대적 학교였을 것으로 판단되지만 구체적으로 어떤 학교에 다녔는지는 알 수 없다. 그 후 18세 무렵인 1902년 6월 2년제의 관립 한성학원(漢城學院)에 다녔다고 하는데,[10] 아마도 서울에서 중등교육 정도의 학교를 다녔을 것으로 판단되지만 자료상에서 확인은 불가능하다. 중등교육을 받은 이후 전명운은 가업을 이어받은 그의 형 전명선의 밑에서 아버지가 물려준 포목과 남도 죽물을 취급하는 가게[廛]의 일을 돕고 있었다.[11]

한편, 전명운은 서구의 발달된 문물을 받아들이는데 매우 기민했다. 그렇기 때문에 서구의 종교인 기독교에도 많은 관심을 보였다. 당시 기독교는 종교로서 보다는 서양의 발달된 문명세계를 받아들이는 통로로 생각하였다.

8　『신한민보』 1924년 4월 17일자, 「장전 양의사의 약사」.
9　『신한민보』 1909년 4월 7일자, 「양의사 합전」.
10　鄭濟愚, 「竹嵓 田明雲 硏究」, 227쪽.
11　張伯逸, 『義士 田明雲』, 24쪽.

처음 전명운도 독립협회 활동에 관심을 가지면서 기독교계 인사들과 접촉하였을 것이고, 그런 가운데 기독교를 받아들이지 않았나 추측될 뿐이다. 왜냐하면, 초기 하와이로 이민 온 대부분의 이민자들은 기독교에 영향을 받은 사람들이 많았기 때문이다. 전명운 또한 기독교를 통해 음으로 양으로 서양에 대한 지식을 알고 있었다고 판단된다.

청소년기부터 전명운은 매우 풍운아적인 기질이 있었다. 그렇기 때문에 「양의사합전」에 호매(豪邁)함을 좋아하며, 무더운 여름 날씨에 시원한 나무숲이 있는 것처럼 취우광풍(驟雨光風)에 낙화가 우수수 흩어지는 것과 같은 기상이라고 표현하고 있었다. 국내에 있을 당시 형 밑에서 가업을 도우며 지내고 있었지만, 전명운에게는 내심 신세계에 대한 동경이 있었다. 언젠가는 발달된 문명세계로 가서 새로운 지식을 얻어 우리나라를 근대화시켜야겠다는 야심이 있었다. 그러나 현실적으로 가업에 종사하다 보니 어쩔 수 없이 생업에 얽매여 있어야만 했다. 그러던 즈음 그에게 새로운 세계를 열어주는 획기적인 일이 있었다. 그것이 하와이 이민이었던 것이다. 그는 자신의 나라를 떠나 새 삶을 찾으려고 '이민'이라는 방법을 택하게 되었던 것이다.

3 하와이 이민과 미국 생활

　　1903년 1월 13일 첫 하와이 이민선 갤릭호에서 시작된 이민은 1905년 8월 8일 몽골리아호까지 56회에 걸쳐 7,291명의 한인들이 하와이에 이민을 갔다. 전명운은 하와이 이민이 시작되자 이민선 도릭(Doric)호를 타고 1903년 9월 18일 호놀룰루항에 도착하였고 사흘간의 입국심사와 이민수속을 밟은 후, 9월 21일 하와이에 들어갈 수 있었다.[12] 그러면 전명운이 하와이에 이민을 간 이유는 무엇인가 하는 점이다. 그 이유를 알 수 있는 자료는 현재까지 없다. 하지만 그가 스티븐스 처단의거 이후 경찰에서 진술한 내용을 통해 그가 왜 하와이 이민을 택하게 되었는가를 어느 정도 짐작해 볼 수 있다. 전명운은 샌프란시스코 경찰이 스티븐스를 왜 사살하게 되었는가를 묻는 질문 가운데, 미국으로 건너와서 학업을 닦아 가지고 나라를 위하여 헌신하기로 결심하였다고 대답하였다.[13] 이로 보아 그가 하와이로 이민을 간 이유는 근대적 학문을 배우겠다는 목적이 있었던 것을 알 수 있다.

　　하와이 이민국 「하와이 한인승선자 명단」에는 "전명운(Chun Myeng Woon), 20세 기혼, 서울, 1903년 9월 21일 도착"이라고 적혀있다.[14] 하와이로 이민을 가기 전에 전명운은 이미 한양조씨 조순희(趙順姬, 1885~1929)와 결혼을 한 기혼자였다. 하와이 사탕수수농장 한인노동자로 온 전명운은 다른 노동자들과 함께 타고 사탕수수농장에 도착하였던 것이다. 전명운이 처음 갔던 곳이 어느 곳이었는지는 정확하지 않다. 아마도 초기 한인

---

[12]　Duk Hee Murabayashi, 「Korean Passengers Arriving at Honolulu 1903-1905」, Center for Korean Studies University of Hawaii, p.26.
[13]　『공립신보』1908년 3월 25일자, 「의사 전명운씨 대답」
[14]　Duk Hee Murabayashi, 「Korean Passengers Arriving at Honolulu 1903-1905」, p.38.

들이 오아후(Oahu)섬의 사탕수수농장에 배치되었기 때문에, 그 또한 오아후섬의 한 농장에서 노동을 하였을 것으로 추정된다. 이민 당시 하와이에는 65개의 농장이 있었고 한인 노동자들은 각 농장에 분산 배치되어 하루 10시간 이상의 노동을 하였으며 백인 감독의 감시하에 노동을 하여야만 했다. 초기 하와이에 온 한인들은 기독교 신자가 많았기 때문에 1903년 7월 4일 모쿨레이아(Mokuleea) 사탕수수농장에서 김이제의 주재하에 예배를 시작하였다. 장백일의 『의사 전명운』에 따르면, 전명운이 노동을 한 곳은 오아후섬 서북끝에 위치한 와일루아의 모쿨레이아 농장이었다고 한다.[15]

대부분의 한인노동들과 마찬가지로 전명운도 아침 일찍 일어나 식사를 한 다음, 기차역으로 가서 기차를 타고 사탕수수밭에서 노동을 하였다. 그후 전명운은 한인 이민자가 늘어나자 대우가 좋은 카우아이(Kauai)섬의 사탕수수농장으로 옮긴 것같다.[16] 하와이 사탕수수농장에서 전명운의 생활에 대해서는 구체적인 자료는 없지만 여러 농장을 전전하면서 노동으로 호구를 해결하고 돈을 모아 미국 본토로 갈 생각을 하고 있었다고 추측된다. 초기에 하와이에 이민 온 한인들은 대부분 사탕수수농장에서 일을 하였지만 임금과 대우가 좋은 일자리를 찾아 미국 서부로 이주하였기 때문이다. 전명운도 하와이에서 1년간 노동을 하다가 이민의 목적을 달성하기 위해 1904년 9월 23일 샌프란시스코로 건너왔다.[17]

샌프란시스코에 도착한 전명운은 한인단체를 찾아갔으며 그곳에서 한인 지도자들과 관계를 맺기 시작하였다. 당시 북미에 온 대부분의 한인들이 그랬던 것처럼 전명운도 상항한인미션(후에 상항한인감리교회)을 찾아갔다. 한인미션은 1903년 9월 안창호를 비롯한 샌프란시스코 거주 한인들이 모여

15 張伯逸, 『義士 田明雲』, 61쪽.
16 김원용, 『재미한인오십년사』, 329쪽.
17 「고전명운의사의 략력」(『신한민보』 발행일자 불명)(원본은 독립기념관에 소장되어 있음)(국가보훈처, 『장인환·전명운의 샌프란시스코의거 자료집』 I, 2008, 22쪽 所收).

가정예배를 시작하면서 교회가 시작되었다. 그는 한인미션에 거주하면서 생활을 위해 일자리를 찾아다녔을 것으로 보이는데, 아마도 농장이나, 철도공사장, 광산 등을 전전하였을 것으로 판단된다. 박진관의 글에 따르면, 샌프란시스코에서 부두노동, 철로공사장 노동, 채소행상, 과자행상 거기에다가 신문배달을 겸해보기도 하였다. 그러다가 비교적 안정된 일자리로서 방직공장 보일러실의 화부나 스탁톤의 농장일 등을 하였다고 한다.[18]

1904년 9월 23일 전명운이 샌프란시스코에 도착할 당시 한인단체로는 친목회(親睦會)가 있었다. 친목회는 1903년 9월 22일 샌프란시스코에서 안창호·이대위(李大爲)·장경(張景)·박영순(朴永淳)·김성무(金成武) 등이 환난상부(患難相扶)를 목적으로 조직된 북미 최초의 한인단체였다. 1904년부터 일제 침략이 노골화되자, 1905년 4월 5일 샌프란시스코에서 민족운동단체인 공립협회(共立協會)를 창립하였다. 안창호를 회장으로 선임하고, 항일운동과 동족상애를 목적으로 표방하였다. 전명운은 샌프란시스코에 도착하자 친목회에 가입하였으며, 친목회가 공립협회로 발전하자 이에 참여하였다. 『공립신보』 1905년 12월 21일자 「연조제씨(捐助諸氏)」란에 전명운이 5원을 내기로 하고 아직 내지 않았다는 기사가 실리는 것으로 보아 공립협회에도 참여하였던 것같다.

전명운은 상항한인미션에서 기숙하면서 노동일을 전전하였지만, 그의 성품이 매우 괄괄하여 시비도 일으켰다.[19] 예컨대, 1906년 5월 14일 상항한인미션에 있던 전명운이 전도사 문경호를 구타하는 사건이 있었다. 이 사건은 전명운이 하와이에서 건너온 한인노동자들을 다른 데로 옮겨가려고 하니 전

---

18 朴津觀, 「田明雲傳(논 획손)」, 247쪽. 이글의 필자인 박진관(본명; 朴順東)은 「侮蔑의 時代」(金相賢 편, 『實錄 民族의 抵抗 3;侮蔑의 時代·學兵手記集』, 한샘文化社, 1977)라는 글에서 전명운의 첫째 사위 이태모로부터 로스앤젤레스 앞에 있는 산타 카탈라나섬에서 훈련을 받으며, 그에게서 그의 장인에 대해 직접 들을 수 있었다고 하였다.

19 『공립신보』 1906년 5월 20일자, 「田打文氏」.

도사 문경호가 이를 허락하지 않자, 그가 문경호를 구타하였던 것이다. 이에 대해 「양의사합전」에는 "샌프란시스코에 도달하여 노동으로 날을 지내는데 천성이 명민하나 기습이 강맹하여 불평한 말이 귀에 이르며 문득 옷깃을 뽐내며 팔뚝을 저어 노목으로 서로 향하여 타매즐욕함을 조금도 아끼지 아니" 하였다. 이로 보아 전명운은 자신의 목적을 달성하는데 있어 문제를 야기시키는 일도 주저하지 않는 성격의 소유자였다.

을사늑약 이후 일본이 워싱턴 D.C.에 있는 대한제국 주미공사관 건물을 빼앗았는데, 이때 전명운이 1908년 워싱턴에 가서 주미공사를 역임한 이범진과 그의 가족사진을 가지고 왔다. 이 사진은 이범진이 주미공사로 재직할 당시에 공사관에 걸려 있었던 것이다. 전명운이 찾아온 이범진 공사 사진은 그후 샌프란시스코의 공립회관에 걸어두었고, 이후 1938년 로스앤젤레스에 대한인국민회 총회관을 다시 건축하였을 때 이를 걸어두었다.[20] 이처럼 전명운은 공립협회 회원으로서 미주 한인사회를 위한 일이나, 우리 민족에 대한 문제에 대해서는 적극 최선을 다하였다.

하지만 전명운이 미주 본토에 온 목적은 학업을 하기 위해서였지만 현실적으로 공부를 할 수가 없었다. 그는 남의 도움을 받기를 극도로 싫어했기 때문에 다른 사람으로부터 학자(學資)를 받지 않고, 스스로 학비를 마련하고자 하였다. 또 한편으로, 그는 학비를 마련하기 위해 동분서주하면서도 조국의 풍전등화와 같은 상황에 대해 매우 우려하고 있었다. 그가 미주에 건너온 이후 고국이 일제에 의해 을사늑약이 체결되고, 정미조약이 체결되는 등 국권이 상실되어 가는 데에 대해 번민에 빠져있었다.

당시 공립협회에서는 토요일마다 공립관에서 토론회가 개최되었는데, 전명운은 매주 토론회에 참석하여 국권회복을 주제로 토론도 하고 연설도 하였다. 전명운은 우리나라가 국권이 침탈당하는 원인이 나라가 가난하기 때

---

20 『신한민보』 1938년 4월 28일자, 「신총회관의 낙성」.

문이라고 생각한 것같다. 왜냐하면『공립신보』의 기사에 따르면, 1907년 10월 토론회에서 전명운은 "식산(殖産)만 풍부하면 경제가 부족하더라도 재정을 가히 부케 한다"라는 내용으로 연설하였다는 데서 짐작해 볼 수 있다.[21] 그는 당시 당장 먹고 살기가 곤란하다 하더라도 장기적으로 국민들이 살 수 있는 기반이 마련되면 자연히 경제가 좋아지고 국권이 회복될 수 있다고 생각하고 있었다. 전명운은 공립협회의 회원으로서 조직의 발전을 위해 물심양면에서 도움을 주었다. 1907년 9월 27일자『공립신보』기사에 의하면, 새크라멘토의 공립회관 증설을 위한 후원금을 모집하고 있었는데 그는 2달러 50센트를 기부하였으며, 후일 스티븐스를 처단한 장인환은 3달러를 후원하였다.[22]

또한 전명운은 매주 일요일에 상항한인청년회가 주최하는 토론회에도 참석하였다. 그는 1908년 2월 한인청년회에서 초청한 토론회에서 '모험시대'라는 주제로 연설을 하였다.[23] 이 연설의 내용은 자세히 알 수 없지만 제목만으로 보아, 전명운은 사회진화론적인 사상을 가지고 국권을 회복해야만 한다는 요지의 강연을 하였을 것으로 판단된다.

한편, 전명운이 학업을 하기 위해 샌프란시스코에 도착할 무렵 황화론(Yellow Peril)의 성난 불길이 몰아붙였다. 캘리포니아지역에 아시아인 노동자가 증가하자 백인노동자의 반감을 일으켰다. 이에 따라 한인들은 일자리를 찾기 힘들어졌고, 샌프란시스코에서 학비를 마련하기 위해 노동일을 하였지만 그가 원하는 만큼의 돈을 모을 수가 없었다. 그래서 그는 큰 돈을 벌기 위해 알래스카에 가서 고기잡이를 하기로 하였다. 당시 알래스카는 일확천금을 꿈꾸고 가는 한인들이 많았다. 알래스카에서 대부분의 한인들은 어업을 하던가 통조림공장에서 일을 하였다. 전명운도 어업에 종사하였던 것

---

21 『공립신보』1907년 10월 4일자,「협회토론」.
22 『공립신보』1907년 9월 27일자,「회관 증설」.
23 『공립신보』1908년 2월 5일자,「청회연설」.

으로 보인다. 「양의사합전」에 보면, 알래스카에서 일본인 감독 밑에서 어업을 하였다고 한다. 그는 알래스카에서 일본인 감독의 부당한 처사에 대해 단연코 반발하였으며, 동포들의 임금을 지불하지 않는 일본인 보스에게 임금을 대신 받아주는 등 의열남(義烈男)이었다.

전명운은 그의 강직한 성품 때문에 알래스카에서의 어업일은 순조롭지 않았다. 그럼에도 불구하고 그는 동포들을 잘 돌봐주고 동료들 가운데서도 뛰어난 리더쉽이 있었기 때문에 알래스카의 노동주선을 맡게 되었다. 1908년 미국에는 대통령 선거가 있어 노동일 구하기가 극히 힘들었다. 이에 전명운은 학비도 벌고 동포들의 일자리도 마련해 주기 위해 알래스카 어업주선을 하게 되었던 것이다.[24] 1910년대 북미지방의 농장노동자들이 대개 시간당 20센트에서 29센트를 받으며 일을 하고 있었다.[25] 만일 시간당 25센트로 계산하여 하루 10시간씩 노동을 한다 하여도 2달러 25센트에 불과하며, 한 달 30일을 쉬지 않고 노동한다고 하여도 최대 75달러밖에 벌 수가 없었다. 그런데, 전명운이 『신한민보』에 낸 알래스카 어업 모집 광고를 보면,[26]

본인 등이 알래스카 일을 원사에 약조하고 도급을 맡아 방금 인부를 모집하오니 가기 원하시는 이는 3월 그믐 안으로 상항(샌프란시스코 - 필자)에 내임하시압. 고가는 155원이 온데, 작년에 갔던 동포중에 일을 배운 이는 180원까지 줍니다.
근일 동양인 배척으로 노동도 귀한 때에 이같이 편한 일에 큰 돈을 벌고져 하시면 이 기회를 잃지 마시옵
2월 26일 모집인 김길연, 전명운 고백

---

24   『신한민보』 1924년 4월 17일자, 「장전 양의사의 약사」.
25   차만재, 「美 본토 첫 한인타운: 리들리와 다이뉴바」, 『중가주 한인역사의 재조명』, 2003.2.1, 53쪽.
26   『공립신보』 1908년 2월 26일자, 「알래스카 인부 모집」.

위의 광고를 보면, 알래스카에서 한 달 일을 하면 155달러에서 180달러로, 북미 샌프란시스코에서 노동하는 것보다 임금이 배가 넘었다. 따라서 미주의 한인들 가운데에는 일은 힘들어도 많은 돈을 벌 수 있기 때문에 알래스카의 어업일을 하게 되었다. 특히나 아시아인에 대한 배척이 극도로 심했던 시기이기 때문에 일자리가 없는 한인노동자들은 전명운이 주선하는 알래스카 어업일에 많은 관심을 가지게 되었다. 전명운은 『신한민보』에 광고를 내고 알래스카 인부를 모집하던 중 친일 외교관 스티븐스가 미국에 와서 망언을 일삼은 기사를 보게 되었던 것이다. 따라서 그가 처음 계획했던 알래스카 노동주선 사업은 이루어질 수가 없게 되었다.

4 샌프란시스코의거의 결행

전명운은 동포들에게 알래스카 어업을 주선하여 동포사회에 공헌하려고 모든 일이 충분히 되면 알래스카로 떠나려고 할 때, 갑자기 친일 외교관 스티븐스가 도미하여 한국에 대한 망언을 일삼게 되자 그를 처단하는 의거를 일으키게 되었던 것이다. 스티븐스는 1908년 3월 3일 니폰마루(日本丸)를 타고 요코하마[橫濱]를 출항하여, 3월 20일 샌프란시스코에 도착하여 페어몬트 호텔(Fairmont Hotel)에 투숙하였다. 그는 도착 직후 샌프란시스코의 대표적인 신문인『샌프란시스코 클로니클』지와 인터뷰를 하였다. 그가 인터뷰한 내용은 『샌프란시스코 클로니클』 3월 21일자에 「일본의 통제는 한국에 이익이다」라는 기사제목으로 다음과 같이 실렸다.

스티븐스는 "한국인들이 일본의 보호로 크게 혜택을 받고 있으며, 그것은 더 좋아지기 시작했다"라고 말하였다. 그는 "일본인은 미국이 필리핀을 위해 한 것처럼 한국인을 위해 일을 하고 있다"라고 말하였다. 계속해서 그는, "한국정부가 매년 가만히 서있는 군대에 600만 엔을 쓰고 공적인 교육에 6만 엔만을 사용하였다는, 언급에서 알 수 있듯이 전쟁 전에 한국 상황에 대한 여러 가지 생각을 가질 수 있을 것이다. 한국인은 농부와 관료 두 계급으로 나뉘어져 있다. 전자는 노동으로 겨우 생존할 정도의 밑바닥에 있고, 반면에 관료는 전적으로 부패해 있다. 농민들은 일본을 환영하는 반면에, 관료들은 나라의 낡은 제도의 복구만을 바라고 있을 뿐이다"라고 말을 하였다.[27]

27 『San Francisco Chronicle』1908년 3월 21일자,「Japan's control a benefit to Corea, D. W. Stevens, Diplomatic Adviser, Arrives from Orient」.『공립신보』1908년 3월 25일자「助傑爲虐」라는 기사에는, "一. 일본이 한국을 보호한 후로 한국에 유익한 일이 많음으로 근래 한일 양

이처럼 스티븐스는 한국이 일본의 보호 하에 많은 혜택을 받고 있고 한국인들은 일본의 보호를 좋아하고 있다고 하였고, 일본은 미국이 필리핀을 보호하고 있는 것과 같다는 망언을 하였다. 『샌프란시스코 클로니클』에 게재된 기사를 본 이일(Eal Lee)은 곧바로 샌프란시스코 한인사회에 그 내용을 알렸다. 3월 21일 밤에 샌프란시스코의 공립회관에서 공립협회와 대동보국회의 회원들이 공동회를 개최하여 스티븐스의 망언에 대한 대책을 강구하고자 하였다.

샌프란시스코지역 한인들은 스티븐스의 망언에 대해 분노하여 대책회의를 열었다. 그리고는 스티븐스를 찾아가서 신문과 인터뷰한 내용을 취소하라고 요청하기로 하였다. 1908년 3월 22일 오후 8시 공립협회와 각 단체가 공동회의를 열고, 스티븐스 행동의 대책을 토의한 결과, 최정익·문양목·정재관·이학현 4명의 대표를 스티븐스가 투숙하고 있는 페어몬트호텔에 보내기로 하였다.

이들 대표 4명은 스티븐스에게 한국에 관한 신문기사를 정정하라고 요구하였으나, 스티븐스는 "한국은 황제가 암매하고, 정부 관리들이 백성을 학대하며 재산을 탈취하므로 민원이 심하다. 그리고 백성이 어리석어서 독립할 자격이 없으니 일본의 보호가 아니면 아라사(俄羅斯)에게 빼앗길 것"이라고 하면서, 기사의 정정을 거절하였다.[28] 그가 이와 같이 계속해서 친일적 발언을 일삼자 정재관이 주먹으로 스티븐스의 얼굴을 쳤다. 그러자 의자에 앉아 있던 그가 뒤로 자빠졌고 격분한 대표들이 의자를 들어 내려쳤기 때문에 다시 일어나지 못하였다. 한인대표들에게 구타를 당한 스티븐스는 얼굴이 심

국 간에 교제가 점점 친밀하며, 二. 일본이 한국 백성을 다스리는 법이 미국이 필리핀을 백성을 다스림과 갖고, 三. 한국 신정부 조직된 후로 정계에 참여치 못한 자가 일본을 반대하나 하향에 농민들과 사사 백성은 전일 정부에 학대와 같은 학대를 받지 아니함으로 농민들은 일본사람을 환영한다"라고 번역하고 있다.
28 김원용, 『재미한인오십년사』, 319쪽.

하게 다쳐 유혈이 낭자하였다. 스티븐스는 '살인'이라고 큰 소리를 질렀고, 페어몬트 호텔에 있던 100여 명의 사람들이 모여들었다. 그러자 한인 대표가 사람들을 상대로 그들이 왜 스티븐스에게 폭행을 가하게 되었는가에 대해 일장 연설을 하였다. 이에 모였던 사람들이 한인대표들의 행동에 대해 동정을 표하고 돌아가라고 하였다.[29]

또한 이때 전명운도 스티븐스를 만나려고 호텔에 갔으나 면담 거절을 당하고 공동회에 돌아와 대책회의에 참석한 자리에서 "그놈을 죽일 수는 도저히 없으니 내가 죽이겠다"고 자원하고 나섰다. 장인환은 묵묵히 듣고만 있다가 "어느 분이든지 총 한 자루 사주시오. 내가 내가 그 놈을 죽일 터이니"라고 하였다.[30] 전명운은 신문에서 난 스티븐스의 사진을 준비하였으며 그를 처단하기 위해 권총을 챙겼다.

전명운은 샌프란시스코 의거 이후 그가 스티븐스를 처단하려는 이유에 대해서, 『샌프란시스코 클로니클』지에 다음과 같이 말하였다.

나의 이름은 전명운이고, 나는 25세이다. 나는 학생으로 미국에 왔으나 돈이 없다. 나는 지금 농부이다. 나는 시골에 있다가 5일 전에 샌프란시스코에 왔으나, 이곳에서는 할 일이 아무 것도 없었다. 온 세계는 한국을 미개한 나라로 보고 있는 데에 대해 매우 유감이다. 나는 다른 나라와 같이 우리나라를 돕기 위한 공부를 하기 위해 집을 떠났다. 내가 조국을 떠난 후 한국은 더 나빠졌다. 일본은 힘이 정의라고 생각하고, 우리 정부를 강박하여 몇 개의 조약을 체결시켰다. 그 후에 커다란 문제들이 나의 조국에서는 시작되었다. 나의 형제와 친척들이 일본인에 의해 학살당했으나, 나는 여기에서 할 수 있는 힘도 없다. 그래서 나는 항상 무기력하게 지내야만 했다. 며칠 전에 스티븐스 씨가 샌프란시스코에 와서 언론에 한국에 대

---

29 동해수부, 「국민회 략사(10)」, 『신한민보』 1944년 4월 20일자.
30 문양목, 「의사 장인환공을 추도(속)」, 『신한민보』 1930년 6월 19일자.

한 그릇된 말을 하는 것이 많았다. 즉, 한국인들이 일본을 환영한다고 말하고, 또 그런 거짓말을 사람들에게 강연할 예정이라고 하였다. 그후 나는 스티븐스 씨가 말하는 것을 보았고, 나는 그를 죽이고 나 또한 죽겠다는 결심을 하였다.[31]

전명운은 스티븐스를 처단하기로 결정하고, 스티븐스가 3월 23일 9시 30분에 샌프란시스코를 떠난다는 것을 미리 알고, 이른 아침 조반도 먹지 않고 권총과 스티븐스의 사진을 가지고 페리부두 선창에서 기다렸다. 9시 30분이 되자 스티븐스가 워싱턴으로 가기 위해 페리정거장에 샌프란시스코 일본총영사와 같이 도착하였다. 전명운은 자동차에 내리는 스티븐스를 보고 권총을 발사하였다. 그러나 총이 격발되지 않았다. 그러자 전명운은 스티븐스에게 달려가 그의 눈을 멀게 하기 위해 얼굴을 가격하였다. 갑자기 일격을 당한 스티븐스는 화가 나가 전명운에게 달려들어 위해를 가하고자 하였다. 스티븐스가 전명운을 때리려고 하자 피했다. 이때 그것을 보고 있던 장인환이 총을 쏘았고, 첫 발이 전명운에게 맞고, 연달아 두 발이 스티븐스를 맞추었다.[32] 어깨에 총을 맞은 전명운은 땅에 쓰러졌고, 스티븐스는 피를 흘리고 있었다.

그때 순찰중인 경관 맥그라드(James McGranhd)가 달려와 총상을 입은 전명운을, 경관 오웬스(Edward Owens)가 장인환을 각기 체포하였다. 총을 맞은 전명운과 스티븐스는 항만응급병원에서 로벤 힐(Reuben Hill) 의사로부터 기본적인 치료를 받았다. 그렇지만 중상을 입은 환자를 치료할 수가 없어 응급처치만 하고 중앙응급병원(Cental Emergency Hospital)으로 옮겨졌다. 중앙응급병원의 웰라스 테리(Wallace I. Terry) 외과과장과 프레드 줌월

---

31 『San Francisco Chronicle』1908년 3월 24일자, 「Statement by Chun」.
32 『공립신보』1908년 3월 25일자, 「의사 전명운씨 대답」.

트(Fred H. Zumwalt) 부과장이 대기하고 있었다.³³ 스티븐스는 두 발의 총알을 맞았는데, 한방은 뒷가슴으로 들어가 허파를 맞고, 또 한 발은 허리를 맞았다. 그리고 전명운은 오른쪽 가슴에 한 발을 맞았다.³⁴

총을 맞고 중앙응급병원으로 온 전명운과 스티븐스는 서로를 노려보며 논쟁을 벌였다. 이때의 상황에 대해서는『샌프란시스코 콜』1908년 3월 24일자에 매우 자세하게 언급되어 있다(『샌프란시스크 콜』기사에는 장인환과 전명운의 이름이 바뀌어져 있다). 전명운은 스티븐스를 향해 "당신은 모든 한국인이 죽기를 원하는가", "당신은 일본인의 첩자에 불과해, 스티븐스 씨"라고 반복하며 말하며 스티븐스에 다가갔다. 전명운이 스티븐스를 향해 적의를 가지고 말을 했음에도 불구하고, 스티븐스는 침착하게 전명운에게 "너는 불쌍하고 하찮은 존재야"라고 말했다.³⁵

응급병원에서 치료를 받은 스티븐스는 오후 2시에 세인트 프란시스병원(St. Francis Hospital)로 옮겼고, 전명운은 3시간 후 새크라멘토 스트리트(Sacramento Street)와 웹스터 스트리트(Webster Street) 모퉁이에 있는 레인병원(Lane Hospital)에 옮겨 치료를 받게 되었다.³⁶ 당시 경찰관이 전명운에게 사건의 진상을 묻기 위해 상항한인감리교회 목사 양주삼을 통역으로 대동하고 병원으로 갔다. 이때 전명운이 답변한 내용을 각 신문의 기자들이 기록하였는데, 그 전문은 다음과 같다.

일본이 우리나라의 국권을 빼앗고, 토지를 늑탈하고, 재정을 말리우고, 민가를 충화하고, 부녀를 강간하고, 정부관리는 모두 저의가 하고, 헌병 순검을 전국에 천라

---

33 『San Francisco Chronicle』1908년 3월 24일자, 「Coreans tell how they planned to kill him」.
34 『공립신보』1908년 3월 25일자, 「의사 전명운씨 대답」.
35 『San Francisco Call』1908년 3월 24일자, 「Stevens Scorns and Excuses Oriental who tried to kill him」.
36 『공립신보』1908년 3월 25일자, 「천필묵우」;『San Francisco Call』1908년 3월 24일자, 「Coreans tell how they planned to kill him」.

지망(天羅之網)같이 널어놓아 집회결사 언론출판을 감제하고, 양민을 비도(匪徒)로 몰아 무수한 생명을 학살한다. 내가 이 참상을 분개하여 미국에 와서 학업을 닦아 가지고 내 나라의 참상을 구하기로 결심하였다. 이제 보니 스티븐스가 한국의 국록(國祿)을 먹는 자로 일본을 도와서 허무한 말을 각처에 통신하여 일본의 야만 행동을 가리워 주다가 상항(桑港)에 와서 거짓말을 가져 클로니클 영문보에 게재하여 우리 동포가 애국심으로 일본을 반항하는 실적을 감추고 도리어 말하기를 "한인이 일본의 은혜를 느낀다" 등 광언망설(狂言妄說)을 세상에 발표하였으니, 스티븐스는 우리나라를 망케 하는 원수라. 그런 고로 나는 일단 애국심으로 그 놈을 포살(砲殺)하려고 탐지한 즉 금일 상오 9시 반에 상항을 떠난다 하기로 이른 아침부터 페리정거장에 가서 기다렸더니 9시 반에 과연 스티븐스가 일본영사와 같이 와서 자동차에 내리는 것을 붙잡고 총을 놓으니 총이 병이 나서 사격이 되지 않는 고로 사기 위급하여 총을 가져 스티븐스의 턱 밑을 지르고 도망할 즈음에 뒤에서 오는 총알이 내 어깨에 맞았으며 총 놓은 장인환씨는 불기이회(不期而會)로 만난 것이오. 당초에 알지 못한 일이다.[37]

그리고 스티븐스에게 총을 쏜 장인환은 스티븐스를 처단하기로 한 이유를 당시 『샌프란시스코 콜』 3월 24일자에 다음과 같이 실렸다(이 신문기사에는 장인환과 전명운이 바뀌어 있음).

금일 나는 스티븐스를 쏘았다. 일본의 학정(虐政)으로 우리 부모 형제가 학살을 당하고 있다. 스티븐스는 한국정부의 돈을 받는 고문이지만, 일본의 이익을 위해서 일을 하고 있고, 그 자신은 정의(正義)와 선정(善政)을 한다는 미국인으로서 착각하고 한국에 적대적이었다. 한국인들이 안일(安逸)하고 일본인들의 보호에 호응하고 있다는 말은 거짓말이야. 나는 그의 거짓말을 증오했기 때문에 그를 저격

---

37 동해수부, 「국민회 략사(12)」, 『신한민보』 1944년 4월 27일자.

했다. 그가 일본이 앞잡이라고 생각하면 치가 떨린다. 내가 그를 쏘았을 때 나도 이미 죽을 각오를 했다. 자유 없는 삶이 무슨 가치가 있겠는가? 내 부모 형제가 일본인들에 의하여 모두 학살당하고 있는 것을 알면서 어찌 가만히 있을 수 있겠는가? 민족을 사랑하는 마음으로 이 참상을 스티븐스는 보고만 있을 수 없다. 스티븐스가 우리 황제를 강제로 몰아낸 장본인이다. 그가 한·일 간의 모든 협약이나 의정서를 한국에 불리하게 만들어 일본의 식민지가 되도록 한 장본인이 아닌가? 세계평화를 저해하고 한국을 망하게 한 자다. 이를 어떻게 보고만 있을 수 있나? 그를 쏜 뒤 내가 죽으면 이것이 바로 남에게 경종이 될 것이며, 스티븐스를 대신하는 사람은 남의 나라를 침범하지 않을 것이다. 그 누가 그를 대신한다 해도 박애정신과 인간애가 있을 것이다. 어떤 추궁이나 형벌도 달게 받겠다. 나의 이 행동으로 한국이 조금이라도 자유와 평등을 누릴 수 있다면 나는 그것으로 만족한다.[38]

장인환이 스티븐스에게 총을 쏜 이유는 한국의 국록을 받는 자가 일본을 위해 일을 하는 것은 공리에 맞지 않을 뿐만 아니라 일제의 보호정책하에 한국인이 복리를 누린다는 허망한 말을 하였기 때문이었다.

장인환의 총을 맞고 세인트 프란시스 병원에 입원해 있던 스티븐스가 3월 25일 오후 5시부터 증세가 위급하더니 밤 11시 10분에 갑자기 사망을 하고 말았다. 의거 직후 장인환과 전명운은 '살인미수죄'로 경찰에 체포되었으나, 스티븐스가 갑자기 사망하였기 때문에 '살인죄'가 되어 버렸다.

스티븐스가 사망한 이후인, 3월 27일 샌프란시스코 D가(街)에 있는 경찰재판소(Police Court) 콘랜(Conlan) 판사의 법정에서 장인환과 전명운에 대한 기소가 진행되었다. 페리빌딩 앞에서 총을 맞은 전명운은 래인병원에 입원하고 있었기 때문에 출정하지 못하였고, 장인환과 네이슨 카글린(Nathan

---

38 『The San Francisco Call』 1908년 3월 24일자, 「Shot Down by Korean Conspirators, Diplomat Stevens is at Point」.

C. Coghkan) 변호사가 법정에 나왔다. 샌프란시스코의거 재판의 변론은 처음부터 네이슨 카글린 변호사가 맡았다. 그렇지만 카글린 변호사 혼자서만 변론을 하지 못하였기 때문에, 존 바레트(John Barret) 변호사와 전 샌프란시스코상등재판소 판사였던 로버트 페럴(Robert Ferrel) 두 변호사에게 도움을 청하였다. 그래서 세 명의 변호사가 장인환·전명운의 변론을 맡게 되었던 것이다. 카글린 변호사는 아일랜드 이민자 출신으로, 조국을 위해 애국적인 활동을 한 장인환과 전명운에 크게 공감하여 변호를 맡았다고 하였다.[39]

전명운·장인환의 의거가 각 신문을 통해 발표된 이후 자유를 사랑하는 미국인들이 스티븐스의 죄상을 알고 양 의사의 애국심에 동정을 표하였다. 그리고 샌프란시스코 재류 한인들은 그날 오후 9시 반 상항한인교회에서 제2차 공동회를 열고 양의사 재판을 후원하기로 결의하였다. 미주 각지의 한인들은 분연히 의연금을 거두어 보냈으며, 하와이 재류 동포들은 한인합성협회의 지도하에 의연금을 거두어 공립협회로 보내었다. 그 외에도 중국과 일본에 있는 동포들도 비밀리에 의연금을 거두어 양 의사의 재판비에 써달라고 하였다.[40]

장인환과 전명운에 대한 예심이 진행되고 있을 당시, 장인환은 살인죄로 기소되었기 때문에 샌프란시스코 카운티 감옥에 있었고, 전명운은 경찰 유치장에 있었다.[41] 장인환의 총을 맞은 전명운은 수술이 잘되어 완치가 되어 재판장에 나올 수가 있는 상태가 되었다.[42] 그래서 전명운에 대한 예심 날짜가 5월 1일로 결정되었으나,[43] 5월 8일로 연기되었다가 예심 일정을 정하지 못하고 있었다.[44] 그후 5월 22일로 연기되었고, 다시 연기되어 6월 8일에 열렸다.[45]

39 『공립신보』1908년 5월 20일자, 「의협 율사」.
40 동해수부, 「국민회 략사(17)」, 『신한민보』1944년 6월 1일자.
41 『공립신보』1908년 6월 3일자, 「양의사의 현상」.
42 『공립신보』1908년 4월 15일자, 「전의사의 차복」.
43 『공립신보』1908년 4월 29일자, 「전의사 예심」.
44 『공립신보』1908년 5월 6일자, 「전명운씨 예심」;『공립신보』1908년 5월 13일자, 「전의사 예심」.
45 『공립신보』1908년 6월 17일자, 「전명운씨 예심」.

전명운의 제1차 예심은 경찰재판소의 캐번스(Cabaniss) 판사 법정에서 열렸다. 이날 열린 예심에는 원고측 증인 6명이 나와 증언을 하였으나 별다른 내용 없이 오후 3시에 폐정되었다.[46] 제2차 예심은 6월 13일 오전 11시 반에 경찰재판소에서 개정되었는데, 원고측 증인들에 대한 신문이 있었다. 수세국 고원 색스톤(Harry Saxton)은 장인환의 제2차 총성은 들었지만, 전명운이 한 행동을 보지 못했다고 하였다. 그리고 콘랜은 "당일에 스티븐스가 수용되었던 병원에서 전명운에게 육혈포를 보이면서 이것이 그대 것이냐 한 대, 전씨가 머리를 끄덕끄덕하였다"고 말하였다. 그러자 카글린 변호사는 "머리를 끄덕이였다는 그런 모호한 말로 어찌 증거하리요"라고 하면서 항변하였다. 그러자 판사가 이를 받아들였다. 그리고 콘랜이 다시 땅에서 집은 총을 전명운에게 보이며, "그때에 이 총이냐"라고 물었다. 이때 카글린이 제지하면서, 증인이 피고의 변호사를 두고 직접으로 말하는 것은 격식에 맞지 않는다고 하였다. 그리고 부검사 프래핸이 콘랜에게 "그때에 저 사람이 과연 전명운 씨와 문답한 것을 한인 전도사 양주삼 씨가 통변하여 서명한 조회가 지금도 있는가"를 물었다. 이에 변호사 카글린이 일어서 "콘랜이 조선 말을 알지 못하니, 전씨가 무슨 말한 것을 제가 어찌 증거하여 양주삼이가 조선 사람이고 아닌 것을 또한 어찌 알았는가"라고 물었다. 콘랜이 "그때 알아 듣지 못할 말로 전씨와 문답하는 고로 한인인가 억측하였다"고 하였다.

그 다음으로 부검사 프래핸이 "당시 한인 전도사 양주삼 씨의 말을 들어 당자의 서명한 것이 지금 있으니 증거물로 내여 놓는다"라고 하였다. 카글린 변호사가 "양주삼이가 그때에 확실한 통변 자격이라 공증할 수 없고, 또한 전명운의 말을 진실 되게 통변하였는지 믿을 수 없는 일이라. 이것으로 어찌 증거물을 삼으리오"라고 논박하였다. 이에 판사는 "양씨가 진실하게 통변을 하였는지 아니하였는지 그것은 내종에 변백하려니와 양씨가 그때에 이대로

---

46 『공립신보』 1908년 6월 17일자, 「전명운씨 예심」.

자기가 통변하였는가 우선 양씨의 말을 들어 볼 일이라 하여 양씨를 출석케 하자 하였다." 그런데 양주삼은 순행 전도사로 지방에 있기 때문에 6월 8일 오전 11시까지 연기하고 12시 반에 폐정하였다.[47]

전명운에 대한 제2차 예심에서 카글린 변호사의 탁월한 활약으로 증인과 원고측 증인의 증언도 확실하지 못하게 되었다. 스티븐스에게 위해를 가한 증거물로 권총이 나왔으나, 이것이 전명운이 소지하였던 것이 아니라 땅에 떨어진 것을 주은 것이고, 목격자도 없다는 것이 밝혀졌다.[48] 전명운에 대한 제3차 예심은 6월 27일 오전 11시에 개정되었다. 이날 예심에서 캐번스 판사는 양주삼의 통역으로 전명운이 자백한 문서가 있다고 하지만, 현재 양주삼이 샌프란시스코에 없기 때문에 증언을 받을 수가 없다고 하였다. 그리고 전명운이 스티븐스의 얼굴을 구타한 것을 목격한 증인이 없다고 하였다. 캐번스 판사는 전명운이 장인환과 스티븐스 살해를 공모한 증거가 없고, 사건 현장에 우연히 있었다고 보았다.[49] 변호사들은 전명운과 장인환은 관련이 없기 때문에, 500달러의 보증금을 내겠다고 하였다. 그런데 판사가 "변호사 제군은 다 신용이 있는 처지라. 보증금은 요구치 아니하고, 소청대로 보방한다"라고 하였다.[50] 이에 따라 경찰서 유치장에 있었던 전명운은 6월 27일 12시에 풀려나 자유의 몸이 되었다.[51]

그후 전명운에 대한 다음 예심은 8월 15일 열기로 되었으나 통역 양주삼이 없는 관계로 9월 11일로 연기되었다가, 다시 10월 24일 11시로 정하였다.[52] 이같이 전명운의 예심이 계속 연기되어 열리지 못한 이유는, 담당 판사

---

47 『공립신보』 1908년 6월 17일자, 「의사 전명운씨 예심」.
48 『공립신보』 1908년 6월 17일자, 「전씨 예심 후문」.
49 『San Francisco Call』 1908년 6월 28일자, 「Korean is released」.
50 『공립신보』 1908년 7월 8일자, 「전씨 예심 전말」.
51 『공립신보』 1908년 7월 8일자, 「전명운씨 보방」.
52 『공립신보』 1908년 7월 8일자, 「예심 일자 퇴정」; 『공립신보』 1908년 8월 19일자, 「전씨 예심 전말」; 『공립신보』 1908년 10월 27일자, 「전씨 예심기」.

캐번스가 샌프란시스코 상등재판소 판사가 되기 위해 선거운동을 하고 있었기 때문이었다. 캐번스 판사는 이같은 노력으로 11월 3일 상등재판소 판사로 당선되어 1909년 1월 1일 취임하였다.[53] 전명운은 예심이 연기되는 기간인 8월경 샌프란시스코를 떠나 미국 동부로 가서 그곳에서 유럽을 횡단하여 10월 6~7일경 러시아 블라디보스토크에 도착하였다.[54] 전명운의 최종 예심이 언제 어떻게 처리되었는지에 대한 아무런 자료가 발견되지 않는다. 그렇지만 『공립신보』 1908년 12월 30일자에 "전씨는 무죄함으로 보방되었다"고 하는 것으로 보아,[55] 전명운의 예심은 무죄로 종결된 것으로 보인다.

장인환의 재판은 4월 3일 경무청에서 초심을 하고, 상등재판소로 넘긴 후에 여러 차례 연기하다가 12월 23일 상오 9시 반에 샌프란시스코 상등재판소 재판장 캐롤 쿡(Carrol Cock)의 법정에서 최후 재판이 열렸다. 마지막으로 변호사가 "무죄한 장인환을 방송하기를 바랍니다"라고 하니, 배심원 중에는 눈물을 흘린 이가 많았고 방청객들도 동정하는 이가 많았다.[56] 배심원들의 8차례에 거쳐 투표한 결과 배심원 12명이 의견이 일치하여 제2급 살인죄에 처하기고 하였다.[57] 1909년 1월 2일 10시 상등재판소에서 장인환에게 25년 징역형이 선고되었다.[58]

전명운·장인환의거 이후 미주 동포들은 우리나라의 원수를 두 의사가 처단하였다는 소식을 듣고 기쁘기 한량없었다. 그리고 공립협회와 대동보국회에서는 단합하여 공동회를 열었다. 처단의거 이후 양 의사에 대한 대책을 세우고자 하였다. 공동회에서는 난상 협의를 한 후 이승만을 법정통역으로 초

---

53 『일본외교문서』 제41권 제1책, 840쪽.
54 「スチーヴンス加害犯人田明雲ニ關スル件(1908년 12월 14일)」, 『統監府文書』 5권, 국사편찬위원회, 1999, 316쪽.
55 『공립신보』 1908년 12월 30일자, 「送舊年」.
56 동해수부, 「국민회 략사(18)」, 『신한민보』 1944년 6월 8일자.
57 동해수부, 「국민회 략사(19)」, 『신한민보』 1944년 6월 15일자.
58 동해수부, 「국민회 략사(20)」, 『신한민보』 1944년 6월 22일자.

빙하기로 하였다.[59] 그러나 이승만은 장인환·전명운 양의사의 법정변호를 청탁받았으나, 기독교적인 가치를 가진 이승만은 변호를 거절하였던 것이다.[60]

스티븐스 처단의거가 일어나자 미주 한인사회에는 단체 간에 합동하자는 교섭이 빈번하게 이루어졌다. 장인환은 대동보국회 회원이었고, 전명운은 공립협회 회원이었으니 공립협회와 대동보국회가 합동하는 것이 좋겠다는 의견이 모아졌다. 대동보국회와 공립협회가 공동회를 통해 양의사의 재판을 지원하는 활동을 하기로 하였던 것이다. 이에 대해 당시 대동보국회 회원이었던 방사겸은 "양 의사의 대사건을 순조로이 치러 나가자면 두 회가 합하는 것이 옳다 하시고 합하신 것이 살신성인과 방불하였도다"라고 하였다.[61] 미본토에서 공립협회와 대동보국회가 공동회를 구성하여 전명운·장인환 재판에 진력하는 동안 하와이에도 한인합성협회와 자강회가 합동을 결의하였다.[62]

전명운이 보석으로 석방된 이후 그는 샌프란시스코의 공립회관에서 머물고 있었다. 그런데 문제는 전명운이 장인환과의 관련성이 법정에서 없다고 판단하였기 때문에 석방될 수 있었다. 의거과정을 종합해 보건데, 전명운과 장인환은 각각 다른 단체에 소속되어 있었고, 스티븐스 처단에 대한 별도의 협의가 없었다는 점은 분명하다. 전명운과 장인환은 거의 같은 시각에 같은 장소에 있었는데, 전명운이 먼저 스티븐스에게 총을 쏘는 것을 보고 장인환은 굳이 자신이 행동을 취할 필요가 없다고 판단하였을 것이다. 그런데 갑자기 전명운의 총이 불발되고 도리어 스티븐스가 전명운에게 구타하려는 순간 같은 동포가 위해를 당하는 것을 보고 스티븐스에게 총을 발사한 것이다.

이 사건의 요점은 전명운과 장인환이 사전에 공모를 하였는가 하는 점이다. 전명운으로서는 장인환과의 연관성을 드러내는 것은 자신을 위해서도,

---

59 『공립신보』 1908년 3월 25일자, 「유사필합」.
60 유영익, 『이승만의 삶과 꿈』, 중앙일보사, 1996, 62쪽 및 66쪽.
61 방사겸, 『평생일기』, 독립기념관 한국독립운동사연구소, 2006, 42쪽.
62 『공립신보』 1908년 4월 8일자, 「양회 합동」.

장인환을 위해서도 도움이 되지 않는다. 이와 같은 판단하에 변호사들과 협의하여 전명운은 샌프란시스코를 잠시 동안 피신하는 것이 좋다고 하였다. 보석으로 풀려난 전명운은 베를린을 거쳐 모스크바에서 피터대제의 유풍을 감상한 후 블라디보스토크로 갔다고 한다. 한편, 샌프란시스코의거가 일어날 무렵 마침 헤이그 한국특사 대표로 활동하던 이상설이 구미 각국 순방외교를 마친 후, 1908년 2월 미국으로 건너왔다. 이상설은 의거 소식을 듣고 『공립신보』에 「양의사합전」을 썼다.

전명운이 1908년 8월경 샌프란시스코를 떠나 동부로 가서 그곳에서 유럽을 횡단하여 연해주로 갔다. 그는 10월 6~7일경 블라디보스토크에 도착해 한인 개척촌에 있는 이치권의 여관에 머물렀다.[63] 연해주지역 한인들은 친일 외교관 스티븐스 처단의거를 일으킨 전명운에 대해 대대적인 환영을 해주었다. 그는 독립운동가들이 머물면서 연락처 역할을 하던 이치권의 여관에 숙박하고 있었지만, 생활이 곤란하여 러시아어학교에 반달치 월사금 1원 50전을 못 낼 정도로 고난을 받고 있었다. 그럼에도 불구하고 그 지역에 있는 한인과 중국인들이 돈을 모아 주려고 했으나 전명운은 "내가 떠나기를 바라고 주는 여비냐"며 받기를 거절하였다.[64]

전명운이 연해주지역으로 간 것은 단순히 몸을 피하고자 하는데 목적이 있었던 것은 아니다. 그가 연해주로 간 이유는 그가 소속되어 활동하던 공립협회를 연해주지역으로 확대시키자는 목적도 있었다. 전명운은 연해주에 갈 때 공식적인 지위는 공립협회 특파원이었기 때문에 공립협회의 지회를 설치하는 데에 분주하게 움직였다. 그런 한편, 전명운이 블라디보스토크에 머무는 동안 이곳의 독립운동 단체인 동의회에 참가하게 되었다. 동의회는 블라

---

63 「スチーヴンス加害犯人田明雲ニ關スル件(1908년 12월 14일)」, 『統監府文書』 5권, 국사편찬위원회, 1999, 316쪽.
64 장백일, 『의사 전명운』, 182쪽.

디보스토크지역에 있던 한인 청년들인 안중근(安重根)·정순만(鄭淳萬) 등 10여 명이 참가하고 있었는데, 회원인 함동철·엄인섭·정순만 등은 전명운의 거사를 찬양하고 자기들도 그런 기회가 없음을 늘 한탄하고 선망해 마지 않았다. 특히 전명운은 안중근과 블라디보스토크에서 3~4회 만나 우리나라의 독립을 위한 애국애족의 고취와, 일제와의 투쟁방법에 대해 의견을 교환하였다. 안중근이 1909년 10월 26일 하얼빈[哈爾濱] 역두에서 이토 히로부미[伊藤博文]를 처단하고 일제경찰의 신문을 받았는데, 전명운에 대해, "아직 연소(年少)하여 일정한 생각은 없는 것같으나 인물(人物)은 심사(心事)가 강정(强情)인 것같았다"라고 평하였다.[65] 이로 보아, 두 사람 간에는 상당한 교감이 있었음에 분명하다.

전명운은 연해주지역에 머무는 동안 공립협회의 지회를 연해주지역 설치하였으며, 동의회에 참가하여 한인청년들과 많은 유대관계를 맺었다. 그후 장인환의 재판이 1909년 1월에 모두 끝나고, 그에 대한 예심재판도 종결되어 미국으로 다시 돌아가게 되었다. 그런데, 당시 블라디보스토크에는 미국으로 유학을 가려고 준비중이던 김현구(金鉉九)·송진헌(宋晉憲)·홍승국(洪承國) 3명의 유학생들이 있었다. 3명의 유학생들은 러시아어와 영어를 전혀 할 수 없었기 때문에 전적으로 러시아어 통역에 의지하여 시베리아를 건너야만했다. 그러나 전명운은 초급 러시아어를 구사할 수 있었을 뿐만 아니라 약간의 영어를 할 수 있었고, 또한 응기응변에도 능하여 유학생들이 미국에 가는 데에 크게 도움을 주었다. 전명운이 미국으로 데리고 간 유학생 가운데 김현구의 『자서전』에 의하면, 전명운은 "천성(天性)이 영리총명(伶利聰明)하고 주선교제(周旋交際)에 능(能)한 고(故)로 난경(難境)을 제월(濟越)케 되었다"고 한다.[66]

---

65 국사편찬위원회, 『한국독립운동사자료』 7, 1978, 408쪽.
66 金鉉九, 『自敍傳(필사본)』 권2, 10쪽.

전명운은 김현구 등 유학생들을 동반하고 블라디보스토크를 출발하여, 하얼빈과 만주리(滿洲里)로 가서 그곳에서 시베리아 횡단철도를 타고 모스크바에 도착하였다. 모스크바에서 며칠간 머물다가 폴란드 프라하로 갔고, 독일과 네덜란드를 거쳐, 도버해협을 건너 영국에 들어갔다. 영국의 사우샘프톤(Southampton)이라는 항구도시에서 배를 타고 미국에 입국하게 되었다.[67] 1909년 4월 10일 뉴욕에 도착한 전명운은 김현구·홍승국과 함께 박용만(朴容萬)을 만나려고 콜로라도(Colorado)주 덴버(Denver)로 데리고 갔다. 그러나 박용만은 애국동지대표회를 마친 뒤 자신이 운영하던 노동주선소 겸 여관을 윤병구(尹炳求)에게 부탁하고 네브라스카(Nebraska)주 링컨(Lincoln)으로 떠났다. 박용만은 1908년 가을학기에 네브라스카주립대학(University of Nebraska)에 입학하기 위해서였다. 그래서 전명운은 김현구와 홍승국을 서양인 가정의 사환으로 취직을 시켜주었다.

67　김현구, 『자서전(필사본)』 권2, 11~13쪽.

5　의거 현장에 대한 의문점

　　　　　전명운·장인환의 스티븐스 처단의거와 관련하여 지금까지 풀리지 않는 의문은 두 사람이 사전에 알고 있었는가, 또 두 사람이 사전에 모의를 하였는가 하는 점이다. 지금까지 두 사람은 전혀 알지 못하는 사이로 같은 시각, 같은 장소에서 사전 모의가 없이 각자 의거를 단행하였다는 것이다. 앞의 자료에서 보았다시피, 전명운이 말하기를 "장인환씨는 불기이회(不期而會)로 만난 것이오. 당초에 알지 못한 일"[68]라고 하였다. 즉, "기약을 하지 않고 만난 것"이라는 것이다. 전명운은 페리정거장에서 장인환을 우연히 서로 만났고, 전부터 알지도 못하는 사이였다는 것이다. 그러면 거사 직전까지 두 사람은 생전 모르는 사이였는가? 아니면 두 사람이 사전에 잘 알고 있는 사이지만, 사건의 공모로 밝혀지면 법정에서 불리하게 작용할 것으로 판단하고 모르는 사이라고 하였던 것은 아닌가 하는 점이다. 샌프란시스코 경찰에서도 사건 발생 이후 장인환과 전명운 두 사람의 공모 여부에 수사의 초점을 맞추고 심문하였다. 그러나 장인환과 전명운은 각기 공범임을 완강히 부인하고 각자 단독범행임을 주장하였다. 그래서 경찰에서도 공모사실은 증거불충분이라고 결론을 내렸다.[69] 이와 같이 현재까지 자료에는 두 사람의 공모여부를 알려줄 만한 자료가 발견되지 않는다. 다만, 『동아일보』 1927년 4월 24일자 「장인환씨의 반생기」에서 두 사람이 공모한 듯한 내용 기사가 있을 뿐이다.[70]

68　동해수부, 「국민회 략사(12)」, 『신한민보』 1944년 4월 27일자.
69　김원모, 「장인환의 스티븐즈 사살사건 연구」, 16쪽.
70　『동아일보』 1927년 4월 24일자의 「張仁煥氏의 半生記」에는 "예약이 있는 장인환씨의", "뜻을 같이하여 협력 거사키로"라는 애매한 표현으로 마치 두 사람이 공모하였다는 암시를 줄 뿐, 장

앞에서 잠시 설명한 바와 같이 두 사람은 서로 공모한 적은 없었지만 전혀 모르는 사이는 아니라고 보인다. 경찰이나 재판장에서 사전 공모가 아니라는 것을 확실히 하기 위해 서로 전혀 만난 적이 없다고 한 것으로 보아야 한다. 전명운은 의거 이전부터 공립협회에 열성적으로 활동하였으며, 상항한인청년회 등에서 강연을 하였기 때문에 당시 샌프란시스코 한인사회에서는 알려진 인물이었다. 장인환은 조용한 성격을 가지고 있었기 때문에 대외적으로는 알려져 있지 않지만, 대동보국회 회원으로서 한인사회에는 어느 정도 인식될 수 있는 인물이었다. 그렇기 때문에 두 사람이 생면부지의 관계라고는 볼 수 없다. 특히 거사를 치루기 전날 공립회관에서 열린 공동회에서 같은 자리에 있었기 때문에 두 사람 사이에는 어느 정도의 교분은 있었다고 보는 것이 맞다.[71] 다시 말해 전명운과 장인환은 서로 안면은 있었지만 다른 단체에 소속되어 활동하고 있었기 때문에 가까운 사이는 아니었다는 점이다.

이와 더불어 또 하나의 의문점은 전명운과 장인환이 의거를 일으킬 당시 페리빌딩 현장에 전명운과 장인환외 다른 한인이 있었는가 하는 의문점이다. 왜냐하면, 사건직후 샌프란시스코 일본총영사 코이케 초조[小池張造]가 일본 외무대신 하야시 다다스[林董]에게 보낸 문서에, 사건 현장에는 또 다른 한인이 있었음을 보고하고 있기 때문이다. 의거의 주역 두 사람외에 다른 한인들은 왜 현장에 있었는가? 그 가운데 전명운과 장인환과 공모자는 없었는가 등의 의문점이 있다. 따라서 필자는 사건직후 샌프란스시코 일본총영사가 본국에 보고한 문서와 기타 신문자료 등을 통해 사건현장에 대한 의문점을 풀어보고자 한다. 우선, 코이케 일본총영사가 본국에 보고한 문서를 검토해 보자.

인환이 전명운과 공모하였다고 말하지는 않고 있다.
71 문양목, 「의사 장인환공을 추도(속)」, 『신한민보』 1930년 6월 19일자.

나는(코이케 - 필자) 오늘 아침 호텔에서 스티븐스가 워싱턴으로 가려는 기차를 타기 위해 페리정거장으로 갈 때 동행했다. 스티븐스가 자동차에서 내렸을 때 그는 갑자기 서너 명의 한인들에 의해 둘러 싸였다. 한 사람이 그의 얼굴을 쳤다. 권총이 발사되기 시작하였고, 두 발 모두 스티븐스의 양쪽 등을 맞혔다.[72]

위의 코이케 일본총영사의 보고서에 의하면, 사건이 발생하기 전 자동차에 내린 스티븐스 앞에 3~4명의 한인들이 스티븐스를 둘러싸고 있었다고 하였다. 당시 사건현장을 가장 생생하게 목격한 사람은 코이케 일본총영사였다. 위 문서에 따르면, 분명히 전명운과 장인환외에 또 다른 한인이 현장에 있었다고 할 수 있다. 이같은 의문점은 미국 현지 신문에 실린 스티븐스에 관한 신문기사에서도 간접적으로 확인이 된다. 사건이 발생하였을 때 사건 당사자외에 목격자는 코이케 총영사외에 또 한 사람이 있었는데, 그 사람은 스티븐스가 숙박하고 있었던 페어몬트호텔의 심부름꾼인 에드워드 핀레이(Edward Finley)였다. 그는 1908년 3월 24일자 『샌프란시스코 이그재미너』와의 인터뷰에서 당시 현장을 다음과 같이 말하였다.

나는(핀레이 - 필자) 페리빌딩 가는 버스를 탔다. 우리가 빌딩 앞에 내리려고 했을 때, 나는 스티븐스의 수하물을 들고 그것을 바퀴통에서 꺼내려고 하였다. 스티븐스가 불과 몇 피트 앞으로 나갔다. 내가 수하물을 내려놓기 시작할 때, 나는 세 명의 한국인이 스티븐스 앞으로 접근하는 것을 보았다 그들 중 한 사람이 와서 그의 손

---

[72] 「코이케 샌프란시스코 총영사 → 하야시 외무대신에게 보낸 공문, 1908년 3월 24일」, 『外務省記錄』 명치 41년 3월~대정 15년 12월. "This morning I accompanied Stevens from Hotel to Ferry Deport where he was about to take train for Washington, when he stepped from automobile he was suddenly surrounded by three or four Koreans. One struck his face. Pistol firing then commenced and two bullets struck Stevens both in the back"(국가보훈처, 『장인환 전명운의 샌프란시스코 자료집』 II, 2008, 162~163쪽).

에 가지고 온 무엇인가로 그의 얼굴을 쳤다. 나는 무엇이었는지는 보지 못하였다.[73]

위와 같이 페어몬트호텔 심부름꾼인 핀레이는 전명운이 스티븐스를 치는 것을 본 사람이다. 그는 분명히 '세 명의 한국인들'을 보았다고 하였다. 전명운과 장인환외 그가 본 또 다른 한인은 누구였던가? 1908년 3월 24일자『샌프란시스코 클로니클』신문기사를 검토하면, 스티븐스는 기자와의 인터뷰에서 다음과 같이 말하고 있다.

> 나는(스티븐스 – 필자) 다음에 오늘 아침 페리빌딩에서 자동차에서 내리려고 할 때 그들을 보았다. 그들 중 한 명이 내게 다가와 세게 얼굴을 쳤다. 나는 어느 쪽인지 알지 못한다. 나는 이 사람(침대에 있는 전명운을 가리킴)을 쫓아갔고, 이 사람(장인환을 가리킴)이 나를 쏘았다.[74]

위의 기사에서 스티븐스가 페어몬트호텔에서 자동차를 타고 페리빌딩에 당도하여 내렸을 때, 3월 22일 찾아온 사람 중의 한 사람이 자신에게로 다가와서 그의 얼굴을 강타하여 그의 뺨을 찢어놓았다는 것이다. 기사내용에서 스티븐스에게 접근한 한국인은 분명히 전명운과 장인환 두 사람이 아니라, 여러 사람이 있었다는 것이다. 다시 말해 스티븐스를 저격하려고 온 사람은 전명운·장인환 이외에 또 다른 사람이 있었을 가능성이 있다는 점이다. 또

---

[73] 『San Francisco Examiner』 1908년 3월 24일자, 「Finley Describes Affair」. "I rode to the Ferry building in the bus. As we stopped in front of the building. I picked up the baggage of Stevens and started to lug it into the nave. Stevens preceded me a few feet. As I started to lay the baggage down. I saw three Koreans approach Stevens. One of them came up and struck him in the face with something he carried in his hand. I couldn't see what it was."

[74] 『San Francisco Chronicle』 1908년 3월 24일자, 「Statement by Stevens」. "I next saw them this morning as I was getting out of the automobile at the Ferry building. One of them rushed forward and struck me on the face violently. I don't know which one. I chased this one(pointing to Chun on the bed) and this man shot me(pointing to Chang)."

현지신문인 『샌프란시스코 콜』 1908년 3월 24일자에는 다음과 같은 기사내용이 실려 있다.

> 나는(스티븐스 – 필자) 오늘 아침 페리빌딩에서 자동차에서 내리려고 할 때 그들을 보았다. 그들 중 한 명이 내게 다가왔고 나의 얼굴을 쳤다. 나는 이 사람을 쫓아갔고, 다른 사람이 나를 쏘았다.[75]

스티븐스는 3월 22일 자신을 구타한 사람들 가운데 한 명이 자신을 때렸으며, 그를 잡으려고 가다가 그들 중 한 명이 총을 쏜 것으로 알고 있었던 것이다. 또 『뉴욕 타임즈(New York Times)』 1908년 3월 24일자에도 다음과 같은 내용이 실려있다.

> 총격사건은 일본총영사와 함께 온 스티븐스 씨가 역에 도착하였을 때 일어났다. 몇 명의 한국인들이 그에게 다가왔고 그들 중 한 사람이 그에게 무엇인가를 말하였고 그의 얼굴을 쳤다. 그 그룹의 다른 한 사람이 손수건에 숨겨져 있던 리볼보를 가지고 그를 쏘기 시작하였다.[76]

위의 『뉴욕 타임즈』 기사에서도 '몇 명의 한국인들(Several Koreans)'이라는 내용으로 보도를 하고 있다. 만일 스티븐스가 페리빌딩 앞에서 단지 두 사

---

[75] 『San Francisco Call』 1908년 3월 24일자, Deposition of Stevens and Chaeng are taken」. "I next saw them this morning as I was getting out of the automobile at the ferry building. One of them rushed at me and struck me in the face. I chased this one and other shot me."

[76] 『New York Times』 1908년 3월 24일자, 「D. W. Stevens shot by Korean Assassin」. "The shooting took place just as Mr. Stevens, accompanied by the Japanese Consul general, arrived at the station. Several Koreans approached him, and one of them said something to him and struck him in the face. Another one of the group began shooting at him with a revolver that had been concealed under a handkerchief."

람의 한국인만 보았다면, 'Two Koreans'라는 표현을 썼을 것이고, '그 그룹의 다른 한 사람(Another one of the group)'이라고 말하지 않았을 것이다. 7월 27일자 『뉴욕 타임즈』의 기사에도 "스티븐스씨가 자동차로 페리정거장에 도착했을 때, 장인환과 다른 두 한국인이 그를 기다리고 있었다고 한다. 그들 중 한 사람에 다가와 그의 안면을 강하게 때렸다"라고 한다.[77] 따라서 스티븐스를 처단하는 의거 현장에는 전명운과 장인환 외에 한인이 또 있었다는 얘기가 된다. 여러 재미한인 1세들을 인터뷰한 신성려(Sonia Shinn Sunwoo)의 책에 의하면, "당시 현장을 지켜본 한인들에 의하면 전명운 군이 스티븐스를 습격했을 때 고이께 총영사는 어쩔 줄을 모르고 경찰만 부르고 자신의 피신을 위해서 노력했다"라는 표현이 있다.[78] 신성려는 후대에 여러 한인 1세들의 말을 듣고 옮긴 것이지만, 당시 현장에는 또 다른 한인이 있었을 가능성을 어느 정도 나타내는 것이라고 할 수 있다.

한편, 미국 현지의 자료는 아니지만 당시 블라디보스토크에서 발간되었던 『해조신문』에도 스티븐스 처단의거가 보도되었는데, 착오기사가 실리게 되었다는 점이다. 즉, 1908년 4월 4일자 『해조신문』에 전명운이 "어깨에 탄환을 맞아 죽게 되었다"고 보도한 점과, 4월 5일자에 장인환의 이름은 '조신동', 전명운의 이름을 '현명운'이라고 한 점이다. 이와 같이 현장취재가 불가능하고 통신수단이 뜻대로 안되었던 당시에 본의 아니게 보도의 착오가 생길 수 있다.[79] 그러나 문제는 1908년 4월 5일자「정의단의 스티븐스 포살 추보」라는 다음의 기사는 주목해 볼 필요가 있다.

---

77 『New York Times』 1908년 7월 27일자,「To Try Korean Assassin」. "Chang and, it is believed, two other Koreans who have been apprehended, lay in wait for Mr. Stevens, and as he alighted from the automoblie at the ferry, one of them walked up and struck him a vicious blow in the face."
78 신성려,『하와이 移民略史』, 고려대 민족문화연구소, 1988, 33쪽.
79 장백일,『의사 전명운』, 146쪽.

오클랜드 도선 정류장에 이르러 대륙철도정거장에서 와싱톤으로 향하려 화차를 기다릴 차에 별안간 한인 □3명이 돌출하여 육혈포를 놓아서 다섯 발을 연발함에 슈씨의 우편 어깨와 볼기살을 맞췄는데 즉시 병원으로 실어가고 한인은 미국 순사에게 3명이 피착되었다.[80]

위의 기사도 많은 점에서 사실과 다르다. 5발을 발사하였다는 것과 미국 순사에게 3명이 피착되었다는 것은 사실과 너무나 다르다. 장인환은 3발을 발사하였고, 전명운과 장인환 두 사람이 미국경찰에 체포되었다. 오보일지는 모르지만 "미국 순사에게 3명이 피착되었다"라는 기사는 사건현장인 페리부두에 전명운, 장인환외에 또 한 사람의 한국인이 있었다고 할 수 있다.

또한 후대의 기록이지만 문양목이 「의사 장인환공을 추도」라는 제목으로 1930년 6월 12일자와 19일자로 『신한민보』에 연재한 기사에는 거사 전날의 상황을 설명하고, 1908년 3월 23일의 상황을 서술하고 있다. 그리고 거사가 일어나기 직전에 대해 다음과 같이 기술하고 있다.

한 처소에서 이 일을 알고는 그저 모른 체하고 있을 수도 없고 결국이 어떻게 되는 것을 목도하겠다는 생각으로 제풀로 관광차처럼 뒤를 따라 나선 사람이 몇이 있었는데 그 그룹에 섞여가는 장인환 씨는 털끝만치도 무슨 다른 점이 발로될 것이 없이 남과 같은 관광차 모양이다.[81]

위의 기사내용은 거사 전날 공동회에서 공립협회의 회원인 전명운이 스티븐스를 처단하겠다고 하였기 때문에, 대동보국회측에서 전명운이 거사를 거행하는 것을 보고자 하였다. 문양목은 거사를 목격하기 위해 대동보국회의

---

[80] 『해조신문』 1908년 4월 5일자, 「정의단의 스티븐스 포살 추보」.
[81] 문양목, 「의사 장인환공을 추도(속)」, 『신한민보』 1930년 6월 19일자.

회원들이 함께 페리부두로 가는 과정을 위와 같이 기록하였다. 결론적으로 말해 의거현장에는 장인환과 전명운외에 여러 명의 한인들이 함께 있었다고 할 수 있다. 물론 위의 기사내용은 사건이 끝나고 시간적으로 20여 년이 흘렀고, 장인환이 서거한 이후에 서술한 것이라서 사실과 완전히 부합된다고 할 수는 없지만, 현장에는 두 사람 외에 여러 사람이 함께 움직이고 있었다고 보아야만 한다.

그러면 또 한 사람은 대체 누구이며, 어떻게 되었는가라는 의문이 생긴다. 그러나 이에 대한 당시의 자료는 현재까지 아무 것도 없다. 다만 추정하여 본다면, 두 가지의 가능성이 있다. 하나는 전명운과 사전모의한 사람일 가능성과, 장인환과 사전모의한 사람일 가능성 높다. 왜냐하면 한 사람이 스티븐스를 처단하는 데 실패할 경우 제2선에서 실행을 마무리할 필요가 있기 때문이다.

우선 첫 번째 가능성에 대해 살펴보자. 전명운과 모의한 사람일 경우, 제3의 인물은 공립협회 회원이었을 것이다. 그러나 전명운이 스티븐스와 드잡이를 하는 동안 뒤에서 총을 쏜 사람은 대동보국회 소속의 장인환이었다. 따라서 전명운과 사전에 공모한 공립협회 쪽 인물은 없었다고 보아야 한다. 그리고 전명운은 지금까지 어떤 자료에도 공립협회의 인물과 공모하였다고 할 만한 자료가 없다.

그렇다면 제3의 인물은 장인환과 사전에 모의한 사람일 것이다. 그는 아마도 대동보국회의 회원일 가능성이 높고, 대동보국회에서 장인환과 사전에 모의를 할 가능성이 높은 사람으로는 3월 22일 스티븐스를 설득하려고 페어몬트호텔에 갔던 사람 가운데 한 사람일 것이다. 22일 스티븐스를 찾아간 최정익·문양목·정재관·이학현 4명의 대표 가운데 최정익과 정재관은 공립협회의 회원이고, 문양목과 이학현은 대동보국회 회원이다. 따라서 문양목과 이학현 두 사람 가운데 한 사람이 페리정거장에서 장인환의 배후를 주시하며 의거를 지켜보고 있었을 가능성이 매우 높다.

그러면, 1908년 3월 23일 페리정거장에는 전명운·장인환, 제3의 인물이 스티븐스를 처단하기 위해 기다리고 있었다는 결론에 도달한다. 제3의 인물은 장인환이 스티븐스를 처단하지 못했을 경우 그의 뒤에서 제2차 시도를 하게 되어 있을 것이고, 장인환이 성공하였을 경우에는 그의 뒤를 돌봐주는 역할을 하였을 것이다.

이왕 제3의 인물이 있었을 가능성을 추론하였기 때문에, 제3의 인물은 누구일까를 추정해 보고자 한다. 위에서 대동보국회 회원 가운데 문양목과 이학현 두 사람을 지목하였다. 이 두 사람 가운데 가능성이 높은 사람은 동학농민전쟁에 참가하였던 문양목일 가능성이 높다고 볼 수 있다. 왜냐하면 위에서 잠시 언급한 바와 같이 문양목은 장인환이 서거하였을 때, 샌프란시스코의거의 전 과정을 자세히 『신한민보』에 연재하고 있기 때문이다.

그 외에 다른 인물로는 스티븐스 처단의거가 성공을 하자 그후 공동회가 개최되었을 때, 가장 적극적인 인물 가운데 한 사람일 가능성도 있다. 전명운과 장인환 석방을 위해 재미동포들은 7인의 전권위원회가 조직하였는데, 7인의 전권위원은 최정익·문양목·정재관·이일·김영일·이영하·백일규 등이다. 이들 가운데 한 사람일 가능성도 있다. 이상에서 샌프란시스코의거에는 장인환·전명운외에 제3의 인물이 있었을 가능성이 높다는 것과, 그 제3의 인물은 문양목일 것으로 추정해 보았다.

6 의거 이후의 활동과 생활

샌프란시스코의거가 일어난 이후 이를 계기로 재미 한인사회에서 한인단체의 통합운동이 활발하게 일어나게 되고, 그 결과 샌프란시스코의 공립협회와 하와이의 한인합성협회가 하나로 통합되어 1909년 2월 국민회(國民會)가 탄생하였다. 그리고 이듬해 2월 국민회는 대동보국회와 결합하고 그 이름을 대한인국민회(大韓人國民會)로 발전됨으로써 미주 한인사회의 최고 지도기관이 되었다.

전명운은 연해주에서 미국으로 돌아온 후 평범한 일상생활로 돌아왔다. 와이오밍주 철도부설 공사장에서도 일을 하였다가, 블라디보스토크에서 뉴욕으로 온 부인을 맞이하게 되었다. 이후 그는 뉴욕에서 부인과 함께 살면서 노동으로 생활을 하고 있었는데, 그의 집에는 방사겸·방화중 등 한인들이 자주 유숙을 하였다.[82] 김현구의 『자서전』에 의하면, 김현구는 1914년 헤스팅스중학교를 마치고 코넬대학에 입학하기 위해 전명운의 뉴욕에 있는 과병점(果餠店)을 들렀다고 한다.[83] 뉴욕에 거주하던 전명운은 생업을 위해 캘리포니아지역으로 이주하였다. 캘리포니아지방은 한인들이 많이 거주할 뿐만 아니라 일자리도 많기 때문에 전명운이 평범하게 생활하는 데는 이곳이 가장 편하였다. 그는 캘리포니아의 농장지대인 맨티카지방에 정착하여 세탁업을 하였다.[84] 1917년 9월 『신한민보』의 기사에 따르면 그의 부인이 복부병으로 스탁톤병원에 입원하였다는 기사가 실렸다.[85]

82　방사겸, 『평생일기』, 44쪽.
83　김현구, 『김현구 자서전』 권2, 19쪽.
84　『신한민보』 1918년 3월 21일자, 「맨티카 한인실업조사표」.
85　『신한민보』 1917년 9월 20일자, 「전부인 입원」; 『신한민보』 1917년 9월 27일자, 「전부인 퇴원」.

또한 전명운은 국민회 회원으로서의 의무를 다하고자 하였던 것같다. 왜냐하면 『신한민보』의 「국민의무금」란에 전명운의 이름이 자주 게재되고 있었으며, 1917년 5월 『신한민보』의 기사에 의하면 그는 그해 4월 6일 맨티카지방회 실업부원이 되었다고 하며,[86] 1918년 12월에는 맨티카지방회 회장으로 선출되었다.[87]

이와 같이 전명운은 국민회 활동을 하면서 바쁜 나날을 보내고 있었다. 1919년 1월 10일 샌프란시스코의거의 또 한 명의 주역 장인환이 가출옥을 하였다.[88] 그는 장인환의 출옥 소식을 듣고 1월 11일 샌프란시스코에 와서 그를 만나 그동안의 옥고를 위로하고 평생의 정의를 표하였다.[89] 그러던 1919년 3월 9일 국내에서 3·1운동이 일어났다는 소식이 미주에 전해지자, 전명운은 그가 거주하는 맨티카를 비롯하여 이웃의 스탁톤·투레시 등의 한인들을 모아 대대적인 축하회를 열고 취지를 설명하였다.[90] 3·1운동 당시 전명운은 거금 50달러를 독립의연금으로 내는 등 국내외 독립운동 지원에 모든 성의를 아끼지 않았다.[91]

그후 전명운은 한인들이 벼농사를 하고 있는 윌로우스지방으로 이거하였는데, 이곳에는 김종림을 비롯하여 많은 한인들이 대규모로 농장을 경영하고 있었기 때문이다. 1920년대 초 윌로우스지방에 벼농사에 종사하는 한인들로는 3,300에이커의 대규모 농장을 경영하고 있던 김종림을 비롯하여 임준기·이홍만·이재성 등이 있었다. 전명운은 이곳에서 한인노동자들을 위한 여관업과 노동주선업을 하고 있었다.[92] 이같은 생업중에서도 국민회 활동

---

86 『신한민보』 1917년 5월 3일자, 「맨티카지방회」.
87 『신한민보』 1919년 1월 30일자, 「맨티카지방회」.
88 『신한민보』 1919년 1월 16일자, 「장의사의 가출옥」.
89 『신한민보』 1919년 1월 16일자, 「장전 양의사의 면회, 10년 옛일을 느낌」.
90 『신한민보』 1919년 3월 25일자, 「세 지방의 연합축하회」.
91 『신한민보』 1919년 7월 15일자, 「독립의연」.
92 최진하, 「북가주 순행기」, 『신한민보』 1921년 10월 2일자.

은 계속되어 1919년 2월부터는 윌로우스지방회 부회장으로 선출되어 국민회 활동에도 적극적이었다.[93]

전명운은 3·1운동 이후 평범한 생활인으로 독립운동을 후원하는 생활을 하고자 하였으나 그의 생은 평탄하지 않았다. 1929년 2월 큰아들 영덕이 13세에 스키장에서 사망하였으며, 그해 3월 아내마저 사망하였다. 이에 거처를 로스앤젤레스로 옮기고 세탁소의 세탁부로 일을 하였으나, 혼자 3명의 자식들을 건사할 수 없어 고아원에 맡길 수밖에 없었다. 그러다가 1935년 봄 전명운은 아들 알프레드와 경숙(로스 매리)·경령(마가래트) 두 딸을 고아원에서 집으로 데려와 함께 살림을 꾸렸으나 알프레드마저 수영장에서 사망하고 말았다.

1937년 가을 전명운은 세탁노동을 그만두고 철도 건널목 간수가 되었다. 그 사이 장녀 경숙은 유학생 출신인 이태모와 결혼을 하였다.[94] 그후 1941년 12월 일제가 진주만을 기습 공격함으로써 태평양전쟁이 발발하였다. 전시하에 전명운은 철도건널목 간수 일을 하면서 전시봉사회를 조직해 기금을 마련하는 활동을 하였다. 특히, 전명운은 57세의 고령에도 불구하고 한인경위대에 참여하였다. 한인경위대를 일반적으로 '맹호군'이라고 불렀는데, 그해 1941년 12월 29일부터 로스앤젤레스에서 훈련을 시작하였다. 그가 맹호군에 참가한 이유는 항일전쟁에 참가하여 연합국의 승전에 이바지하는 동시에 조국의 독립을 위하여 생명을 내놓고 싸우겠다는 것이었다.

---

93 『신한민보』 1919년 7월 15일자, 「윌로우스지방회」.
94 전명운의 사위 이태모(Dick)는 평양 태생으로 3·1운동 때에 일경의 모진 박해를 받고서 미국으로 왔다. 미국에 후 남의 집 난로에 석탄을 지피는 일을 얻어서 그 수입으로 대학을 졸업했다. 그리고는 무선전신 관계의 직장에서 일을 하다가 군에 입대했는데, 그는 1분간에 26그룹(1그룹은 알파벳 5자)의 라디오 수신을 하는 실력을 가지고 있었다(朴順東, 「侮蔑의 時代」, 金相賢 편, 『實錄 民族의 抵抗 3 : 侮蔑의 時代·學兵手記集』, 한샘文化社, 1977, 76쪽). 제2차 대전 중에는 한인포로들을 훈련시켜 국내에 투입하기 위한 훈련을 시키는 교관이 되어, 재미한인을 이용하여 한국내에 침투시키려는 냅코작전(Napko Project)에 참여하였다. 국가보훈처, 『Napko Project of OSS』, 2001, 759쪽 참조.

전명운은 1944년 6월 25일 회갑을 맞았다. 그때는 일선에서 물러나 로스앤젤레스 노스 그랜드 애브뉴 노인 아파트(#232 North Grand Avenue Los Angeles)에서 혼자 외롭고 쓸쓸하게 살았다. 1947년 11월 18일 혈관 붕괴로 별세하였고, 11월 24일 로스앤젤레스 천주교 캔버리 묘지에 안장되었다.[95]

---

[95] 『신한민보』1947년 11월 27일자, 「전명운의사의 유해를 안장」.

7 맺음말

　　　　　　전명운은 일찍이 우리민족을 근대화시키는데 공헌하려고 하였고 이를 위해 미국유학을 목적으로 하와이로 이민을 떠났다. 하와이에서 노동을 하여 모은 돈으로 미국 서부 샌프란시스코로 왔다. 그의 목적이 유학에 있었기 때문에 학자금을 마련하기 위해 알래스카에까지 가서 일을 하였다. 그렇지만 당시 미국은 아시아인에 대한 배척이 심하게 일어나고 있었기 때문에 학자금을 마련하는 것은 쉽지 않았다. 그런 상황에서도 전명운은 북미의 한인단체인 공립협회에 가입하여 국권회복운동을 하였던 것이다.

　1908년 3월 일제의 사주를 받은 대한제국 외교고문 스티븐스가 미국에 건너와 일본의 한국지배를 미화하는 망언을 일삼게 되었다. 이에 전명운은 스티븐스를 처단하지 않으면 그같은 허망한 말이 미국사회에 퍼지게 되고 마침내 국권을 회복시킬 수 없다고 판단하였다. 그는 스티븐스를 처단할 치밀한 계획을 세우고 준비하였으나 불행히 권총이 발사되지 않았고, 그 실행은 장인환에 의해 이루어졌다. 비록 장인환에 의해 스티븐스를 처단하는 거사가 성공했지만, 전명운도 똑같이 거사를 일으킨 것으로 평가되고 있다. 그만큼 의거는 장인환·전명운 공동의 의거라고 할 수 있다.

　샌프란시스코의거 이후 전명운은 연해주로 가서 안중근의 이토 히로부미 처단의거에 직접적으로 영향을 미쳤으며, 다시 미주로 건너온 그는 대한인국민회·동지회 등에서 독립운동을 하였다. 그리고 태평양전쟁기에는 노령임에도 불구하고 한인경위대에 참가하여 조국의 독립에 일조하고자 하였다. 이처럼 전명운은 평생을 독립운동에 바쳤다고 해도 과언이 아니다. 스티븐스 처단이라는 일으켜 의열투쟁의 효시가 되었음에도 불구하고 개인적인 삶은 매우 불행했고, 그의 생애와 독립운동에 대해서는 정확하게 알려져 있지 않았다. 이글에서는 전명운의 생애를 재조명하면서 그동안 잘못 알려진 부분에 대한 오류를 바로 잡고자 하였다. 또한 스티븐스 처단의거에서 풀리지 않은 의문점에 대한 문제제기를 하였다.

4장

홍언의
독립운동자금 모금활동

1 머리말

홍언은 대한인국민회 북미지방총회의 기관지인 『신한민보』를 비롯하여 각종 신문과 잡지의 주필을 맡아 문필을 통해 독립정신을 고취하였던 미주지역의 대표적인 독립운동가이다.[1] 일반적으로 홍언은 시문에 자질이 뛰어나 『신한민보』에 400여 편에 달하는 작품을 발표할 정도로 왕성한 문필활동을 하였기 때문에 언론인 혹은 문필가로 더 많이 알려졌다.[2] 그가 미주지역에 이민을 온 이후 미국·캐나다 등의 북미지방과 페루·칠레·에콰도르 등의 중남미지역을 순행하면서 독립운동자금 모금활동을 전개하였다.

미주에서 홍언의 독립운동은 문필활동을 통한 독립사상 고취와 독립운동자금 모금활동이었다. 이 두 가지는 홍언이 평생 동안 지속적으로 전개한 사업이라고 할 수 있다. 그렇지만 지금까지 홍언이 중남미지역에서 독립운동자금 모금활동과 관련하여서는 그다지 알려져 있지 못하였다.

미주지역은 '한국 독립운동의 젖줄'이었다고 불릴 정도로 독립운동에 막대한 자금을 제공하였다. 3·1운동 후 미주지역의 한인들은 독립의연금, 공채금, 애국금, 혈성금, 국민부담금, 독립금 등의 명목으로 수십만 달러를 거두어 임시정부와 구미 각지의 독립운동을 지원하였다.[3] 미주에서 모금된 독

---

[1] 홍언의 미주지역 독립운동에 대해서는 다음 논문이 참조된다. 방선주, 「홍언과 국민회」, 『재미한인의 독립운동』, 한림대학교 아시아문화연구소, 1989; 최기영, 「미주지역 민족운동과 홍언」, 『한국근현대사연구』 60, 2012.

[2] 작가로서 홍언의 활동에 대해서는 다음 논문이 참조된다. 박미영, 「재미작가 홍언의 지조 형식 모색과정과 선택」, 『시조학논총』 18, 2002; 박미영, 「재미작가 홍언의 몽유가사·시조에 나타난 작가의식」, 『시조학논총』 21, 2004; 박미영, 「재미작가 홍언의 미국기행시가에 나타난 디아스포라적 작가의식」, 『시조학논총』 25, 2006.

[3] 미주지역에서의 독립운동자금에 대해서는 고정휴, 「대한민국임시정부 미주지역 독립운동 – 재정문제를 중심으로」, 『대한민국임시정부 수립80주년기념논문집』 상, 1999 참조.

립운동자금 가운데에는 재미 중국인[華僑]들에게서 모금한 자금도 적지 않았음에도 이에 대한 본격적인 연구가 되지 못한 것이 사실이다. 이에 본고에서는 미주지역에서 재미 중국인들을 대상으로 독립운동자금을 모금한 홍언의 활동을 통해 미주지역 독립운동의 성격의 일단을 되짚어 보고자 한다.

홍언은 한문과 중국어에 능통하여 주로 미주지역 화교들을 상대로 독립운동자금을 모금하는 활동을 전개하였다. 1920년대 미주지역에는 1만 명의 한인들이 살고 있었는데 인구가 적고 경제력이 빈약하여 막대한 독립운동자금을 모금하는 데에 많은 한계가 있었다. 그래서 홍언은 미주지역에 살고 있는 많은 수의 중국인들을 상대로 한국 독립운동을 위한 자금을 거두고자 하였다. 홍언이 미주에서 거둔 거액의 독립운동자금은 대한인국민회, 구미위원부, 임시정부 등에 독립운동자금을 지원하는 데에 커다란 역할을 하였다.

본고에서는 홍언이 3·1운동 발발 직후부터 대한인국민회(이하 국민회) 화교위원으로 임명되어 미국 및 캐나다 서부지역에서 독립운동자금을 모금한 활동과 그후 구미위원부 화교위원으로 임명되어 1921년 6월부터 다음해 6월까지 약 1년가량 페루·칠레·에콰도르·자메이카 등 중남미지역을 순행하면서 독립운동자금을 모금하는 활동에 주목하였다. 주지하다시피 한국 독립운동은 중국·러시아·미국·유럽·동남아 등 전 세계가 무대였다. 그렇지만 북미 캐나다와 중남미지역까지 한국 독립운동이 전개되었다는 사실에 대해서는 구체적으로 알려진 바가 없다. 홍언은 캐나다와 중남미지역 화교들에게 한국 독립운동을 널리 선전하고, 이를 통해 독립운동자금을 거두려고 하였다. 홍언이 캐나다와 중남미에서 활동한 내용에 대한 자료가 그다지 많이 남아 있지 않기 때문에 그 전모를 밝히는 데에는 많은 한계가 있으나, 기존에 알려진 자료를 통해 그의 독립운동자금 모금 활동상을 밝히고 그 의미를 살피고자 한다.

2 북미지역 독립운동자금 모금활동

    국내에서 독립을 선언하였다는 소식은 미주지역에서는 1919년 3월 9일에 전해졌다. 이 소식을 들은 샌프란시스코에 있는 대한인국민회 중앙총회는 즉각적으로 국내에서 일어난 3·1운동을 후원할 방안을 모색하였다. 그리고 그 후 중국 상하이[上海]에서 현순은 이른바 '대한공화국' 정부가 조직된다는 소식을 대한인국민회 하와이지방총회에 3월 29일자 전보로 알렸고, 샌프란시스코의 대한인국민회 중앙총회에는 4일 후인 4월 3일에 전해졌다. 이와 같이 국내에서 3·1운동이 일어났고, 중국에서 임시정부가 조직되었다는 소식을 접한 국민회 중앙총회에서는 국내에서 전개되는 독립운동을 후원할 자금을 모금하는 일이 무엇보다도 시급하다고 보았다. 그러나 당시 북미지역 한인들은 대부분 노동에 종사하고 있었기 때문에 빈약한 경제력으로 도저히 이에 필요한 자금을 모금하는 데에 한계가 있을 수밖에 없었다. 이에 4월 4일 개최된 중앙총회 제15차 의사회에서는 "우리 독립단 원조를 위하여 중화민국인에게 의연을 청하기"로 하였다.[4] 재미 중국인들에게서 독립운동자금을 모금하기로 한 목적은 중국인들이 우리나라의 독립운동에 대해 동정을 표시하고 있었기 때문이다. 그래서 청연위원으로는 홍언·김영훈·임정구·강영각 4인을 선정하였다.[5]

    위와 같이 중국인들에게 의연금을 거둘 청연위원으로 4명이 선정되었지만 실제적으로 임명된 사람은 홍언·김영훈·강영각 3명이었다. 3명의 청연위원들은 4월 18일 샌프란시스코에서 의연금을 거둘 방안에 대해 협의를 하

---

4 도산안창호선생기념사업회·도산학회, 『미주 국민회 자료집』 6, 경인문화사, 2005, 531쪽.
5 『신한민보』 1919년 4월 12일자, 「중앙총회보」.

였다.[6] 그후 재미 화교들에게 독립운동자금을 거두는 일을 맡은 홍언·김영훈·강영각 3인은 국민회의 화교위원(교섭위원 혹은 교제위원)으로 정식 임명되었다. 화교위원 3인 가운데 홍언이 임명될 수 있었던 가장 큰 이유는 그가 중국어에 능통하고 재미 화교들과 깊은 유대관계를 맺고 있었기 때문이었다. 홍언은 1902년 경부터 2년여 간 중국을 유랑하여 중국어를 잘 구사할 수 있었을 뿐만 아니라 한문에도 조예가 깊었다. 따라서 대한인국민회에서는 중국어가 가능하고 또 재미 화교들과 교제를 하고 있던 홍언을 화교위원으로 임명하였다.

대한인국민회의 화교위원들은 재미 화교들에게 자금을 거두기 위한 방법으로 8개조로 된 문건을 작성하여 4월 21일에 개최된 중앙총회 제15차 위원회에 제출하여 통과되었다.[7] 그러나 이때 통과된 문건의 내용은 확인되지 않는다. 화교위원 홍언과 강영각은 우선 캘리포니아 지역에 거주하는 중국인들에게서 독립운동자금을 모금하기로 하였다. 그래서 이들 양인은 샌프란시스코 동쪽에 위치한 스탁톤(Stockton)으로 갔는데, 그곳에 있는 중국인들로부터 대단히 환영받았을 뿐만 아니라 '대한독립 찬조금'을 거두었다. 그리고 6월 1일 밤 스탁톤 중화회관에서 특별회를 개최하였는데 이때 강영각이 영어로 연설을 하여 중국인들의 공의심을 일으켰고, 중화회 회장 진희는 "고려의 독립을 위하여 재정으로 돕겠다"고 약속하였다.[8] 그 후 홍언과 강영각은 화교위원으로서 계속해서 중국인 각 단체를 순행하면서 의연금을 거두고 있었다. 그런데 그때 마침 중국 상하이의 대한민국임시정부에서 정인과가 국민회 역사를 보내달라는 요청을 하였다. 그래서 중앙총회에서는 홍언을 국민회 역사편찬위원으로 선정하게 되었고, 이 때문에 그는 1919년 9월 다시

---

6   『신한민보』, 1919년 4월 22일자, 「홍, 김, 강 3씨의 내유」.
7   『신한민보』, 1919년 4월 24일자, 「중앙총회보」.
8   『신한민보』 1919년 6월 17일자, 「스탁톤 중국인의 끊는 동정 강영각씨의 연설을 느껴」.

샌프란시스코로 돌아와야만 했다.[9]

대한인국민회 중앙총회는 위의 홍언·김영훈·강영각 3인 이외에도 재미 화교들과 관계를 맺고 있는 동포들 가운데 화교위원을 임명하여 중국인들에게 의연금을 거두고 있었다. 『신한민보』 기사에 따르면 3·1운동 이후 최두환이라는 학생도 국민회 중앙총회의 화교위원으로 임명되어 중국인들에게 의연금을 거두다가 다시 학교로 돌아갔다고 한다.[10]

1919년 6월 당시 홍언이 재미 중국인을 상대로 독립운동자금을 거두는 방법은 대략 다음과 같다. 각지에 있는 중화회관 회장과 중국 신문사의 소개장을 받아가지고 미국 서부의 14개 주를 순행하였다. 각처에서 소개장을 받고 공문을 만들어 인장을 찍고, 또 의연금을 줄 만한 사람의 성명과 도록을 만들어 그것을 보여주었다. 그것을 본 중국인들은 홍언을 믿고 의연금을 기꺼이 내주었다. 또한 중국인들은 상업상 왕래가 잦기 때문에 가는 곳마다 한국의 독립운동에 대한 이야기가 전해져 선전활동을 함께 전개할 수 있었다.[11]

앞에서 언급한 바와 같이 홍언은 재미 화교들에게 독립운동자금 모금활동을 하다가 국민회 중앙총회의 부름을 받아 샌프란시스코로 와 국민회 역사를 집필하게 되었다. 그는 국민회 역사를 집필을 하면서 또 한편으로는 『신한민보』 편집인으로도 활동을 하고 있었다. 그러다가 1920년 3월 신한민보사에서 사퇴하고,[12] 다시 화교위원으로 임명되어 중국인들을 상대로 의연금을 거두는 활동을 하였다.

그런데 3·1운동이 일어난 이후 미주지역에서 독립자금을 경쟁적으로 거두어들이게 됨에 따라 문제가 발생하였다. 상하이 대한민국임시정부의 대

---

9 『신한민보』 1919년 9월 25일자, 「홍언씨가 본항에 안착」.
10 『신한민보』 1919년 8월 16일자, 「최두환씨는 풀맨에 도착」.
11 「공채표 화교 발매에 관한 의견서(1920. 7. 29)」,(연세대학교 현대한국학연구소, 『雩南李承晩文書』東文篇 11, 1998, 476쪽).
12 『신한민보』 1920년 3월 16일자, 「편집인 홍언씨의 퇴사」.

통령이 된 이승만은 미주지역에서의 재정을 장악하기 위해 그동안 국민회가 거두어왔던 모든 독립운동자금을 구미위원부에서 맡아야 한다고 요구하였다. 이승만은 임시정부에 "샌프란시스코(국민회)는 애국금을 철회하고 공채표(公債票)에 집중하도록 지시를" 내리라고 하였다.[13] 구미위원부에서는 애국금 모금 업무를 자기네에게 이전하도록 하는 청원을 상하이 임시정부 재무부에 제출하기에 이르렀다. 그 결과 임시정부에서는 이시영 재무총장이 국민회에 공한을 띄워 "수전하는 사무를 구미위원부에 이전하시오"라고 하였다.[14] 구미위원부에서는 "국민회 중앙총회에서 애국금을 모집하던 바는 역시 동일한 목적을 위함이나 일치적 행동에 장애가 생기거나 혹 오해의 충절이 있을가 염려하야 애국금은 정지하고 공채표를 발행하기로 결정하였다"고 하였다.[15] 이에 따라 구미위원부에서는 공채를 발행하여 각 지방에 거주하는 동포들에게 판매하였다.

그리고 구미위원부에서는 미국 내 중국가(中國街, China Town)를 중심으로 자본력이 좋은 재미 화교들에게도 공채를 판매하기 위해 1919년 11월 7일 박봉래(朴鳳來)를 '공채표 중국신상(中國紳商) 발매(發賣) 임시특별위원(臨時特別委員)'으로 선임하였다.[16] 박봉래는 미국에 있는 화교들에게 공채를 판매하기 위해 '조한독립연맹회(助韓獨立聯盟會, The League to help the Koreans to Independence)'라는 단체를 결성하여 조직적으로 공채를 판매하였다.[17] 그는 화교들에게 공채를 발매하기 위해 「대한민국임시정부 공채발행(公債發行) 공포문(公布文)」 1만 매를 인쇄하여 각지의 화교들에게 배포하였다.[18]

13 「대통령, 위원회(구미위원부) → 코포고(상해임시정부)에게 보낸 전보, 1919. 9. 12」, 『대한민국임시정부 자료집』 8, 국사편찬위원회, 2006, 56쪽.
14 郭林大, 『못 잊어 華麗江山』, 大成文化社, 1973, 143쪽.
15 「공채표 발매(1919. 9. 12)」, 『대한민국임시정부 자료집』 17, 국사편찬위원회, 2007, 4쪽.
16 연세대학교 현대한국학연구소, 『雩南李承晩文書』 東文篇 11, 455~456쪽.
17 연세대학교 현대한국학연구소, 『雩南李承晩文書』 東文篇 11, 457~458쪽.
18 연세대학교 현대한국학연구소, 『雩南李承晩文書』 東文篇 11, 459~460쪽.

미주지역에서 독립운동자금 모금을 둘러싸고 대한인국민회와 구미위원부 간에 갈등이 있었다. 그럼에도 국민회 화교위원 홍언은 캘리포니아·오레곤·워싱턴·유타·아이다호 주 등에 거류하는 중국인들을 방문하여 독립운동자금을 수합하고 1920년 1월 22일 샌프란시스코로 돌아왔다. 그리고 다시 그해 3월 10일에 각 지역을 순회하면서 운동자금 모금활동을 전개하였다.[19] 이때 국민회에서는 록키산맥을 경계로 서쪽은 홍언이, 동쪽은 박봉래가 맡아서 각각 중국인을 상대로 독립운동자금을 거두었다. 홍언이 록키산맥 서부지역에 있는 중국인들을 모두 방문하여 자금을 모금하였으나, 동부지역은 박봉래가 모두 다 방문하지 못하였다.

　　그러다가 상하이 임시정부의 결정에 따라서 미주지역에서 독립운동자금을 거두는 일이 구미위원부로 넘어가게 되었다. 더 이상 국민회 중앙총회에서는 독립운동자금을 거두는 활동을 할 수가 없었다. 이에 따라 1920년 5월 국민회 중앙총회는 중국인들에게 독립운동 의연금을 거두고 있던 화교위원 홍언에게 소환명령을 내리게 되었다.[20]

　　'대한인국민회 중앙총회 재정결산서 제1(1918. 11. 24~1919. 12. 15)'에 따르면, 화교부에서 화교들로부터 독립운동자금을 모금하기 위한 경비로 2,212.01달러를 지출한 것으로 되어 있다. 그리고 '대한인국민회 중앙총회 재정결산서 제2(1919. 12. 16~1920. 7. 1)'에도 수입부문에 화교부 수입이 1,463달러, 지출부문에 화교부 지출이 1,877.64달러로 기재되어 있다.[21] 이를 보아 국민회 화교부에서 재미 화교들에게 거둔 독립운동자금보다는 모금하기 위해 지출한 경비가 훨씬 많았다는 것을 알 수 있다. 이후 미주지역에서는 구미위원부에서 독립운동자금을 거두게 되었는데, 구미위원부에는 중국

19　노재연, 『재미한인사략』 상권, 로스앤젤레스, 1964, 156쪽(독립운동사편찬위원회, 1974, 『독립운동사자료집』 8, 1974, 518~519쪽 所收).
20　『신한민보』 1920년 5월 25일자, 「중앙총회 공고」.
21　국가보훈처, 『미주한인민족운동자료』, 1998, 361쪽.

인을 상대로 의연금을 거둘 수 있는 인물이 없었다. 그렇기 때문에 구미위원부에서는 국민회의 화교위원으로 독립운동자금을 거두었던 경험이 있는 홍언을 구미위원부의 화교위원으로 임명하였다.

재미 중국인들로부터 독립운동자금을 모금하던 홍언이 1920년 6월 3일 루이지애나 주 뉴올리언스에서 마약 소지 혐의로 조사당국에 체포되었다. 이 사건은 독립운동자금 모금을 위하여 뉴올리언스에 가 있던 그에게 샌프란시스코 거주의 중국인이 우편물을 보냈는데, 그 안에 마약 1파운드가 들어 있는 것을 조사당국에서 확인하여 그를 기소한 일이었다.[22] 홍언은 이를 전혀 몰랐고, 그를 변호하기 위하여 법학박사인 강영승(康永昇)이 현지에 도착하여 도움을 주어 결국 6월 30일 무죄 석방되었다.[23] 이 사건은 샌프란시스코의 신문에 먼저 알려졌지만, 국민회나 신한민보사에서는 불확실한 내용이므로 아무런 대응을 하지 않았다. 다만 북미지방총회 법무원 김현구(金鉉九)로 하여금 조사하여 보고서를 제출하게 한 뒤, 그 내용을 『신한민보』에 게재하여 마무리하였다.[24]

이 같은 사건이 있었음에도 홍언은 구미위원부 화교위원으로서 미국 각지를 돌아다니며 의연금을 거두고 다녔다. 1920년 7월 29일 홍언이 구미위원부위원장 김규식에게 보낸 「공채표 화교 발매에 관한 의견서」라는 글에 따르면, 그는 1920년 7월 19일자로 중국인들에게서 거둔 750달러를 구미위원부로 보냈다고 한다.[25]

홍언의 「공채표 화교 발매에 관한 의견서」를 받은 구미위원부는 홍언에게 화교들에게 의연금을 거두지 말고, 이제부터는 공채표를 발매하게 하는 것

22 『신한민보』1920년 8월 29일자, 「홍언씨 사건 조사한 보고」.
23 최기영, 「미주지역 민족운동과 홍언」, 24쪽.
24 『신한민보』, 1920년 8월 19일자, 「北美總會報」.
25 「공채표 화교 발매에 관한 의견서(1920. 7. 29)」(연세대학교 현대한국학연구소, 『雩南李承晚文書』東文篇 11, 472쪽).

이 좋겠다고 조언하였다. 홍언은 1920년 7월 29일 「화교에 대한 진술」이라는 의견서를 구미위원부에 보냈다. 이 의견서에서 그는 미국 서부는 본인이, 동부는 박봉래가 화교들에게 자금을 모두 거두었다고 하면서, 이제 남은 것은 캐나다와 멕시코, 남미지역에 있는 화교들에게서 자금을 거두는 일이라고 하였다.

이 같은 의견에 대해 구미위원부에서는 1920년 9월 4일자로 공식적으로 홍언에게 공문을 보내 구미위원부의 '화교위원'이 되어달라고 요청하였다. 그리고 홍언을 구미위원부의 정식 화교위원으로 임명하는데, 그 절차는 국민회 중앙총회에서 홍언을 구미위원부에 추천하게 한 후 그에게 위임장을 발급하게 한다는 것이다. 홍언이 공채표를 발매할 수 있게 구미위원부에서 중국어로 된 취지서를 발행하여 신문에 광고하는 것이 좋을 것이라고 하였다.[26] 그래서 구미위원부에서는 화교들을 위해 중국어로 된 취지서를 작성하였다.[27]

구미위원부는 1920년 11월 24일자로 홍언 이외에 김승제(金承濟)를 화교위원으로 임명하여 화교들에게 공채를 발매하고 의연금을 수금하게 하였다.[28] '김승제'라는 인물은 잘 알려지지는 않다. 다만 『방사겸 평생일기』에 따르면, 1910년 이전에 '김진사 승제'라는 사람이 시카고 차이나타운에서 살고 있었다. 그는 "식자도 유여하고 글씨를 잘 쓰는 고로 청인(淸人)들한테 우대를 받는 분인데 청인의 집에서 숙식을 무료로 하고 지내는 이요, 청인을 많이 아는" 사람이었다고 한다.[29] 이로 보아 '김승제'라는 사람은 한문과 중

---

26 「공문 제249호 공채표 화교 발매건」(연세대학교 현대한국학연구소, 『雩南李承晩文書』 東文篇 11, 479~480쪽).
27 「공문 제249호 공채표 화교 발매건」 481~482쪽.
28 「特派委員 金承濟 文憑」(연세대학교 현대한국학연구소, 『雩南李承晩文書』 東文篇 11, 481~484쪽).
29 방사겸, 『방사겸 평생일기』, 독립기념관, 2006, 36쪽.

국어에 능통하고, 화교들과 깊이 교제를 하고 있던 인물임에 틀림이 없다. 그렇기 때문에 구미위원부에서 김승제를 화교위원으로 임명한 것 같다. 방사겸은 김진사의 주선으로 중국 식당에서 일을 하다가 휘튼칼리지 중학반에서 1년 간 공부를 하였다.

또한 1921년 6월에는 김원장(金元章)을 화교위원으로 임명하여 화교들에게서 기부금 거두는 일과 공채표 발매를 하게 하였다.[30] '김원장'이라는 인물에 대해서는 알려진 바가 없지만, 앞의 김승제와 같이 한문과 중국어에 능통하고, 중국인들을 많이 알고 있는 사람이라고 생각된다. 「구미위원부 재정보고」에 따르면, 김승제는 멕시코 화교위원으로 임명되어 공채표를 발매한 것 같고, 김원장은 화교위원으로 임명되어 캐나다 지역에 파견되어 의연금을 모집하였던 것 같다.[31] 특히 멕시코에 파견된 화교위원 김승제는 1921년 3월 28일 3,500달러를 구미위원부에 보냈고, 4월 27일 1천 달러를 구미위원부 위원장 현순에게 보냈다.[32]

그리고 『신한민보』 기사에 따르면 그해 5월 멕시코 탐피코에서 중국인들에게 공채를 발매하여 1만여 원을 거두어 구미위원부로 보내었다고 한다.[33] 그러나 이 기사에 대해 구미위원부 서기 정한경은 김승제가 1만여 원을 구미위원부로 보낸 적이 없다고 확인해주었다.[34] 1921년 4월부터 8월까지 구미위원부의 재정수입은 총 5,166달러였는데, 멕시코 지역에 파견되어 있던 화교위원 김승제가 3월과 4월 두 차례에 걸쳐 위원부에 송금한 금액이 도합 4,500달러였다.[35]

---

30 「공문 제487호 공채표 화교 발매건」(연세대학교 현대한국학연구소, 『雩南李承晩文書』 東文篇 11, 486쪽).
31 『신한민보』 1921년 5월 19일자, 「구미위원보 재정보고」.
32 『신한민보』 1921년 6월 30일자, 「김승제씨의 수봉한 실액」.
33 『신한민보』 1921년 6월 9일자, 「김승제씨의 많은 수봉」.
34 『신한민보』 1921년 6월 30일자, 「김승제씨의 수봉한 실액」.
35 『신한민보』 1921년 6월 30일자, 「김승제씨의 수봉한 실액」.

1921년 1월 구미위원부 화교위원으로 독립운동자금 모금을 마친 홍언은 국민회 북미지방총회 서기로 근무하게 되었다. 그러다가 1921년 1월 다시 구미위원부의 화교위원으로 재임명되어 캐나다 지역의 중국인들에게서 의연금을 거두는 사업을 맡게 되었다.[36] 그는 그전부터 캐나다로 가서 그곳 화교들에게서 독립운동자금을 모금할 계획을 가지고 있었지만 여의치 못하였다. 그러다가 1921년 1월 1일 샌프란시스코에서 배를 타고 시애틀에 도착하였고, 1월 5일 캐나다 브리티시 컬럼비아 주의 주도인 밴쿠버에 안착하였다.[37] 그 후 1월 21일 구미위원부는 중국인에게 독립운동자금을 거두기 위해 홍언을 캐나다 서방 화교위원으로 임명하고, 김원장을 캐나다 동방 화교위원으로, 김승제를 멕시코 화교위원으로 임명하였다.[38] 홍언의 캐나다 여행 여비는 구미위원부에서 20달러를 지불하였고,[39] 그 후 각지를 돌아다니던 여비 50원이 추가로 지급되었다.[40] 홍언이 캐나다 서부지역인 밴쿠버와 빅토리아 등지에서 중국인들에게 의연금을 거두고 정확하게 언제 돌아왔는지는 확인되지 않는다.

36 『신한민보』1921년 1월 6일자, 「홍언씨의 카나다 여행 예정」; 연세대학교 현대한국학연구소, 『雩南李承晩文書』東文篇 11, 487쪽.
37 『신한민보』1921년 1월 13일자, 「홍언씨 밴쿠버에 도착」.
38 『신한민보』1921년 1월 27일자, 「구미위원부 재정보」.
39 『신한민보』1921년 1월 27일자, 「구미위원부 특별 공포문」.
40 『신한민보』1921년 5월 19일자, 「구미위원부 재정보고」.

3 중남미지역 독립운동자금 모금활동

1919년 3·1운동 이후부터 1921년 상반기까지 홍언은 미국과 캐나다 지역에 산재한 중국인들을 상대로 독립운동자금 모금활동을 전개하였다. 1921년 5월 1일 구미위원부는 홍언이 미국 동부에 있는 화교들을 상대로 독립운동자금을 모금할 수 있도록 문빙을 만들어주었다.[41] 이 문빙을 가지고 1921년 6월 중남미지역까지 진출하여 화교들을 상대로 독립운동자금을 모금하게 되었던 것이다. 홍언이 중남미지역을 방문하기 이전에도 한인들 가운데 이곳을 여행한 몇몇 사람이 있었다. 미주 한인 지도자 가운데 잘 알려진 강명화는 대한인국민회 북미지방총회의 총회장을 마친 이후인 1916년 1월 15일 사업차로 파나마로 갔다가 남미의 끝에 있는 칠레까지 갔다. 그는 1917년 2월 10일자로 도산 안창호에게 편지를 보내었는데, 그가 머물고 있던 주소가 다음과 같이 기재되어 있다.[42]

c/o Ming(혹은 Wing) Chong Jay
Casilla #85, Iquique, Chile

강명화가 보낸 편지에 기재된 주소에 따르면, 이키케(Iquique)는 칠레의 북부지방에 있는 조그마한 도시다. 위의 주소에 나와 있는 이름은 '민종자이 혹은 윙종자이'라는 중국인 집이라고 생각된다. 왜냐하면 편지 앞에 'c/o'라

---

41 연세대학교 현대한국학연구소, 『雩南李承晚文書』東文篇 11, 488~489쪽.
42 「강명화 → 안창호(1917. 2. 10)」, 『도산안창호전집』 3, 도산안창호선생기념사업회, 2000, 35~38쪽.

고 쓰여 있기 때문이다. 여기서 'c/o'는 'care of'라는 뜻으로, '민종자이 혹은 윙종자이' 집에 세들어 사는 '강명화'라는 뜻이다. 아무튼 강명화는 위의 편지를 보낸 다음 날인 1917년 2월 11일에도 안창호에게 또다시 편지를 보냈다. 이 편지에는 남미주(南美洲) 칠리국(智厘國) 의기기(意機㤅)라고 하여, 칠레의 '이키케'에 있다고 하였다.[43]

이와 같이 1910년대 미국에서 북미지방총회의 총회장을 역임한 강명화는 일찍부터 남미지역으로 진출하여 상업에 종사하고 있었던 것이 확인된다. 강명화가 남미 끝자락에 있는 칠레까지 간 목적은 상업활동을 하기 위한 것으로 추정된다. 남미까지 간 대부분의 한인들은 그곳에 거주하는 중국인들에게 고려인삼을 팔기 위한 목적이 아니었는가 생각된다. 그렇지만 구체적으로 어떠한 상업활동에 종사하였는지는 확인되지 않지만, 남미에 거주하는 중국인들의 경제상황이 꽤나 좋았기 때문에 그곳까지 가서 고려인삼을 팔았을 것으로 추정된다.

북미지역에 있던 한인들은 상업활동을 위해 중남미지역에도 진출하였기 때문에, 홍언은 이 지역에서도 독립운동자금을 거둘 수 있을 것이라고 판단하였다. 그는 남미지역에 사는 중국인들에게도 독립운동자금을 거둘 수 있을 것이라는 전망이 있었다. 홍언은 남미지역에 가서 그곳의 중국인들에게 한국의 독립운동을 설명하고 독립운동자금을 거두기로 하였다. 그는 1921년 6월 초순에 뉴욕에서 배를 타고 파나마·에콰도르·페루·칠레 등 중남미 제국(諸國)에 사는 중국인들을 방문하여 독립운동자금을 거두기로 하였다.[44]

홍언이 파나마를 거쳐 칠레까지 간 경로를 구체적으로 알 수 있는 기록은 현재 발견되지 않는다. 그는 뉴욕에서 배를 타고 파나마로 갔고, 그곳에서 다

---

43 「강명화 → 안창호(1917. 2. 11)」, 『도산안창호전집』 3, 39~47쪽.
44 노재연, 『재미한인사략』 상권, 167쪽(독립운동사편찬위원회, 『독립운동사자료집』 8, 523쪽 所收).

시 배로 에콰도르의 과야킬(Guayaguil)에 도착하였을 것으로 판단된다. 그리고 과야킬에서 다시 배를 타고 페루의 수도 리마(Lima)에 상륙하였고, 다시 배를 타고 칠레로 들어간 것으로 추정된다. 앞에서도 언급한 바와 같이 현재 홍언이 중남미지역에서 활동한 내용을 상세하게 알려주는 자료는 없다.

그러나 당시『신한민보』의 기사와 홍언이 구미위원부에 보낸 편지 등을 통해 그의 독립운동자금 모금활동을 복원해보고자 한다. 우선 홍언의 남미에서의 활동상에 대해서는『신한민보』1921년 9월 29일자 「홍언위원의 대활동」이라는 제목의 기사가 있다. 이 기사는 홍언이 페루에 도착해서 활동한 내용을 가장 자세하게 알려주는 유일한 자료다. 이에 따르면, "『민성보(民聲報)』8월 9일 기사를 거한 즉"이라는 내용이 있는 것으로 보아, 홍언은 1921년 8월 초순경 남미 페루의 수도 리마에 도착한 것으로 판단된다. 페루에 도착한 홍언은 리마 지역 이외에 어느 곳을 방문했는지 알 수가 없지만, 위의『신한민보』기사 내용에 '강주회관', '용강공소', '남해회관', '산해관', '동성회관', '국민당' 등의 단체와 조직의 이름이 나온다.『신한민보』기사에 거론된 단체들이 구체적으로 어떤 성격의 조직인지는 알 수 없지만 '회관'이라는 표현이 있는 것으로 보아 페루에 재류하는 중국인 거류민 단체였을 것으로 추정된다. 이들 화교 단체들이 모두 페루의 수도 리마에 있는 것인지 아니면, 페루의 다른 지방에 있는 단체인지는 알 수가 없다. 8월 초에 페루에 온 홍언이 2주간 다녔던 곳인 것으로 보아 리마 지역에 있는 화교 단체일 가능성이 높다.

아무튼 페루의 리마에 있는 중국인들은 '한국지사 홍언'이라는 표현을 하면서 대대적으로 그를 환영하였으며, 중국인 단체들의 초빙을 받아 다니면서 그곳에서 독립운동자금 모금활동을 전개하였음에 틀림이 없다. 홍언은 8월 8일 리마에 있는 중국국민당을 찾아가 한국인들의 국권회복운동을 도와줄 것을 요청하니, 중국국민당에서는 공회의 재정으로 100원을 보조하기로 하고 권고인 2인을 선정하여 그에게 의연금 거두는 일을 돕게 하였다. 홍언이 페루의 중국인들에게 한국이 당한 참상에 대해서 소상히 알려주면, 한국이 당한 참사에 대해 동정을 보이며 의연금을 내주었다. 또한 그는 현지의 중국 신문에 한국이 당하는 참상에 대한 논문을 게재하여 독립운동자금 모금을 널리 알렸다.

홍언이 페루에 있을 때 리마의 중국인 각 기관과 상호에서는 그의 방문을 청하였으며, 여러 단체에서 청하여 독립운동자금을 거두어주었다. 리마에서 의연금을 거두는 방법은 국민당과 남해회관에서 한 바와 같이 '의연 권고단'을 파송하여 의연금을 모집하게 하였다.

홍언은 공식적으로 구미위원부의 화교위원으로 임명장을 받고 남미지역으로 왔기 때문에 정기적으로 워싱턴의 구미위원부에 자신의 활동상에 대해 보고하고 있었던 것 같다. 왜냐하면 『우남 이승만 문서』에 1922년 4월 6일자로 홍언이 구미위원부에 보낸 「화교(華僑) 연금(捐金) 업무(業務) 보고(報告)」라고 하여 '보고 제6호'가 실려 있기 때문이다.[45] 1922년 4월 6일 이전까지 다섯 차례에 걸쳐 자신의 활동사항을 보고하였다는 것을 알 수 있다.

그러나 현재 '제6호'만 남아 있어, 홍언의 화교 자금 모금활동의 전체를 알 수는 없다. 다만, 홍언이 페루 리마에 머물 당시 여러 편의 한시(漢詩)를 썼다. 현재 독립기념관에 소장되어 있는 『동해시초(東海詩鈔)』라는 홍언의 친필 시집에는 남미를 여행하면서 썼던 한시가 여러 수 실려 있다.[46] 그 가운데 페루의 독립역사와 페루 독립관의 소재지 등과 함께 쓴 「남미페루잡영[南美秘魯雜詠]」이라고 하여, 「페루독립관[秘魯獨立館]」 연작시 3수, 페루의 수도인 리마에서 쓴 「리마천주교사(利馬天主敎寺)」 연작시 2수 등 총 18수의 한시가 실려 있다.

---

45   연세대학교 현대한국학연구소, 『雩南李承晩文書』 東文篇 11, 513~517쪽.
46   독립기념관에 소장되어 있는 『東海詩鈔』(1-004895-000)는 가로 14cm, 세로 21.50cm로 65쪽의 필사본으로, 대한민국 14년(1932) 冬 12월이라고 적혀 있다.

홍언이 정확하게 언제까지 페루의 리마에 머물면서 독립운동자금 모금활동을 하였는지는 알 수가 없다. 그가 1921년 8월 초순부터 적어도 9월까지는 리마에서 활동하였던 것이 자료를 통해 확인된다. 다만 『동해시초』에 홍언 자신이 "9월 리마를 경유하여 남하"하였다 라고 쓴 기록이 있는 것으로 보아,[47] 9월 하순경에는 페루 리마의 남쪽으로 이동하였다.

홍언이 남미지역을 방문한 후 오랜 시간이 지나서 쓴 글이지만 얼마간 단서가 될 만한 기록이 있다. 『신한민보』 1938년 10월 13일자에 홍언은 「웨스트 버클리 꽃동산에서」라는 글을 실었다. 이 글 가운데 "나는 이 한 송이 야련화를 보고 이윽이 생각함이 있었나니. 이 꽃은 일찍이 남미주 페루 잉카제국 고궁에서 보았던 것이라. 그곳 옛 늙은이들이 말하기를 잉카황제는 그 나라가 망하여 궁궐을 떠날 때에 그 사랑하는 황후와 같이 마지막 후정의 백년화를 돌아보며 눈물을 뿌렸다"고 적고 있다.[48] 이를 보아 홍언은 페루 잉카제국의 고궁이 있었던 지역을 방문하였음에 틀림이 없다. 잉카제국의 궁궐은 마지막 수도가 있었던 쿠스코(Cusco)를 말하는 것 같다. 그가 언제 쿠스코를 방문하였는지는 알 수 없지만, 분명히 쿠스코에서 페루의 궁궐을 본 것만은 틀림이 없다.

그 후 홍언의 행적에 대해서는 두 달이 지난 1921년 12월에 나타난다. 1922년 1월 4일자로 홍언이 칠레에서 워싱턴의 구미위원부에 보낸 편지가 있다.[49] 이 편지에 "1개월의 시일을 허비"하였다고 쓰여 있는 것으로 보아, 1921년 12월 초순에는 칠레 이키케에 도착한 것으로 판단된다. 홍언은 페루에서 칠레의 북부지방 이키케로 들어와 중부지방인 안토파가스타(Antofagasta)·탈탈(Taltal), 남부의 발파라조(Valparaiso)를 거쳐 칠레 중부

---

47 洪焉, 『東海詩鈔』, 1932, 6쪽.
48 『신한민보』 1938년 10월 13일자에 쓴 홍언의 「웨스트 버클리 꽃동산에서」.
49 「홍언 → 구미위원부(1922. 1. 4)」, 『이승만 동문 서한집』 상, 연세대학교출판부, 2008, 346쪽.

에 있는 수도 산티아고(Santiago)까지 내려가게 된다. 홍언은 먼저 이키케에 있는 중국국민당(中國國民黨) 분부(分部)로 찾아갔다.⁵⁰ 중국국민당 이키케 분부에서는 분부 부장 정협민(鄭俠民) 등의 간부를 만났으며, 이들로부터 칠레 은[智銀] 8천 원과 공채 2천 원을 의연받았다.

이키케에서 독립운동자금을 거둔 홍언은 12월 30일경 칠레 중부의 안토파가스타에 있는 중국국민당 분부로 찾아갔다.⁵¹ 그는 안토파가스타 분부 부장 완길남(阮吉南)과 재무 겸 서기 등석(鄧錫) 등의 간부를 만나 한국 독립 의연금을 받았다. 안토파가스타에서 의연금을 거두는 권연원(權捐員)으로는 안토파가스타 중화공소(中華公所)와 중국국민당 분부에서 각각 1명을 지정해주었다.⁵² 안타파가스타 중국국민당 분부에서 워싱턴의 구미위원부로 의연금을 낸 명단을 함께 보냈다. 이에 따르면 의연금 총액은 은(銀) 1백 영(零)과 칠레 화폐로 58페소였다.⁵³ 이 금액은 그렇게 많은 금액은 아닌 것 같다. 그래서 홍언 자신도 칠레에서 "각지의 화인(華人)의 생활이 심히 곤란하야 자자(自資)도 부족"하여 경비가 1천 원을 소비하게 되었다고 한다.⁵⁴

위와 같이 홍언은 이키케에서 칠레의 수도인 산티아고까지 방문하였지만 소기의 성과를 거두지는 못하였다. 그래서 그는 다시 칠레의 이키케에서 배를 타고 '1월 보름쯤[望間]'에 페루의 리마로 귀환하게 된다고 보고하였다. 홍언이 칠레에서 독립운동자금을 거둘 수가 없었던 이유는 그곳 화교들의 경제적 상황도 좋지 않았지만, 그보다는 당시 칠레 화교들의 정치적 동향 때문이기도 하였다. 즉, 당시 쑨원[孫文]이 북벌을 위해 재외에 있는 화교들에

50 연세대학교 현대한국학연구소, 『雩南李承晚文書』 東文篇 11, 507쪽. 이키케에 있던 중국국민당 분부의 주소는 'Calle 688, Iquique'이다.
51 연세대학교 현대한국학연구소, 『雩南李承晚文書』 東文篇 11, 494~495쪽. 안토파가스타에 있던 중국국민당 분부의 주소는 'Calle 14, De Febrero No. 787, Antofagasta'이다.
52 연세대학교 현대한국학연구소, 『雩南李承晚文書』 東文篇 11, 496쪽.
53 연세대학교 현대한국학연구소, 『雩南李承晚文書』 東文篇 11, 503쪽.
54 「홍언 → 구미위원부(1922. 1. 4)」, 『이승만 동문 서한집』 상, 346쪽.

게 군자금을 모금 하고 있었는데, 칠레에서도 이 같은 풍조가 극렬하게 일어나 다른 일에 자금을 지원할 수가 없었기 때문이었다. 그래서 홍언은 칠레에서의 독립운동자금 모금 활동을 포기하고 주변의 산촌지역을 심방하고 페루로 돌아오게 되었다.

홍언은 칠레에서 1922년 1월 12일 페루의 리마에 도착하였다.[55] 그는 리마에서 약 2주간 그곳 중국인들의 사무를 도와주다가 다시 북부지방으로 가게 되었다. 홍언은 페루의 북부지방을 유력하다가 다시 리마로 돌아왔다.

홍언이 1922년 4월 16일자로 워싱턴의 구미위원부에 보고한 「화교 연금 업무 보고」라는 보고서에 그의 행적에 대해 자세히 언급되어 있다.[56] 따라서 1922년 3월 중순부터 하순까지 홍언의 행적에 대해서는 이 보고서를 통해 살펴보고자 한다. 홍언은 1922년 3월경 페루의 여러 지역을 순방하다가 다시 리마로 오게 되었는데, 그 이유는 미국으로 귀환하기 위해서였다. 리마에서 미국으로 돌아가기 직전에 페루에서 수금한 200달러를 리마에서 구미위원부에 전환(電換)으로 보냈다. 3월 16일 리마를 떠나려고 하였지만 배편에 장애가 있어 1주일간 그곳에 머물 수밖에 없게 되었다.

리마에 있는 동안 홍언은 인근 지역의 여러 곳을 찾아다닌 것 같다. 현재 남아 있는 자료에 따르면, 그는 리마에서 190km 떨어진 곳의 조그마한 항구 도시인 바란카(Supe-Barranca)라는 곳에 갔다. 1922년 4월 15일자로 바란카 중국국민당 분부[駐秘魯國華架冷埠中國國民黨分部]에서 구미위원부로 보낸 편지에 따르면, 홍언이 바란카에 있는 중국국민당 분부를 방문하였다고 한다.[57] 홍언은 바란카를 방문하여 독립운동자금을 모금한 이후 다시 리마로 돌아왔다.

---

55   「홍언 → 구미위원부(1922. 1. 19)」,『이승만 동문 서한집』상, 347쪽.
56   연세대학교 현대한국학연구소,『雩南李承晩文書』東文篇 11, 513~517쪽.
57   연세대학교 현대한국학연구소,『雩南李承晩文書』東文篇 11, 509~512쪽.

이와 같이 홍언은 리마 인근에서 자금을 모금하다가, 3월 22일경 리마를 떠나 리마 북부의 와랄(Huaral)을 거쳐 항구도시인 와조(Huacho)를 경유하였다. 홍언이 와조를 방문하였다는 것은 앞에서 소개한 『동해시초』라는 한시집에 잘 나타나 있다. 『동해시초』에는 「페루독립관」 한시 3수를 수록하고 그 아래에 한시에 대해 해설을 적고 있다. 이를 통해 홍언의 페루에서의 활동을 어느 정도 짐작할 수 있다고 생각된다. 다음은 홍언이 쓴 「페루독립관」 한시의 해설 부분이다.

> 페루의 독립관은 리마[利馬]의 북쪽 와조[華造, Huacho]에 위치해 있다. 1824년에 아르헨티나[雅爾燕]의 정인(丁人) 산 마르틴[山馬丁]이 리마를 거쳐 와조에 이르러서 스페인[西班牙] 군대를 크게 이기고 드디어 독립을 선포하였다. 그리하여 후세 사람들이 와조에다 독립관을 짓고 자유종과 산 마르틴의 유적을 이곳에다 보관하여 기념이 되게 하였다. 그러나 독립하고 1백년이 되도록 국내의 사람들이 보수를 하지 않아서 한 나라의 존영(尊榮)의 소재지가 퇴파(頹破)하여 보는 이의 눈에는 황량함만 가득하였다. 때마침 가을이어서 낙엽이 어지럽게 날려 그 쓸쓸함을 더함으로써 관람하는 사람으로 하여금 금석지감(今昔之感)을 느끼게 한다.[58]

위의 해설에 따르면, 홍언은 리마에서 독립운동자금을 거두는 활동을 하다가, 리마의 북쪽에 위치한 '와조'라는 도시로 갔다. 와조는 리마에서 북쪽으로 148km 떨어져 있고, 와우라(Huaura) 주의 주도다. 와조에 간 이유도 그곳의 중국인들을 상대로 자금을 거두기 위해서였다. 와조에는 페루의 독립영웅인 '산 마르틴'의 유적이 있는 '독립관'이 있었다. 그런데 홍언은 페루의 독립관을 보수하지 않아 황량하게 된 것을 보면서 자신의 감회를 적고 있다. 홍언이 기록한 해설에서, 그가 리마에서 언제 와조로 왔는가를 짐작할 수

---

58 洪焉, 『東海詩鈔』, 1쪽.

있는 대목이 있다. "때마침 가을이어서 낙엽이 어지럽게 날려"라는 표현으로 보아, 계절적으로 늦은 가을 무렵에 와조에 도착한 것 같다. 페루의 기후로 보아 늦가을은 3월 하순경이라고 볼 수가 있다. 와조에서 홍언은 그곳 화교 단체인 와조화교상회[旅秘魯嘩造中華僑商會]를 방문하여 회원들에게 한국 독립운동을 위한 자금을 요청하였고, 이에 화교들은 한국을 위해 기꺼이 연조를 하였다.[59]

와조에서 독립자금을 거둔 홍언은 다시 배를 타고, 트루히요(Trujillo) 항구에 내려 이곳에서 2주일간 체류하게 되었다. 트루히요에서도 화교들을 중심으로 독립운동자금을 거두려고 하였지만 이곳에서는 인정이 야박하여 거금을 거둘 수가 없었다고 한다. 홍언이 트루히요 항구를 떠난 정확한 일자는 알 수가 없지만, 편지상에 2주일간 '두류(逗留)'하였다는 것으로 보아 1922년 4월 5일경에 트루히요항을 떠났다고 볼 수 있다.

아무튼 홍언은 트루히요항에서 독립운동자금을 거두지는 못하였고, 4월 초순경 에콰도르 과야킬(Guayaquil)에 도착하였다. 과야킬은 에콰도르에서 가장 크고 발달된 도시로서 에콰도르 산업과 경제의 중심지다. 위의 1922년 4월 16일자 보고서에, 홍언이 구미위원부에 적어준 주소가 기재되어 있는데 다음과 같다.

E. Hong Casille de Corre 13
Babahoyo, Ecuador S.A.

이 보고서의 내용으로 보아, 홍언은 1922년 4월 16일 현재 에콰도르의 바바하요(Babahoyo)라는 도시에 머물고 있었다. 바바하요는 에콰도르 로스리오스(Los Ríos) 주의 주도로서 농산물의 집산지다. 4월 16일 바바하요에서

---

59 연세대학교 현대한국학연구소, 『雩南李承晚文書』東文篇 11, 521쪽.

머물다가 다시 다른 곳으로 옮긴 것 같다. 아마도 다시 과야킬로 돌아왔을 것으로 추측된다. 왜냐하면 과야킬에 와야만 배를 타고 파나마로 갈 수 있기 때문이다.

홍언은 앞의 보고서에서 "과야킬은 화인(華人)이 약 삼천으로 부상(富商)이 많다고 하니 최후의 성적을 이곳에 희망"을 두고 독립운동자금을 거두고자 하였다. 부유한 화교들이 많이 살고 있다는 과야킬에서 어느 정도의 독립운동자금을 모금하였는지는 알 수가 없다. 그렇지만 부유한 화교들이 살고 있었다는 것으로 보아 상당한 자금을 모금하였을 것으로 추측된다.

홍언은 에콰도르 과야킬에서 미국으로 돌아가기 위해 파나마로 왔다. 파나마에서 배를 타고 1922년 6월 하순에 귀환을 하게 되었다.[60] 추측하기로는 4월 하순경에 과야킬을 출발하여 파나마로 갔고, 그 이후의 행적에 대해서는 알 수 없다. 이때 홍언은 파나마에서 중미에 있는 자메이카를 잠깐 들른 것 같다. 홍언은 자메이카의 수도 킹스톤(Kingston)에 있는 '중국인 프리메이슨(Chinese Free Mason)'이라는 단체의 초청을 받았다.[61] 이 단체는 자메이카에 있는 중국인들의 프리메이슨 조직인 것으로 추측된다. 홍언이 1922년 7월 10일자로 이승만에게 보낸 편지에 보면, 이 단체에서 그를 초대하였다고 적고 있다.[62]

홍언이 미국으로 귀환하는 데에 2개월이라는 시일이 걸렸다. 원래 구미위원부에서 발부한 「화교위원 위임장」의 기한은 1921년 12월까지였다. 그런데 미국으로 귀환하기 위해서는 구미위원부로부터 기한이 연장된 또 다른 위임장을 받아야만 했다. 홍언이 어떠한 경로를 거쳐 미국으로 들어왔는지는 자료상에서 확인이 되지 않지만, 노재연의 『재미한인사략』에는 1922년

---

60 노재연, 『재미한인사략』 상권, 167쪽(독립운동사편찬위원회, 『독립운동사자료집』 8, 523쪽 所收).
61 자메이카 Chinese Free Mason의 주소는 '9 North Street & East Street Kingston, Jamaica'이다.
62 연세대학교 현대한국학연구소, 『雩南李承晚文書』 東文篇 11, 518쪽.

6월 하순 멕시코를 거쳐서 회환하였다고 기록되어 있다. 이로 보아 홍언이 멕시코를 경유하여 미국으로 귀환했을 가능성도 있지만 확실하지 않다. 그러나 앞에서 언급된 「화교 연금업무 보고서」에 보면, 홍언은 파나마를 거쳐 뉴욕항으로 들어갈 예정이라고 하였다. 이 같은 계획대로 홍언이 파나마에서 자메이카를 거쳐 뉴욕 항으로 들어왔는지는 알 수 없지만, 그가 워싱턴을 거쳐 샌프란시스코에 돌아온 것은 1922년 9월 12일이었다.[63] 현재까지의 자료를 보아서는 파나마에서 자메이카를 거쳐 뉴욕 항에 입항하였을 가능성이 더 높아 보인다. 따라서 홍언은 1921년 6월 초순 미국의 뉴욕 항을 떠나, 1년 만인 1922년 6월 하순 미국에 돌아왔다.

  1년간 미국과 전혀 다른 문화와 풍토를 견디며, 독립운동자금을 모금하는 활동을 하고 귀환하였던 것이다.

---

[63] 『신한민보』 1922년 9월 21일자, 「인사」.

4 독립운동자금 모금방법과 성과

　　홍언은 중남미지역을 순방하고 돌아온 이후에도 화교들과 긴밀한 관계를 맺고 있었고, 그들의 초청으로 미주 각지를 여행하였다. 그는 계속해서 재미 중국인들과 관계를 유지하고 있었다. 그러면 여기에서는 홍언이 왜 중남미지역을 순행하며 독립운동자금을 모금해야만 하였는가에 대해 살펴보고자 한다. 앞 장에서도 언급한 바와 같이 3·1운동 발발 이후 중국 상하이에 대한민국임시정부가 수립되면서 많은 독립운동자금이 필요했고, 독립운동에 소용되는 막대한 자금은 대부분 미주지역에서 조달될 수밖에 없었다. 그러나 미주 동포들에게만 거액의 독립운동자금을 거두는 데에는 한계가 있었기 때문에 한국 독립운동에 동정을 표하는 재미 중국인들에게 의연금을 거두기로 한 것이다.

　　그런데 1919년 8월 25일 임시정부행정령 제2호로 주차구미위원부(Korean Commission to America and Europe for the Republic of Korea) 즉 구미위원부가 워싱턴에 설립되었다. 구미위원부가 설립된 이후 상하이 임시정부의 대미외교 사업이 구미위원부로 넘어가게 되었다. 구미위원부는 미국 정부나 국회를 상대로 한 독립청원운동에 주력하다보니 많은 자금이 필요하였다. 그런데 1921년 7월 초 미국 대통령 하딩이 동아시아·태평양지역의 중요한 현안을 포괄적으로 다루기 위한 워싱턴회의 개최를 제의하였고, 이 지역에 직간접적인 이해관계를 갖고 있던 일본·영국·프랑스·이탈리아·네덜란드·벨기에·포르투갈·중국 등이 미국의 제의를 받아들임으로써 세계의 이목은 이 국제회의의 장래에 쏠리게 되었다.

　　워싱턴회의 개최에 대해 우리 독립운동계에서도 대단한 기대를 걸고 있었기 때문에, 이승만을 단장으로 하는 한국 대표단을 구성하였다. 구미위원부에서는 이 같은 외교활동에 필요한 자금 모금이 시급하였던 상황이었다. 이에 구미위원부에서는 홍언을 다시 화교위원으로 임명하여 중남미지역에서 독립운동자금을 거두게 하였다.

구미위원부의 정식 화교위원으로 임명된 홍언은 당시 독립운동계의 가장 큰 과제였던 워싱턴회의를 지원하기 위한 독립운동자금 모금에 열성적으로 참가하였다. 워싱턴회의 한국 대표단은 1921년 10월 1일 미국 대표단에 청원서를 보내, 한국문제를 제출해주거나 아니면 직접 참석하여 설명할 기회를 주선해 달라고 요청하였으나 회답이 없었다. 워싱턴회의 개최 당시 홍언은 중남미지역에서 화교들을 상대로 독립운동자금을 모금하면서도 워싱턴회의의 경과에 대해 많은 관심을 가지지 않을 수가 없었다. 그래서 홍언은 칠레의 수도 산티아고에서 1922년 1월 4일자로 구미위원부에 보낸 편지에서, "태평양회의 소식은 차지(此地)에서도 종종 득문(得聞)하는 바, 중국의 무망(無望)을 시(視)하니 오인(吾人)의 전도(前途)는 더구나 한심할 자(者) 올시다"라고 하였다.[64]

그리고 페루 리마에서 1922년 1월 19일자로 구미위원부로 보낸 편지에도, "군비제한회의(軍備制限會議) 소식은 차지(此地)에서도 개략(槪略)을 득문(得聞)하는 바 중국문제의 실패에 증(證)하면 오인의 장래는 더욱 무망일 터이나 다만 한국대표의 활동을 선전하는 것도 또한 오인의 장래에 대하여 성공"이라고 하였다.[65]

아무튼 홍언이 중남미지역에서 각고의 노력으로 거둔 독립운동자금은 워싱턴회의 외교활동에 일조를 하였음에 틀림이 없지만, 한국 대표단이 여러 차례 청원서를 보냈음에도 아무런 성과 없이 1922년 2월 6일 워싱턴회의는 폐회되었다.

---

64 「홍언 → 구미위원부(1922. 1. 4)」, 『이승만 동문 서한집』 상, 346쪽.
65 「홍언 → 구미위원부(1922. 1. 19)」, 『이승만 동문 서한집』 상, 347쪽.

다음으로 미주지역 화교들이 무슨 이유로 홍언에게 한국의 독립운동자금을 주었는가, 또 홍언은 어떻게 화교들에게 독립운동자금을 거둘 수 있었는가에 대해 구체적으로 살펴보고자 한다. 먼저 미주지역 화교들이 홍언에게 의연금을 내는 이유에 대해 살펴보자. 홍언이 남미 페루 리마를 방문하였을 때 그곳에서 발간되던 중국인 신문 『교성보』에 다음과 같은 내용의 기사가 실렸다고 한다.

> 한국 혁명 발란이 내도 2천만 민중이 참혹 재앙과 총검의 화를 만나 참혹한 지경을 당한 것은 무릇 양심이 있는 자는 마땅히 측연히 여길 것이라. 지금 한국인 홍언 군이 워싱턴 주차한국위원부의 명을 받들어 미국과 캐나다 각 대회처를 지내여 각국 인사들을 심방하고 구제를 청하였으며, 근일에 파나마로부터 본항(리마 – 필자)에 도착하여 한국 참사를 슬피 진술하는 것은 사람으로 하여금 신산하게 하여 양심 조감에 어찌 호생하는 덕을 본받아 협조를 허락하오니, 우리 교류 동포들은 우리를 보아 그 곤란 중에 든 사람들을 구원하기를 우리는 크게 바라나이다.[66]

위에서 보는 바와 같이, 페루에 재류하는 화교들은 3·1운동이 발발하여 한국민들이 일제로부터 반인륜적인 참혹한 박해를 당하는 것을 보고 인간적 양심상 한국인들을 크게 동정하게 되어 의연금을 내게 되었다고 한다. 다시 말해 일제가 평화적 만세시위를 하는 시위대에게 총을 쏘고 건물을 불태우는 등 온갖 만행을 저지르자 이에 분개하였고, 또 한국 독립운동이 크게 일어나자 화교들이 홍언에게 의연금을 주었던 것이다.

그러면 재미 화교들이 왜 홍언에게 기꺼이 의연금을 주었는지 구체적으로 검토해보자. 이에 대해서는 홍언 자신이 1920년 7월 29일 구미위원부 재무관 김규식에게 올린 「공채표 화교 발매에 관한 의견서」에 잘 나타나 있다. 이

---

66 『신한민보』 1921년 9월 29일자, 「홍언위원의 대활동」.

의견서는 홍언이 재미 화교들에게 독립공채 판매가 독립운동자금을 거두는 데 매우 크게 공헌을 하였다는 것을 밝히는 글이다. 따라서 이 의견서를 통해 재미 화교들이 한국인과 한국독립운동에 대해 어떠한 관점을 가지고 있기에 의연금을 내고 또 독립공채를 매입하게 되는가에 대해 설명하고 있다.

> 화인(華人)의 한인에게 대한 감정은 어느 지방을 가던지 괄시를 받아 본 적이 없고, 만강(滿腔) 열정으로 기뻐 맞으니 돈을 얻는 것은 차치하고, 이 다음 더 큰 일이 있을 때에 제2차의 동정을 부르기가 용이하니, 이것이 우리의 적지 않은 후원이며 현금에 걷어 들이는 돈으로 말하면 부호(富豪)보다 노동자가 더 돈을 많이 내는데 혹은 20~30원 혹은 50~60원이오. 그 다음은 흔히 2~3원을 내는 고로 20원 이상 100원의 공채를 팔기는 도저히 어렵고 별 수 없이 잔돈을 모아서 큰 돈을 만드는 것이 올시다.[67]

이처럼 재미 화교들은 근본적으로 한인들에게 매우 우호적이라는 점이다. 중국인들이 한국인들에게 우호적인 이유는 그 역사적 연원이 매우 깊다고 할 수 있다. 한국과 중국은 같은 동아시아에 위치하고, 한자문화권이며 같은 사상과 종교[유교] 등 원초적 귀속감을 가지고 있다. 그런데 한국이 일본의 침략을 받아 국권을 상실하였을 뿐만 아니라, 또 식민지에서 벗어나기 위해 독립운동을 하고 있는 것에 대해 매우 깊은 동정을 표하였던 것이다. 한국과 중국은 문화적·역사적 동질성을 가지고 있었고, 또 양국민이 서로 도와 일제를 타도해야만 한다는 의식이 뿌리 깊게 간직되어 있었다고 할 수 있다.

또 재미 화교들이 한국인에게 독립운동자금을 주었던 이유는 당시 미주의 한인들과 동병상련의 처지에 있었다는 점도 작용하였던 것 같다. 위에서 홍

---

[67] 「공채표 화교 발매에 관한 의견서(1920. 7. 29)」(연세대학교 현대한국학연구소, 『雩南李承晩文書』東文篇 11, 474~475쪽).

언도 언급한 것과 같이 의연금을 주는 화교들 가운데 부호보다는 당시 미주 한인들과 같은 처지에 있었던 노동자들이 적은 금액이지만 내었다는 점이다. 미국에서 인종차별을 당하며 힘든 노동으로 생활하는 한인과 중국인 노동자들은 같은 처지에 있었으며, 외세 침략으로 나라를 잃고 망국노의 처지로 전락한 미주 한인들에게 동정을 표하였던 것이다.

그러면 남미지역에서 홍언이 독립운동자금을 거두는 방법에 대해 살펴보자. 홍언이 독립운동자금을 모집하는 방법은 매우 특이하였다. 그는 중국인을 직접 찾아다니며 돈을 거둔 것이 아니라, 중국인 중 유력한 인사들이 조직한 각 단체에서 스스로 협력하여 찬조금을 거두게 하는 방법을 썼다.[68] 홍언이 독립운동자금을 거두는 방법은 북미에서나 남미지역에서나 그 방법은 동일하였다고 할 수 있다. 앞에서 인용한 의견서에도 나와 있는 것과 같이 홍언은 다음과 같은 방법으로 독립자금을 거두고 다녔다.

작년(1919년 - 필자) 6월 처음 샌프란시스코에서 착수할 때에 약 1개월의 교섭을 끝마친 후, 중화회관 각 회장 및 각 신문사의 소개서를 얻어 가지고 나서, 서편(西便) 14개 주(州)를 순행한 바 도처에 소개서를 얻어 문부(文簿)에 붙이고, 공회 인장(印章)을 박았으며 또는 의연인 성명 도록을 만들어 증거를 분명히 보이고, 각 지방 장하의 사진까지 첨부한 고로 이를 믿지 않는 자가 없으며, 그 뿐만 아니라 대개 중국인은 상업상 내왕이 빈번하여 도처에 선성을 전하는 고로 어느 지방에 가던지 일면여구(一面如舊)로 간담을 헤치고 의연을 거두며, 이 다음 동정까지 서로 언약하고 헤어지나이다. 이상이 화교에 대한 의견이오니 좀 장황하지만은 자세히 보시고 어느 방면으로든지 취하라 하시면 곳 행할 터인 바 대개 화교는 일언이폐지(一言以蔽之) 하고 손해가 없는 것이며, 잘 하면 매삭 1천원 이상으로 수입되는 것이

---

68 『신한민보』 1921년 9월 29일자, 「홍언위원의 대활동」.

니 이를 가져 재정부 수입을 늘인 외에 본부 경비도 넉넉히 계속할 줄 믿나이다.[69]

위와 같이 홍언이 미주에서 독립운동자금을 거두는 방법은 우선 중화회관 혹은 신문사에서 소개서를 받아 각 지역에 공문을 보내는 등 행정적인 절차를 취하였다. 그리고 대한인국민회나 구미위원부의 '위임장'에 인장을 찍고 증거자료를 가지고 다니면서 독립자금을 거두었던 것이다. 이 같은 모금방법은 중남미지역에서도 근본적으로 같았지만, 남미에서는 그곳 중화회관 혹은 중국국민당 분부에서 이른바 '의연권고인'을 선정하여 그로 하여금 홍언의 독립운동자금 모금을 돕게 하였다. 홍언은 남미지역에 전혀 연고가 없었기 때문에, 그곳의 중국인 단체에서 스스로 홍언의 독립자금 모금활동을 돕기 위해 '의연권고인'을 선정하여 돕게 하였던 것이다.

다음으로 홍언의 중남미지역 독립운동자금 모금 성과에 대해 살펴보고자 한다. 홍언이 중남미지역을 순방한 목적은 그곳의 화교들에게 독립운동자금을 모금하려는 데에 있었다. 따라서 홍언의 중남미 순행의 성과는 그가 얼마만큼의 독립운동자금을 거두었는가에 있다고 할 수 있다. 1921년 6월부터 1922년 6월까지 홍언이 중남미지역을 순방하면서 그곳 화교들에게 거둔 독립운동자금이 정확히 얼마나 되는지를 알려주는 아무런 자료도 없다. 홍언이 거둔 독립운동자금의 액수가 많고 적음이 중요한 것은 아니지만, 그래도 그가 엄청난 시련을 겪으며 어렵게 모금한 액수의 대략이나마 밝히는 것도 독립운동사에서 매우 의미가 있다고 생각된다. 여기에서는 홍언의 중남미 순행을 통해 거둔 독립운동자금의 대략적인 액수를 추정하고자 한다.

홍언은 3·1운동 이후부터 재미 화교들에게 독립운동자금을 거두기 시작하였다. 그렇지만 그가 거둔 자금에 대한 정확한 정보를 알려주는 자료는 없

---

[69] 「공채표 화교 발매에 관한 의견서(1920. 7. 29)」(연세대학교 현대한국학연구소, 『雩南李承晩文書』東文篇 11, 476~477쪽).

다. 다만, 앞의 제2절에서도 언급한 바와 같이 홍언은 1919년 대한인국민회 화교위원으로 임명되어 록키산맥 서쪽에서 화교들을 대상으로 독립운동 자금을 거둔 바 있었고, 이때 로키산맥 서편에서만 홍언 혼자서 화교들에게 1만 달러에 달하는 자금을 거두었다고 한다.[70]

그 후에도 구미위원부의 화교위원이 되어 각 지역을 다니면서 중국인들에게서 독립자금을 거두어 구미위원부에 보냈다. 예를 들면 1920년 7월 홍언은 중국인에게 거둔 자금 750달러를 구미위원부 재무관 김규식에게 송금하였다. 앞에서 본 의견서에 따르면, 홍언은 구미위원부 화교위원으로 활동할 때 한 달에 1천 달러 정도씩 독립자금을 모금하였다.

홍언이 1921~1922년까지 약 1년간 중남미를 순행하면서 거둔 독립운동 자금은 어느 정도가 되었는가에 대해서 추단할 수 있는 구체적인 자료는 전혀 없다. 다만, 앞장에서도 언급한 바와 같이 홍언이 페루의 리마 중국국민당 분부에서 1백 원, 칠레 안타파가스타 중국국민당 분부에서 거둔 은(銀) 1백 영(零)과 칠레 화폐로 58페소, 그리고 1922년 3월 페루의 리마에서 거둔 의연금 200달러가 전부다.

홍언이 워싱턴의 구미위원부에 보낸 의견서에 따르면, 그는 한 달에 1천 달러 정도를 모금할 수 있었다고 하였다. 당시 미국과 중남미지역의 경제적 차이는 있겠지만, 단순 계산으로 중남미 순행 기간을 12개월이라고 하면 1만 2천 달러를 거둘 수 있었다. 그런데 문제는 홍언이 중남미지역을 순방하면서 많은 여행경비가 소요되었다는 점이다. 홍언이 중남미지방 순행에 필요한 여행경비는 그가 모집한 독립자금에서 사용하였던 것이다. 따라서 그가 중남미지역에서 1만 2천 달러 정도의 독립운동자금을 모집하였다고 해도, 그 가운데 반액 이상은 경비로 사용되었을 가능성이 높다. 그리고 칠레에서는 상황이 좋지 않아 거의 모금이 되지 않았기 때문에, 칠레 순방 당시의

---

70 「공채표 화교 발매에 관한 의견서(1920. 7. 29)」, 477쪽.

여행경비는 페루에서 모집한 자금을 사용하였을 것이다. 앞에서도 언급된 바와 같이 칠레에서 여행경비를 1천 원 소비하게 되었다.[71] 이와 같이 홍언이 중남미지역을 순방하며 적지 않은 독립운동자금을 거두었으나, 실제적으로는 5천 달러 미만의 자금을 거두었을 것으로 추단된다.

    그럼에도 홍언의 중남미지역 독립운동자금 모금활동은 독립운동사적으로는 매우 의미가 있었다고 할 수 있다. 왜냐하면 독립자금 액수로는 많은 금액은 아니지만, 그가 약 1년간 중남미지역을 순행하면서 그곳에 거류하는 중국인들에게 한국의 독립운동에 대해 선전한 성과는 결코 적다고 할 수 없다. 홍언은 일제에 비인도적인 탄압을 당하고 있는 한국민의 처지를 널리 알리고, 또 나라를 되찾기 위한 한국민의 독립운동을 선전하였던 것이다. 홍언의 선전활동에 공감을 한 중남미지역 화교들은 그에게 독립운동자금을 주었던 것이다. 이는 한국의 독립이 한국인들만의 열망이 아니라, 중남미지역 중국인들도 공감하는 보편적인 활동이라는 것이 증명된다. 따라서 홍언이 중남미지역에서 펼친 활동을 통해서 볼 때, 한국 독립운동은 인류의 보편적인 가치에 기반을 두고 있었다고 할 수 있다.

---

[71] 「홍언 → 구미위원부(1922. 1. 4)」, 『이승만 동문 서한집』 상, 346쪽.

5 맺음말

　　한국의 독립운동은 공간적으로 전 세계를 상대로 펼쳐졌다고 한다. 그런데 지금까지 알려진 바에 따르면 아프리카와 오세아니아 주, 남아메리카에서는 한국 독립운동이 전개된 바가 없다고 알려져 있었다. 홍언은 3·1운동 이후 미주지역에서 독립운동을 하는 방법은 독립운동자금을 제공하는 것이 최상의 방법이라고 생각하였다. 미국에서 활동하던 홍언은 그전까지 어떤 독립운동가도 생각하지 못하였던 북미 캐나다와 중남미지역에서 중국인들을 상대로 독립운동자금을 모집하려고 하였다. 특히 홍언은 미국과는 문화와 언어가 전혀 다른 중남미지역으로 가 그곳에서 한국 독립운동의 정당성을 알리고, 독립운동자금까지 거두려고 하였다. 정말로 무모하고 헛된 일이라고 보였지만, 그는 모든 열정을 바쳐 독립운동자금 모금에 매진하였다.

　　홍언의 독립운동자금 모금활동은 매우 특이하게도 재미 중국인들을 상대로 하였다. 그는 3·1운동 직후부터 미국과 캐나다 각지를 돌아다니며 그곳의 중국인들에게 독립운동자금을 거두는 활동을 전개하였다. 그는 1919년 대한인국민회 화교위원으로 임명되어 록키산맥 서쪽에서 화교들을 대상으로 독립운동자금을 거둔 바 있었다. 그 후에도 구미위원부의 화교위원이 되어 각 지역을 다니면서 중국인들에게 독립자금을 거두어 구미위원부에 보냈다. 그러다가 1921년 6월부터 다음해 6월까지 1년 넘게 파나마·페루·칠레·에콰도르·자메이카 등을 순방하며 그곳의 화교들로부터 독립운동자금을 모금하였던 것이다. 홍언은 중남미지방 순행에 필요한 여행경비는 그가 모금한 독립자금에서 사용하였다. 따라서 그가 중남미지역에서 많은 독립운동자금을 모금하였다고 해도, 그 가운데 반액 이상은 경비로 사용될 수밖에 없었다. 그가 재미 중국인들에게서 모금한 자금은 대한인국민회와 구미위원부 등의 독립운동 단체에 제공되었다.

본고에서는 홍언이 북미와 중남미지역을 순행하며 독립운동자금을 모금한 활동에 대해 살펴보았다. 그렇지만 홍언의 독립운동자금 모금과 활동상에 대한 자료가 부족하기 때문에 전체적인 내용을 모두 밝히는 데는 한계가 있었다. 홍언의 북미 및 중남미 순행은 한국 독립운동사적으로 위대한 발자취였음에 틀림이 없다. 그럼에도 지금까지 그의 활동에 대한 전모를 역사적으로 확인하려는 작업이 없었다는 것은 매우 유감스러운 일이라고 할 수 있다.

홍언의 독립운동자금 모금활동에 대해 역사적 사실들이 더욱더 밝혀지기 위해서는 지금부터라도 그가 방문하였던 곳에서의 자료발굴이 반드시 필요하다. 중남미지역에서 그의 활동상을 알려주는 현지 중국인들이 발간한 각종 신문자료들이 발굴된다면, 그의 독립운동자금 모금활동이 더욱 상세하게 밝혀질 수 있을 것으로 기대된다. 나아가 홍언이 순행한 북미와 중남미 각지를 조사하여 그 역사적 현장을 찾는 작업도 동시에 진행될 필요가 있다.

5장

미주 한인사회를 개척한 지도자 문양목

1 머리말

　　　　　　미주 한인사회와 독립운동의 지도자라고 하면 이승만·안창호·박용만 세 사람을 들고 있다. 이들 세 명의 지도자와 같이 강력한 지도력을 가진 인물은 아니지만, 미주 한인사회에서 지식인으로 지도적 역할을 하였던 인물로 문양목(文讓穆)이 대표적이다. 문양목은 공립협회와 함께 북미지역의 국권회복단체인 대동보국회의 중앙총회장과 그 회의 기관지 『대동공보』의 주필 겸 사장을 역임하였다. 그는 1908년 3월 23일 미국 샌프란시스코에서 친일 외교관 스티븐스를 처단한 샌프란시스코의거에 깊숙이 관계하였다. 또한 1910년 대동보국회가 '대한인국민회'로 완전히 통합되어 해외한인의 최고기관이 되었을 때, 그는 북미지방총회의 총회장으로 활동하는 등 북미와 하와이에서 독립운동을 주도하였다.

　문양목은 미주 한인사회의 지도적 인물임에도 불구하고 비교적 덜 알려진 인물이다. 그가 세상을 떠난 후 남정헌이 쓴 「우운 선생 추도문」에, "선생은 우리사회 초창시대에 개척하신 여러 명사들 중에 한 분이시다"라 하여 미주 한인사회에서는 빼놓을 수 없는 유명 인사라고 하였다.[1] 문양목은 국내에서 동학농민전쟁에 참여하였으며 미주에서는 대동보국회와 대한인국민회 등에서 민족의 독립을 위해, 또 미주지역 한인 동포들을 위한 헌신적인 삶은 살았다.

　문양목은 미주 이민 한인사회와 독립운동사에서 주요 인물임에도 불구하고 그다지 많은 연구가 되지 못하였다.[2] 그 이유는 문양목 개인에 대한 자료

1　남정헌, 「우운 선생 추도문」 『태평양주보』 1941년 4월 19일자, 3쪽.
2　문양목에 대해서는 다음의 연구가 있다. 김도훈, 「이달의 독립운동가 : 문양목」(2004년 6월);

가 거의 남아있지 않기 때문이라고 생각된다. 문양목은 미주지역 독립운동사를 언급할 때 결코 빠질 수 없는 중요한 역할을 한 인물이기에 그의 생애와 독립운동에 자세히 고찰할 필요가 있다.

이 글에서는 미주지역 독립운동의 지도자인 문양목의 생애와 활동을 기존의 연구와 널리 알려진 자료를 종합적으로 정리하고자 한다.

최재학의 『우운 문양목 선생의 생애』, 문경출판사, 2005; 최재학, 『독립운동가 문양목 평전』, 문양목선생기념사업회, 2015; 조규태, 「동학농민군 문양목의 미주지역에서 민족운동과 사회·경제적 생활」, 『동학학보』 48, 2018.

2   국내활동과 하와이 이민

　　　　문양목의 본관은 남평(南平), 자는 승렬(承烈), 호는 우운(憂雲)이다. 『남평문씨족보』에 의하면 1869년 12월 23일 아버지 문상도(文常道, 1842~1922)와 어머니 순흥안씨(順興安氏) 사이의 차남으로 출생하였다.[3] 그가 태어난 곳은 충청남도 서산군(瑞山郡) 남면(南面) 몽대리(夢垈里) 268번지로, 현재는 태안군 남면 몽산2구에 속한다.

　　미주로 이민을 오기 전에 문양목의 국내에서의 활동에 대해 말해 주는 자료는 유일하게 그가 별세하였을 때, 그와 같이 대동보국회에서부터 활동하였던 백일규가 쓴 「추도문」뿐이다.[4] 백일규는 「추도문」에서 문양목의 국내에서의 활동에 대해 두 가지를 말하였다. 첫째는 그가 한학에 깊은 조예가 있다는 것이다. 백일규의 「추도문」에 의하면, "선생은 한학에 능하시다, 그런고로 우리나라 합병 시기에 중국인 신문에 가끔 기서하여 왜놈의 야만 정책을 성토하셨다"라고 하였다. 백일규가 이와 같이 언급한 이유는, 문양목이 국내에 있을 때 높은 경지의 한학을 수학하였고, 그같은 한문 실력으로 미국 샌프란시스코에서 발행되었던 중국계 신문인 『중서일보(中西日報)』 등에 자주 기고를 하였다.

　　두 번째로 동학농민전쟁에 참여하였다는 점이다. 백일규의 「추도문」에 의하면 "본국 계실 때에 우리정부의 부패함을 개탄하시고 혁명사상을 가지시고 갑오동학혁명군에 참가, 그 혁명이 실패된 후에 선생은 하와이로 건너오셨다"라고 하였다. 백일규도 한 때 동학사상에 심취하여 혁명운동에 깊숙이

3 　문양목의 「제적등본」에는 그의 출생일이 1869년 6월 7일로 되어 있다.
4 　『신한민보』 1941년 1월 23일자, 「고 문양목선생 추도문」.

가담하고 있었던 인물이었다. 현재 독립기념관에 소장되어 있는 백일규의 흥사단 「이력서」에는 그가 속했던 단체로 '백도(白道)'라고 적고 있는데, '백도'는 '동학'이 아닌가 추측된다.[5]

문양목의 고향인 충남 태안군 남면 몽산리의 남평문씨들 가운데에 많은 사람들이 동학농민전쟁에 참가하였다. 그런데 문양목이 언제 동학에 입교하게 되었는지에 대한 정확한 자료는 없다. 그렇지만 조규태는 문양목의 집안 사람인 문장준(文章峻)이 1894년 동학에 입교하였고, 문양목이 문장준의 휘하에서 활동하던 점으로 보아 1894년에 입교하였을 것으로 보았다. 1894년 9월 최시형이 기포령을 내렸을 당시 동학농민군과 함께 활동하였다고 하였다.[6] 동학농민전쟁 당시 문양목이 직접적으로 어떠한 활동을 하였는가에 대해서 알 수 있는 자료는 전혀 없다. 다만, 당시 태안지역에서 활동하였던 「문장준일기(文章峻日記)」에, 태안지역 동학 농민들의 상황을 일부분 짐작할 수 있게 한다.[7] 「문장준 일기」에 의하면, 1894년 9월 태안군수 신백희(申百熙)가 태안·서산·해미 3읍의 동학 대두목 30여명을 체포하여 투옥시켰다. 이에 태안군의 동학교도들은 그해 10월 1일 투옥된 사람들을 구출하였을 뿐만 아니라, 그 세를 확대하여 해미·덕산·예산지역까지 진출하여 관군 및 민보군과 격전을 벌였다.

태안의 동학교도들은 감옥에 갇힌 동료들을 구출하기 위해 10월 1일 태안관아를 완전 포위하였다. 이때 태안관아에서는 투옥된 동학 두목 30여 명을 당장 처형하려는 순간이었다. 바로 이때 재빨리 형장으로 뛰어든 동학군의 기습으로 처형 직전에 있던 동학 두목 30여명은 무사히 구출되었고, 태안군수 신백희와 순무사 김경제(金慶濟)를 관아에서 끌어내어 경이정(憬夷亭)

5 　도산안창호선생전집편찬위원회, 『도산안창호전집』 10, 2000, 604쪽.
6 　조규태, 「동학농민군 문양목의 미주지역에서 민족운동과 사회·경제적 생활」, 571~572쪽.
7 　박춘석 편저, 『동학혁명과 태안』, 도서출판 가야, 2001, 193~204쪽 참조.

아래에서 타살하였다.

태안지역의 동학들은 대접주 박희인(朴熙寅)의 지휘를 받아 1894년 10월 22일 태안, 10월 23일 해미를 거쳐, 10월 24일 여미로 이동하였다. 그리고 면천과 덕산을 거쳐 10월 27일 예산군 신례원에 가서 관군과 전투를 벌였다.[8] 그러다가 10월 28일 홍주성 북문에서 관군과 전투를 벌였지만 중과부적으로 사방으로 흩어져 패배하고 말았다. 이처럼 태안지역의 동학은 충남 각지를 돌아다니며 관군과 격렬한 전투를 치루었지만 패하고 태안에 돌아올 수밖에 없었다. 당시 문양목도 태안지역 동학군들과 함께 활동을 하였을 것으로 추정되지만 그에 대한 구체적인 자료는 없다. 최재학의 책에 의하면, 동학군으로 활동하던 문양목은 관군에 체포되었고, 그후 탈출하여 최학희의 도움으로 인천으로 피신할 수가 있었다고 한다.[9]

동학농민전쟁에 문양목이 깊이 관여되어 있다는 사실은, 그후 재미한인들 가운데 상당히 많은 사람들이 문양목과 백일규를 '동학잔당'이었다고 회고하고 있다는 점에서 명백하다.[10] 어쨌든 문양목은 국내에 있을 때 동학사상에 깊이 공감하게 되었고 조선정부의 부패함을 개탄하고 혁명사상을 가지고 동학농민전쟁에 참여하였던 것이다.

동학농민전쟁 이후 문양목은 경기도 인천에서 숨어 지내며, 서당을 차리고 후학을 양성하였다. 문양목이 인천에 있었다는 사실은, 그의 딸 문필원(文弼元)이 영화학당(永化學堂)에 다녔다는 것을 통해 증명된다. 문양목이 농민전쟁 이후 여러 곳으로 피신을 다니다가 인천에 정착하면서 그의 딸을 인천으로 데리고 와 영화학당에 넣을 것이다. 그런데 문양목이 기독교 선교사가 세운 영화학교에 그의 딸을 보냈는가 하는 점이다. 이시기 문양목은 동학사

---

8   조규태,「동학농민군 문양목의 미주지역에서 민족운동과 사회·경제적 생활」, 573쪽.
9   최재학,『독립운동가 문양목 평전』, 59~65쪽.
10 방선주,「在美 3·1運動 總司令官 白一圭의 鬪爭一生」,『수촌 박영석교수 화갑기념 한국민족운동사론』, 탐구당, 1992, 1351쪽.

상에서 서구의 기독교 사상으로 전도되는 것으로 보아야 한다. 왜냐하면 그의 딸을 영화학당에 입학시킨 것도 그렇고, 그가 하와이 이민을 하게 되는 동기도 기독교를 받아들였기 때문이 아닌가 추측되기 때문이다. 주지하다시피 초기 하와이 이민에는 기독교인들이 상당 부분을 차지하고 있었다. 미국은 프로테스탄트의 나라이기 때문에 기독교 신자들에게는 복음의 성지로 여겨졌던 것이다. 따라서 기독교를 자유롭게 믿을 수 있는 하와이 이민을 원하였고, 당시 선교사들도 하와이 이민을 권유하였다.

특히 인천 내리교회의 존스(George Heber Jones, 趙元時) 선교사는 "한어(韓語)가 유창했고 교우들에게 포와(布哇 – 하와이) 이민을 권했다."[11] 현순의 『포와유람기』에도 "조원시(趙元時) 씨가 포와의 진적(眞的) 형편을 기(其) 교도(敎徒)에게 설급(說及)하니 어시(於是)에 기(其) 교인(敎人) 남녀 50여명과 항내 노동자 20명이 출양(出洋)하기를 자원"하였다고 한다.[12] 이에 따라 내리교회 전도사 장경화(張景和)는 동서개발회사의 총무가 되었고, 안정수(安鼎洙)는 통역으로 일을 하였다. 『미감리교 연회록』에도 "안정수 형제는 하와이의 호놀룰루에서 일을 하면서 한인교회를 돌보고 있는데, 이 교회는 설탕농장에서 일을 하기 위해 한국에서부터 그곳으로 최초로 이민간 사람들이 조직하는 최초의 교회"라고 하였다.[13] 이리하여 제1차 하와이 이민자의 대다수는 내리교회 교인들이었고, 이들을 인솔한 지도자들 역시 내리교회의 중진들인 장경화·안정수·홍승하 등이었다.[14]

추측하기로 문양목이 인천에서 서당을 열고 후학을 양성할 즈음에 그는 내

---

11   Soon Hyun, 「玄楯自史」, 『My Autography』, Yonsei University Press, 2003, 273쪽. 존스 선교사의 부인 마거릿 벤젤은 이화학당에서 음악 교사로 있다가 인천에 정착하여 여자 어린이 교육을 위해 영화학당을 설립하였다.

12   玄楯, 『布哇遊覽記』, 日韓印刷株式會社, 1909, 5쪽.

13   「1903년 미감리교 연회록(Official Minutes of the Korea Annual Conference of the Methodist Episcopal Church」(홍석창 편저, 『제물포지방 교회사 자료집』, 에이멘, 1995, 151쪽).

14   洪其杓, 『內里百年史』, 基督敎大韓監理會 仁川內里敎會, 1985, 143쪽.

리교회의 존스 선교사를 통해 기독교에 입문하게 되었고, 하와이 이민을 결정하면서 그의 딸을 존스 부인이 설립한 영화학당에 입학시켰던 것이었다. 그러던 중 1904년 러일전쟁이 발발하면서 일제의 국권침탈이 가속화되자, 문양목은 그의 형 문우목(文禹穆)에게 딸 문필원을 맡기고 하와이로 이민을 갔다.

문양목은 1905년 2월 2일 캡틱(Coptic)호로 하와이에 도착하였다. 「하와이 이민자 명단」에 보면 문양목(Moon Yang Mok)은 32세, 홀아비(widower)로 적혀있다. 그의 하와이 이민 배경에 대해 백일규의 「추도문」에, "그 혁명란이 실패된 후에 선생은 하와이로 건너 오셨다"라고 하여 직접적인 동기가 동학농민전쟁의 실패가 원인이었고 하였다. 당시 문양목은 기독교를 받아들였기 때문에, 서양세계를 동경하였을 수도 있다. 문양목과 같이 동학농민혁명에 가담했던 백일규는, 어머니에게도 알리지 않고 도망치듯 하와이로 건너온 목적은 공부 때문이었다고 하였다.[15] 백일규의 경우 미국에서 근대적 교육을 받기 위해 하와이 이민을 갔던 것이다.

하와이로 이민을 온 문양목은 그 자신이 말한 것과 같이 하와이는 그에게 '제2의 고향'이 되었다.[16] 하와이에 도착하였을 때 그의 나이는 32세로 장년에 접어들었다. 국권회복운동과 지상의 낙원인 줄 알고 하와이로 이민을 왔던 그는 사탕수수농장에서 하루종일 허리도 펴지 못하고 쨍쨍 내리 쬐는 햇볕 아래서 노동을 하여야만 했다. 1905년경 하와이의 한인 노동자들은 한 달에 26일 정도 일을 하고 18달러의 임금을 받았으며, 쌀과 야채, 고기, 빵과 버터 등 먹거리를 구입하기 위해 한 달에 약 6~9달러를 소비하였다. 대부분의 하와이의 한인노동자들은 새벽 4시에 아침을 먹고 약 10시간 정도 일을 하고 오후 4시 반경에 집으로 돌아왔다고 한다.

---

15 홍선표, 『재미한인 독립운동을 이끈 항일 언론인, 백일규』, 독립기념관 한국독립운동사연구소, 2018, 21쪽.
16 문양목, 「하와이에 거류하는 대한인의 기회」, 『국민보』 1913년 9월 6일자.

3 샌프란시스코 의거와 문양목의 역할

1년 동안 하와이에서 고된 노동을 하던 문양목은 새로운 길을 찾기 시작하였다. 하와이 이민을 온 한인들 가운데는 더 나은 조건의 미본토로 가는 사람들이 많았다. 문양목도 조국의 국권이 상실되던 상황에서 북미지역으로 옮겨 더 큰 일을 하고자 하였다. 위에서도 언급한 바와 같이 백일규의 경우처럼, 하와이로 이민을 온 목적에는 양질의 근대적 교육을 받기 위해 이민을 온 사람들도 많았기 때문에, 하와이에서 다시 미국 본토로 옮겨가는 현상이 발생하였다. 하와이 한인 이민사를 전문적으로 연구하는 웨인 패터슨 교수의 연구에 의하면, 1905년 2월 대북철도회사와 북태평양철도회사에서 한인 노동자들을 모집하였으며, 캘리포니아의 과일농장에서도 한인들을 모집하였다. 1905년에 400명의 한인들이 하와이를 떠나 캘리포니아로 갔고, 1906년에는 450명이, 1907년에는 150명이 떠났다고 한다. 1903년 하와이에 온 한인들이 1907년 5월 루스벨트(Theodore Roosevelt) 대통령이 「행정명령 제589호(Executive Order 589)」를 발표할 때까지 약 1,100명의 한인들이 하와이를 떠나 미국 서부로 향하였던 것이다.[17]

샌프란시스코에 도착한 문양목은 우선 생활을 위해 일자리를 찾아 다녔다. 그 당시 일자리라는 것이 농장이나, 철도공사장, 광산과 같은 육체노동이 대부분이었다. 미본토에 온 그는 국내에서 동학에 참여했던 인사들과 어울릴 수밖에 없었다. 당시 동학에 참여했던 경력이 있었던 그는 보황적(保皇的) 성향의 인사들인 장경 등과 교류를 하게 되었다. 당시 장경은 이미 대동교육

17　Wayne Patterson, 『The Ilse : First-Generation Korea Immigrants in Hawaii, 1903-1973』, University of Hawaii Press, 2000, pp.26~27.

회(大同敎育會)라는 단체를 만들어 계몽운동을 펼치고 있었고, 이를 확대 발전시켜 대동보국회(大同保國會)를 결성하였던 것이다. 그는 샌프란시스코를 중심으로 노동을 하면서 미주지역의 대표적인 국권회복운동 단체인 대동보국회 결성에 참여하였다.

대동보국회는 1907년 1월 국민계몽과 국권회복을 목적으로 공립협회와 함께 북미지역의 대표적인 민족운동 단체였다. 교육과 실업, 자치라는 실력양성론을 내세우면서도 황제권의 강화를 통해 국권회복을 추구하는 보황적 성격도 갖고 있었다. 대동보국회가 창립될 때 문양목도 장경·이병호·백일규 등과 함께 발기인으로 참여하였다. 대동보국회의 조직은 중앙회와 지방연회, 그리고 연회보다 작은 규모의 경찰국으로 구성되었다. 중앙회는 샌프란시스코에 있었고, 지방연회는 캘리포니아주의 샌프란시스코·새크라맨트·프레즈노와 네바다주의 칼린에 설치되었다. 중앙회에는 총회장과 부회장을 비롯하여, 학무·사법·재무·서기·구제·경찰·이사·사계원·외교원·시찰원·특별시찰원·총리회서기·장정세칙 기초위원회 등의 기구가 있었다. 지방연회의 조직도 중앙회와 유사하였다. 창립 시 중앙총회장은 이병호였고, 총무는 장경이 맡았다.

1907년 10월 문양목은 대동보국회의 중앙총회장이 되었고, 총회장에 선임됨과 동시에 회의 기관지 『대동공보(大同公報)』의 사장 겸 발행인을 겸직하였다. 대동보국회 중앙총회장으로서 그는 미국내 스탁톤·프레즈노·칼린·덴버·솔트레이크시티 등지에 지방회를 설립하였다. 또한 『대동공보』를 통해 국내외 동포들을 대상으로 국권회복의식을 고취시키는 등 강력한 항일운동을 전개하였다. 그리고 1908년 1월 대동보국회 중앙회 제3차 대의회에서, 문양목은 재무 겸 특별시찰원으로 선출되었다.[18]

대동보국회를 중심으로 활동하고 있을 무렵 문양목은 스티븐스(Durham

---

18 『대동공보』 1908년 2월 6일자, 「대의회결안」.

White Stevens)라는 친일 미국인이 샌프란시스코에 나타났다. 그는 한국정부의 외교고문이라는 직책을 가졌지만 실제적으로는 일제가 한국을 병탄하는데 온갖 노력을 경주한 인물이다. 스티븐스는 한국민의 의사와는 정반대로 일본의 한국에 대한 정책을 미화하고 정당화시키고자 하였으며, 이같은 그의 친일적 견해를 언론을 통해 미국사회에 전파시키고 있었다. 특히 스티븐스는 도착 직후 샌프란시스코의 대표적인 신문인『샌프란시스코 클로니클』지와 인터뷰를 하였다. 그가 인터뷰한 내용은『샌프란시스코 클로니클』1908년 3월 21일자에「일본의 통제는 한국에 이익이다(Japan's control a benefit to Corea)」라는 기사제목으로 실렸다.[19]

이 기사를 본 이일(Eal Lee)은 곧바로 샌프란시스코 한인사회에 그 내용을 알렸다. 3월 21일 밤에 샌프란시스코의 공립회관에서 공립협회와 대동보국회의 회원들이 공동회를 개최하여 스티븐스의 망언에 대한 대책을 강구하고자 하였다. 그리고『샌프란시스코 클로니클』에 실린 기사를 처음 본 이일은, 3월 22일『샌프란시스코 클로니클』편집자에게 스티븐스의 주장이 잘못되었다는 내용의 편지를 보냈다. 이 편지는「일본 통치의 잔혹함을 말하다(Say Japanese Rule is Cruel)」라는 제목으로 3월 24일자에 실렸다.[20] 이일은 스티븐스의 인터뷰 내용에 대해 조목조목 잘못된 것을 지적하고, 한국민들은 일본의 보호에 의해 크게 혜택을 받고 있다는 스티븐스의 말은 거짓말이라고 논박하였다.

샌프란시스코지역 한인들은 친일 외교관 스티븐스의 망언에 대해 분노하여 대책회의를 열었다. 1908년 3월 22일 오후 8시 대동보국회와 공립협회와 각 단체가 공동회의를 열고, 스티븐스에 대한 대책을 토의한 결과, 최정

---

19 『San Francisco Chronicle』1908년 3월 25일자,「Japan's control a benefit to Corea, D. W. Stevens, Diplomatic Adviser, Arrives from Orient」;『공립신보』1908년 3월 25일자,「助傑爲虐」.
20 『San Francisco Chronicle』1908년 3월 24일자,「Say Japanese Rule is Cruel」.

익·문양목·정재관·이학현 4명의 대표를 스티븐스가 투숙하고 있는 페어몬트호텔(Fairmont Hotel)에 보내기로 하였다. 한인 대표들은 스티븐스가 묵고 있던 페어몬트호텔로 찾아가 그의 친일발언에 대해 항의하고, 그 같은 내용을 정정해 줄 것을 요구하였다. 그러나 스티븐스는 문양목 등 한인 대표들에게 다음과 같이 대답하였다.

> 한국에 이완용 같은 충신이 있고, 이토[伊藤博文] 같은 통감이 있으니 한국에 큰 행복이오, 동양에 대행이라. 내가 한국 형편을 보니, 태황제께서 실덕(失德)이 태심(太甚)하고 완고당(頑固黨)들이 백성의 재산을 강도질하고 백성이 어리석어 독립할 자격이 없은즉 일본서 빼앗지 아니하면 벌써 아라사(俄羅斯 - 러시아)에 빼앗겼을 터이라. 일본 정책을 도와 말하며 신문에 낸 것은 사실이니 다시 정오(正誤)할 것 없다.[21]

이같은 스티븐스의 말을 들은 한인 대표 가운데 정재관이 주먹으로 멱살을 냅다 지르니 스티븐스가 뒤로 자빠졌다. 이에 문양목 등은 일시에 일어나 각기 앉았던 의자를 들어 스티븐스를 내려쳤다. 스티븐스의 안면에서는 피가 흐르고 호텔 투숙객 수백 명이 놀라서 붙잡고 말렸다. 한인 대표들은 투숙객들에게 그들이 왜 스티븐스를 구타하였는지에 대해 설명하고, 그의 친일 행적과 일제의 만행을 폭로하는 일장 연설을 하였다. 그 같은 내용을 들은 미국인들은 모두 그들의 행동을 이해하게 되었다.

그후 문양목 등 한인대표들은 다시 공동회에 돌아와 대책회의를 개최하였다. 이 자리에서 전명운이 "그놈을 죽일 수는 도저히 없으니 내가 죽이겠다"고 자원하고 나섰고, 장인환은 묵묵히 듣고만 있다가 "어느 분이든지 총 한

---

21 『공립신보』 1908년 3월 25일자, 「질문 스테분」.

자루 사주시오. 내가 그 놈을 죽일 터이니"라고 하였다.[22]

문양목을 비롯한 한인 대표들에게 구타를 당한 스티븐스는 생명의 위협을 느끼고 1908년 3월 23일 9시 30분 워싱턴으로 가기 위해 일본영사와 함께 페리부두로 갔다. 전명운은 자동차에서 내리는 스티븐스를 보고 권총을 발사하였다. 그러나 총이 격발되지 않았다. 그러자 전명운은 스티븐스에게 달려가 그의 눈을 멀게 하기 위해 얼굴을 가격하였다. 그러나 갑자기 일격을 당한 스티븐스는 화가 나서 전명운에게 달려들었다. 이때 그것을 보고 있던 장인환이 총을 쏘아 첫 발이 전명운에게 맞고, 연달아 두 발이 스티븐스를 맞추었다.[23] 어깨에 총을 맞은 전명운은 땅에 쓰러졌고, 스티븐스는 피를 흘리고 있었다. 1908년 3월 27일 총상을 당해 병상에 있는 전명운은 '살인미수' 혐의로, 장인환은 계획에 의한 '일급모살' 혐의로 각기 샌프란시스코 경찰법원에 기소되었다.

위와 같이 장인환·전명운의사의 스티븐스를 처단한 의거 현장에는 지금까지 풀리지 않는 의문이 있었다. 그것은 전명운과 장인환이 의거를 일으킬 당시 페리부두 현장에 전명운과 장인환외 다른 한인은 없었는가 하는 의문점이다. 이에 대해 필자는 2008년 샌프란시스코에서 개최된 「장인환·전명운의거 100주년 기념 국제학술심포지엄」에서, 의거 현장에는 전명운·장인환외에 제3의 인물이 있었다는 것을 주장한 바 있다.[24] 그같은 증거로 당시 사건 현장에서 거사를 지켜보았던 샌프란시스코 일본총영사 코이케 초조[小池張造]의 보고서와, 스티븐스가 숙박하고 있었던 페어몬트호텔의 심부름꾼인 에드워드 핀레이(Edward Finley)의 인터뷰 기사를 들었다. 그 외의 여러 정황 자료를 통해 전명운·장인환의사의 의거 현장에는 제3의 인물이 있었

22　문양목,「의사 장인환공을 추도(속)」,『신한민보』1930년 6월 19일자.
23　『공립신보』1908년 3월 25일자,「의사 전명운씨 대담」.
24　샌프란시스코의거 100주년 때 발표한 필자의 논문은 다음 학술지에 게재되었다. 김도형,「전명운의 생애와 스티븐스 처단의거」,『한국독립운동사연구』31, 한국독립운동사연구소, 2008.

다는 것을 실증하였다.

그리고 샌프란시스코의거 현장에 있었던 제3의 인물을 필자는 '문양목'으로 지목하였다. 왜냐하면 샌프란시스코의거 이후의 기록이지만, 문양목이「의사 장인환공을 추도」라는 제목으로『신한민보』1930년 6월 12일자와 19일자에 기사를 연재하였다는 사실 때문이다. 문양목이 연재한 기사에는 거사 전날의 상황을 설명하고, 1908년 3월 23일의 상황을 상세하게 기술하고 있다. 그리고 거사가 일어나기 직전에 대해 문양목은 다음과 같이 기술하고 있다.

> **한 처소에서 이 일을 알고는 그저 모른 체하고 있을 수도 없고 결국이 어떻게 되는 것을 목도하겠다는 생각으로 제풀로 관광차처럼 뒤를 따라 나선 사람이 몇이 있었는데 그 그룹에 섞여가는 장인환씨는 털끝만치도 무슨 다른 점이 발로될 것이 없이 남과 같은 관광차 모양이다.**[25]

위의 문양목의 글에는 거사를 목격하기 위해 대동보국회의 회원들이 페리 부두로 가는 과정을 묘사한 것이다. 그런데 의거 현장에는 장인환과 전명운 외에 다른 한인들이 함께 있었다. 물론 위의 기사내용은 사건이 끝나고 시간적으로 20여년이 흘렀고, 장인환이 서거한 이후에 서술된 것이라서 사실과 완전히 부합된다고 할 수는 없다. 그렇지만 의거 현장에는 전명운과 장인환 외에 다른 사람이 함께 움직이고 있었다는 것은 분명하다.

위의 신문기사에 의하면, 스티븐스를 처단하고자 하는 의거에는 전명운·장인환과 같이 갔던 사람이 대동보국회의 회원일 가능성이 높다. 대동보국회에서 장인환과 사전에 모의를 할 가능성이 높은 사람으로는 3월 22일 스티븐스를 설득하려고 페어몬트호텔에 갔던 사람 가운데 한 사람일 것이다.

---

[25] 문양목,「의사 장인환공을 추도(속)」『신한민보』1930년 6월 19일자.

3월 22일 스티븐스를 찾아간 최정익·문양목·정재관·이학현 4명의 한인대표 가운데 최정익과 정재관은 공립협회의 회원이고, 문양목과 이학현은 대동보국회 회원이다. 따라서 문양목과 이학현 두 사람 가운데 한 사람이 페리정거장에서 장인환의 배후를 주시하며 의거를 지켜보고 있었을 가능성이 매우 높다. 그러면 1908년 3월 23일 페리정거장에는 전명운, 장인환, 제3의 인물이 스티븐스를 처단하기 위해 기다리고 있었다는 결론에 도달한다. 제3의 인물은 장인환이 스티븐스를 저격하지 못했을 경우, 그의 뒤에서 제2차로 스티븐스를 사살하려는 시도를 하게 되어 있을 것이고, 장인환이 성공하였을 경우에는 그의 뒤를 돌봐주는 역할을 하였을 것이다.

샌프란시스코의거 현장에 있었던 제3의 인물은 대동보국회 회원 가운데 문양목과 이학현 두 사람으로 압축되고, 이 두 사람 가운데 가능성이 높은 사람은 동학농민전쟁에 참가하였던 문양목일 가능성이 높다. 왜냐하면 위에서 잠시 언급한 바와 같이 문양목은 장인환이 사망하자, 샌프란시스코의거의 전 과정을 자세히 『신한민보』에 연재하고 있는데 이는 현장에 있지 않은 사람은 설명할 수 없을 정도로 상황을 정확하게 묘사하고 있기 때문이다. 그래서 필자는 샌프란시스코에서 일어난 스티븐스 처단의거를 전명운·장인환 두 의사의 의거가 아니라, 문양목을 추가하여야만 한다고 본다.

아무튼 샌프란시스코의거 이후 공립협회와 대동보국회는 공동회를 개최하고 전명운·장인환의사 재판후원회를 결성하였다. 이때 문양목은 판사전권위원으로 선임되어 재판 후원 및 후원경비 조달, 변호사 교섭 등을 담당하였다.

4 한인소년병학교와 대한인국민회 활동

　　스티븐스를 처단하는 샌프란시스코의거 이후 문양목은 미주 지역의 대표적인 지도자인 박용만과 같은 노선을 걷게 된다. 1905년 미국에 온 이후 박용만은 콜로라도주 덴버(Denver)지역의 한인들과 협의를 한 후 1908년 6월 10일 애국동지대표회를 덴버에서 개최하기로 하였다. 박용만은 그 취지서를 작성하여 북미와 하와이, 그리고 러시아 한인단체에 대표를 파견해 줄 것을 요청하였다. 그해 7월 11일부터 14일까지 콜로라도주 덴버의 그레이스 감리교회에서 '애국동지대표회'가 개최되었다. 문양목도 애국동지대표회에 참석하였다는 설도 있지만, 남정헌의 글에는 "방사겸 동지를 파송하여 우성(又醒, 박용만 – 필자)과 연락을 취하셨다"고 한다.[26] 이로 보아 문양목이 직접 애국동지대표회의에 참석하지는 않고 측면에서 지원하였던 것같다. 문양목이 애국동지대표회를 지원한 것은, 당시 대동보국회의 노선과 박용만의 노선이 일정정도 합치하는 점이 있었기 때문이라고 추정될 뿐이다. 아무튼 이 대회에서는 향후 국내외 통일기관을 조직할 것과, 군사양성을 위한 학교를 설립하기로 결정하였다는 점에서 독립운동사에서는 매우 의미가 있었던 회의였다.

　　1908년 7월 '애국동지대표회의' 결정에 따라, 박용만과 박처후·임동식·정한경 등 한인청년들은 박처후가 있는 네브라스카주 커니(Kearney)지방의 농장에 군사학교를 설립하기로 하고 그 경영자로 조진찬을 선정하였다. 그리고 생도들이 기숙할 곳을 정하고 미군이 쓰던 군용 총포를 구매하였다. 네브라스카주에 모인 13명의 한인 학생들은 처음 임동식의 농장에서 기숙하

26　남정헌, 「우운 선생 추도문①」, 4쪽.

며 농장일과 군사훈련을 받았다. 당시 재미한인들은 이 한인소년병학교를 '병학교'라고 불렀는데, 일종의 하기군사학교(夏期軍事學校)로 한인학생들이 3개월에 이르는 여름방학을 활용하여 군사훈련을 이수할 수 있도록 마련된 것이다. 한인소년병학교의 설립목적은 장기적인 독립투쟁을 대비하여 군사교육을 받은 장교를 양성하는 것이었다.

한인소년병학교를 설립 이후 정한경은 커니시의 묵인을 얻었고, 박용만은 네브라스카 주정부의 허가를 받아 1909년 6월 초순 한인소년병학교를 정식으로 설립하였다. 소년병학교는 커니농장에 군기(軍旗)를 게양하고 학생 13명이 김장호의 조련하에 군사훈련을 시작하였다. 생도들은 14세의 김용성부터 50세가 넘은 조진찬까지 여러 연령층의 학생들이 있었다. 여름훈련은 조진찬의 농장에서 시작되었으나 소문을 듣고 헤이스팅스대학(Hastings College) 재무이사 존슨(P. L. Johnson)이 직접 찾아와 대학의 기숙사와 학교 시설 일부를 사용하라고 제의하였다. 헤이스팅스대학 건물 한 동과 전장(田莊)을 임대받아 둔전병식(屯田兵式) 훈련을 실시할 수 있게 되었다. 1910년 봄 네브라스카주의 한인들은 헤이스팅스대학에서 빌린 농토에 씨를 뿌리며 경작을 시작하였으며, 헤이스팅스대학 교정에서 군사훈련을 받았다. 1910년 8월 29일 경술국치를 당하게 되자, 미국의 곳곳에 있던 한인청년들이 나라를 되찾기 위한 군사훈련을 받으려고 한인소년병학교로 몰려들었다.

한인소년병학교의 군사훈련은 미국의 근대식 군사훈련을 모방하였다. 교과과정은 미육군사관학교를 본 따 만들었다. 일과는 오전에 노동과 학습, 오후에 군사훈련, 밤에는 문학활동과 저녁학습을 하였다. 학생들은 사격연습은 물론 노래·스포츠·연극 등으로 군인정신을 고취하고, 대외선전에도 활용하였다. 군사훈련과정은 미국 학교의 방학시작과 더불어 개학하여, 방학이 끝나면 종결되었다. 3년 간의 과정을 마치면 졸업을 하게 하였다. 한인소년병학교는 설립된 지 3년만인 1912년 9월 제1회 졸업생 13명을 배출하였다.

한편, 문양목은 1905년 2월 박용만이 미국에 올 때 이승만의 옥중 저술

『독립정신(獨立精神)』의 원고를 가져왔다. 박용만에 의해 밀반출된 이승만의 옥중 원고는 1909년 문양목을 비롯하여 신흥우·김밀리사 등 여러 독지가의 도움으로 로스앤젤레스에서 1천부가 간행되어 세상에 빛을 보게 되었다. 『독립정신』은 로스앤젤레스 대동신서관(大同新書館)에서 발간되었는데, 여기에서는 박용만의 『국민개병설(國民皆兵說)』과 『군인수지(軍人須知)』 등도 간행하였다.

박용만이 한인소년병학교를 통해 군사를 양성하고 있을 무렵 문양목은, "상항(桑港 – 샌프란시스코)에서 사회 일에 활동하는 여가에 청년들을 권고하여 우성(박용만 – 필자)에게로 지도해 보내"고 있었다.[27] 이처럼 문양목은 박장순·이명섭·남정헌·방사겸·정태은·김원택·신형호 등 대동보국회의 인사들과 더불어 박용만의 한인소년병학교를 적극적으로 후원하고 있었다. 문양목은 『신한민보』 1910년 11월 9일자 「국민단체 완전책」이라는 논설에서, 다음과 같은 숭무사상을 주장하였다.

> 우리 일반국민의 압제를 달게 받는 성질을 변혁시키며 문약(文弱)이 극점에 달하여 구차히 사는 것을 요행으로 여기는 성질을 변혁시킬 일이니. 왈(曰) 군사(軍事)요. 왈 군사라 하노라. 이 군사는 사람의 정신을 활발케 하며 기백을 장쾌케 하며 신체를 강건케 하는 기관이라. 그 백성의 정신이 활발하며 기백이 장쾌하며 신체가 강건할 진대 백성을 단체하여 성립한 나라가 경시 그와 같을 지니.

문양목은 나라가 망한 근본원인이 '문약'에 있었기 때문에, 무기(武氣)를 배양하여 앞으로 일제와의 독립전쟁에 대비하여야만 한다는 점을 강조하였던 것이다. 문양목의 숭무사상은 박용만과 같이 군인을 양성하여 무장투쟁을 통한 독립운동 노선을 가지고 있었다.

---

27 남정헌, 「우운 선생 추도문①」, 4쪽.

당시 샌프란시스코에 살던 문양목은 로스앤젤레스로 이주하였으나, 1909년 2월 2월 22일 로스앤젤레스에서 샌프란시스코로 다시 돌아왔다.[28] 1909년 2월 하와이의 한인합성협회와 북미지방의 공립협회가 하나로 통합하면서 '국민회'가 창립되었다. 국민회의 창립은 사실상 재미 한인사회의 통일기관이자 최고기관으로 탄생한 것이었다. 국민회는 창립 직후부터 해외 한인이 거주하는 모든 곳에 지방회를 조직하여 이를 총괄하고, 이를 바탕으로 독립전쟁을 통하여 국권을 회복한 후 국민국가를 건설하려는 방략을 추진하고 있었다. 그렇지만 문양목이 활동하던 대동보국회는 '국민회'와 통합을 하지 못하고 있었다. 그러다가 1910년 2월 10일 대동보국회와 국민회가 통합을 하면서, '대한인국민회'라는 미주한인의 최고통일기관이 되었다. 대동보국회의 '대'자와 '국민회'를 합쳐 새로운 단체의 명칭을 '대한인국민회'로 결정하고, 1910년 2월 10일부터 완전히 한 집이 되었다.

국민회와 대동보국회가 통합하는데 문양목의 역할이 지대하였다. 남정헌의 「우운선생 추도문」에 따르면, "선생은 사회의 합동을 융외하더니 1910년에 각 사회가 합하여 대한인국민회가 성립되어서 지금 광복운동에 대대적으로 원조하는 것도 선생의 공로"라고 하였다.[29] 문양목은 미주의 한인사회가 '대한인국민회'로 통합되어야 한다고 보았기 때문에, 『신한민보』 1910년 11월 2일자의 「신한 건설할 방책은 국민단체를 완전히 하는데 있을 따름」이라는 논설에서 "망국(亡國)한 한(恨)이 있을 터이니 쓸데없는 한탄으로 세월을 허송치 말고 우리 일반국민의 내외단체를 완전히 하여야 사람마다 망국한 죄를 속(贖)하고 신한(新韓) 건국의 일등 영웅이 될 줄로 믿노라"라고 하여 '대한인국민회'를 중심으로 단결하여야만 한다고 하였다.[30]

---

28 『신한민보』1909년 2월 24일자, 「문씨 到桑」.
29 남정헌, 「우운선생 추도문②」『태평양주보』1941년 4월 26일자, 10쪽.
30 『신한민보』1910년 11월 2일자, 「新韓建設策在國民團體完全而已」.

문양목은 미주의 한인사회가 통합되어야 한다는 생각에 따라 대한인국민회에 적극 참여하였다. 그런데, 1910년 2월 대한인국민회 북미지방총회 총부회장 겸 총무인 이대위가 학업 때문에 사임을 함에 따라 부회장에는 이용하가 총무에는 문양목이 피선되었다.[31] 그리고 그해 12월 13일 문양목은 북미지방총회장에 선출되었고,[32] 그는 대한인국민회 회원들은 1년에 5달러씩을 내는 국민의무금제 실시를 주장하였다.[33] 북미지방 총회장에 선출된 문양목에 대해 러시아에 있었던 이갑(李甲)도 안창호에게 보낸 편지에서 "문양목씨 현임 총회장인데 신구학(新舊學)에 박식(博識)하고 애국(愛國)에 열심가(熱心家)"라고 하였다.[34] 한편, 신한민보사 사무원겸 회계인 주원이 병으로 사임함에 따라 문양목이 그 사무를 잠시 맡아서 보았고,[35] 얼마 안되어 포틀랜드지방으로 옮겨갔다.[36]

문양목이 대한인국민회를 중심으로 활동하고 있을 무렵, 한인소년병학교의 설립자인 박용만이 1911년 1월 『신한민보』의 주필로 취임하였다. 박용만이 신한민보의 주필로 오는 데에도 가장 큰 역할을 한 사람이 문양목이었다. "선생의 열렬하신 웅변으로 박선생을 권고하여 국민회의 일을 보아 달라고 하신 즉, 박선생이 쾌히 응락하시되 6개월 동안만 회무를 돈정해 놓고 다시 공부를 계속한다 하시고 즉시 국민회 들어가서 신한민보 주필이 되었"다고 하였다.[37] 이처럼 박용만이 신한민보의 주필이 되는 데는 문양목의 설득이 주효하였다.

---

31 『신한민보』 1910년 2월 9일자, 「임득기인」.
32 『신한민보』 1910년 11월 2일, 「북미총회보」; 『신한민보』 1911년 7월 26일자, 「중임천동」.
33 조규태, 「동학농민국 문양목의 미주지역에서의 미족운동과 사회·경제적 생활」, 581~582쪽.
34 「李甲이 安昌浩에게 보낸 서신(1911.7.20.)」, 『도산안창호전집』 2, 도산안창호선생기념사업회, 2000, 335쪽.
35 『신한민보』 1910년 6월 22일자, 「社告」.
36 『신한민보』 1910년 7월 6일자, 「문씨 서행」.
37 남정헌, 「우운선생 추도문②」, 11쪽.

잘 알려져 있는 것처럼 박용만의 주장에 의해 대한인국민회의 중앙총회가 1911년 3월에 정식으로 설립되고 중앙총회장에 최정익, 부회장에 한재명이 선출되었다. 박용만은 대한인국민회가 정부적 역할을 수행하여야 한다는 것을 강조하면서, 해외의 모든 한인에게 '무형국가론'에 따른 국민의무금 제도를 시행해야 한다고 하였다. 이에 박용만은 무형국가의 헌법이라고 할 수 있는 「대한인국민회 헌장」을 기초하였다. 일반적으로 「대한인국민회 헌장」은 박용만이 기초하고 중앙총회 임원들과 논의하여 결정된 것으로 알고 있다.[38] 그렇지만 「대한인국민회 헌장」을 박용만이 기초한 것은 사실이지만, 그 가운데는 문양목의 의견이 대폭 반영되었던 것으로 보아야 한다. 왜냐하면, 남정헌의 「우운선생 추도문」에 의하면 "두 분(박용만과 문양목 – 필자) 선생이 국민회 헌장을 수정하되, 미주에 있는 우리 거류민으로서는 일제히 1년에 의무금 5원씩을 국민회에 받혀서 광복운동을 원조하게 한 것이 선생들의 원대한 주창이었더라"고 하였다.[39] 박용만과 문양목의 주장에 의해, 하와이지방총회에서는 자치규정을 제정하여 모든 회원들에게 1912년까지 지방총회 운영비 명목으로 회원당 25센트씩 받았던 것을 1913년부터는 국민의무금으로 전환하여 회원 1인당 1년에 5달러씩 납부하도록 하였던 것이다.

북미지방총회장으로 활동하던 문양목은 1911년 7월 총회장직을 그만두었고,[40] 인삼상으로 각지를 돌아다니고 있었던 것같다. 『신한민보』 1912년 11월 4일자 기사에 의하면, 캐나다 등지에 돌아다니다가 샌프란시스코에 왔고, 다시 새크라멘토에 갔다가 샌프란시스코에 도착하였다고 한다.[41] 이와

---

[38] 김도훈, 「1910년대 초반 미주한인의 임시정부건설론」, 『한국근현대사연구』 10, 1999; 김도훈, 「한말·일제초 재미한인의 민족운동론」, 『미주한인의 민족운동』, 연세대학교 국학연구원 편, 혜안출판사, 2003 참조.
[39] 남정헌, 「우운선생 추도문②」, 11쪽.
[40] 『신한민보』 1911년 7월 26일자, 「중임천동」.
[41] 『신한민보』 1912년 11월 4일자, 「이문 양씨 도항」.

같이 그는 생업인 인삼을 팔기 위해 캐나다로부터 북가주 일대를 돌아다니고 있었던 것이다.

5　하와이 한인사회와 문양목의 역할

　　대한인국민회 및 신한민보를 중심으로 활동하던 박용만이 1912년 12월 하와이지방총회의 기관지인 『신한국보』의 주필로 가게 되었다. 박용만이 신한국보의 주필로 초빙되어 하와이로 간 이후, 문양목도 1913년 8월 겉으로는 인삼을 팔려고(賣蔘) 하와이에 방문하였다고 하였다.[42] 『국민보』1913년 8월 20일자 기사에는 "장차 이곳에 류하야 우리 동포의 한팔 힘을 도움고자 함이니 아직 무슨 일을 할런지는 알지 못하거니와 대개 평생의 정성을 다하여 공사의 이익을 함께 도모"하고자 한다고 하였다.[43] 이로 보아 북미에 있던 문양목이 하와이에 간 이유는, 문양목이 박용만과 함께 독립운동을 하고자 하는 의도도 있었다고 보아야 한다. 무장투쟁론자인 박용만을 따라 하와이로 왔고, 그와 함께 독립운동을 도모하는 것은 아주 자연스러운 일이라고 할 수 있다. 문양목이 하와이 도착하자 8월 25일 펀치볼에 있는 한인기숙학교에서 그를 위한 환영회가 열렸다.[44]

　　대한인국민회 하와이지방총회의 기관지의 주필로 온 박용만은 『신한국보』를 매주 1회씩 발간하다가 1913년 7월부터 매주 2회씩 간행하였으며,[45] 그해 8월부터 제호를 『국민보』로 고쳐 하와이지방총회의 관할에서 벗어나 자유롭게 발행하게 되었다.[46] 즉, 박용만은 『신한국보』제250호 발행을 계

---

42 「黃思溶이 安昌浩에게 보낸 서신(1913. 8. 12)」, 『도산안창호전집』3, 804쪽.
43 『국민보』1913년 8월 20일자, 「문양목씨 도착」.
44 『국민보』1913년 8월 27일자, 「문양목씨 환영회」.
45 『신한민보』1913년 7월 11일자, 「신한국보 확장」.
46 『국민보』1913년 8월 13일자, 「신한국보를 대신하여 국민보로 발행」; 『신한민보』1913년 8월 29일자, 「신한국보 개명」.

기로 대한인국민회 하와이지방총회로부터 신문사 운영에 관한 일체의 권한을 양여 받아 1913년 8월 13일자부터 제호를 『국민보』 바꾸고 사장 겸 주필로서 하와이에서 자신의 포부를 열어가고 있었다.[47] 이와 같이 『신한국보』가 『국민보』로 제호를 변경하자 문양목은 이에 대해 축하의 글을 다음과 같이 보냈다.

> 신성한 한국 민족이 하나님 택함을 입어 하와이에 건너온 후로 유지인사의 창조한 효력의 단체가 성립한 그날에 잉태하여 산출되었나니 귀중하구나! (중략) 아 명은 합성(合成), 관명은 신한국(新韓國), 자아는 국민(國民)이라지! 과연 명봉허득이로다. 너 합성 유치시대보다 장성한 국민, 오늘 직책이 더욱 중하니 괴로우나 어려우나 떨치고 나아가라. 어른 앞에 지도를 받던 신한국보다 너 자유 행동하는 오늘 지위가 더욱 귀하니 위태하나 험하나 뽐내고 나아가라. 근처의 사천(四千)여 명이 있고, 대부분의 이천만(二千萬) 중이 있으니 만일 너의 기운과 힘이 피곤하여 적게 고난을 당하면 사천여 명이 수종을 치며 크게 위협한즉 이천만 중이 구원할지니 든든히 믿고 나아갈지어다. 국민이시여, 병 없이 속히 참아라. 너 나이 얼마이냐. 오오 오늘이 일이라지. 나는 너를 위하여 정성을 다하며 마음을 기울여 축하하노니, 수하며 부하며 귀하며 다자손 하라.[48]

문양목은 하와이 한인합성협회의 『합성신보』에서 국민회의 기관지 『신한국보』로, 그리고 박용만에 의해 새롭게 탄생된 『국민보』에 대해 찬사를 보내고 앞으로도 더욱 번성하기를 바라는 축사를 보냈다. 그는 박용만을 도와 국민회 사업을 할 것으로 기대되었지만 『국민보』 1913년 9월 24일자 기사에

---

47 손세일, 『이승만과 김구(1975-1919)』 1부 3권, 나남, 2008, 231쪽.
48 『국민보』 1913년 10월 22일자, 「축하」.

의하면, 곧바로 카우아이(Kauai)섬으로 갔다고 한다.[49] 그가 호놀룰루에 머물면서 박용만과 함께 일을 하지 않고 왜 카우아이섬으로 갔는지에 대해서 구체적으로 알 수는 없지만, 짐작키로는 박용만의 뜻과 사업을 다른 지방으로 확대시키려고 한 것같다.

문양목이 하와이에 온 목적은 박용만과 함께 일을 하고자 하는 목적도 있었지만 결혼을 하기 위한 목적도 있었다. 그는 국내에서 김해김씨 부인과 결혼을 하였으나 상처(喪妻)를 하고, 하와이에서 상배한 뒤 18년 만에 이찬성(李讚聖)과 결혼하여 가정을 꾸렸다.[50] 문양목은 하와이 국민회의 사업에 전면에 나서기 보다는 측면에서 지원을 하고 찬조를 하였는데, 특히 『국민보』에 글을 기고하여 국민회를 중심으로 민족의식을 고취시키고 한인사회가 단합되고자 호소하였다. 이시기 문양목의 한인사회 단합론은 그가 하와이에 도착한 후 한인들에게 한 다음의 연설에서 살필 수 있다.

> **미국과 하와이 한인의 보통 정형을 논란하는데 표면적 현상은 미국이 낫고 중심적 발달은 하와이가 나은 것을 말하며, 또한 이 두 곳이 일심협력한 연후에야 우리의 바라는 바를 성취하겠다. (중략) 우리가 만일 이곳 저곳과 이사람 저사람이 서로 둥글게 합하는 힘이 없으면 위선 정의가 상하고, 또한 재정이 상하고, 필경에는 생명까지 상하는 것이다.[51]**

위와 같이 문양목은 미국과 하와이의 한인사회가 단합되고 모든 한인들이 대한인국민회를 위해 그 책임을 다해야만 한다고 강조하였다. 하와이 재류 당시 문양목은 『국민보』를 통한 민족의식을 고취시키는 일만 한 것같지는

---

49 『국민보』 1913년 9월 24일자, 「문양목씨는 가와이로 향함」.
50 『국민보』 1913년 11월 1일자, 「문양목씨 주소는」.
51 『국민보』 1913년 9월 3일자, 「문양목씨의 언설 대개」.

않다. 왜냐하면 문양목은 『국민보』 1914년 6월 3일자에 「산넘어 일」이라는 논설을 싣고 있기 때문이다. 여기서 말하는 '산넘어 일'이란 박용만이 하와이에서 착수한 '대조선국민군단과 그 사관학교'를 창설하는 대사업을 의미한다. 박용만은 하와이에 온 이후로 하와이지방총회 연무부(鍊武部)에서 추진하던 군인양성운동을 기반으로 독립전쟁을 수행할 군단과 사관학교 설립을 추진하였다. 그리하여 1914년 6월 10일 오아후섬 카훌루(Kahuluu)에서 대조선국민군단과 사관학교를 창설하고 두 달여 만인 8월 29일 병영 낙성식을 거행하였다. '산넘어 병학교'로 불리웠던 사관학교의 운영은 하와이지방총회 연무부에서 담당하였다. 사관학교의 주요인물은 박용만을 비롯하여 박종수·안원규·구종곤·이호·김세근·이정권·노훈·임응천·한태경·한치운·이치영 등이었다.

박용만의 군단과 사관학교의 창설하는데 문양목도 깊이 관여하고 있었던 것이 분명하다. 위의 「산넘어 일」이라는 글에는 대조선국민군단과 병학교 창립과정이 아주 비밀리에 진행되고 있음을 말하면서, 자신은 그 사업에 대해 잘 알고 있다는 식으로 글을 전개하고 있다. 이같은 점으로 보아 문양목은 겉으로 드러나지 않지만, 박용만을 도와 '산넘어 병학교'를 창립하는 작업에 깊숙이 관여되어 있었던 것같다.

대조선국민군단 사관학교는 1913년 6월경부터 착수되어 하와이 한인들이 국민회에 납부할 국민의무금 조차 체납하면서 병학교 설립비용을 마련하려고 하였다. 문양목이 하와이 온 것과 사관학교의 설립과도 일정 관계가 있어 보이지만, 현재까지의 자료에서는 어떠한 역할을 하였는지 확인되지 않는다. 박용만이 네브라스카주에서 한인소년병학교를 창립하고 운영할 때도 문양목은 외부적으로는 드러나지 않지만 일정한 역할을 수행하였던 것처럼, 하와이 대조선국민군단과 사관학교 설립에도 내부에서 작업을 진행하고 있었던 것같다.

박용만의 구상은 한인소년병학교 때와 마찬가지로 둔전병식(屯田兵式)으로 운용되는 군단과 사관학교를 설립하는 것이었다. 문양목은 '산넘어의 일'이라고 하는 논설에서, 비밀리에 작업을 진행시켜 1913년 크리스마스를 기하여 본격적인 준비 작업에 들어가 그 다음해 부활절을 맞이하여 대조선국민군단 사관학교를 정식으로 설립하는 예식을 가졌다고 하였다.[52] 1914년 4월 15일 대조선국민군단 사관학교의 창립예식은 대한인국민회 하와이 지방총회 총회장을 비롯하여, 일반동포, 각 교회 목사, 중앙학원 교장 등이 참여한 가운데 성대한 예식이 거행되었다.

앞에서도 언급한 바와 같이, 대조선국민군단 사관학교는 둔전방식을 채택하여 농사를 지으면서 군사훈련을 함께 실시하였다. 이를 위해서 무엇보다도 경작지를 마련하고 한인들을 이주시켜 이들로 하여금 농사와 군사훈련을 받게 하는 것이다. 이에 대해 이승만이 창간하여 발간하던 『태평양잡지』에도 다음과 같이 말하고 있다.

> **박학사 용만씨가 그 근처에 몇 천 에이커 가량을 맡아서 한인을 다수히 고용하여 파인애플 농장을 크게 착수하려는 중인데, 오고저 하는 사람도 많고 일도 다 주선이 잘되어 가는 모양이나, 다만 재정이 준비되지 못함으로 민망한 중이라. 이 일에 재정만 변통할 수 있으면 종차 이익이 크리라 하니 누구던지 이 일에 합동 찬조하면 장래 사업상 유익도 장원하겠더라.**[53]

이승만도 대조선국민군단 사관학교를 설립하고 운영하는 데는 많은 재정이 필요하기 때문에 하와이 동포의 재정적 동참을 촉구하였다.[54] 대조선국민군단을 창립 당시 박용만은 침식을 거의 잊고, 국민보사의 모든 일로 인하여

---

52 『국민보』 1914년 4월 18일자, 「別報」.
53 『태평양잡지』 1914년 3월호, 「오아후에 새 농장 개설」, 92쪽.
54 『국민보』 1914년 6월 3일자, 「논설 : 산넘어 일」.

잠을 잘 시간도 없었다.[55] 심지어 박종수는 군단 설립에 전념하다가 병을 얻어 입원까지 하였다.[56] 대조선국민군단이 성립되기까지는 하와이 한인들의 물심양면의 협조가 절대적이었다. 우선 이치경과 박종수는 자경(自耕)하는 파인애플 농장을 군단에 교부하였고, 와히아와에서 파인애플농장을 하는 임응천·한태경·한치운도 전체의 농장을 군단에 바쳤다. 그리고, 가할루농주 맥팔레인은 군단의 캠프를 수리하는데 필요한 목재와 물품을 공급해 주었다. 김주현·정남교·유동면·임봉춘 등은 하와이에서 군사교육을 실시하는데 찬성하여 군단을 위한 성금을 바쳤으며, 안종순은 목수로서 군단 캠프를 짓는데 공헌하였다.[57]

　대조선국민군단 사관학교를 건설하기 위해 건물을 만들고 연병장을 건설하는 등 여러 가지 공사를 하여야만 했다. 그리고 무엇보다도 중요한 것은 사관학교에 입소할 생도를 모집하는 것이었다. 군단 공사가 시작된 지 6개월만에 약 160여명의 생도들이 입소를 희망하였다. 160명이라는 건장한 생도들이 모였지만 이들이 입고 훈련할 생도들의 의복공급 하기 위해, 피복창을 설립하고 재봉에 익숙한 학생 네 사람으로써 그 일을 관리케 하였다.[58] 또한 제피소를 설립하여 신발과 행견과 안장과 말굴레와 일반 피물을 제조하는 것도 생도들에게 맡겼다.[59] 이와 더불어 병학교에서 교습할 교재를 일본과 미국에서 주문하였으며 일본서적을 39종을 주문하였다.[60]

　이렇게 하여 대조선국민군단과 사관학교를 완성하고 1914년 8월 30일 병학교의 낙성식과 개학식을 거행하였다. 500명의 하와이 동포들이 참석한

55　『국민보』1914년 5월 16일자, 「총회장의 순행」.
56　『국민보』1914년 5월 23일자, 「박종수 씨는 병원 치료를 시작」.
57　『국민보』1914년 5월 16일자, 「論說」.
58　『국민보』1914년 7월 25일자, 「산넘어에 피복창을 설립」.
59　『국민보』1914년 7월 29일자, 「피복창을 설립하고 또 제피소를」.
60　『국민보』1914년 8월 1일자, 「산넘어 소용으로 서적 39종이 도착」.

가운데 거행된 낙성식과 개학식은 성대하게 거행되었다. 이날 예식에는 대조선국민군단 사관학교의 180명 생도가 관병식으로 김종학 하와이 국민회 총회장을 맞이하였으며, 낙성식 후 중앙학원 교장 이승만이 '믿음'이라는 주제로 연설을 하였다.[61]

대조선국민군단과 사관학교의 일이 거의 마무리되어 갈 즈음 문양목은 다시 하와이를 떠나기로 하였다. 그는 하와이에 와서 개인적으로 사업상 커다란 손실이 있었지만, 박용만을 도와 내부에서 커다란 일을 끝났기 때문에 하와이를 떠나기로 하였던 것이다. 『국민보』 1914년 6월 6일자 기사에 다음과 같이 그가 하와이를 떠나는 아쉬움을 전하고 있다.

씨는 본래 동포를 위하여 헌신적 생애를 삼는 고로 만 가지 사사 관계의 복잡한 것을 돌아보지 아니하고 매양 국민보를 위하여 여러 모양으로 찬조하기를 쉬지 아니하다가 이제 배에 오르는 때를 당하여서도 오히려 돕던 붓에 먹이 마르지 아니하였으니 이는 실로 공익을 먼저 하는 씨의 특성이라. 그런고로 본 사원 등은 씨의 원치 아니하는 찬송을 정지하고 피치 못할 여러 가지 관계로 말미암아 총총히 떠나는 씨를 향하여 다만 태평한 바다, 태평한 물결 위에, 태평이 보호하여, 태평히 도달하기를 축수.

하와이의 국민회와 교회에서는 북미로 떠나는 문양목을 위해 대대적인 환송회를 해주었다.[62] 그리고 그는 재혼한 부인과 함께 1914년 6월 6일 시에라 편으로 하와이를 떠났다.[63]

---

61 『신한민보』 1914년 9월 24일자, 「병학교 낙성연」.
62 『국민보』 1914년 6월 6일자, 「미주로 향하는 문씨를 전별코자 만찬회를 개최」.
63 『국민보』 1914년 5월 27일자, 「문양목씨 미주로」.

6   3·1운동 이후 미본토에서의 활동

하와이에서 다시 샌프란시스코에 온 문양목은 이곳에서 대한인국민회 활동을 시작하였다. 그는 샌프란시스코에 도착한 후 1916년 7월 장인환의사가 수감되어 있는 샌퀘엔틴 형무소로 면회를 갔다. 그리고 그는 한인사회를 위해 샌프란시스코지방회장에 출마하여 선출되었으며, 그해 말 신병으로 회장직을 사임하였다.

문양목은 1916년 경에 캘리포니아주 맨티카지방으로 이거하였다. 맨티카지방에는 한인들이 많이 거주하는 곳으로 국민회의 지방회가 설립되어 있었다. 맨티카의 한인교회에서는 한인 2세들의 교육을 위하여 예배당 안에 국어학교가 설립되어 있었으며, 국어학교에는 최능익을 교사로 하여 10명의 아이들이 교육을 받았다. 최능익은 오전에는 사탕무우밭에서 일을 하고, 오후에는 아이들의 국어교육에 매진하여 고된 상황 속에서도 아이들의 교육에 열성적이었다.[64]

맨티카로 이주한 문양목은 그곳에서 사탕무우를 경작하는 일에 종사하였던 것 같다. 『신한민보』의 기사에 따르면 문양목은 강원성·김준화·장원국·강국보·김만옥 등 7인과 합동으로 300에이커의 토지를 빌어 사탕무우 농사를 지었는데, 1916년에 고본과 경비를 제하고 순이익이 매명당 150원에 이르렀다고 한다.[65] 아무튼 문양목은 맨티카지방에서 농업을 경영하면서도 맨티카지방회를 통한 국민회 사업에도 적극 협조하고 있었다.

문양목은 1910년대 중반 맨티카지방에서 사탕무우 농업에 종사하다가

---

64 『신한민보』 1916년 3월 6일자, 「맨티카 국어학교개학」.
65 『신한민보』 1916년 12월 7일자, 「맨티카 무이사탕농장 수확」.

1917년 8월 신성원이 소유하던 스탁톤지방의 여관을 매입하여 여관업을 하였다.[66] 그러나 1918년 4월 『신한민보』에 자신의 여관을 전매한다는 광고를 냈고,[67] 이 광고를 보고 김종학이 그의 여관을 구입하여 그해 6월 1일부터 새로 개업을 하였다.[68] 스탁톤에서 여관업을 그만둔 이후 문양목은 한인들이 벼농사를 주로하는 캘리포니아주 북부에 있는 윌로우스로 가서 그곳에서 노동주선업을 하였다. 그런 한편 그는 국민회 중앙총회 사업에도 참여하게 된다. 그래서 그는 백일규·곽림대와 함께 1918년 6월 13일 국민회 북미지방총회 대표원으로 선출되었다.[69]

북부 캘리포니아 윌로우스에서 활동하던 문양목은 다시 맨티카로 왔는데 그는 그곳의 한흥학교 교장으로 한인 2세들에게 국어와 역사를 교수하면서 민족의식을 고취시켰다. 이처럼 문양목은 미주에서 독립운동을 하면서도 그의 풍부한 학식과 식견을 한인교육 및 민족의식을 고취시키는데 활용하였다.

문양목이 캘리포니아주의 각 지역에서 활동하고 있을 무렵 국내에서 3·1운동이 일어났다. 1919년 3월 9일 상오 11시경 대한인국민회 중앙총회장 안창호 앞으로 국내에서 3·1운동이 일어났다는 소식을 전해졌다. 3·1운동의 소식이 미주에 전해진 3월 9일은 마침 일요일이기 때문에 대부분의 한인들은 한인교회에서 이 소식을 접하였다. 미주의 각 지방에서는 독립선언을 경축하는 기념식이 각 지역에서 거행되었다. 문양목이 거주하던 맨티카와 스탁톤·튜레의 세 지방에서도 경축행사가 거행되었다. 문양목은 그가 거주하는 맨티카를 비롯하여 이웃의 스탁톤·투레시의 한인들을 모아 대대적인 축하회를 열고 연설을 하였다.[70] 이처럼 문양목은 캘리포니아

66 『신한민보』 1918년 8월 9일자, 「문양목씨 스탁톤 여관업」.
67 『신한민보』 1918년 4월 11일자, 「여관전매」.
68 『신한민보』 1918년 5월 24일자, 「스탁톤 한인여관」.
69 『신한민보』 1918년 6월 20일자, 「중앙총회보 초록」.
70 『신한민보』 1919년 3월 25일자, 「세 지방의 연합축하회」.

의 각 지역에서 국민회를 중심으로 독립운동을 하고 있었다. 1919년 5월 12일에 작성된 「재미동포인구등록」에 의하면, 3·1운동 당시 문양목은 털록(Turlock) 지방에 거주하고 있었고,[71] 그해 8월 국내에 있던 그의 형 문우목이 별세하였다.[72]

그러다가 1920년경에는 캘리포니아의 주도인 새크라멘토지역으로 이거하였는데 이때 개인적으로 어린 아들을 잃고 말았다.[73] 이후 그는 델리밴으로 이거하여 그곳에서 120에이커의 농사를 경작하고 있었다.[74] 1925년 문양목은 스탁톤에서 그곳의 한인들과 함께 스탁톤지방회를 결성하고 회장에 선출되었고,[75] 1926년에는 스탁톤에서 배달학교를 설립하여 교장으로 한인 2세들에게 국어를 가르쳤다.[76] 1929년 11월 문양목은 샌프란시스코로 이주하였고, 샌프란시스코지방회에서는 그에게 회장직을 맡으라고 하였으나, 오랫동안 국민회 의무를 실행하지 않았기 때문에 사양하였다.[77]

문양목은 캘리포니아주의 각 곳을 옮겨 다니면서 농업에 종사하였지만 그의 생활 형편은 썩 좋지 않았다. 그는 이곳 저곳으로 일거리를 찾아다녔는데 1934년 여름과 1935년 1월에는 중가주의 리들리에서 농사를 짓다가 샌프란스시코의 집으로 돌아왔으며, 1936년과 1937년에는 북가주의 벼농장에서 일을 찾아 다녔다.[78] 이와 같이 어려운 생활 속에서 그는 독립운동과 미주 한인들을 위한 활동은 멈추지 않았던 것같다. 문양목이 별세한 후 백일규가

---

71 「문양목의 재미동포인구등록(1919. 5. 12)」(독립기념관 소장자료).
72 『신한민보』 1919년 8월 14일자, 「문양목씨의 가운이 불행」.
73 『신한민보』 1920년 8월 19일자, 「문씨는 참척을 봄」.
74 『신한민보』 1919년 8월 26일자, 「장절쾌절의 대경작인 우리 벼농장」.
75 『신한민보』 1925년 3월 26일자, 「스탁톤지방회」.
76 『신한민보』 1925년 3월 11일자, 「배달학교 임원 제씨」; 『신한민보』 1925년 11월 11일자, 「스탁톤 국어학교에」.
77 『신한민보』 1929년 12월 19일자, 「상항지방회 첨중」.
78 『신한민보』 1935년 1월 3일자, 「문양목씨 환세하려 귀가」; 1월 10일자, 「문양목씨 다시 농장으로」.

『신한민보』에 실은 「추도문」에는 다음과 같이 그의 생활을 적고 있다.

> 선생의 가정생활은 심히 가난하셨다. 재미 한인의 가정생활이 별로 요족한 사람이 없지만은 선생은 과거 수십년 동안 고생중에서 지나오셨다. 그런 고로 우리사회 사업을 방관만 하게 된 것을 늘 유감으로 생각하실 뿐이셨다.[79]

농업에 종사하면서 여러 곳을 돌아다니던 문양목은 1937년 그의 나이가 69세의 고령임에도 불구하고 북가주지역에서 3~4개월씩 벼농장에서 노동을 하였으며, 추수가 끝나면 다시 자신이 사는 샌프란시스코로 돌아왔다.[80] 1938년 3월 10일 도산 안창호가 국내에서 순국하자 미주 전역에서 추도회가 개최되었는데 문양목은 당시 중가주의 다뉴바에 살고 있었는데, 1938년 3월 21일 다뉴바 한인교회에서 안창호 추도회가 개최되었을 때 그는 추도문을 낭독하였다.[81] 그후 샌프란시스코로 이주하였다가 1940년 7월경 샌프란스시코에서의 생활을 접고 다시 맨티카로 가게 되는데, 이곳은 그가 벼농사를 지을 수 있는 집이 있었기 때문이었다.[82]

문양목은 72세 때인 1940년 12월 25일 캘리포니아주 샌화킨(San Joaqin)의 프랑스 캠프(French Camp)에서 노환으로 별세하였고,[83] 12월 27일 파크뷰 공동묘지(Parkview Cemetery)에 안장되었다. 그가 서거하자 동지였던 백일규는 『신한민보』 1941년 1월 23일자 「추도문」에 "선생은 가셨구나! 아! 선생은 영원히 가셨구나! 한인사회 개척자 중에 또 한 분이 가셨구나! 나의 옛날 친구 한 사람이 또 가셨구나! 술도 같이하고 싸움도 같이하던 좋은 친구

---

79 『신한민보』 1941년 1월 23일자, 「고 문양목선생 추도문」.
80 『신한민보』 1937년 11월 4일자, 「문양목씨 회화」.
81 『신한민보』 1938년 3월 31일자, 「안도산선생 추도회」.
82 『신한민보』 1940년 7월 18일자, 「문양목씨 동부인 맨티카로 이거」.
83 「문양목 부고 전보(1940. 12. 25)」(독립기념관 대한민국민회 자료).

한 분이 또 가셨구나!"라고 그 슬픔을 말하였다.[84] 문양목은 미주에서 독립운동에 대한 공적으로 정부로부터 1995년에 독립장을 추서받았다.

　마지막으로 문양목의 후손에 대해 간략하게 밝혀둔다. 문양목은 미국에 오기 전에 딸 문필원을 두었다. 문필원은 그의 형인 문우목의 소개로 서울의 유수 집안 양녀로 입양되어, 인천 영화학당을 거쳐 이화학당(梨花學堂)에 입학하였으며, 졸업 후에는 수원의 이수석(李秀石)에게 출가하였다. 또한 문양목은 미국에서 재혼하여 슬하에 덕소(德蘇, Henry, 호적명 天爀), 합소(合蘇, Edward, 호적명 地爀), 한소(韓蘇, William, 호적명 人爀)와 딸 한나(韓娥, Hanna Moon) 3남 1녀를 두었다. 장남 덕소는 리들리의 김형순·김호가 설립한 김형제상회의 후원으로 버클리대학을 졸업하고 병리학자로 미국사회에 널리 알려진 학자였다.[85] 그리고 차남 합소는 철학박사, 삼남 한소는 의학박사가 되는 등 아들 3형제가 모두 훌륭하게 성장하였다. 태평양전쟁기 문덕소는 샌프란시스코 공립병원에서 근무하였는데, 1944년 4월 초순 징병이 되어 육군소위로 입대하였다.[86]

84　『신한민보』 1941년 1월 23일자, 「고 문양목선생 추도문」.
85　안형주, 『천안만세운동과 미주민족운동』 하, 성서와교회연구원, 2018, 457~458쪽.
86　『신한민보』 1944년 4월 27일자, 「문덕소 의사 종군」.

7 맺음말

　　　　　　미주 한인사회와 독립운동사에서는 일반적으로 이승만·안창호·박용만 세 명만이 지도적 인물로 거론되고 있다. 하와이나 북미지역 이민자들은 대부분 노동자층이었기 때문에 지도자적 역할을 담당할 인물이 거의 없었다. 그럼에도 불구하고 미주에 이민을 온 한인들 가운데 지식층으로 지도적 역할을 담당한 대표적인 인물이 문양목이라고 할 수 있다.

　문양목은 국내에서 상당히 높은 수준의 한학을 수학하였고, 동학농민전쟁에 참여하고 또 약간의 근대적 지식도 갖추었다. 하와이 이민자들이 20대의 젊은이가 대부분이었지만, 문양목은 32세의 적지 않은 나이로 이민을 왔다. 그리고 북미로 이주하여 대동보국회에 참여하여 총회장으로 국권회복운동을 하였으며, 미주지역 한인단체가 대한인국민회가 통합된 이후에는 국민회를 중심으로 독립운동을 하였다.

　문양목은 문필에 능하기 때문에 『대동공보』·『신한민보』·『국민보』 등에 한인사회의 단결과 독립의식을 고취하는 글을 썼다. 그리고 한학에도 뛰어나 미주에서 발간되는 재미 중국인 신문에도 자주 글을 기고하였다. 이처럼 그는 자신이 지닌 지식을 통해 한인 2세 교육과 민족의 독립에 공헌할 수 있는 활동을 하였다. 그리고 그 외에는 대부분 상업이나 농업에 종사하면서 궁핍한 생활을 영위하며 가정을 꾸려갔다. 그렇기 때문에 문양목의 삶은 결코 평탄할 수가 없었다.

　미주 한인사회는 하와이의 경우 이승만과 박용만의 지도를 받는 동지회와 대조선독립단 두 단체가 있었다. 그리고 북미에도 이승만을 지도자로 받드는 동지회와 안창호의 지도를 받는 국민회 두 개의 계열이 있으나, 가장 많은 지방조직을 가진 국민회의 영향력이 더 강하였다고 할 수 있다. 그런데 문양목은 독립운동 노선이나 지역적 기반 등에서 보았을 때, 이들 세 명의 지도자들의 중간 지점에 있었다고 할 수 있다. 독립운동 노선적으로 보았을 때, 동학농민전쟁에 참여하였기 때문인지 박용만의 무장투쟁의 노선을 따랐지만, 전적으로 박용만 노선과 활동을 지지하는 것은 아니었다.

문양목은 미주 한인사회를 이끌어 가는 이승만·안창호·박용만 세 명의 지도자들 중간에서 활동하였다. 박용만의 무장투쟁노선을 따르기는 했지만, 출신지역적으로 보았을 때 기호파이기 때문인지 이승만과는 매우 친밀하게 지냈다. 그리고 북미에서 대부분의 활동은 대한인국민회를 중심으로 활동하고 있었다. 그렇지만 문양목은 한인사회의 파벌과 분열에 대해서는 절대적으로 반대하였을 뿐만 아니라, 어느 특정 단체나 지도자를 절대적으로 지지하지는 않았다.

6장

북미·하와이의 독립운동가 김현구

1 머리말

우리 독립운동의 역사에는 숱한 고난과 역경도 많았지만, 서로 돕고 단결하고 지혜를 모아 민족 독립을 쟁취하였다. 독립운동에는 출신이 다른 다양한 계층과 이념을 달리하는 인사들이 모두 참여하였기 때문에, 다른 주장과 의견 충돌이 일어나는 것은 어쩌면 당연하였다. 국외 한인사회와 독립운동의 역사에서 유난히 분쟁이 심하게 일어난 곳이 하와이지역이었다. 하와이 분쟁에는 이승만(李承晩, 1875~1965)과 박용만(朴容萬, 1881~1928)이라는 독립운동계의 두 거목이 중심에 있었고, 이 두 지도자 외에 하와이에는 또 한 사람을 들라고 하면 '김현구(金鉉九, Henry Cu Kim)'라는 인물이 있었다.

김현구는 충북 옥천 출신으로 면암(勉菴) 최익현(崔益鉉)의 문하에서 수학하였고, 미국으로 유학을 갔다가 북미와 하와이지역에서 독립운동에 참여하였다. 그는 독립운동사에서는 널리 알려진 인물은 아니지만, 미주지역 독립운동의 주요 사건과 단체에는 거의 빠지지 않고 관련되어 있었다. 그리고 역사학계에서는 우리나라 독립운동의 대표적인 지도자인 이승만, 박용만, 정순만(鄭淳萬, 1873~1911) 세 사람의 전기인 이른바 '삼만전'을 김현구가 기술하여 일찍이 주목을 받았다.[1] 이승만·박용만·정순만은 근대 민족운동과 국권회복운동에 투신했던 지사들로, 3명 모두 이름이 '만'자로 끝나기 때문에 '3만'이라고 하면 한말 애국지사의 대명사로 불려졌다. 김현구는 이들 세 명의 지도적 인사들과 직간접으로 영향을 받았으며, '3만' 가운데 이승만

---

[1] Dae-Sook Suh(ed), 『The Writings of Henry Cu Kim』, University of Hawaii Center for Korean Studies, Honolulu, 1987.

과는 원수처럼 극단적으로 싸우기도 하였다.

　김현구는 어려서 최익현의 문하에서 학문을 수학하면서 유교적 사상이 철저하게 몸에 배여 있었기 때문에, 개인적 이익이나 영달과는 거리가 먼 삶을 살았다. 사리에 맞지 않거나 혹은 불의한 일에 대해서는 단호하게 논쟁을 벌였으며, 부정과 불합리한 행동을 할 때에는 당당하게 맞섰다. 그러다 보니, 김현구 자신도 인정한 바와 같이, '싸움꾼'이라는 별명도 얻게 되었고, 그가 가는 곳에서는 대립과 분쟁이 끊이지 않았다. 그렇다고 그가 절대적으로 분쟁만을 일삼는 무분별한 '싸움꾼'이나 '파쟁꾼'은 아니다. 김현구는 미국의 오하이오주립대학(Ohio State University)을 졸업하고 캘리포니아대학(University of California at Berkeley)에서 철학으로 박사과정을 우등으로 수료한 미주에서는 몇 안되는 지식인이며, 오랫동안 『신한민보』·『국민보』·『태평양주보』의 주필을 역임한 언론인이다. 그는 불의하고 불합리한 일에 대해서는 투쟁하였지만, 민족적 이익에 직면해서는 아무리 입장이 다를지라도 대승적인 견지에서 통합을 주장하였다. 오랫동안 이승만과 철저하게 대립하였지만, 주미외교위원부 문제 때는 독립운동 전선의 통합을 위해 그를 옹호하는 입장을 공개적으로 나타내기도 하였다. 이로 인해 그는 완전히 고립되어 개인적으로는 파산까지 하였지만, 그의 진심은 한인사회의 단결과 독립운동 전선의 통일을 위해 개인적 입장이나 견해를 접는 대인적 풍모를 지니고 있었다. 그리고 조국이 독립된 이후 미군의 한국전 참전 당시 비전투 민간인에 대한 학살에 대해 비판을 하였으며, 경제적 평등을 실현하기 위해 사회주의를 옹호하기도 하였다.

　이처럼 김현구는 어려서 배운 유교적 의리와 미국에서 교육받은 민주주의적 가치관에 따라 평생을 살았다. 미주 한인사회와 독립운동에서는 어느 특정 파벌이나 인물을 지지하는 입장을 가지지 않았고, 오로지 자신이 배우고 익힌 가치관에 의해 사고하고 행동하는 진정한 지식인이었다고 할 수가 있다.

기존에 김현구에 대한 연구성과가 있기 때문에,[2] 그의 생애에서 독립운동 활동상 주요 사건을 중심으로 다시금 정리해 보았다. 그러나 이 글에서는 김현구 자신이 기록해 놓은 『자서전』을 중심으로 기술하다 보니, 자연히 그의 입장에서 보려는 점이 있었다는 점을 부인할 수가 없다. 그래서 가능하면 그와 반대되는 자료를 통해, 보다 객관적으로 살펴보려고 노력을 하였다.

---

[2] 김선아, 「金鉉九의 재미언론활동과 독립운동」, 『한국근현대사연구』 76, 2016.

2　미국유학과 한인소년병학교

　　김현구는 1889년 충북 옥천에서 아버지 김기만(金基晚)과 어머니 영일정씨(迎日鄭氏) 사이 4남매 가운데 차남으로 태어났다. 어릴 이름(兒名)은 효창(孝昌)이었고, 형이 3세 때 사망하였기 때문에 외아들이나 다름이 없었다. 본관은 경주김씨(慶州金氏)이며, 판도판서공파(版圖判書公派) 22세 손으로, 어려서 종숙(從叔) 김기원(金基元)에게 양자로 입적되었다.

　　김현구는 서당에서 4세 때 천자문(千字文)을 끝내는 등 어릴 때부터 매우 영특함이 남달랐다. 그래서 10세 때 그의 가문에서는 누구에게 배울 것인가를 가지고 논의가 분분하였다. 김현구의 아버지는 다년간 여러 곳을 다니면서 유명한 학자를 만나 보았으나, 그의 스승으로는 화서학파(華西學派)의 면암 최익현으로 정하였다. 1902년 13세 때, 최익현의 문하에서 수학을 하게 되었으나, 면암 문하에 공부한 지 한 달만에 양어머니(養母)가 사망하는 바람에 귀가하여 3년상을 치루었다.

　　양어머니 탈상 후인 1904년 김현구는 은진송씨(恩津宋氏)와 결혼을 하게 되었다. 그후 이종사촌인 범재(凡齋) 김규흥(金奎興)이 찾아와 그에게 신학문을 배울 것을 권유받았다. 그리고 1905년 최익현이 서울에서 상소투쟁을 벌이고, 1906년에는 태인에서 의병을 일으키면서 더 이상 면암에게 수학을 할 수가 없게 되었다. 김현구는 이종사촌 김규흥의 충고로 구학문에서 신학문으로 전이하게 되었던 것이다. 1906년 서울로 올라온 김현구는 김규흥의 친구인 조봉식(趙鳳植)의 집에서 하숙할 수 있었고, 김규흥의 도움으로 계산보흥학교(桂山普興學校)에 입학하였다.[3] 이 학교에는 유근(柳謹)·원영의(元

3　김선아, 「金鉉九의 재미언론활동과 독립운동」, 154~155쪽.

泳義)·심의성(沈宜性) 등 당대의 지사들이 교편을 잡고 있었다. 김현구는 특별히 원영의 선생님으로부터 "당이천하위공(當以天下爲公)"이라는 교훈에 깊이 공감을 하였다고 한다.[4] 계산보흥학교에 재학중에 그는 김규홍의 영향으로 대한자강회에 참석하기도 하였다.

1906년 가을 학기에 보성중학교에 입학하게 되었고, 학교 성적도 매우 양호하였다. 그는 대한자강회와 대한협회에 출입하면서 여러 인사들과 교류를 가졌고, 호서학생친목회를 조직하여 평의원장이 되었다. 김현구는 외국 유학에 뜻을 두고 있었기 때문에, 당대의 세도가인 이경직(李耕稙)의 부인을 찾아갔다. 그녀는 그에게 관비유학생으로 일본유학을 가면 자신이 적극 도움을 줄 수 있다고 하면서 일본유학을 권유하였다. 또한 김규홍의 주선으로 중국인 조진사(趙進士)를 만났는데, 그는 중국 베이징대학[北京大學]에 유학케 하고 나아가 미국과 영국에 유학도 할 수 있다고 하였다. 그러는 사이 1907년 정미조약이 체결되고 대한제국의 군대가 해산되는 등 일제에 의한 국권 침탈이 더욱 심해지면서, 김현구는 하루라도 빨리 미국에 가서 공부를 하고자 하는 열망을 가지게 되었다.

김현구는 김규성의 주선과 송진헌의 도움으로 미국에 갈 수 있게 되었는데, 원래 김현구·김규성·송진헌·홍승국 4명이 함께 미국 유학을 가기로 하였다. 그러나 김규성이 어쩔 수 없이 가지 못하게 되면서, 김현구·송진헌·홍승국 3명만이 출국하게 되었다. 김현구와 3명의 유학생들은 부산으로 내려가 배를 타고, 원산을 거쳐 러시아 연해주 블라디보스토크로 가서 그곳에서 미국 입국 준비를 하게 되었다. 블라디보스토크에서는 김현구와 같은 충청도 출신인 정순만의 도움을 받게 되었다. 정순만은 미주에서 활동하고 있는 박용만과 의형제를 맺은 사이로, 콜로라도(Colorado)주 덴버(Denver)에 있는 박용만을 찾아가라고 주선해 주었다. 연해주에서 미국으로 가려면 시

---

4 金鉉九, 『自敍傳』(필사본) 권1, 172쪽.

베리아를 건너서, 유럽을 거쳐 미국 뉴욕으로 들어가야만 했다. 그런데 시베리아를 통과하기 위해서 러시아어 통역을 고용하고, 마침 블라디보스토크에 온 전명운(田明雲)과 동행을 하게 되었다.

전명운은 1908년 3월 23일 미국 샌프란시스코에서 친일 외교관 스티븐스(D. W. Stevens)를 저격하려다고 실패하고, 미국 경찰에 체포되어 예심재판을 받던 중 피신하여 연해주로 왔다. 전명운이 연해주지역으로 간 것은 단순히 몸을 피하고자 하는데 목적이 있었던 것은 아니다. 그가 연해주로 간 이유는 그가 소속되어 활동하던 공립협회를 연해주지역으로 확대시키자는 목적도 있었다.[5] 그후 스티븐스를 저격한 장인환의 재판이 1909년 1월에 모두 끝나고, 전명운에 대한 예심재판도 종결되어 미국으로 다시 돌아가게 되었다.

김현구 일행은 러시아어와 영어를 전혀 할 수 없었기 때문에 전적으로 러시아어 통역에 의지하여 시베리아를 건넜다. 한편, 동행한 전명운은 초급 러시아어를 구사할 수 있었을 뿐만 아니라 약간의 영어를 할 수 있었고, 또한 응기응변에 능하여 김현구 일행이 미국에 가는 데에 크게 도움을 주었다. 김현구의 『자서전』에 의하면, 전명운은 "천성(天性)이 영리총명(伶利聰明)하고 주선교제(周旋交際)에 능(能)한 고(故)로 난경(難境)을 제월(濟越)케 되었다"고 한다.[6]

김현구 등 일행은 블라디보스토크를 출발하여, 하얼빈[哈爾濱]과 만주리(滿洲里)로 가서 그곳에서 시베리아 횡단철도를 타고 모스크바에 도착하였다. 모스크바에서 며칠간 머물다가 폴란드 프라하로 갔고, 독일과 네덜란드를 거쳐, 도버해협을 건너 영국에 들어갔다. 영국의 사우샘프톤(Southampton)이라는 항구도시에서 배를 타고 미국에 입국하게 되었다.[7]

---

5   김도형, 「전명운의 생애와 스티븐스 처단의거」, 『한국독립운동사연구』 31, 2009 참조.
6   김현구, 『자서전』 권2, 10쪽.
7   김현구, 『자서전』 권2, 11~13쪽.

1909년 4월 10일 뉴욕에 도착한 김현구 일행은 정순만이 알려준 바와 같이, 콜로라도 덴버에 있는 박용만을 찾아가려고 하였다.

1909년 4월 미국에 도착하자 전명운은 김현구와 홍승국을 동반하여 박용만을 만나려고 콜로라도 덴버로 데리고 갔다. 그러나 박용만은 애국동지대표회를 마친 뒤 자신이 운영하던 노동주선소 겸 여관을 윤병구(尹炳求)에게 부탁하고 네브라스카(Nebraska)주 링컨(Lincoln)으로 떠났다. 박용만은 1908년 가을학기에 네브라스카주립대학(University of Nebraska)에 입학하기 위해서였다. 그래서 전명운은 김현구와 홍승국을 서양인 가정의 사환으로 취직을 시켜주었다. 김현구는 홍승국과 함께 덴버시에서 머물렀으나, 영어를 구사할 수 없을 뿐만 아니라 서양인 가정의 일을 이해하지 못해서 바로 일을 그만두었다. 그후 김현구는 윤병구에게 갔다가, 와이오밍주(Wyoming)의 철도 부설하는 일을 하는 등 여러 곳을 전전하였다.

그러다가 그해 가을 김현구와 함께 온 홍승국·송진헌 3명은 박용만이 있는 네브라스카주의 주도인 링컨시로 갔다. 박용만은 1909년 6월 초순 해외 최초의 독립군관학교인 한인소년병학교를 커니(Kearney)시 한 농장에서 창립하였다. 한인소년병학교는 학기 중에는 각자 학교에서 공부하다가, 여름방학 때 입소하여 평균 8주간의 군사훈련을 받는 하계군사학교 체제로 운영되었으며 수학과정은 3년이었다.

김현구는 1909년 9월 중순 박용만이 설립한 한인소년병학교를 찾아가 그곳 기숙사에 머물면서 소학교 5학년에 입학하여 영어를 배웠다. 그가 머물렀던 기숙사는 10여 명의 학생들이 함께 동거하면서 공부를 하던 곳이었다. 이곳에서 박용만은 학과와 일상생활 등을 감독하였으며, 그리고 매일 영어와 국어를 강습하였다. 기숙사에서의 모든 일상사는 유은상이 주관하였고, 매주 토요일에는 시사에 대한 토론회가 개최되었다. 그리고 매주 일요일에는 기도회가 있었는데, 이는 박용만이 주관하였다.[8]

한인소년병학교의 첫 해 생도는 13명이었으나 소문이 퍼져나가자 이를 확대하기 위해 헤이스팅스대학(Hastings University)에 학교건물 한 채와 농장을 임대하였고, 1910년 4월 한인소년병학교는 모두 헤이스팅스대학으로 이전하게 되었다. 그래서 링컨과 커니지방에 거주하던 유학생들과 캘리포니아·콜로라도·오하이오·미시건·뉴욕·펜실베니아·일리노이 등지의 유학생들이 속속 자원 입학하여 생도는 전년 대비 2배에 달하는 26명이었다. 김현구는 헤스팅스대학의 재무부 서기인 존슨(P. L. Johnson)의 집에 머물면서 정원 및 가정 청소 등으로 학비를 마련하였다. 그리고 헤스팅스대학 예비과(중학 동등)에 입학하여 모든 과정을 수학하였다. 그러면서 그는 최익현 문하에서 한학을 수학하였기 때문에, 한인소년병학교의 교사로서 국어와 문법을 가르치면서 기숙사비를 충당하였다. 다음해에 김현구는 동료 5~6명과 함께 헤스팅스 시내에 있는 헤스팅스시립중학교로 전학하였고, 1913년 백일규·정태은·홍승국과 함께 졸업하였다.

한편, 네브라스카에 있을 당시 김현구는 박용만·정태은과 함께 한인거류민단과 북미대한인거류민단을 조직하였는데, 이들 3명이 조직의 장정(章程)을 기초하였다. 그리고 김현구는 한인소년병학교 동지들로 구성된 한인학생동맹회(Korean Students Alliance)에 참여하였는데, 학생동맹회에서는 『한인학생보(The Korean Students' Review)』라는 영문잡지를 발행하였다.

김현구는 1913년에 중학교 졸업 이후 코넬대학(Cornell University)에 입학하였다. 코넬대학에서 1년 반 가량을 공부하다가 과로로 인하여 학업을 그만두고, 연합철도회사에 취직하여 일을 하였다. 그후 오하이오주립대학에서 공부하던 홍승국과 연락이 되어, 1915년 가을학기부터 이 대학에서 학업을 계속하게 되었다. 1917년 김현구는 오하이오주립대학을 졸업하게 되었고, 이에 국내에 있는 본가에서는 그의 귀국을 원하였다. 그러나 그는 이왕 유학을 왔으니 박사학위 취득을 목표로서 공부를 하기로 결정하였다. 그래서 그

---

8 김현구, 『자서전』 권2, 28쪽.

는 3년간의 연구과에 들어가기로 하였다. 그러나 학자금 마련을 위해 1년간 유리제조 및 자동차 부품제조 공장에서 노동을 하였으며, 청찬관(淸饌館)을 경영하는 등으로 시간을 소비하였다.

3 3·1운동의 발발과 독립운동 참여

　　1918년 미국의 윌슨대통령이 제창한 14개조의 민족자결이 선포되면서 식민지 약소민족들은 독립이 될 수 있다는 희망을 품게 되었다. 이같은 시대 조류에 발맞추어 미주의 한인들도 한국이 자유를 얻을 수 있는 천재일우의 기회라고 생각하였다.[9] 미주지역 한인들은 이 기회를 이용하여 국제적으로 우리의 독립을 인정받고자, 프랑스 파리에서 개최되는 평화회의에 한국대표들을 보내 우리의 독립을 호소하고자 하였다. 파리평화회의가 임박해지자 대한인국민회 중앙총회에서는 이승만과 정한경을 정식 대표로 파견하기로 결정하였다.[10]

　　김현구는 1918년 이른 봄에 송세인을 따라 디트로이트로 가서 그와 함께 지내면서, 김영욱이 경영하는 청찬관에서 일을 하였다. 미국 유학을 온 송세인은 펜실베니아주 월스지역에 설립된 전신임시철공장 주방에서 일을 하고, 홍승국은 송세인의 소개로 이 공장에서 일을 하였다. 그해 11월 제1차 세계대전이 종결된 후 제철공장이 문을 닫자, 1919년 초에 홍승국은 공부를 계속하기 위해 오하이오주의 주도인 콜럼버스(Columbus)로 갔다. 그래서 김현구도 미동부지역 한인학생들의 요청에 응하여 콜럼버스에 돌아가게 되었다.

　　오하이오에 있는 한인 유학생들은 제1차 대전이 종결된 이후 국제적 정세가 변함에 따라, 한국독립운동을 선전할 수 있는 영문월보(英文月報)를 발행하고자 하였다. 1914년부터 『한인학생보』라는 영문잡지를 발행한 경험

9　「북미총회에서 각 지방회에 통첩(1918. 11. 15)」(도산안창호선생기념사업회·도산학회, 『미주국민회 자료집』 11, 경인문화사, 2005, 473쪽).
10　김도형, 「3·1운동기 미주 한인사회의 동향과 대응」, 『한국근현대사연구』 50, 2009 참조.

이 있었던 김현구 등 유학생들은, 1918년 말 오하이오주에서 미주한인학생단(The Korean Students' League of America)이라는 단체를 조직하였다. 오하이오주에 있던 한인 학생들은 미국민들에게 우리 민족의 실정을 알릴 '영문월보'의 필요성이 있다고 하여 학생들이 10달러 혹은 20~30달러를 내어 1919년 2월 말경 제1호의 잡지를 발간하였다.[11] 월보는 소책자식으로 안정수의 집에서 자주 회합하고, 김현구를 비롯하여 신형호·윤영선·홍승국·옥종경(개명 玉進)·이춘호·노정일 등과, 박진섭·여운홍·임두화·송세인 등이 발간에 참여하였다.[12] 그후 미주한인학생단에서는 1919년 3월 『자유와 평화(Freedom and Peace)』라는 제목으로 영문 월보 제1권 1호(1919년 3월)를 발행한 이후, 『영코리아(Young Korea)』라는 제목으로 제1호(1919년 3월)와 제2·3호(1919년 5월)를 발간하였으며, 『극동의 지속적인 문제(A Persistent Problem of the Far East: What Shall Become of Korea?)』 제1호(1919년 4월) 등을 발행하였다.

1919년 3월 1일 민족대표 33인의 명의로 독립선언서가 발표되었고, 중국 상하이[上海]로 탈출하였던 현순이 미주시간으로 1919년 3월 9일 상오 11시경 대한인국민회 중앙총회장 안창호 앞으로 3·1운동이 일어났다는 것을 전보로 알렸다. 3·1운동의 소식을 접한 이후 대한인국민회 중앙총회는 우선 세 가지의 행동목표를 설정하고 이에 대응하기로 하였다. 3·1운동 발발 소식을 받은 서재필·이승만·정한경도 외교적 활동이 필요함을 느끼고 바로 뉴욕에 큰 연회를 열고 각국 신문 기자를 초대하여 연설회를 개최하려고 하였다.[13] 그러나 이들 3인은 국내에서의 3·1독립선언이 마치 미국의 독립선언을 연상시킴으로 이를 보다 극적으로 연출하기로 하였던 것이다. 이

---

[11] 『신한민보』 1919년 2월 6일자, 「오하요주 한인 학생의 활동」; 『신한민보』 1919년 3월 6일자, 「한인 학생의 영문보」.
[12] 김현구, 『자서전』 권2, 57쪽.
[13] 『신한민보』 1919년 3월 29일자, 「리박사가 중앙총회장 안창호씨에게」.

리하여 이들이 결정한 것이 미국독립관(Independence Hall)이 있는 필라델피아에서 미국의 독립선언과 같은 방식으로 '대한인총대표회의'를 개최하는 것이었다. 이승만 등 3명은 미국의 옛 수도인 필라델피아에서 미국의 각 사업계, 교회계, 교육계, 신문잡지계 등 대표될만한 인사들을 초청하여 성대한 회의를 개최하고자 하였던 것이다.[14] 이 회의는 일반적으로 '제1차 한인회의(the First Korean Congress)'로 불리는데, 1919년 4월 14일부터 16일까지 3일간 필라델피아에서 개최되었다.

    김현구 등 유학생들도 4월 초순 이승만과 서재필의 부름을 받게 되었다. 그는 홍승국 등 오하이오주립대학 유학생들과 함께 제1차 한인회의에 참석하기 위해 필라델피아로 갔다.[15] 한인회의는 3일 동안 매일 오전과 오후로 나뉘어 진행되어 여러 결의문을 채택되었는데, 「대한민국임시정부에 보내는 메시지」, 「미국에의 호소문」, 「한국인의 목표와 열망」, 「일본의 지각 있는 국민들에게」, 「미국정부와 파리평화회의에 보내는 청원서」 등이 그것이다. 그 가운데 「한국인의 목표와 열망」은 총10개조로 구성되었는데 독립 후의 국가 건설에 대한 구상이 담겨 있다.[16] 김현구는 서재필의 부탁으로 유일한과 함께 3·1운동의 목적과 취지를 알리기 위한 성명을 영어로 작성하였다.[17]

    필라델피아에 개최된 한인회의가 끝난 후, 김현구는 곧바로 오하이오주 콜럼버스에서 열린 미국 감리교 해외 선교 100주년기념대회에 참석하게 되었다. 이 대회에는 한국에서는 신흥우와 김득수가 평신도 대표로 왔고, 오하이오주립대학의 학생들인 김현구와 안정수·홍승국 3명이 참석하였다. 이 대회는 콜럼버스시의 주 박람회장에서 6월 20일부터 7월 20일까지 한 달 동안 열렸는데, 국내에서 일어난 3·1운동을 알리기 위해 북미지방총회장 대

---

14   『신한민보』 1919년 4월 3일자, 「대한인총대표회의 청첩」.
15   김현구, 『자서전』 권2, 58쪽.
16   고정휴, 『이승만과 독립운동』, 연세대출판부, 2004, 325~333쪽 참조.
17   김선아, 「김현구의 재미언론활동과 독립운동」, 161쪽.

리 임정구와 유학생 등 24명이 참석하였다.[18] 김현구는 이 대회에 참석한 임정구 목사의 주선으로 『신한민보』의 편집역으로 가게 되었다. 당시 대한인국민회 중앙총회장을 대리하고 있던 백일규가 신한민보의 편집부장이었고, 그가 편집인으로 일을 하게 되었다.[19] 그러다가 1920년 1월 백일규가 신한민보사를 퇴직하면서 김현구가 편집부장이 되고, 동방대학에 재학중이었던 김여식이 편집원이 되었다.[20]

이와 같이 김현구는 3·1운동 이후 독립운동에 참여하게 되면서 자연스럽게 학업을 중단할 수밖에 없었다. 그러다가 1920년에 귀국을 하려고 일본총영사관에 알아보았으나, 일본 영사관에서는 김현구가 독립운동에 참여한 경력이 많기 때문에 영사관에 출두하여 일제의 식민통치에 무조건 복종한다는 선언하여야만 한다고 하였다. 이같은 굴욕적인 선언을 할 수가 없었기에 귀국의 포기하게 되었다. 그는 1920년 12월 『신한민보』 편집원을 그만둔 이후 신한민보 탐보원으로, 또 한국통신부 주무원으로 활동을 하였다. 그런데 1923년 국내에 있는 그의 부인 은진송씨가 정신이상으로 가출을 하게 되었다는 소식을 듣게 되었다.

김현구는 1921년 1월 캘리포니아주립대학(Berkeley)에서 철학전공으로 연구과(대학원)에 입학하였다.[21] 그리고 1923년에 8월에는 캘리포니아주립대학 박사과정에 입학하여,[22] 박사학위 과정을 우등으로 수료하고 박사학위 논문을 작성하는 것만을 남겨두고 있었다. 그리고 다음해인 1924년 철학과 교수 아담스(Adams) 박사의 후원과 주선으로, 독일 에나대학(Jena University)으로 가려고 하였으나 중도에 로스앤젤레스에서 한인사회의 풍

18 안형주, 『천안 만세운동과 미주민족운동』 하, 성서와교회연구원, 2018, 308~312쪽.
19 『신한민보』 1926년 11월 18일자, 「보본 편집인의 선배들」.
20 김현구, 『자서전』 권2, 70쪽.
21 『신한민보』 1921년 1월 27일자, 「김현구 선생 학업 계속」.
22 『신한민보』 1923년 8월 23일자, 「김현구씨의 박사원 입학」.

파의 관련되면서 독일에 가지 못하게 되었다. 그후 1925년에 한인사회의 풍파에서 벗어나 다시 독일로 가서 학업을 계속하려고 하였다. 독일로 가는 경비를 마련하기 위해 연합매유회사(聯合煤油會社, Union Oil Company)의 거두인 대부호 오스카 하월(Oscar Hawell) 가정에 가동(家童)으로 취업하였다.[23] 여기에서 그는 두 번째 부인 순흥안씨(順興安氏, Edith Kim, 1905~1985)를 만나 결혼을 하게 되었고, 두 번째 부인과 사이에 장녀 홍주(洪住), 장자 원식(元植), 차자 천식(天植) 3명의 자녀를 두게 되었다.

---

23   김현구, 『자서전』 권2, 111~121쪽.

4 구미위원부 위원장 활동

우리 민족은 1919년 3월 1일 서울 태화관에서 민족대표 33인의 명의로 한국의 독립국임과 자주민임을 선언하고, 중국 상하이에 대한민국임시정부를 성립시켜 자주국가로서 면모를 갖추고자 하였다. 이후 미국에 있던 이승만은 이른바 '한성정부'의 집정관총재로 선출되었다는 문건을 받고, 곧바로 대한공화국의 대통령을 자임하면서 대한제국과 국교를 맺은 나라와의 외교관계 회복을 공표하고, 정식 정부로서의 국제적 승인을 얻고자 외교활동을 전개하였다. 그래서 그는 8월 25일 「집정관총재 공포문」 제2호를 발하여, 집정관총재 직권으로 '대한민국 특파 구미주차위원부' 즉 '구미위원부'를 출범시켰다. 이 공포문 제2조에 "본 위원부의 책임은 대한민국임시정부를 구미 각국에 대표하여 임시정부 지휘를 수(受)함"[24]이라고 규정하였다. 이에 따라 워싱턴의 구미위원부가 미주와 유럽지역 외교 및 재무 등을 관할하게 되었다. '구미위원부'는 유럽과 미국지역에서 외교선전활동을 담당하였지만, 주로는 미국정부와 미국민들에게 한국독립의 정당성을 알리고 그들로부터 동정과 협조를 얻기 위해 노력하였다.

구미위원부는 중국 상하이 대한민국임시정부의 국무회의나 임시의정원의 동의 절차를 받은 공식 외교기관은 아니지만, 대통령 이승만의 직접적인 관할하에 미주지역의 자금을 모집하여 상하이에 있는 대한민국임시정부를 재정적으로 지원하는 중추적인 역할을 수행하였다. 그런데 문제는 구미위원부가 대미외교를 담당하고 있기는 하였지만, 앞에서도 언급한 바와 같이 임

---

[24] 「집정관총재 공포서 제1호(1919. 8. 25), 『梨花莊所藏 雩南李承晩文書(東文篇)』 9, 연세대 현대한국학연구소·중앙일보사, 1998, 1쪽.

시정부의 공식 외교기관은 아니라는 점이다. 그래서 초창기부터 그 존재의 불법성에 대해 논급이 되어 왔지만, 실제적으로 임시정부의 자금을 구미위원부에서 보내오기 때문에 묵시적으로 인정하고 있었다.

한편, 3·1운동과 더불어 대한민국임시정부라는 새로운 권위를 가진 조직이 등장함으로서 미주에서 가장 많은 지방조직을 가지고 있는 한인단체인 대한인국민회의 역할과 위상은 약화될 수밖에 없었다.[25] 특히, 이승만이 워싱턴에 구미위원부를 설치하면서 미주에서 독립운동자금의 모금과 관련하여 대한인국민회와 대립하였다. 이승만은 미주지역에서의 재정을 장악하기 위해 그동안 대한인국민회가 거두어 왔던 모든 독립운동 자금을 구미위원부에서 맡아서 한다고 요구하였다. 그는 임시정부에 "샌프란시스코(대한인국민회)는 애국금을 철회하고 공채표에 집중하도록 지시를" 내리라고 요구하였다.[26] 구미위원부에서는 애국금 모금 업무를 자기네에게 이전하도록 하는 청원을 상하이 임시정부 재무부에 제출하기에 이르렀다. 그 결과 임시정부에서는 이시영 재무총장이 국민회에 공한을 띄워 "수전하는 사무를 구미위원부에 이전하시오"라고 하였다.[27] 구미위원부에서는 "국민회 중앙총회에서 애국금을 모집하던 바는 역시 동일한 목적을 위함이나 일치적 행동에 장애가 생기거나 혹 오해의 층절이 있을가 염려하야 애국금은 정지하고 공채표를 발행하기로 결정하였다"고 하였다.[28] 이에 따라 구미위원부에서는 공채를 발행하여 각 지방에 거주하는 동포들에게 판매하였다.

그렇지만 미주지역에서 독립운동자금 모집을 둘러싸고, 대한인국민회와 구미위원부 간에 애국금과 공채금 모집 문제로 갈등이 있었다. 즉, 이승만은

---

25 고정휴, 『이승만과 독립운동』, 333쪽.
26 「대통령, 위원회(구미위원부) → 코포고(상해임시정부)에게 보낸 전보, 1919. 9. 12」, 국사편찬위원회, 『대한민국임시정부 자료집』 8, 2006, 56쪽.
27 郭林大, 『못 잊어 華麗江山』, 大成文化社, 1973, 143쪽.
28 「공채표 발매(1919. 9. 12)」, 국사편찬위원회, 『대한민국임시정부 자료집』 17, 2007, 4쪽.

미주한인사회의 재정업무는 정부기관인 구미위원부가 맡고, 대한인국민회의 애국금 수합운동을 중단해야만 한다고 하였다. 이에 대해 대한인국민회는 구미위원부가 외교적인 일 외에는 다른 권리를 가지고 있지 않다고 하면서 애국금 수합을 계속하고 있었다.[29] 당시 신한민보의 주필을 맡고 있던 김현구는, 상하이의 임시정부는 국민회의 본부이고 워싱턴의 구미위원부는 지부라는 간주하면서, "공채금과 애국금 문제는 원동 본부(임시정부 – 필자)의 확실한 명령을 받기 전에는 결단코 위임받은 권리를 남용할 수 없다"고 하였다.[30] 다시 말해, 국민회의 애국금을 수합하는 문제에 대해 상하이 임시정부에서 확실한 명령을 받기 전에는, 국민회에서 계속해서 애국금을 수합할 수밖에 없다는 입장을 분명히 하였다. 이승만은 백일규에게 국민회 중앙총회에서 거둔 애국금도 구미위원부에 보낼 것을 요구하였다.[31] 그해 10월 9일 임시정부에서는 애국금 모집을 계속하라고 전보를 보냈다. 그러나 1920년 2월 24일 재무총장 이시영이 재무부 훈련 제1호로, 미주에서 국민회 중앙총회에서 주관하던 애국금을 폐지하라고 지시하고 독립공채로 정부 재정을 통일하였다. 이와 같이 임시정부의 결정에 의하여, 미주지역에서 독립운동 자금을 거두는 일이 구미위원부로 넘어 가게 되었다. 더 이상 대한인국민회 중앙총회에서는 독립운동 자금을 거두는 활동을 할 수가 없었다.

3·1운동을 전후한 시기에 우리 독립운동사에서 가장 많은 논란과 논쟁을 불러일으킨 사건은 단연 '위임통치청원' 문제일 것이다. 이승만과 정한경은 3·1독립선언 이전인 1919년 2월 25일자로 미국의 월슨대통령에게, 한국의 완전한 독립이 보장된다는 전제하에 한국을 국제연맹에 위임통치하에 둘 것을 청원하였다. 이같은 위임통치청원은 이승만에게 정치적으로 반대하는 측

---

29 고정휴, 『이승만과 독립운동』, 118~119쪽.
30 김현구, 「원동정부와 와싱톤외교부」, 『신한민보』1919년 9월 23일자.
31 『신한민보』1919년 10월 4일자, 「주차구미위원부통신 제2호」.

으로부터 좋은 비판의 재료로 활용되고 있었고, 이는 '반이승만계'의 정치적 공격의 주요한 수단이었다. 이승만과 정한경의 위임통치청원에 대해 『신한민보』 주필 김현구는, "우리를 국제 위임통치 밑에 두어 얼마동안 우리의 독립능력을 시험하라 함이니 그 의미는 도전(첼랜지)이오, 청구가 아니어늘 이에 이 의미를 억탁하여 반역이니 하는 것은 다만 묵은 싸움이나 호사 행동"이라고 하면서, 위임통치는 '청원'이 아니라 '도전(challenge)'이라고 적극 변호하였다.[32]

김현구는 앞에서 본 바와 같이, 애국금을 수합하는 문제에 대해서는 임시정부의 확실한 결정이 있을 때까지 대한인국민회에서 이를 거두어야만 한다는 입장을 보였다. 즉, 구미위원부의 요구에 정면으로 반대한 것은 아니지만, 논리적으로 볼 때 임시정부의 명령을 기다려야만 한다는 유보적 입장을 취하였다. 그러나 '위임통치청원' 문제에 대해서는, 이승만과 정한경의 위임통치청원은 결코 절대독립론을 포기한 것이 아니라, 국제사회에 한국의 독립능력을 시험해 보라는 뜻이라고 극구 변호를 하였다. 사실 위임통치청원은 이승만의 독단에 의한 것이 아니라, 당시 대한인국민회 중앙총회장인 안창호가 동의한 것이었다. 사실관계를 정확하게 따져 보면, 이승만과 정한경의 위임통치청원은 대한인국민회 중앙총회의 양해하에 이루어진 외교활동의 일환이었던 것이다.[33]

1920년 12월에 개최된 1921년 대한인국민회 북미지방총회 임원 선거에서 총회장에 최진하, 총무에 한재명, 서기에 석대원, 재무에 하상옥, 학무원에 김현구, 법무원에 조성학, 구제원에 김정진, 실업부원에 전득부가 선출되었다. 김현구는 북미지방총회의 학무원으로 활동하였다. 1921년 5월 상하이 임시의정원의 요청에 의거하여 북미지역 의정원 후보자 27명 가운데 한

---

32 김현구, 「리승만 박사를 변호」, 『신한민보』 1919년 9월 27일자.
33 김도형, 「안창호의 위임통치청원 관련자료 검토」, 『한국근현대사연구』 46, 2014 참조.

사람으로 추천되었다. 당시 투표 결과 김현구가 37표로 가장 많이 득표하였으며, 강영승이 35표, 이대위가 31표, 강영소가 24명, 김호가 18표, 정인과가 17표였다.

한편, 1921년 3월 4일 윌슨(Woodrow Wilson) 미국 대통령이 퇴임하고 하딩(Warren G. Harding) 대통령이 취임하는 것을 기화로, 구미위원부 임시위원장 현순이 미국의 영향력 있는 정치인들의 의견을 청취하여 대한민국임시정부의 주미공사관을 워싱턴에 설치하고자 하였다. 현순은 워싱턴지역 한국친우회 부회장 조지 스턴(George W. Stearn)과 협의하여 주미공사관을 설치하여 정상적인 외교를 펼쳐야만 된다는 구상을 가지고 있었다. 그래서 상하이에 있는 이승만 대통령에게 공사관 설립의 구체적인 계획을 알리고, 자신을 주미공사로 임명해 달라고 요청하였다. 현순이 워싱턴에 정식 주미공사관 설립을 추진한 가장 근본적인 의도는, 대한민국임시정부가 대한제국 시기부터 외교관계를 맺은 미국 워싱턴에 정식 외교공관을 설치하여 주권국가로서의 정당한 외교활동을 추진하는 것이 맞다고 보았기 때문이다.

앞에서도 본 바와 같이, 이승만은 임시정부 수립 이후 미주와 유럽지역의 외교를 전담하고 독립운동 자금을 모을 수 있는 외교기관으로 구미위원부를 설립하였다. 이승만은 1919년 7월 14일 상하이 임시의정원에 편지를 보내, 워싱턴에 '임시공사관 본부(temporary legation headquarters)'를 개설했으며 '항구적(permanent)'인 공사관 설치를 준비하고 있다고 보고하였다.[34] 이처럼 이승만은 구미위원부를 설치할 당시부터 구미위원부를 '항구적인 공사관'으로 개조해야만 한다는 구상을 가지고 있었다. 즉, 언젠가는 구미위원부를 정식 외교활동을 펼칠 수 있는 주미공사관 혹은 주미대사관으로 개편하는 것을 목표로 하고 있었다. 그런데 문제는 미국이 임시정부를 승인하지 않을 것이기 때문에, 결정적인 기회를 기다려 미국정부의 승인을 받고자 하였

---

34 고정휴, 『이승만과 한국독립운동』, 102~103쪽.

다. 현순이 1921년 3월에 주미공사관 설립문제를 들고 나온 것은, 어차피 상하이의 대한민국임시정부도 국제사회로부터 승인을 받지 못했기 때문에, 미국에 임시정부의 정식 외교공관의 대외적 명칭으로 '대표부'를 설치하는 것도 크게 문제가 되지 않을 것으로 판단하였다.

현순의 주미공사관 설립 요구를 받은 이승만은 1921년 4월 4일자 전보로, 현순을 주미공사관의 전권공사를 임명하고, 공사관 설립에 찬동한다는 의사를 공식적으로 표명하였다. 필자는 이승만이 현순을 전권공사로 임명하고 공사관 설치를 승인한다는 전보를 발견하고 이에 대한 논문을 발표한 바 있다.[35] 이승만은 4월 4일자 전보로 현순을 주미공사관의 전권공사를 임명하고, 공사관 설립에 찬동한다는 의사를 공식적으로 표명하였다. 그러나 이승만은 4월 7일 현순에게 주미공사관 설립 승인을 취소하는 전보를 보냈다. 이승만 자신은 주미공사관 설립을 찬동하지만, 임시정부의 국무원에서 반대하기 때문에 주미공사관 설립 승인을 취소한다고 하였다.

이승만의 주미공사관 설치 반대에도 불구하고 구미위원장 현순은 4월 14일 미국의 수도 워싱턴의 매사추세츠 애비뉴(Massachusetts Avenue) 1325번지에 한국공사관(한국대사관)을 설립하였다. 1905년 11월 을사늑약으로 일제로부터 대한제국의 외교권이 박탈당한 이후 주미공사관이 폐쇄된 지 16년 만에 현순에 의해 워싱턴에 다시 주미공사관이 설치되었던 것이다. 그러자 이승만은 구미위원장 현순을 해임하고, 서재필을 새로운 구미위원부 위원장으로 임명을 하였다. 이처럼 현순의 주미공사관 설립과 관련하여, 이승만의 승인 취소와 구미위원부 내부의 반발에 인해, 이 문제는 하나의 해프닝으로 끝나고 말았던 것이다. 현순의 주미공사관 설립 사건은 당시 독립운동계 전체에 커다란 파문을 일으키면서, 상하이 임시정부 성립의 실질적인 주역이라고 할 수 있는 '현순'이 이를 계기로 임시정부와 결별을 하고 반이

---

35 김도형, 「현순의 주미공사관 설립 추진과 논의」, 『한국근현대사연구』 93, 2020.

승만으로 돌아서게 되었다.

　현순이 주미공사관 설립운동을 하고 전개하며 이승만과 대립하고 있을 당시, 김현구는 현순의 주미공사관 설립운동에 적극 찬동하였다. 그가 현순의 주장에 동의한 이유는, 처음부터 워싱턴에 설치된 외교기관의 이름을 '구미위원부'라고 명명한 것이 잘못되었다고 보았기 때문이다. '구미위원부'이라고 명명한 것은, 이승만의 제의와 서재필, 법률고문 돌프(F. A. Dolph)의 동의와 미국 국무부 원동국장 혼백(Stanley K. Hornbeck)의 묵인(默認)으로 된 것이었다. 이승만은 구미위원부를 성립시킬 당시, 대한민국임시정부는 법적으로나 실질적으로 승인을 받지 못하였기 때문에 대사관 혹은 공사관을 설치하는 것이 맞지 않는다고 보았다. 그래서 그는 영국의 자치령인 캐나다가 워싱턴에 '외교위원부'라는 외교기관을 설립하였기 때문에 이를 차용하였던 것이다.[36] 이승만의 주장은 그가 '구미위원부'라는 명칭을 사용한 것은, 한국이 일본의 영지(領地) 혹은 속지(屬地)이기 때문에, '대사관'이나 '공사관'이라는 명칭으로 외교기관을 설치할 수 없다고 하였다. 그렇지만 김현구의 주장은, 한국 독립운동의 목표가 한국이 일본의 영지가 아니라는 것을 주장하는 것에 있는데, 이승만은 도리어 모순되게도 스스로 일본의 영지 자격을 인정하였다고 하였다. 따라서 한국인의 외교기관을 '대사관'이라고 하던지, '위원부'라고 하던지 미국정부가 어차피 승인을 하지 않을 것이 분명한데, 구차하게 '위원부'라고 하였다고 비판하였다. 그리고 그의 이같은 의문(疑問)과 반론은 그의 주변 인사들인 백일규·임정구·김정진·정한경·윤병구 등에게도 말하였다.[37]

　그래서 김현구는 현순의 주미공사관 설립운동에 찬성하다는 뜻을 미주의 한인사회에 적극적으로 알렸고, 『신한민보』에도 투고하였다. 당시 그는 신

36　金鉉九, 『雪南略傳』(필사본), 76쪽.
37　김현구, 『자서전』 권2, 180~182쪽.

한민보사 편집인을 사퇴하고 '한국통신사'라는 기관을 운영하고 있었음에도 불구하고, 현순의 주미공사관 설립으로 인한 한인사회의 쟁론과 자신의 견해를 외부세계에는 알리지 않았다. 현순의 주미공사관 설립문제로 인해 이승만과 김현구 간에 의견 대립이 있었지만, 외국인들에게는 절대로 알려지지 않게 하려 하였던 것이다.

이승만은 우리 민족이 독립을 할 유일한 방도는 외교이고, 자신이 외교의 기능을 담당할 유일한 인사라고 늘 주장하였다. 그러한 이승만의 고집 때문에, 워싱턴에 설립된 외교기관은 '구미위원부'라는 명칭으로 존재하게 되었던 것이다. 구미위원부는 대통령의 직할하에 두고 있었으며, 미주에서 거두는 모든 독립운동자금을 외교비로 이승만 자신이 직접 출납하게 되었다. 3·1운동 이후 전개된 구미위원부의 외교활동은 미국에 집중될 수밖에 없었다. 1921년 7월 초 미국 대통령 하딩의 동아시아·태평양지역의 중요한 현안을 포괄적으로 다루기 위한 워싱턴회의의 개최를 제의하였다. 워싱턴회의에 한국인들은 대단한 기대를 걸고 이승만을 단장으로 하는 한국대표단을 구성하였다. 워싱턴회의 한국대표단은 1921년 10월 1일 미국대표단에 청원서를 내어, 한국문제를 제출해 주거나 아니면 직접 참석하여 설명할 기회를 주선해 달라고 요청하였으나 회답이 없었다. 이승만을 비롯한 한국대표단의 노력에도 불구하고 외교활동은 아무런 성과 없이 1922년 2월 6일 폐회되었다.

워싱턴회의에서 외교 실패 이후 구미위원장 서재필은 더 이상 독립운동에 관여하기 않겠다는 뜻을 표명하였다. 이승만은 서재필 사임 후에 구미위원부 위원장을 따로 임명하지 않았고, 위원 인선에도 자신의 뜻을 충실히 따르는 인사만을 선택하였다. 이렇게 함으로써 이승만은 구미위원부를 자신의 통제하에 둘 수 있었지만, 구미위원부의 지지기반은 상대적으로 위축되었다.[38] 그러면서 독립운동 자금이 수합되지 않아 구미위원부는 급속한 재정난에 봉

---

38   고정휴, 『이승만과 한국독립운동』, 137쪽.

착하게 되었다. 미국본토에서 구미위원부 유지가 매우 어렵게 되었을 당시, 신형호가 구미위원부에서 약 5년간 근무하다가 개인 사정으로 사퇴하였다.

그러다가 상하이 임시정부에서는 1925년 3월 이승만을 대통령직에서 면직시키고, 구미위원부에 대한 폐지령을 반포하였다. 이에 따라 구미위원부는 더 이상 임시정부의 외교기관이라고 할 수 없게 되었던 것이다. 이후 구미위원부는 이승만을 추종하는 하와이 교민단과 동지회의 자금 지원에 의하여 워싱턴 사무소를 유지하면서 명맥을 이어나갔다.[39] 신형호가 위원으로 재정적 문제를 타개하기 위해 미국 전역을 순행하면서 교포들로부터 구미위원부 운영자금을 마련하려고 노력하였다. 그렇지만 당시 미주 동포들의 재정적 곤란으로 어려움을 당하면서 4년 간 고생하면서 사무실을 운영하다가 사퇴하였다.

그리고 그후 허정이 구미위원부 위원으로 임명되자마자 구미위원부 폐지령이 내려졌다. 허정은 위원으로 취임한 이후 사무를 인계받음과 동시에 구미위원부의 재정적 부족과 계통문제를 해결하려고 하였다. 재정문제의 어려움 때문에 외교선전에도 가급적 소극적이었고, 단순히 사무실을 유지하면서 문만 열어 두는 것에 불과하였다.

허정이 구미위원부 위원장에서 사퇴하자, 김현구가 뒤를 이어 위원장에 임명되었다. 김현구가 위원장이 될 수 있었던 것은 전적으로 미국 동부지역 유학생들과 하와이 인사들의 적극적인 추천 때문이었다. 김현구의 『자서전』에 의하면, 그가 위원장에 임명될 당시 "형식상 문제로 상하이 임시정부와 이승만의 인준을 구한 바, 임시정부의 인준은 즉시 송래(送來)하였고, 가외(加外)로 김구·조소앙 이외 제 각원(閣員)의 사찰(私札)도 유(有)하였"다고 하였다.[40] 김현구『자서전』내용이 사실이라면, 구미위원부 위원장 임명에 임시정부의 인준이 있었다는 것을 말한다. 그렇다면, 임시정부에서는 구미

---

39 고정휴, 『이승만과 한국독립운동』, 139쪽.
40 김현구, 『자서전』 권2, 188쪽.

위원부의 폐지령에도 불구하고, 구미위원부는 여전히 대미외교기관으로 인정하고 있었다는 것을 의미한다. 그렇지만, 김현구가 구미위원부 위원장에 임명되기 위해서는 창설자인 이승만의 승인이 반드시 필요하였다. 구미위원부 위원장이 될 수 있게 도와준 것은 이승만의 측근인 장덕수의 주선과, 하와이 교민단장 최창덕, 직접적으로는 '대광(大光)' 회장 임용호, 뉴욕에서 발행되는 『삼일신보』의 장덕수·김양수 등 유학생들의 적극적인 추천이 있었다.

김현구는 위원장 임명에 대한 여론이 일어난 지 5개월이 지났으나 이승만으로부터 아무런 인준을 받지 못하였다. 그러자 당시 구미위원부를 후원하고 있던 미국 동부의 유학생들인 윤홍섭·장덕수·김양수, 하와이 교민단장 최창덕 등이 이승만에 대한 적극적인 설득을 하였다. 그리고 송세인, 김성제, 정태은, 김홍기, 정양필 등의 인사들이 이승만에게 누누이 간청하여 1926년 8월 말에 김현구의 구미위원장 임용을 인준하였던 것이다. 이승만도 "뉴욕 동지들이 담보하는 글을 보내며 간절히 천거하되 김씨가 전에는 어찌하였던지 다 탕척하고 신임하여 주면 좋은 동지를 만들 수 있다"고 하였기 때문에 구미위원장으로 임명하였다고 하였다.[41] 그래서 김현구는 그해 9월 초에 워싱턴으로 가족들을 데리고 이사를 왔고, 그리고 위원장 임용에 도움을 준 시카고·디트로이트·뉴욕을 방문하여 감사를 전하였다.

구미위원부에는 본래 3명의 위원과 서기, 재무가 있었으나, 재정 부족으로 위원 1명이 위원장이 되는 묘한 상황이 발생하였던 것이다. 김현구는 구미위원부 위원장으로 취임하였으나 그에게는 재정 곤란 문제를 해결해야만 하는 중대한 과제를 가지고 있었다. 워싱턴회의 이후 구미위원부의 재정 수입이 날로 줄어들어 재정적 곤란을 당하고 있었기 때문에 이를 근본적으로 해결해야만 했다. 우선 구미위원부 사무실을 유지하기 위한 방책을 마련하고자 하였다. 그는 워싱턴에 구미위원부 관사(官舍)를 매입하여 임대료 수입

---

41 이승만, 「사실 설명」, 『태평양잡지』 1930년 10월호, 20쪽.

으로 위원부 사무실 운영비를 마련하고자 하였다. 구미위원부에 관사가 없기 때문에, 사무실을 높은 임차료를 내고 임대해야만 하였고, 또 직원들은 호텔에서 방을 임차하여 거주해야만 했다. 김현구의 구미위원부 운영계획은 1928년 3월 24일자로 이승만에게 보낸 다음의 편지에 잘 나타나고 있다.

> **위원부 유지의 장구책으로는 가옥 매입 계획을 성사시키는 일보다 더 나은 길이 없을 듯합니다. 지금 만일 가옥 한 채가 있어 1~2천 불을 들여서 고쳐 놓는다면, 뒤에 그 집에서 1백 불 내지 1백 50불을 매월 얻을 수 있습니다. 그렇게 된다면 명의를 유지하기 위해 더 거두지 않아도 됩니다.[42]**

위와 같은 계획에 따라, 관사를 매입하기 위한 자금을 마련하기 위해 김현구는 고본식(股本式)으로 연조를 받기로 하였다. 1928년에 김현구가 구미위원부 관사 매입 자금을 마련하기 위해 북미지역을 순행하였으며, 1929년에는 미본토 전역을 순행하고, 그해 7월에는 하와이에 도착하였다. 그렇지만 관사 매입에 대해 이승만의 승인을 받지 못하였는데, 그가 하와이에 도착하였을 당시 이승만은 사생아(私生兒) 소문으로 무난히 고난을 당하고 있었다. 그래서 김현구는 이승만의 어려움을 해결해 주는 조건으로 구미위원부 관사 매입에 대한 허가를 받았던 것이다.[43] 그는 이승만의 인준을 받고 관사를 매입하고, 월부식(月賦式)으로 실행하였다.[44] 즉, 관사 매입을 매달 갚아 나가야만 했다.

구미위원부의 사무실 유지는 관사 매입을 통해 해결할 수 있지만, 구미위원부 본연의 사업을 통해 위원부의 위상을 회복시키는 것이었다. 앞의 신형

---

42 「김현구가 이승만에게 보낸 편지(1928.3.24)」, 『李承晩 東文 書翰集』 中, 연세대출판부, 2009, 247쪽.
43 김현구, 『우남약전』, 118쪽.
44 김현구, 『우남약전』, 109쪽.

호와 허정이 구미위원부 사무실을 유지하면서 겨우 연명하는 정도였다면, 김현구는 적극적인 외교활동을 통해 구미위원부의 본연의 임무를 수행하는 계획을 가지고 있었다. 그는 미국정부와 언론계의 주요 인사들을 만나, 한국민의 경제적 향상과 생활상의 문제를 해결하고자 하였다. 그 첫 번째 사업은 만주와 시베리아에 제지공장을 세운다는 것이고, 두 번째는 남미 브라질에 대규모로 한국인을 이민시킨다는 것이다.[45]

첫 번째로, 만주와 시베리아에 제지공장을 건립하여 그곳에 거주하는 한인들을 공장에서 일을 하게 한다는 계획이다. 당시 미국과 전 세계에 종이(紙物)가 매우 부족한 상태였는데, 신문과 잡지가 널리 발간됨에 따라 종이의 원료가 상당히 부족하였다. 종이의 원료 공급은 미국의 북부 및 서북부와 캐나다에서 생산되는데, 원료가 부족하고 또 감손(減損)됨에 따라 지가(紙價)가 매일 급등하였다. 그런데 만주와 시베리아에는 종이의 원료가 풍부할 뿐만 아니라, 이 지역에는 중국과 러시아의 동정(同情)을 받은 한인들이 많이 있었기 때문에 이들을 제지공장에 취업시킨다는 계획이었다.

두 번째는 한인들을 남미 브라질에 대거 이민시켜 광활한 토지를 경작케 한다는 계획이다. 브라질 이민은 만명 이상 수만명의 한인들을 이주시켜 농업에 종사케 하여 경제적 자립을 이루게 하고자 하였다. 그 구체적인 계획은 이주 1명에게 20에이커 가량의 토지를 경작케 하되, 이주 후 3년간 토착하여 농업에 종사하게 한다. 그리고 이민에 소요되는 선박비 및 차비, 농업을 경영하기 위한 종자·비료·농기계·의약·생활비 등은 정부에서 공급하고, 개척 후 6년간은 농장(대부분이 고무농장)에서 생산물을 정부와 반반 나눈다. 그후에 토지에 대한 완전한 소유권을 가지게 하고, 자유롭게 이동이 가능하다. 이같은 브라질 이민운동을 위하여 운동자 3인(브라질, 미국, 한국 각 1인)에게 이민자 수에 따라 매인 5원씩 출급하고, 운동자 3인이 균분케 함이

---

45 김현구, 『자서전』 권2, 208~211쪽.

라 하였다. 브라질 이민 계획은 일본의 반대와 간섭이 있었고, 또 한말에 멕시코 이민에 대한 교훈도 있었기 때문에 쉽게 추진할 수는 없었다.

앞에서도 본 바와 같이 김현구는 위원장에 취임한 이후 구미위원부의 재정적 곤란은 심각한 상태였다. 현재 알려진 1927년부터 1928년까지 김현구가 이승만에게 보낸 편지에도 거의 모든 내용이 구미위원부를 유지하기 어렵다는 내용이다. 1928년 5월 14일자 편지에는 "현하의 곤황은 하루가 다르게 심하여 세금과 집값의 월세를 아직 내지 못한 지가 두 달이나 되었습니다. 평상시의 제반 씀씀이도 갚을 길이 없어 수도·연료·전력 등도 곧 끊기게 되었습니다"라고 할 정도였다.[46]

이처럼 재정적 어려움에 불구하고 김현구는 이를 타개하고, 외교활동을 통해 한국 독립과 한국민의 생활상의 문제들을 해결하려는 원대한 계획을 추진하고 있었다. 그렇지만 구미위원부 위원장으로 김현구가 근본적으로 해결해야만 하는 중차대한 난제가 남아 있었다. 그것은 다름이 아니라, 구미위원부의 계통문제(系統問題)였다. 구미위원부의 계통문제란, 위원부가 대한민국임시정부의 기관인가, 이승만 개인의 기관인가 하는 것이다. 앞에서도 언급한 바와 같이, 구미위원부는 이승만에 의해 설립된 것으로, 임시정부나 임시의정원으로부터 공식적인 인준을 받은 기관이 아니다. 그리고 1925년 3월 이승만이 임시대통령에서 면직 당하면서 구미위원부도 함께 폐지령이 내려졌기 때문에, 구미위원부는 법적으로 임시정부와는 전혀 관련이 없는 이승만의 개인기관임에 틀림없다. 다시 말해, 구미위원부 폐지령이 내려진 이후 임시정부의 공식 기관이 아니라는 점이다. 그렇기 때문에 구미위원부에는 독립운동자금이나 혹은 운영자금을 지원받는 것이 어렵게 되었던 것이다.

그런데 김현구가 위원장에 임명된 후 즉시 장덕수가 누누이 김현구에서 편지와 담화로, 구미위원부가 임시정부의 기관이라는 것을 공식적으로 선

---

46 「김현구가 이승만에게 보낸 편지(1928.5.14)」, 『李承晩 東文 書翰集』中, 255쪽.

언하라고 요구하였다.⁴⁷ 그리고 임시정부의 김구와 하와이 교민단장 최창덕도 이에 동의한다고 하였다. 그러나 이승만은 구미위원부가 상하이 임시정부 계통이 아닌, 한성정부의 집정관총재의 기관으로 성립된 것으로 간주하고 있기 때문에, 이같은 선언에 절대 반대하고 있었던 것이다. 김현구는 대외적으로 구미위원부가 상하이 임시정부의 외교기관으로 행세하였지만, 실질적으로 이같은 선언을 하기는 불가능하였다. 구미위원부의 계통문제는 매우 민감한 문제이기 때문에, 창설자인 이승만의 양해가 없으면 불가능한 것이었다. 그래서 김현구는 이 문제에 대한 양해를 구하기 위해 이승만 주변 인사들에게 조언을 구하였다. 이승만의 지지자인 장덕수는 앞에서 언급한 바와 같이 구미위원부가 임시정부의 기관이고 이승만 개인의 기관이 아니라는 것을 위원장이 공개적으로 선포해야만 한다고 주장하였다. 그리고, 하와이 교민단장 최창덕도 장덕수와 같은 견해를 가지고 있었다.

김현구는 1928년에 하와이를 방문하였을 때, 이승만과 구미위원부의 계통문제를 두고 문제를 제기하였다. 그렇지만 이승만은 구미위원부가 임시정부의 기관이라는 선언에 대해 극력 반대하였다.⁴⁸ 이렇게 되자 김현구도 이승만에게 맞설 수는 없는 입장에 처해졌고, 두 사람 간의 의견 마찰이 밖으로 드러나면 구미위원부의 선전사업에도 피해가 적지 않을 것이기 때문에 더 이상 자신의 주장을 펼 수가 없었다. 그런데 당시 이승만의 '사생아' 풍문이 일어나면서 한인기독교회에서 민찬호 및 그 부인이 축출을 당하고, 대신 최창덕이 목사가 되는 등 이승만의 전횡을 막을 수는 없는 상황이었다.

김현구가 1928년 하와이를 방문했을 때, 이승만은 동지식산회사가 파산됨에 따라 자신의 지지자들로부터 크게 신용을 잃고 있었다. 또한 이승만은

---

47   김현구, 『자서전』 권2, 192쪽; 김현구, 『우남약전』, 132쪽; 「김현구가 이승만에게 보낸 편지 (1927.2.14)」, 『李承晩 東文 書翰集』 中, 67쪽.
48   김현구, 『우남약전』, 133쪽.

그가 경영하는 한인기독학원의 주무인과의 사이에서 '사생아'가 있다는 소문이 돌면서, 그의 신봉자들조차도 그를 불신하는 최대의 역경에 처하게 되었다. 이승만은 이같은 위기를 벗어나기 위해 다음과 같이 김현구와 서로 협력하기로 하였다. 첫 번째는 김현구가 동지촌 사업을 위하여 미본토에서 이를 선전하고, 이에 대해 이승만은 구미위원부 관사 매입을 허락한다는 것이다. 두 번째는 이승만이 그 전에 뉴욕에서 약조한 바와 같이 하와이에 '대광'을 조직한다는 것이었다. 세 번째는 이승만의 사생아 문제에 대해 김현구가 나서서 극력 변명할 것과, 그가 하와이에 와서 교민단 및 동지회의 사무를 맡아서 한다는 약속을 하였다. 위에서 협의 사항 가운데 두 번째로 언급된 '대광'은 1921년 뉴욕에서 구미위원부의 유지와 독립운동의 장기대책을 수립하기 위해 장덕수·윤홍섭·허정·임용호·안택주·이철원·최순주 등에 의해 조직된 비밀결사였다.[49]

이승만은 1929년 동지식산회사는 모두 실패로 돌아가 7만 달러의 손해를 보았다. 이 회사는 처음에 그런대로 잘 유지해 나갔지만, 비가 너무 많이 와 작업 능률이 떨어져 수지가 많지 않았기 때문에 파산 상태에 빠졌다. 동지식산회사를 구하기 위해 이승만은 1929년 9월 11일부터 샌프란시스코, 로스앤젤레스, 시카고, 뉴욕, 워싱턴DC 등을 순방하고 그 이듬해 1월 8일 하와이로 돌아왔다. 그가 미본토를 순방한 목적은 동지식산회사의 재정난을 타개하기 위한 재정을 모금하기 위해서였다. 김현구의 글에 의하면, 1929년 이승만이 미본토를 방문하여 동지촌을 위한 6만 달러를 모금해 왔다고 한다.[50] 이승만이 미본토에서 자금을 얻어왔지만 커다란 도움이 되지 않았고 문제가 있는 상태로 있었다.

---

49 홍선표, 「이승만과 대한인동지회」, 『이승만과 하와이 한인사회』, 연세대 대학출판문화원, 2012, 151쪽.
50 김현구, 『우남약전』, 119쪽.

5 교민총단관 점령사건과 하와이 분쟁

이승만은 하와이에서 동지식산회사 경영 악화와 연애 소문 등으로 자신의 정치적 입지가 매우 흔들리고 있었고, 또한 그의 봉건적·비민주적 조직운영과 독단적 행위는 하와이 한인사회에서 불만을 초래케 되었다. 그런데 그 당시에 마침 국내에서 광주학생들의 봉기가 있었다. 그것이 그에게 그 계획을 뒤로 돌릴 수 있는 구실을 주었다. 그는 즉각 그의 모든 시간을 독립운동에 투신해야만 한다고 선언하고는 1930년 2월 하와이섬에서 호놀룰루로 오게 되었고, 이때까지 명목만 유지하고 있던 동지회를 재건하는 데 착수하였다.

앞 장에서 살펴본 바와 같이, 김현구는 이승만과 협정한 바에 따라, 하와이 교민단과 국민보 주필을 맡기 위해 하와이로 가게 되었다. 그리고 구미위원부는 당시 하와이에 있던 윤치영이 워싱턴에 와서 이를 인계받게 되었다. 구미위원부를 인계받은 윤치영은 김현구에 대해, "그는 당시 리승만 박사를 도와 그곳에서 구미위원부 일을 맡아 보고 있는 청년이었다. 어학실력도 남다른 그가 학업을 마친 뒤 거의 무보수로 리박사를 돕고 있는 것은 아마도 리박사의 인간적인 매력과 애국심에 끌렸던 때문이 아닌가 싶다"라고 하였다.[51] 김현구는 구미위원부 위원장으로 3년 1개월 간 워싱턴에서 생활하다가, 1929년 10월에 이승만의 부름을 받고 하와이로 가게 되었고, 11월에는 그의 가족들도 하와이에 도착하였다.

김현구는 1929년 10월 하와이에 온 후 교민단 서기 겸 재무이자 국민보의 주필을 겸하였으며, 태평양잡지 편집인, 동지회 중앙이사부 이사원 등 이

---

51 尹致暎, 『東山回顧錄 : 尹致暎의 20世紀』, 삼성출판사, 1991, 110쪽.

승만의 모든 일을 도맡았다. 이승만도 "교민단과 동지회 사무를 겸임하고 국민보와 태평양잡지 사무를 다 겸임케 하였으며, 자초로 잡지 활판 주자(鑄字)는 내가 따로 보수(保守)하여 오던 것을 다 나려다가 그 손에 맡겨주었나니, 김씨를 조금이라도 의심하였으면 어찌 이에 이르렀으리요"라고 한 정도로,[52] 그에 대한 신임이 대단하였다.

이승만의 절대적인 신임을 받은 김현구는 이승만이 동지회를 재건할 수 있도록 도움을 주었던 것은 물론이다. 1930년 초반 교민단과 동지회 간에 불화의 발단은 교민단 재무 김현구가 동지촌의 파산을 구제하기 위해 교민단과 교회의 재산을 저당잡히라는 이승만의 요구를 거절하면서 시작되었다. 이승만은 1930년 7월 첫 번째 일요일 한인기독교회 설교를 자기가 한다고 하였는데, 그의 설명 내용은 교회를 미국인에게 매도한다는 것이었다. 그리고 이승만은 이날 연설 내용을 『태평양주보』 7월호에 실을 것을 요구하였다. 태평양주보 주필인 김현구는 그의 설교내용을 『태평양주보』 7월호는 실을 수 없으니, 다음 호에 게재하겠다고 하면서 이를 거절하였다.[53]

이승만은 동지회를 중심으로 모든 조직을 합동시키기로 한 후 사업을 확대시키기로 하였는데, 우선 『태평양잡지』에 영문난을 마련하고, 원동에 선전부를 두고, 청년부를 설치하며, 인물을 집중시키기로 하였다. 이를 위해 이승만은 1930년 7월 15일부터 21일까지 7일간 호놀룰루에서 약 800여명이 참석하는 '동지회미포대표회(同志會美布代表會)'를 개최한다는 것이었다.[54] 즉, 그는 동지식산회사의 도산(倒産)과 기타 자신의 주변 제 사건으로 의기저하한 동지회원의 사기를 북돋는 한편, 박용만이 죽고 안창호가 부재중인 미주에서 모든 정치단체를 자신을 정점으로 동지회의 영향하에 두어 보려는

---

52   이승만, 「사실 설명」, 20쪽.
53   김현구, 『우남약전』, 158~159쪽.
54   '동지미포대표회'에 대해서는 洪善杓, 「李承晩의 統一運動 - 1930년 하와이 同志美布大會를 前後로 - 」, 『한국독립운동사연구』 11, 1997, 274~277쪽 참조.

원대한 꿈을 가지고 전미주 동지회대표회를 개최한 것이다.[55] 이때 호놀룰루 각지에서는 물론 북미 각지에서도 18명의 정대표가 참가하였고, 그밖에 일반회원들도 많이 참여하였다. 동지회 미포대회에는 미주 각지에서 대표들이 참석하였는데, 시카고 대표로는 김원용이, 로스앤젤레스 대표로는 최영기, 하와이에서는 이상호·김진호·이원순·김윤배 등이 대표로 참가하였다.[56] 이 대회에서 동지회는 그들의 「행동강령」 등을 정하였으며, "동지회는 오직 독립사업에 유일한 정치단체로 정함"이라고 선언하였다.[57]

동지미포대회에서 동지회 총재에 이승만, 이사장에 이용직, 중앙부장 겸 태평양잡지 주필에 김현구, 상무원(서기 겸 재무)에 김원용이 선정되었다. 그런데, 한인기독교회 목사 이용직, 평신도회장 겸 이사원 김현구, 이사원 김원용과 최영기 4명이 모두 '대광'의 회원이었던 것이다. 앞에서도 언급한 바와 같이, 이승만과 김현구는 '대광' 조직을 하와이에도 설치한다는 것을 협의하였던 사항이었다. 그런데 공교롭게도 이승만이 자신의 우군으로 데리고 온 4명이 모두 '대광' 회원이라는 점이, 그의 시의(猜疑)의 대상이 되었다.[58]

이승만은 동지미포대표회를 통해 하와이 한인사회가 동지회로 단합되는 것으로 간주하고 있었다. 그러나 이승만 자신이 하와이로 데리고 온 국민보 주필 김현구와 한인기독교회 목사 이용직이 이승만의 뜻에 동조하지 않았다. 이승만은 그의 오랜 동지였던 민찬호를 한인기독교회 목사직에서 파직하고 이명우를 새 목사로 임명하였다가, 다시 그해 말 뉴욕에서 이용직을 목사로 초빙하여 왔다. 그런데 문제는 새로온 이용직 목사가 이승만과 마찰을

---

55 방선주, 「1930년대의 재미한인 독립운동」, 『한민족독립운동사』 8, 국사편찬위원회, 1990, 439쪽.
56 『동지별보』 1930년 11월 14일자, 「국민보기자에게」; 鄭斗玉, 『재미한족독립운동실기』, 「在美韓族獨立運動實記」『한국학연구』 3 별집, 인하대학교 한국학연구소, 1991, 78~79쪽.
57 『신한민보』 1930년 7월 31일자, 「동지회의 입안」; 金東煥, 「興士團과 同志會」, 『平和와 自由』, 三千里社, 1932, 151쪽; 『태평양잡지』 1930년 9월호, 「공포서」.
58 김현구, 『우남약전』, 141쪽.

빚게 되었다. 이용직은 부임한 이래로 교회의 부채를 청산하기 위해 스쿨 스트리트(School Street)에 있던 교회를 처분하여 청산하였으며, 교회의 신도 수를 늘렸으며, 젊은이들의 모임을 새로이 조직하는 등 많은 활동으로 교인들의 신망을 얻어 가고 있었다.[59] 이처럼 이용직이 교회운영을 성실히 수행하던 가운데 이승만이 예산이 없는데도 불구하고 교회 예배당을 신축해야 한다고 주장하였다.[60] 그러한 주장에 대해 이용직이 반대하자, 그를 축출하기 위해 이승만은 자신을 지지하는 교인들을 통해 그에 대한 험담을 퍼뜨렸다.

그리고 이승만은 한인기독교회 목사인 이용직을 해임하기 위해 그와 교회에 반역자가 있다는 것을 고발하는 기사를 『국민보』에 실으라고 주필인 김현구에게 요구하였으나 거절당하였다. 이로 인해 김현구와 이승만 사이에 갈등이 생기게 되었다. 이승만은 그의 요구를 거절하자 김현구를 '임시정부 대통령'의 이름으로 파면하였다. 이 때문에 김현구는 그의 사임서를 1930년 8월 26일자 『국민보』에 게재하였다. 김현구는 「사직청원서」에서 그가 국민보 주필, 교민총단 재무 및 서기를 사임하게 된 이유를 이승만의 명령을 거부하였기 때문이라고 공개하였던 것이다.[61] 김현구가 국민보 주필을 사임하게 되자 이승만은 주필 자리를 임시로 위탁하면 자신이 담당하겠다고 하였다. 그렇지만 김현구의 사직문제가 교민단 이사회에 제출하게 되었으며, 이사회는 이 사안을 지방회에 묻기로 하였다. 이와 같이 김현구와 이용직이 민주적인 절차하에 통합할 것을 요구하는 등 이승만의 독단적인 행동에 반기를 들고 나왔다.

하와이 한인사회 분쟁은 미본토에서 고등교육을 받은 김현구·김원용·이용직 3명의 지식인들이 오면서 시작되었다고 할 수 있다. 이들은 기존 한

59 『The Honolulu Star Bulletin』 1931년 2월 28일자, 「Korean Church Members State Their Troubles」.
60 『신한민보』 1931년 3월 19일자, 「기독교회의 내홍을 발표」.
61 「사직청원서」(『우남 이승만문서』 제12권, 연세대학교 현대한국학연구소, 1998, 382쪽).

인사회에서 지도력을 발휘해 왔던 이승만을 중심으로 한 구세력에 대항하기 시작하였다. 김현구 등 새로 들어온 인사들은 하와이 한인사회의 민주화를 요구하였던 것이다. 이승만은 하와이 한인사회에 풍파가 일어난 것은 모두 김현구의 선동 때문이라고 하였다.[62] 다시 말해, 김현구가 "이박사가 민단을 없이 하자는 뜻으로 신문에 선전하라 했다"고 하는 거짓 광고를 신문에 냈기 때문이라고 하였다.[63] 1930년 말 교민단측과 동지회측의 대립이 첨예화되면서 동지식산회사의 파산에 대해 교민단측 주주들은 회사의 회계감사를 요구하였다. 앞에서 언급한 바와 같이 이승만이 동지촌을 건설하려고 하와이 섬에 동지식산회사를 설립하여 사업을 시작하였으나, 1929년 이것이 모두 실패로 돌아가 7만 불의 손해를 보았으며, 1931년 1월에 발표한 보고를 보면 고본금이 4만 달러이고 부채가 5만 5천 달러로 사실상 파산상태였다.[64]

그러면, 이승만에게 충성을 다하였던 김현구가 왜 갑자기 반기를 들었는가 하는 점이다. 그 이유는 이승만이 하와이 한인사회를 지도하면서, 모든 일에 독단적으로 전횡을 일삼기 때문이었다. 직접적으로는 이승만이 동지식산회사의 파산을 막기 위해 한인기독교회와 교민총단관을 독단적으로 매각하려고 하였던 것이다. 교민단의 재산은 규정에 의해 정해져 있는데, 이승만이 독단적으로 이를 매각하려고 하였다. 한인기독교회에서는 그 전에 이사회 전원 일치로 가결된 사항에 대해, 이승만이 단독으로 취소시키고 목사와 이사원 전부를 파면시켰다. 김현구의 글에 의하면, 이승만은 교회 예배석에서, "역적 놈들은 다 나아가라"고 악을 썼다고 한다.[65] 반면에 동지회측 주장에 의하면, 1930년 3월 이승만이 대조선독립단과 합동을 추진하자, 김현구는 독립단원들이 입회하게 되면 자신의 위치가 불안해질 뿐만 아니라 자신

---

62 이승만, 「사실 설명」, 33쪽.
63 『동지별보』 1930년 10월 15일자, 「동지회 내정」(『우남 이승만문서』 제12권, 306쪽).
64 김원용, 『재미한인오십년사』, Reedley, 1959, 291쪽.
65 김현구, 『우남약전』, 161쪽.

의 생계에 위협을 받기 때문이라고 하였다.[66] 아무튼 김현구의 입장에서는 이승만의 요구를 받아들이기가 힘들었기 때문에 그에게 반발한 것임에 틀림이 없다.

김현구의 사면안에 대해 교민단 지방회에서 돌아온 투표의 4분 3이 김현구가 교민단 재무와 국민보 주필을 유지하라는 것이었다. 이에 따라 김현구는 임원의 자격을 유지할 명분이 생겼다.[67] 동지미포대회에서 상무원으로 선출된 김원용도 이승만에 반대하여 그 자리를 사임하였기 때문에, 김광재를 상무원에 박상하를 장재로 선임하였다.[68] 그리고 이사부도 양유찬·강영복·민한옥·박상하·김광재·최성대·최홍위·이원순으로 새로 조직하였고, 양유찬·강영복 두 사람을 이사장으로 선임하였다.[69]

이와 같이 이승만은 자신이 하와이에 데리고 온 김현구 등이 자신의 요구를 들어 주지 않자, 김현구 등이 교민단의 공금을 횡령하였으며, 일본 영사관과 연결되어 있으며, 음탕하고 비도덕적인 행동을 하였다. 심지어 그들 가운데는 마약을 하는 친구도 있다고 하면서 비방전을 전개하였다. 1929년부터 교민단과 한인기독교회 내부에서 시작된 분열의 조짐은 1931년에 이른바 '교민총단관 점령사건'을 일으키게 되었다.[70] 분쟁을 폭발시키게 된 계기가 된 것이 '1931년도 교민단의 의사회 개최 건'이었다. 1931년 1월 5일부터 10일까지 호놀룰루 밀러 스트리트(Miller Street)에 있는 교민총단관 집회실에서 의사회가 개최됨을 통보하고, 분명히 의사원을 낼 수 있는 지방단의 '자격'을 명시하였다. 이에 따라 1월 5일 정기의사회가 개회되었는데, 이때

---

66 『태평양주보』 1931년 8월 22일자, 「통일키 위한 우리의 노력」.
67 『신한민보』 1930년 10월 2일자, 「국민보 주필 김현구 씨 유임」.
68 『동지별보』 1930년 10월 15일자, 「동지회 통고서」(『우남 이승만문서』 제12권, 316쪽).
69 「공문(1930. 10 16)」(『우남 이승만문서』 제12권, 317쪽).
70 '교민총단관 점령사건'에 대해서는 김도형, 「1930년대 초반 하와이 한인사회의 동향」, 『한국근현사연구』 9, 1999 참조.

에 교민단측이 동지회측의 의사원을 배제시키고 자신들의 의사원들만 회장에 입장시켰다. 이에 따라 동지회측에서는 의사회 진행을 막고자 하였고, 어쩔 수 없이 교민단의 임원들은 의사회를 일주일 연기하여 1월 12일 다시 개최하기로 하였다.

그후 1월 12일 교민단측에서는 전날과 같은 사태를 미연에 방지하기 위해 동지회 회원 가운데서도 의사원 자격을 가지고 회의장에 참석하지 못하게 미리 티켓을 분배하여 입장권이 있는 자들만 들어오게 하였다. 교민단측의 의사원들만으로 구성된 교민단 의사회는 12일 상오 9시 각 지방 선출 의사원들이 교민총단 집회실에 회집하여 의사장 서진수의 사회로 개회하고 사건처리에 들어가서 구사건을 토의한 후, 신사건으로 각 지방 성적보고와 건의안을 심사하였고, 교민총단의 각항 문부와 재정을 조사하였다.[71]

교민단 의사원들만으로 의사회가 진행되고 있다는 소문을 들은 동지회측에서는 40~50명이 총단관으로 가서 본즉 이미 의사회가 끝이 나고 총단관의 문이 잠긴 상태였다. 즉 교민단측에서는 이미 자신들이 선정한 의사원 자격을 갖춘 14명을 입장시킨 다음 회의를 개최하여 지난해의 회계를 조사·감사하였고, 서둘러 회의는 정오에 폐회시켰다. 이에 흥분한 동지회측 사람들은 오후 5시에 교민총단관에 와서 문을 두들겨 부수고는 침입하여 총단관을 점령하였다.[72] 이 사건이 '교민총단관 점령사건'의 시작이었다. 총단관을 점령한 동지회측에서는 자신들만으로 임시의사회를 개최하여 임시의사장에 정태화를 피선하였고, 기록서기는 신중현을 선출하였다. 이때 참석한 동지회측 의사원은 모두 19개 지방 대표 21인이었다.

교민단측에서는 졸지에 총단관을 점령당하자, "자기 집을 빼앗겼다 하여

---

71   『신한민보』 1931년 2월 5일자, 「의사회 소식」.
72   『신한민보』 1931년 1월 29일자, 「동지회에서 교민단 총단관을 점령한 후 하와이 호항의 인심은 자못 흉흉」.

릴리하(Liliha) 거리에서 특별공동회를 소집하고 대전쟁을 준비"하였다.[73] 교민단측에서는 합법적으로 단관을 되찾기 위한 법적 소송을 준비하였고, 동지회측에서도 법적 대응을 하고자 하였다. 교민단과 동지회 사이에 분규가 시작된 후에 이승만은 자신을 따르는 청년들을 동원하여 그에 반대하는 김현구·이용직·김원용의 신체와 집을 공격하게 하였다. 김현구는 어느 날 한인기독교회 이사회에 참석하고 밤 10시경에 귀가하는데, 길가에서 악한들의 습격을 받게 되었다. 그러나 그가 쓰고 있던 맥고모자가 매우 견고하여 철편타격의 화를 면할 수 있었다. 그래서 김현구와 김원용는 신변보호를 위해 단총(短銃) 휴대의 관허를 얻어 소지하게 되었다. 그후에도 이승만은 김현구를 친일자니, 일본인 자손이니, 아편흡연자니, 재정흠축자 등 음해와 모략을 하였다고 한다.[74]

    교민단과 동지회 간의 상호 비방전과 폭력전이 계속되는 가운데 법정을 통한 교민단의 주인을 가리는 법정소송이 본격화되어 갔다. 교민단의 재판은 4월 2일로 연기되었다가, 4월 16일 하오 4시에 제1순회재판소 크리스티(Albelt M. Cristy) 판사 법정에서 개정되었다. 여기서 교민단측이 법정싸움에서 승리한 것이다. 재판에서 승리한 교민단 총단과 호놀룰루 지방단은 연합으로 대회를 열고, 교민단 사업의 발전책을 토의하는 등 자축 분위기였다. 위와 같이 교민총단관 점령사건은 법률상 법원의 판결로 교민단측의 승리로 결말이 지어졌다.

---

[73] 『신한민보』1931년 1월 29일, 「동지회에서 교민단 총단관을 점령한 후 하와이 호항의 인심은 자못 흉흉」.
[74] 김현구, 『자서전』 권2, 138~142쪽.

6 하와이 한인사회 통합운동

　　하와이에서 대분쟁이 끝난 후인 1932년 초 교민단에서는 일제의 만주침략 행위를 선전하기 위해 '선전부'를 조직하였는데, 선전부장에 정두옥, 각부 비서에 김현구를 비롯하여 이용직·김원용, 교섭위원에 한길수, 재무에 차신호가 임명되었다.[75] 교민단 선전부에서는 제네바 국제연맹 의장인 아리스티드 브리앙(Aristide Briand)에게 일본의 만주침략을 규탄하는 호소장을 선전부 국장 정두옥, 구미부위원 한길수, 한국부위원 승용환, 원동부위원 김현구의 이름으로 보냈다.[76] 이어 1932년 1월에는 미국 대통령에게도 같은 내용의 호소문을 발송하였다.[77]

　　하와이 한인사회에서는 이미 '교민단'을 '국민회'로 복구시키는 의견은 널리 일어나고 있었다. 1921년 3월 이승만의 주도로 '대한인국민회 하와이 지방총회'가 임시정부 교민단령에 따라 '대한인교민단'으로 변경되었다. 그런데 1932년 말에 접어들어 '국민회'로 복구하자는 여론이 일어나고 있었고, 1933년 1월 3일 하와이 교민단 대의회 결의안에 의하여 교민단을 해체한 후에「하와이 대한인국민회」를 복구하기로 하였다. 새로 복구된 국민회의 총회장 후보자로는 이정건과 정두옥, 부회장 후보자로는 강영효와 승용환이 선출되어 지방단의 선거에 붙였다.[78] 그후 1월 31일 새로운 회장에

75　정두옥,『재미한족독립운동실기』, 81쪽.
76　『The Honolulu Star Bulletin』 1931년 11월 3일자,「Koreans here voice Protest to the League」.
77　『The Honolulu Star Bulletin』 1932년 1월 20일자,「Koreans send Hoover word」.
78　『신한민보』 1933년 2월 2일자,「국민회 총선거」.

이정건, 부회장에 강영효가 선출되었고,[79] 총무에 한길수, 서기 겸 재무에 김현구, 법무에 김원용, 학무에 서진수, 군무에 송진중, 실업부에 유명옥, 구제원에 김백수를 선거하였다.[80]

1932년 1월 8일 이봉창이 일본 도쿄[東京]에서 일왕에게 폭탄을 투척하는 의거를 일으켰다. 이봉창의 의거 직후 '한인애국단 하와이지부'가 비밀리에 만들어졌고, 1934년 4월 10일에 하와이애국단이 조직되었다. 『재미한인오십년사』에 의하면, 김현구는 조병요·안창호·이대진·최찬영·유진석·이봉수·김예윤·박이조·김형택·안영호·양성학·김원용 등과 하와이애국단 조직에 참여하였던 것이 확인된다. 하와이애국단으로 공식화된 이후 김구의 독립운동 노선을 적극 후원하게 되면서, 1940년 5월 9일 원동에서 대대적 광복운동을 강화하기 위하여 3당통일이 성공함에 따라 대당통일의 명칭을 '한국독립당'이라고 하였다. 이에 따라 하와이애국단도 그해 8월 10일 '한국독립당 하와이 총지부'라고 개칭하고, 한국독립당 중앙집행부의 지부가 된 것이다.[81]

한국독립당 하와이지부의 구성원은 그 전의 하와이애국단 당시와 거의 비슷하였지만, 그밖에 김구와 임시정부를 지지하는 세력들이 더 증가된 것으로 파악된다. 한국독립당 하와이지부는 1944년 5월 14일 제4주년 연례대회 회의록에 보면, 김현구의 이름이 게재되어 있다.

하와이 한인사회에서 '전쟁'이라고 불릴만한 분파투쟁이 일어나고 있을 당시 대규모의 경제공황도 함께 일어나고 있었다. 김현구는 하와이에 이주한 초기 반년간은 교민단 재무와 국민보 주필을 맡았기 때문에 경제적으로 여유가 있었다. 그러나 1931년 하와이 분쟁으로 인해 김현구의 수입이

---

79 『신한민보』 1933년 2월 16일, 「하와이 국민회 총부회장 선거」.
80 『신한민보』 1932년 2월 4일자, 「교민단 총부장과 신임원」.
81 하와이 애국단에 대해서는, 김도형, 「이봉창의거의 역사적 성격과 그 평가」, 『백범과 민족운동연구』 10, 2013, 279~284쪽 참조.

거의 없어지게 되었고, 대공황의 여파로 모든 사업이 파산을 하게 되었다. 1932년에서 1934년 사이에 그는 정부의 공공사업에 잡역을 하면서 5명의 가족들이 근근이 생활하였다. 그리고 부족한 생활비는 그의 장인과 처남형제의 재정후원과, 부인이 국어학교 교사로 취직하여 보충하였다.[82]

1934년에 들어 국민회의 재정상태가 극도로 어려워지면서 그해 4월 26일 이정건·강영효 등의 국민회 임원이 총사면하게 되었다. 1934년 당시에도 김현구는 『국민보』 주필을 맡고 있었는데, 재정난으로 인해 『국민보』 식자인의 봉급을 줄 수가 없었다. 그래서 식자인이 사직하고 김현구와 김원용이 전부 사무를 맡았으며, 일손이 부족하여 야간에는 종종 그의 부인이 도왔다.

교민단사건이 종결되고 국민회가 부활되는 등 하와이 한인사회에는 다시 평화가 찾아왔다. 그러면서 하와이 한인사회는 국민회와 대조선독립단이 통합되어야 한다는 여론이 일어나게 되었고, 1934년 10월 15일 국민회와 독립단 두 단체 합석회의를 열어 양 단체가 합동하기로 최종 결정하였다.[83] 그리고 그후 국민회와 동지회 사이에 대한 통합에 대한 논의가 진행되었고, 김현구도 두 조직의 회동을 주선하는 등 하와이 한인사회의 통일운동에 적극 참여하였다. 그러다가 그는 생활상의 문제로 라나이(Lanai) 섬의 파인애플 회사 농장으로 이주하고, 농장에서 농업에 종사하면서 3년간 비교적 조용하게 생활을 하였다. 라나이 섬의 파인애플 농장 2년째인 1935년에 라나이 국민회 지방회가 부활되면서 그가 대표로 선출되었다. 그리고 1935년 가을 하와이 국민회 총회장 임성우와 재무 조병요가 라나이 섬에 와서, 김현구에게 국민보사 편집인이 될 것을 요청하였지만 응하지 않았다.

82　김현구, 『자서전』 권2, 137쪽.
83　1920~1903년대 하와이 한인사회의 통합에 대해서는, 김도형, 「하와이 대조선독립단의 조직과 활동」, 『한국독립운동사연구』 37, 2010 참조.

1936년도에 들어 국민회 임원선거가 있어 총회장에는 조병요가, 부회장에는 안원규가 당선되었다.[84] 그후 조병요 총회장에 의해 총임원회를 조직하였는데, 김현구를 국민회 서기 겸 국민보 주필로 선임하였다. 김현구는 국민회 총임원회와 대의회의 결의를 거절하기가 어려워 이를 수락하고, 다시 호놀룰루로 오게 되었다. 그렇지만 개인적으로 국민회 서기와 국민보사 편집인은 라나이섬 농장 수입의 반액에 불과하였다. 그래서 그의 부인은 레아히(Leahi) 병원에 간호부로 취업하여 생활비를 충당하여야만 했다.[85]

1937년 2월 하와이 국민회 대의회에서 총회장에 조병요, 부회장에 안원규를 정식으로 승인하고, 서기에 김현구, 재무에 황인환, 실업부원에 권도인, 연무부원에 이정건, 청년부원에 양유찬, 외교원에 조세은, 법무원에 김원용, 학무원에 김윤배, 사교원에 박봉집이 임명되었다.[86] 그해 7월 중일전쟁이라는 새로운 상황의 변화에 맞추어 하와이 국민회에서는 8월 7일과 15일 두 차례에 걸쳐 회의를 개최하여 독립운동에 방향에 대해 집중적으로 토의를 하였다. 그래서 8월 18일 국민대회를 열어 혈성금을 모금하여 임시정부 지원활동을 전개하기로 하였던 것이다. 하와이 국민회에서 거둔 혈성금의 80%는 임시정부에 보내고, 나머지 20%는 독립운동 선전비로 사용하기로 하였다. 8월 27일 임시정부의 활동을 전적으로 후원하기 위해 찬무부(贊務部)를 조직하기로 하였는데, 찬무부에는 재무부·선전부·기밀부를 두고 혈성금의 수합과 관리를 담당하게 하였다. 재무부에는 권도인·고덕화·임성우·정운서, 선전부에는 정두옥·한길수·홍한걸·김원용, 그리고 기밀부에는 김현구를 비롯하여 박상하·김진호·정봉관이 임명되었다. 12월 1일 임시 대의원회에서 임시정부의 군사운동을 후원하기 위하여 국민회의 경상사무 이외에

---

84   『신한민보』 1936년 2월 6일자, 「국민총회 총부회장 당선 발표」.
85   김현구, 『자서전』 권2, 144~145쪽.
86   『신한민보』 1937년 2월 25일자, 「국민 총회 대의회」.

일반사업을 모두 정지하기로 결정하고,[87] 액수는 알려져 있지 않았지만 인구세·애국금·혈성금을 거두어 임시정부로 보냈다.

중일전쟁을 계기로 일어난 하와이 한인사회는 국민회와 동지회 간의 합동운동이 신속하게 진행되어, 1938년 7월과 8월 사이에 세 차례에 걸쳐 회합을 가졌다.[88] 국민회측에서는 김진호·정인수·김현구를 위원으로, 동지회측에서는 이원순·차신호·이종관을, 중립측에서는 민찬호·최창덕·최선주로 선임하였다.[89] 8월 25일 제2차 합동진행위원회에서 국민회와 동지회의 합동에 대해 원칙적으로 합의를 하였으며, 아울러 법률과 재정적 문제를 조사하기 위해 이원순과 김현구를 조사위원으로 임명하였다.[90] 제3차 회의는 8월 30일 합동진행위원 6명과 그 외 4인 등 10명이 참석한 가운데 이원순·김현구 두 조사위원들의 보고를 들었다.[91]

1930년대 후반부터 미본토와 하와이에 독립운동을 위해 미주지역 한인사회가 하나로 뭉쳐져야 한다는 분위기 속에서 '해외한족대회'가 열리게 되었던 것이다. 미주, 하와이, 멕시코, 쿠바의 재미한족 9개 단체 15명의 대표들이 1941년 4월 19일부터 5월 1일까지 13일 동안 호놀룰루에 회집하여 해외한족대회가 개최되었다. 해외한족대회에는 로스앤젤레스에서 대한인국민회 중앙집행위원장 한시대를 비롯하여, 김호와 송종익이 하와이에 도착하였다.[92] 하와이 국민회 대표는 김현구와 안원규·김원용이 선임이 되었고, 동지회는 이원순·안현경·도진호가 대표가 되었다. 해외한족대회에서 나온 의결사항은 4월 27일 공동대회를 통해 조정되었고, 최종안은 4월 29일 「해

---

87 『국민보』1937년 12월 15일자, 「임시대회의록」.
88 홍선표, 『재미한인의 꿈과 도전』, 연세대 출판부, 2011, 99~101쪽.
89 『국민보』1938년 8월 31일자, 「제1차 회의」.
90 『국민보』1938년 8월 31일자, 「제2차 회의」.
91 『국민보』1938년 8월 31일자, 「제3차 회의」.
92 『신한민보』1941년 4월 10일자, 「미주 국민총회 대표 하와이로 전왕」.

외한족대회 결의안」으로 발표되었다.[93] 이 가운데 미주지역 독립운동과 관련된 두 가지 사항이 가장 중요하고 핵심적이라고 할 수 있다. 하나는 외교활동을 위해 워싱턴에 주미외교위원부를 설치하기로 하고 이승만을 대미외교의 대표로 선정하였으며, 미국 국방공작을 원조하기 위해 한길수를 봉사원으로 선임한다는 것이다. 두 번째는 미주지역 독립운동을 추진하기 위해 재미한족연합위원회를 설치하기로 하고 13개조의 「재미한족연합위원회 규정」을 결의하였던 것이다. 재미한족연합위원회의 결성은 1910년 모든 한인단체가 대한인국민회의 기치아래 통합된 것과 맞먹는 대단한 성과를 거두었다고 할 수 있다.

그러나 재미한족연합위원회는 지역적 차이로 미본토에는 집행부를 두고, 하와이에는 의사부를 두는 이원체제로 조직을 운영하는 한계가 있었다. 하와이 의사부는 위원장에 이원순, 부위원장에 안원규가 임명되었고, 김현구는 국방위원으로 참여하였다. 그리고 미국국방에 대한 후원을 강화하기 위해 국방부를 확대하여, 김현구를 국방위원장에, 유진석·도진호·조광원·정월터·이태성·김영기·강영각·민찬호·전경무·윤용선 등을 국방위원으로 임명하였다.

재미한족연합위원회 성립과 더불어 대미외교를 담당할 주미외교위원부도 워싱턴에 설립되어 외교활동을 펼쳤다. 그런데, 주미외교위원장 이승만은 계속해서 미국정부와 의회를 상대로 임시정부 승인을 위한 외교활동을 전개하였으나 별다른 성과를 거두지 못하였다. 이에 북미 대한인국민회에서는 1943년 1월 외교실패, 권리남용, 인심소란 등을 이유로 이승만의 외교위원부 위원장 직임에 대한 소환을 임시정부에 품청할 것을 재미한족연합위원회에 요구하는 등 이승만에 대해 노골적으로 대항하였다. 재미한족연합위원회와 이승만과의 분열이 표출된 것은 이른바 '중경특파원 사건'이었다. 연합

---

[93] 홍선표, 『재미한인의 꿈과 도전』, 187쪽.

회에서는 중경에 특파원을 파견하기로 하고 주미외교위원부의 도움을 요청하였으나 이승만이 이에 반대하였다. 이로 인해 연합회와 외교부 사이에 분쟁이 발생하여 재미한족연합위원회를 분열로 몰아갔고, 이로 인해 동지회가 1943년 12월 23일 재미한족연합위원회에서 탈퇴하게 되었다. 재미한족연합위원회는 동지회가 탈퇴한 후 국민회 단독으로 운영해 갔다. 1943년 12월 「카이로선언」이 발표된 후 재미한족연합위원회는 워싱턴에 외교사무소 개설에 박차를 가하고 있었고, 의사부는 이승만과의 공식 단절을 선언함과 동시에 워싱턴사무소의 설립을 위해 1944년 1월 16일 민중대회를 개최하고, 그해 6월 10일 워싱턴에 재미한족연합위원회의 사무소를 개소하였다.

이와 같이 재미한족연합위원회에 동지회가 탈퇴하면서 외교상 문제가 초래되었던 것이다. 이 당시 『국민보』주필을 맡고 있던 김현구는, 재미 한인들의 분열과 파쟁에 대해 극력 반대의 의견을 내었다. 그는 "동족상잔(同族相殘)의 광고(廣告)를 피(避)함이 당연하고, 차(且) 임시정부에서 신신근려(申申勸勵)가 독립운동 중에는 무조건 합동(合同)이 필요하다고 함으로 순종(順從)하여 볼 필요가 유(有)하다"라고 주장하였다.[94] 김현구는 "한 때 싸움꾼의 이름을 얻은 사람을 지난 얼마 동안에 합동을 주장하였고 합동을 믿는다. 합동의 일을 위하여 여생을 보낼까 하는 것이 지원하는 바이다"라고 하였다.[95] 이처럼 그는 주미외교위원부 문제로 인해 미주지역 독립운동 전선에 분열을 막고자 하였다. 이로 인해 김현구가 이승만을 봉대를 하고 동지회를 위해 일을 한다는 소문이 돌기도 하였다. 아무튼, 김현구는 미주의 한인들이 합동하고, 외부에는 한인들 간의 분쟁이 있다는 것을 보이는 것이 결코 유리하지 않다고 생각하고 있었다.

일제가 패망하고 조국이 독립한 이후 김현구는 이승만을 옹호하였다고 하

---

94 김현구, 『자서전』 권2, 150쪽.
95 『국민보 - 태평양주보』 1943년 9월 15일자, 「투필」.

여, 자신과의 모든 재정상 거래가 완전히 단절되어 1945년에는 파산을 하고 말았다. 그래서 그는 공장에 야간 수위로 취업을 하게 되었고, 그의 부인도 레아히 병원에 다시 취직을 해야만 했다. 그후 1949년에 다시 국민보사 편집인으로 복귀하였다. 그런데 1950년에 6·25남북전쟁이 일어나게 되었다. 김현구는 6·25전쟁에서 미군이 참전하면서 비전투민인 여자와 아이들을 학살하였다는 것에 대해 비난을 하였다. 그리고 미국인들이 가장 싫어하는 공산주의를 찬조(贊助)하는 의사를 표시하여 주목을 받게 되었다. 김현구가 주장하는 사회주의는 민중의 평등, 정의, 자유를 완성하려면 지금까지의 정치해방과 같이 경제해방이 필요하다는 것이다.[96] 그가 주장하는 사회주의는 사회복지, 교육보급, 납세평등 등을 통한 사회적 약자에 대한 보호와 경제적 원조를 통한 평등사회의 구현이었다.

김현구는 사회 불평등 해소를 위해 임시 술책으로 공산주의를 찬성한 것이었지만, 이로 인해 하와이 국민회에서 불화가 일어나기도 하였다. 그럼에도 불구하고 김현구는 1951년 하와이 국민회 총회장으로 피선되었고, 2년 후인 1953년에는 재선까지 되었다. 그렇지만 국민회의 내분을 막기 위하여 부회장 임성우에게 총회장직을 넘겨주었다. 그리고 『국민보』의 식자인이 사퇴하였기 때문에 인쇄기계를 다룰 수가 없어서, 그의 부인과 함께 식자와 인쇄를 담당하였다. 그후 그는 양철관회사에 취직하여 1961년 10월 말까지 즉 72세까지 건강하게 일을 하였다.

김현구는 경제적·사회적으로 모든 일에서 은퇴한 이후 1961년 말에 고국을 방문하게 되었다. 그는 처음에 2년간 고국에 머물며 친척들과 지인들의 자손들을 만나고 여러 곳을 방문하려고 하였다. 그런데 고국 방문 2개월만에 갑자기 암이 발병하여 하와이로 돌아와야만 했다. 1962년 1월 하와이 귀환 이후 3차례에 걸쳐 수술을 받고, 방사선 치료를 받았다. 그리고 건강하게 생

---

96 김현구, 『자서전』 권2, 154쪽.

활하다가, 1967년 8월 14일 79세로 별세하였다. 정부에서는 1995년 건국훈장 애국장을 추서하였다.

7 맺음말

　　김현구는 1909년 미국 유학을 온 초창기에는 한인소년병학교에서 교사를 박용만의 지도하에 그의 독립운동 노선과 사상에 크게 공감을 하였다. 박용만은 이승만·안창호와 더불어 미주 한인사회의 3대 지도자로, 군인을 양성하여 일제와의 직접적인 독립전쟁을 주장하였다. 그리고 김현구는 1919년 3·1운동 발발 이후에는 필라델피아에서 열린 제1차 한인회의에 참석하는 등 이승만의 외교 독립운동노선에 동조하였다. 1926년에는 이승만이 창설한 구미위원부의 위원장으로 활동하였으며, 그의 초청으로 하와이로 가서 그를 돕는 활동을 하였다. 주지하다시피 이승만은 박용만과는 결의형제를 하지만, 1910년대 하와이에서 분쟁으로 결코 양립할 수 없는 정적(政敵)이 되었다. 이처럼 김현구는 이승만·박용만이라는 독립운동계의 두 거목과 깊은 유대관계를 가지고 있었고, 특히 이승만과는 대립과 분쟁을 벌이며 평생토록 대립각을 세운 사이가 되었다.

　　미주 한인사회의 지식인으로서 김현구의 독립운동과 그의 사상에 대해 짚어 볼 필요가 있다. 미주 한인사회는 1만 명의 적은 인원이 살고 있었지만, 독립운동의 노선과 이념, 지역적 차이 등으로 끊임없이 대립과 분쟁이 발생하였다. 김현구는 미국 대학에서 박사과정까지 수료한 극소수의 지식 엘리트에 속하는 인물이었다. 그러다 보니 『신한민보』·『국민보』 주필 등 지식층이 담당할 수 있는 지도자적 위치에서 활동하였기 때문에, 그의 견해는 미주 한인사회에 영향을 미칠 수밖에 없었다.

　　김현구는 미주 한인사회와 독립운동에서 자신의 의견을 피력하면서 '싸움꾼'이라는 별명도 얻었고, 그가 가는 곳에서는 대립과 논쟁이 적지 않았다. 하와이에서는 1930년대 초반 대규모 분쟁으로 법정싸움을 벌이는 등

격렬하게 대립하는 모습을 보였던 것도 사실이다. 그러면 김현구가 그와 같이 논쟁을 벌이고 대립하였던 배경은 어디에 있었던 것일까. 필자는 김현구의 사상 형성에는 어릴 때부터 배운 유교사상과 면암 최익현의 가르침이 크게 영향을 미치고 있었다고 본다. 최익현이 전라도 태인에서 의병을 일으켰다가 체포되어 1906년 6월 서울에 있는 일본 헌병대로 압송되었을 때, 김현구를 불러서 만나게 되었다. 면암은 김현구에게 "면학(勉學)을 권칙(勸勅)하고, 천리인도(天理人道)에 의(依)하여 구국증민(救國拯民)을 전력(專力)하는 신신중탁(申申重托)"하였다.[97] 면암의 "하늘의 이치와 인간의 도리"를 지키라는 말은, 김현구에게 평생토록 변치 않는 굳건한 사상이 되고, "나라와 민족을 위한 사업에 온 힘을 쏟으라"는 당부대로 살려고 하였다. 그러다 보니 그의 생애는 결코 평탄할 수가 없었다.

두 번째로, 김현구는 미국에서 배운 민주주의 사상에 크게 영향을 받았다는 점이다. 미국의 권력분립과 정당정치, 자유평등의 민권사상 등 민주주의 원칙은, 그가 미주 한인사회 지도자로서 당연히 지켜야만 하는 가장 중요한 기준이 되었다. 불법과 불의, 전제와 독단, 차별과 불평등 등 반민주적인 행위에 대해서는 철저하게 싸웠다. 특히, 이승만의 봉건적·비민주적 조직운영과 독단적 행위에 대해서는 기필코 반대하였으며, 6·25전쟁 당시 미군이 민간인을 학살한 것에 대해서도 맹렬히 비판하였다.

위와 같이 김현구는 어릴 때부터 터득한 유교적 의리론과 미국에서 익힌 민주주의 사상은 가장 중요한 사상적 배경이 되었다. 그리고 이러한 원칙하에 활동하고, 의견을 피력하였기 때문에 빈번하게 논쟁과 대립이 발생하였던 것이다. 그렇지만, 그는 자신의 견해만을 주장하지는 않았다. 대국적 견지에서 한인사회의 통합을 위한 사업이나, 민족적 이익을 훼손할 때에는 자신의 주장보다는, 어릴 때 원영의 선생님으로부터 배운 '천하위공(天下爲公)'

---

97   김현구, 『자서전』 권1, 156쪽.

이라는 교훈에 충실하고자 하였다.

　김현구는 하와이 분쟁 당시 괴한들로부터 테러를 당하고 경찰들이 이들을 체포하였으나 그들을 결코 기소하지 않았다. 또한 주미외교위원부 문제가 일어났을 때에는, 한인사회의 단합과 독립운동 전선의 분열을 막기 위해 이승만을 변호하기도 하였다. 김현구는 어릴 때부터 배우고 익힌 사상에 충실하지만, 민족적 이익과 한인사회의 통합을 위해서는 자신에게 위해를 가한 정치적 라이벌도 옹호할 수 있는 매우 아량이 있었던 지식인이었다고 할 수 있다.

7장

김형순의 동포 지원활동

1 머리말

  김형순은 한국인의 공식이민이 추진되던 1903년 첫 배를 타고 하와이에 왔다. 그후 그는 잠시 국내에 있었지만 대부분의 생을 미국에서 보냈으며, 자신의 온 힘을 쏟아 사업을 번창시켜 미주 한인 가운데 최초로 백만장자가 되었던 인물이다. 하지만 그는 단순히 성공한 사업가로만 알려져 있을 뿐 미주지역 한인사회와 독립운동에 헌신한 점에 대해 주목받지 못했다.
  주지하다시피 미주지역 독립운동은 1910년대와 1920년대 초반에 활발히 전개되었으나, 1920년대 중반 이후 소강상태에 들어갔다. 그 이유는 여러 가지가 있겠지만, 1924년 동양인 배제법에 의해 한인들의 이민이 완전히 금지된 이후, 인구이동이 줄어들면서 운동자 간의 세력교체가 원활히 이루지지 않아 활력을 잃어가고 있었기 때문이다. 반면에 미주 한인사회의 뿌리 깊은 파벌싸움이 사라져가고, 새로운 독립운동 방안이 모색되기 시작하였다. 이때 중가주 지역에서 막강한 경제력과 민주적 지도력을 가지고 나타난 인물이 김형순과 김호이다. 이른바 '리들리 그룹', '중가주의 3김'으로 불리었던 김형순은 미주 독립운동과 미주 한인사회를 이해하는데 주목할 인물 가운데 하나이다.
  지금까지 미주지역 독립운동은 몇몇 파벌 지도자들만을 중심으로 이해했을 뿐, 미주 이민사회에 뿌리박고 착실하게 성장한 인물에 대해 주목하지 못하였다. 김형순은 사업적 성공을 기반으로 한인사회내에서 지도력을 발휘하였으며, 기존의 미주지역 독립운동 지도자들과는 달리 미국적 실용주의에 입각한 민주적 방안과 현실적 실천으로 독립운동을 모색한 인물이다. 그렇지만 김형순은 사업가이기 때문에 한인단체 사업에 전면에 나타나지는 않았고, 주로 그의 사업 파트너이며 사돈인 김호와 뜻을 같이 하면서 그의 지도력을 원조하는 역할을 하였다.

   본고에서는 김형순의 생애 전반과 1930년대의 대한인국민회 재건 부분과 재미한족연합위원회에서의 활동 등을 중심으로 그가 미주지역 독립운동에서 차지하는 위치를 살펴보고자 한다. 하지만 김형순에 대해서는 『신한민보』와 『국민보』에 간단한 기사만 나와 있기 때문에 그의 생애의 구체적인 부분에 대해서는 확실치 못한 부분이 많다. 따라서 후손들의 증언에 크게 의지할 수밖에 없었다는 점을 밝혀둔다.[1]

---

[1] 김형순의 손자 김운하 선생님이 필자에게, 조부의 활동에 대해 많은 역사적 사실들을 알려주었다. 지면을 통해 감사를 들린다.

2 하와이 이주와 귀국

김형순(金衡珣, Harry S. Kim)은 1886년 5월 4일 경상남도 통영군에서 태어났다.² 그의 출생에 대한 자료가 없기 때문에 손자인 김운하와의 인터뷰와 그가 쓴 글을 중심으로 살펴보고자 한다. 김형순의 가계는 김해김씨(金海金氏) 삼현파(三賢派)로, 아버지는 김성구이고, 어머니는 이수선나(李水仙羅, 세례명: Susanna)이다.³ 아버지 김성구는 개화파의 일원으로 갑신정변에 참여하였는데, 갑신정변이 실패로 돌아가자 신변의 위협을 느끼고 몸을 숨기고 살 수밖에 없었다고 한다.

갑신정변 이후 개화파에 대한 탄압이 진행되자 김성구는 숨어 살다가 경상남도 통영에서 김형순을 낳았고, 그가 6살 때인 1891년 이모 이에스더(Esther)가 살고 있는 인천으로 보내졌다.⁴ 김형순은 인천에서 조지 존스(趙元時, George Heber Jones) 목사로부터 세례를 받고 영어와 서양학문을 배웠다.⁵ 미국인 선교사와 접촉하면서 자연스럽게 영어를 접한 김형순은 당시에

---

2 김운하, 「미주 한인 최초 백만장자 김형순」, 『월간 코리언드림』 Vol.4 No.3, 2003년 5월호, 44쪽. 필자가 2002년 독립운동 유적지 조사사업으로 중가주에 있는 '리들리공동묘지'를 방문하였을 때, 그의 묘비에 "1886년 5월 4일 경상도에 태어났고, 1977년 1월 25일에 사망"하였다고 쓰여져 있었다. 김형순의 생애와 활동에 대해서는 그의 손자인 김운하의 글과, Sonia Shinn Sunwoo, 『초기이민;Korea Kaleidoscope』(Korean Oral History Project No.1, Sierra Mission Area United Presbyterian Church, USA, 1982)를 참고하여 작성하였다.

3 김형순의 어머니는 고향인 마산에서 혼자서 살고 있었는데, 1940년 5월 1일 사망하였다(『신한민보』 1940년 6월 27일자, 「김형순씨 동부인의 애통」).

4 김운하가 필자에게 보낸 이메일에 의하면, "이에스더의 남편도 개화파로서 김옥균의 정치자금을 지원하였습니다. 김옥균이 중국에서 암살당할 당시 함께 행방불명이 되었는데, 어떻게 돌아가셨는지 집안사람들도 들어 본 적이 없습니다"라고 하였다(「김운하 이메일(2021. 4. 12)」).

5 김운하에 따르면, 김형순은 "인천으로 보내져 미국 감리교 첫 선교사 얼바인 존슨(Irvine Johnson) 목사로부터 세례를 받고 영어와 서양학문을 배웠다"(김운하, 「한국 첫 미주 이민단의 지도자: 김형순 선생의 요약된 생애」, 『중가주 한인역사의 재조명』, 2003.2.1, 15쪽)고 한

도 상당한 실력을 갖추고 있었다. 어릴 때 배운 영어는 그후에 하와이 사탕수수농장의 통역이 될 수 있었으며, 미국생활에서도 언어장벽 없이 생활할 수가 있었다.

김형순은 존스 목사의 도움으로 배재학당의 아펜젤러 목사에게 보내져 전액 장학생으로 공부를 할 수 있었으며, 1901년 학교를 졸업하였다.[6] 졸업 후 그는 대한제국 인천 세관의 직원모집에 응모하여 1년간 근무하였다.[7] 당시 인천의 이민 모집에 있을 때부터 김형순은 제물포웨슬리교회(내리교회 전신)에 다녔던 것으로 판단된다. 왜냐하면 그가 하와이로 갈 때 통역으로 갔는데, 그가 제물포웨슬리교회에 다니면서 매일학교 교사인 안정수로부터 영어를 배운 것으로 파악되기 때문이다. 또한 당시 안정수는 교회일에 열성적으로 활동하는 동시에 인천세관에서 유망한 자리에 있었다.[8] 김형순은 안정수의 지도를 받는 학생으로서, 그의 원조를 받아 인천세관에 들어갈 수 있었다. 그는 1902년 인천세관에 근무하고 있을 때 하와이 이민을 위해 신설된 유민원(綏民院)의 영어 통역관 모집에 응모하여 합격하였다.

다. 그러나『내한선교사총람』(한국기독교연구소, 1994)에는 '얼바인 존슨'이라는 선교사가 보이지 않는다. 김운하의 이메일에서는 인천내리교회에 있던 '헤리베르트 존스' 목사라고 하면서, "제가 얼바인 존스목사라고 기록하였던 것은 잘못 기억하고 표기한 것입니다. 헤리베르트 존스 목사는 서울 배재학당을 창립한 아펜셀러(Henry G. Appenzeller) 목사가 내리교회에서 목회하다 서울로 간 후 그 후임으로 온 목사입니다"라고 하였다(「김운하 이메일(2021. 4. 12)」). 아펜셀러 이후 인천에 온 선교사는 '조지 존스(George Heber Jones)'이고, 한말에 한국에 온 선교사 가운데 '헤리베르트 존스'라는 사람은『내한선교사총람』에는 보이지 않는다. 김운하는 당시 인천 내리교회의 조지 존스 선교사를 착각한 것이라고 보인다. 조지 존스는 1893년부터 제물포 선교부에 파송되어 10년 동안 인천을 중심으로 선교를 하였다. 김형순과 조지 존스 목사와 특별한 인연이 있었기 때문에, 그가 1937년 4월 28일 존스 목사의 부인(Margaret Bengel)이 버클리에서 뉴욕으로 갈 때에 작별인사를 나누기 위해 심방하였던 것으로 판단된다(『신한민보』1937년 5월 6일자, 「존스 박사 부인을 심방」).

6   김형순의 초기 약력에 대해서는 김운하, 「한국 첫 미주 이민단의 지도자 : 김형순 선생의 요약된 생애」(『중가주 한인역사의 재조명』, 2003.2.1)를 참조하였다.

7   Sonia Shinn Sunwoo,『초기이민』, 24쪽 및 Wayne Patterson,『The Korean Frontier in America』, University of Hawaii Press, 1988, p.249.

8   「1900년 미감리교 연회록(Official Minutes of the Korea Annual Conference of the Methodist Episcopal Church」(홍석창 편저,『제물포지방 교회사 자료집』, 에이멘, 1995), 116쪽.

당시 존스 목사가 주도가 되어 제물포웨슬리교회 교인들을 중심으로 하와이로 이민을 보냈다. 하와이로 가는 첫 배는 교회 교인들이 중심이 되어 102명이 1902년 12월 22일 미국상선 갤릭호(S. S. Garlic)편으로, 제물포항을 출발 1903년 1월 13일 하와이 호놀룰루 항에 도착하였다.

하와이 사탕수수농장 한인노동자들의 통역관 겸 인솔책임자로 임명받은 김형순은 같은 해에 첫 노동자들과 함께 최초의 이민선을 타고 마우이(Maui)섬의 사탕수수농장에 도착하였다.[9] 「하와이 한인 승선자 명단」에 의하면, 제1차 이민자로 "김형순(Kim Hyeng Soon), 26세 기혼, 서울, 1903년 1월 13일 도착"이라고 적혀있다.[10] 그러나 그가 하와이에 도착할 때 실제 나이는 17세였다. 아마도 김형순은 하와이 사탕수수농장의 통역으로 갈 때, 나이를 올려서 간 것같다. 제1차 하와이 이민자들의 정식통역은 안정수와 정인수 두 사람이었다. 따라서 나이가 어린 김형순은 안정수의 보조 통역자였을 것이다.[11] 노후의 기억이지만 김형순은 그와 함께 통역으로 간 사람으로 5명이 있었다고 하며, 그 가운데 이름을 기억하는 것은 평양 출신의 김하식과 김호식 뿐이라고 회고하고 있다.[12]

마우이 사탕수수농장에서 통역으로 일을 한 김형순이 본 것은 한인노동자들의 비참한 생활이었다. 그는 당시 한인노동자의 생활에 대해 다음과 같이 말하고 있다.

---

9 「하와이 한인승선자 명단」에는 "김형순(Kim Hyeng Soon), 26세 기혼, 서울, 1903년 1월 13일 도착"이라고 적혀있다. 나이와 출생지가 다르다.

10 Duk Hee Murabayashi, 「Korean Passengers Arriving at Honolulu 1903 – 1905」, Center for Korean Studies University of Hawaii, p.56.

11 김운하는 필자에게 다음과 같은 이메일을 보내왔다. "통역관 시험에 나이 등 제한을 둔 것이 있어서 헤리베르트 존스 목사가 나이 등을 올리고 자격에 맞도록 추천장을 만들어 제출하여 합격했다고 합니다. 조부님께서는 당시 존스 목사님에게 이렇게 하셔도 되냐고 물었다고 합니다. 이때 존스 목사님은 '대한독립을 위한 인재를 양성하기 위해 하는 일이니 하나님께서도 즐겁게 여길 것이다'고 대답하셨다고, 조부님께서는 생전에 이 말씀을 여러 번 하시면서 깔깔 웃으셨습니다."

12 Sonia Shinn Sunwoo, 『초기이민』, 23쪽.

당시 한국인 노동자들은 소나 말처럼 일을 했고, 오히려 짐승에 가까운 취급을 받았으며, 이름 대신에 번호로 불리워졌다고 한다. 작업 중에는 어느 누구도 말을 하거나 담배를 피울 수도 없었고, 심지어 기지개 한번 켤 수조차 없었다. 감독들은 잠시도 일꾼에게서 눈을 떼지 않았고, 허튼 수작을 하는 사람이 있으면 가차 없이 채찍을 휘둘렀으며, 그렇다고 조금이라도 반항하는 기색이 있으면 그 자리에서 쏴 죽였다고 하였다.[13]

마우이섬의 사탕수수농장에서 통역의 역할은 농장경영주측과 한인노동자 사이를 중재하는 일이었다.[14] 『국민보』 1957년 12월 11일자 기사에 의하면, 김형순은 "당년 18세 새파란 청년으로 와서 당시의 인물, 풍토, 언어가 생소한 수만리 타국에 와서 촌계관청으로 어쩔 줄 모르는 동포들의 일을 위하여 많은 지도와 역할을 있었다"고 하였다.[15] 오아후섬 카후쿠 농장에서 통역을 맡고 있던 현순이 그랬던 것처럼, 김형순도 아침 일찍 기상하여 아침식사를 한 다음 기차역으로 가서 기차를 타고 사탕수수밭으로 갔다. 통역으로서 김형순은 루나(Luna; 백인 감독)의 지시사항을 한인들에게 알려주었으며, 농장지배인의 명을 받아 캠프에 남아있는 사람들을 점검하고, 병이 난 사람들을 병원으로 옮기는 등의 일을 하였을 것으로 판단된다.[16]

또한 농장에서 통역들은 한인노동자와 농장주 간의 오해를 풀어주었고, 한인들의 복지를 증진시키는 역할도 하였다. 하와이 사탕수수농장에서는 한인노동자들 간의 사소한 분쟁과, 농장주 및 감독과의 갈등이 자주 발생하였다. 이러한 문제에 대해 통역은 중간에서 조정해야만 했고, 이것이 실패하면

13　崔鳳潤, 『미국 속의 한국인』, 종로서적, 1983, 264쪽.
14　Wayne Patterson, 『The Ilse: The First Generation Korean immigrants in Hawaii, 1903-1973』, Honolulu, University of Hawaii Press, 2000, p.21.
15　『국민보』 1957년 12월 11일자, 「김형순 선생 대성공을 치하」.
16　현순, 「玄楯自史」, 『My Autography』, Yonsei University Press, 2003, 275쪽.

법정으로 가는 일도 있었다. 이때 통역은 법정에 나아가 한인들의 입장을 대변하는 일도 많았다.

김형순은 마우이의 사탕수수 농장에서 볼드윈(Baldwin)이라는 지배인 밑에서 6년 동안 통역 일을 맡아 일했고 월급도 75달러라고 하는 상당한 액수를 받았다고 한다.[17] 하와이의 사탕수수농장에서 김형순은 현순이 그랬던 것처럼 미국인들의 생활방식을 익혔으며,[18] 또한 한인 노동자들을 도와주고 이들의 권익을 대변하고 이들의 이민 정착생활에 불편이 없게 하였다.[19]

1909년 한인노동자들의 통역관과 법정통역의 직책을 사임하고, 김형순은 그동안 저축한 돈을 가지고 고국에 돌아왔다. 귀국 후 존스 목사의 중매로 당시 이화학당 성악과 출신이었던 한덕세(전북 정읍 출생, Daisy, 1894.12.28~1977.5.5)와 결혼을 하였다. 귀국 후 그는 미국인 경영하는 평안도 용문금광에서 통역관으로 가서 일을 하였다. 그러나 1910년 일제에 의해 강제병탄을 당하자, 1911년 봄 가족을 두고 단신으로 중국 상하이[上海]로 갔다. 조국이 일제의 식민지로 전락하자, 자신이 활동할 영역이 없었으며, 특히 일제의 식민통치는 도저히 견딜 수 없었다.[20]

후일 김형순의 회고에 의하면, 중국 상하이에서 김규식·여운형·신익

---

17 김형순과 인터뷰(崔鳳潤, 『미국 속의 한국인』, 종로서적, 1983, 264쪽). 한편 소니아 선우와의 인터뷰에서는 그는 한달에 4백 달러라는 높은 임금을 받았다고 증언하고 있다(Sonia Shinn Sunwoo, 『초기이민』, 24쪽). 김형순의 증언과는 달리 실제로 당시 한인통역의 임금은 기혼자가 30달러, 미혼자가 25달러였다(Wayne Patterson, 『The Ilse: The First Generation Korean immigrants in Hawaii, 1903-1973』, p.21). 기혼자였던 현순도 카후쿠 농장에서 통역의 월급은 30달러였다고 한다(현순, 「玄楯自史」, 112쪽).
18 현순, 「玄楯自史」, 25쪽.
19 김형순이 사탕수수농장의 통역으로 있을 때 한국인 노동자에 대한 생각은 대단히 비판적이었다. 그의 증언에 따르면 당시 한인노동자들은 "일을 할 줄도 몰랐고 게을러서 열심히 일을 하지 않고 살려고 하는 사람도 있었다"라고 표현하고 있다(崔鳳潤, 『미국 속의 한국인』, 264쪽).
20 김운하에 따르면, 김형순은 "나라를 찾는 일에 몸을 바치기로 결심, 단신으로 중국 상하이로 갔다. 그곳에서 김규식, 여운형, 신익희 선친 등 애국지사와 함께 독립운동에 참여하였다"고 한다(김운하, 「한국 첫 미주 이민단의 지도자: 김형순 선생의 요약된 생애」, 15쪽).

희 선친 등의 애국지사들과 교류를 하였다고 한다.[21] 그가 그들과 실제로 독립운동을 모색하였는지는 알 수 없지만, 직간접으로 교류를 하였을 것으로 보인다. 그리고 그는 상하이에서 미국인이 설립한 'The Dollar Shipping Company'에 동업자로 들어가 일하면서 각종 통역 활동으로 자신의 생계와 독립운동자들의 생계를 도와주었다고 하였다.[22] 하지만 1913년 상하이 일본조계에서 일본인의 법정통역을 거부한 사건으로 일본경찰이 잡으러 다니게 되자, 미국으로 가서 독립운동을 계속하기로 하고 동업자의 알선으로 American Dollar Liner 화물선에 승선하여 그해 8월 샌프란시스코에 도착하였다.[23]

---

21 Sonia Shinn Sunwoo, 『초기이민』, 24쪽.
22 김운하, 「한국 첫 미주 이민단의 지도자 : 김형순 선생의 요약된 생애」, 15쪽.
23 김운하, 「한국 첫 미주 이민단의 지도자 : 김형순 선생의 요약된 생애」, 16쪽. 김형순의 손자며느리의 말에 따르면, 일본정부가 그에게 통역을 맡아 줄 것을 요청하였으나 그가 거절하였는데, 체포될 것이 두려워서 미국으로 탈출하였다고 한다(Sonia Shinn Sunwoo, 『초기이민』, 24쪽).

3 김형제상회와 독립운동 지원

1) 김형제상회의 설립과 사업확장

샌프란시스코에 도착하였지만 김형순은 이민국에 의해 3개월 간 붙잡혀 있어야만 했다.[24] 그후 그는 한인단체를 찾아갔으며 그곳에서 한인 지도자들과 관계를 맺기 시작하였을 것이다. 당시 미국 본토에 온 대부분의 한인들이 그랬던 것처럼 김형순도 샌프란시스코의 대한인국민회 총회관이나, 상항한인감리교회를 찾았을 것이다.[25] 샌프란시스코에 도착한 그는 생활을 위해 일자리를 찾아 다녔을 것으로 보이는데, 그 당시 일자리라는 것이 농장이나, 철도공사장, 광산 등을 전전하는 것이었다.

『신한민보』 기사에 보면, 김형순은 1914년 2월 7일 대한인국민회 샌프란시스코지방회의 통상회의 처결사항으로 조병옥과 함께 가입하였다.[26] 이로 보아 그는 샌프란시스코 주변에 있으면서 국민회 사업에 적극 참여하고 있었던 것으로 보인다. 그리고 『신한민보』 1914년 3월 5일자의 「감하의연」에 2원을 의연금으로 냈고, 5원을 '국민의무금' 내었다.[27] 이를 볼 때 김형순은

---

24 Sonia Shinn Sunwoo, 『초기이민』, 25쪽.
25 1913년 샌프란시스코에 온 곽림대도 "샌프란시스코에 도착하여 이대위 목사가 음식을 공급했으며, 교회 안에 있는 하층 객실에서 유숙하면서 수중의 잔금으로 1주일을 겨우 지내게 되었다"라고 한다(郭林大, 『못 잊어 華麗江山』, 大成文化社, 1973, 107쪽). 김형순의 손자며느리에 따르면, 이대위 목사는 샌프란시스코에 하선하는 대부분의 한국인들을 도우려고 나왔지만 김형순만은 돕지 않았다고 한다. 왜냐하면 김형순이 샌프란시스코 이민국에 함께 잡혀있던 일본인들을 도왔는데, 이에 대해 이대위가 그를 친일파로 오해를 했기 때문이라고 한다(Sonia Shinn Sunwoo, 『초기이민』, 25쪽).
26 『신한민보』 1914년 3월 12일자, 「상항지방회보」.
27 『신한민보』 1914년 3월 5일자, 「감하의연」·「국민 의무금」.

당시에도 어느 정도 소득이 있었을 것으로 판단된다. 아마도 샌프란시스코 근처에서 일자리를 가지고 있었을 것이 분명하지만 자료에서는 확인되지 않는다.

샌프란시스코 부근에 있던 김형순[28]은 공부를 하기 위해 로스앤젤레스로 갔다. 그곳은 일을 하면서 학업을 할 수 있기 때문이었다. 그는 나성고등학교(Los Angeles High School)에 입학하여 고학으로 학교를 마쳤다.[29] 『신한민보』 기사에 의하면, 1917년 2월과 5월 국민의무금 각 5원을 냈고,[30] 1919년 2월에도 국민의연금으로 5원을 납부하였다.[31] 3·1운동 이후인 미주에서 독립의연금을 모을 때, 김형순은 10달러를 독립의연금으로 냈고, 21례로 3.75달러를 냈다.[32]

고등학교를 마친 김형순은 미국 서부 초기 한인노동자들과 마찬가지로 독신으로 살면서, 노동주선인에 의한 '캠프' 또는 '여관'을 중심으로 다뉴바(Dinuba) 지역에서 농장일을 하고 있었다. 이 당시 한인 농장노동자들은 대개 시간당 20센트에서 29센트를 받으며 일을 하고 있었다.[33] 만일 시간당 25센트로 계산하여 10시간씩 노동을 한다 하면 하루 2달러 25센트를 벌 수가 있었다. 이에 김형순은 국내에 있는 부인과 자녀들을 미국으로 불러들였

---

28 『신한민보』의 기사에는 '김형순'이라는 이름이 2명 나오는데, 아리조나주 챈들러 지방에 거주하는 또 다른 '김형순'이 있었다. 챈들러 지방의 김형순은 『신한민보』 기사에 자주 등장한다. 즉 "아리조나주 챈들러성에 있는 싼 마코스 여관리사 스미드 씨와 아리조나신문 주필 마어 씨는 한국적십자회를 위하여 과다한 금전을 수합하여 그곳에 있는 동포 김형순 씨를 경유하여 대한인적십자회 북미지부로 보내었더라"(『신한민보』 1920년 4월 20일자, 「한인 구제를 위한 서양 친구」)라는 기사와, 1921년 3월에는 경신참변 구제금으로 챈들러 지방 김형순이 10원을 냈다(『신한민보』 1921년 3월 10일자, 「간도참상 구제금」).

29 김운하, 「한국 첫 미주 이민단의 지도자: 김형순 선생의 요약된 생애」, 16쪽. 신성려와의 인터뷰에 따르면, 김형순은 1913년에 로스앤젤레스로 와서 6년 동안 나성고등학교를 다니면서 한 달에 7달러 50센트씩 장학금을 받았다고 한다(Sonia Shinn Sunwoo, 『초기이민』, 24쪽).

30 『신한민보』 1917년 2월 15일자, 「국민 의무금」; 『신한민보』 1917년 5월 3일자, 「국민 의무금」.

31 『신한민보』 1919년 2월 20일자, 「국민 의무금」.

32 『신한민보』 1919년 4월 17일자, 「독립의연」; 『신한민보』 1919년 7월 15일자, 「21례」.

33 차만재, 「美 본토 첫 한인타운: 리들리와 다이뉴바」, 『중가주 한인역사의 재조명』, 2003.2.1, 53쪽.

다. 그의 부인 한덕세는 이화학당에서 음악을 전공하였다. 미국에 온 그녀는 백인 가정을 상대로 음악교습소를 운영하여 꽤 돈을 모았다. 김형순 자신의 노동일과 부인의 음악교습으로 얼마간의 자본을 축적할 수 있었다.[34] 그는 1916년 봄 로스앤젤레스에서 북쪽으로 210마일 떨어진 중가주의 과일 농장지역 리들리(Reedley)에 정착하였다. 김형순 부부가 함께 일하여 모은 돈이 밑천이 되어 리들리에 묘목상회를 쉽게 설립할 수 있었다.

김형순이 정착한 리들리는 19세기 말 골드 러시에 투입된 광부들에게 조달할 농산물을 재배하기 적합한 관개시설이 설치되면서 중가주 농업의 중심지가 된 곳이다. 이 시기 중가주의 리들리와 다뉴바(Dinuba)는 대형 농장들이 생겨나면서 노동을 할 수 있는 일자리가 많았다. 리들리는 로스앤젤레스에서 약 4시간 걸리며 샌프란시스코에서 약 3시간 30분 거리에 있기 때문에 당시 한인들이 농장 일을 찾아 모여들던 곳이다. 김형순은 리들리 묘목장(Reedley Nursery)과 묘목회사를 부부동업으로 설립하고 사업에 전념하였다. 묘목상회는 한덕세와 50대 50의 부부파트너로 등록하였다. 리들리에는 이미 노동일을 찾는 한인 노동자들이 수백명 있었기 때문에 노동인력을 찾는 것은 어려운 일이 아니었다.

이 시기 김형순은 묘목장과 과수원 등을 경영하면서, 하와이 사탕수수농장에서의 경영방식을 원용하였다. 그는 하와이 사탕수수농장에서 백인들이 농장을 경영하는 것을 익혀 두고 있었다. 백인들이 노동자들을 관리하는 방법은 단순하면서도 합리적이었다. 농장의 노동자 관리는 직접 백인 감독을 고용하여 그로 하여금 하게 하였다. 다만 그는 백인 감독들을 잘 통제함으로써, 노동자들로 하여금 최대한 노동 생산성을 높이는 방향으로 농장을 경영하였다.

여름방학에는 한인 학생들도 김형순의 농장에서 일을 했다. 『신한민보』에

---

34   김운하, 「미주 한인 최초 백만장자 김형순」, 『월간 코리언드림』 Vol.4 No.3, 2003년 5월호, 44쪽.

도 자신의 농장에 일하러 오라는 광고를 내기도 하였다.[35] 김형순은 미주에 온 동포들의 일자리를 위해 자신의 농장에서 일을 할 수 있게 하였으며, 나아가 그밖에 다른 일자리도 주선하였다. 당시 노동주선인이란 계약청부업자를 말하는데, 한인들 사이에선 '뽀시' 혹은 '보스'로 불리었다.[36]

　김형순의 농장에서 일하는 사람들은 한국인을 비롯하여 멕시코인, 미국 백인 등 여러 나라 사람들이었다. 종업원은 평균 200여명이었으며 수확기에는 종업원 수가 400명에 육박하였다. 1920년 당시 과수원의 노동자들이 받는 임금은 하루 10시간 노동에 시간당 20~25센트였고, 주당 6일 노동에 바쁠 때에는 7일 내내 일을 했는데, 시간외 수당이라는 건 없었다. 아침 6시부터 오후 5시경까지 점심시간을 빼고는 줄곧 일을 했다. 당시 생활비는 10~15달러 정도였다.[37] 김형순의 경영 방침은 여러 나라 사람들이 일을 하지만 "사업을 하려면 우선 모든 종업원을 평등하게 대우해 주어야 한다"[38]고 믿고 그렇게 처리했다. 그렇기 때문에 동포들이라고 특별히 잘 대우해 주지는 않았다.

　사업이 확장되면서 김형순은 새로운 동업자가 필요하였다. 이때 김호(김정진)를 만나게 되었다. 김형순과 동업을 한 김호는 1889년 5월 25일 서울에서 출생하여, 1914년 7월 25일 미국에 건너왔다.『송철회고록』에 의하면, 김호는 1920년 5월까지 정처 없이 잡노동에 종사하다가 중가주 리들리에서 김형순을 만나 함께 사업에 참여하게 되었다고 한다.[39] 김호가 노동을 하다면서 떠돌아 다니다가, 1920년 9월 10일 리들리건제회사를 설립하여 사업에 참여하기 시작하였다.『신한민보』1923년 6월 20일자「북가주순행기」

35　『신한민보』1919년 7월 29일자,「일 오시오」.
36　이자경,「중가주 한인 이민사 개요」,『중가주 한인역사의 재조명』, 2003.2.1, 28쪽.
37　崔鳳潤,『미국 속의 한국인』, 265쪽.
38　崔鳳潤,『미국 속의 한국인』, 265쪽.
39　이상수,『송철회고록』, Keys Ad & Printing Co., 1985, 228쪽.

라는 기사에 의하면, 김호가 유도보의 농장에서 최준옥·김경선 등과 노동을 하고 있다고 하였다. 이로 보아 리들리건제회사가 잘 운영이 되지 않아, 1923년 6월경까지 유도보의 농장에서 틈틈이 노동을 하고 있었던 것으로 보인다. 그런데 1921년 독립운동을 하던 김호의 소식을 듣고 이화학당 시절 김호로부터 영어와 수학을 배웠던 한덕세가 리버사이드로 가서 김호를 리들리로 데리고 왔다는 것은 사실과 맞지 않는다.[40] 위의「북가주순행기」라는 기사에서, 김형순과 김호가 함께 김형제상회(Kim Brothers Company)를 설립한 시기는 1923년 이후라고 보아야만 한다.

　김형순은 한덕세와의 인연으로 김호와 함께 사업을 시작하게 되었던 것만은 분명하다. 한덕세는 그의 주식 가운데 절반을 김호에게 주고, 리들리 묘목장의 동업자로 살았다. 김형순·김호·한덕세 3인의 동업자들은 김형제상회를 새로이 설립하여, 사장에 김형순이 취임하였다.[41] 주식배분은 김형순 50%, 한덕세 25%, 김호 25%였고, 이같은 체제는 3인이 은퇴할 때까지 지속되었다.[42]

　김형제상회 창립 당시 김형순은 사장으로 회사 운영에 전념하고, 한덕세는 부사장 겸 전무로 회사와 가사를 전담하고, 김호는 독립운동과 동포사회를 돌보면서 회사의 서기 겸 회계의 직을 수행하기로 하였다. 김형제상회가 사업적으로 자리를 잡아가자, 당초의 역할분담은 다소 변하게 되었다. 김형순은 다뉴바를 중심으로 하였던 중가주지역의 독립운동과 한인사회 사업에

---

[40] 홍선표,『재미한인 독립운동의 표상, 김호』, 독립기념관, 2012, 87쪽.
[41] 김형제상회의 사업적 성공과 우의는 서로 간에 사돈을 맺게 된다. 김호의 외아들 김경환과 김형순의 차녀 김영옥(Ruth Kim)과 결혼하게 되었다. 김영옥은 피바디 음악학교(Pepody Music Conservatory)에서 바이올린을 전공했다(『신한민보』1931년 7월 2일자,「김영옥 양의 졸업 축하」). 김경환은 연희전문을 졸업한 뒤 독일 베를린공과대학에서 건축학을 전공하고, 체코 프라하미술대학에서 건축미학을 전공하였다(김운하,「미주 한인 최초 백만장자 김형순」, 45쪽).
[42] 김운하,「한국 첫 미주 이민단의 지도자 : 김형순 선생의 요약된 생애」, 16쪽.

나서게 되었다.[43]

　김형제상회는 시장판매용 채소사업을 시작하여 500에이커나 경작하게 되었다. 그들의 사업은 복숭아와 기타 과일을 생산할 만큼 확장되고 통조림 제조와 대규모 온실시설과 더불어 도매상으로까지 성장함으로써 연간 매출액이 40만 달러에 달했다.[44] 사업은 날로 번창하여 과수원, 과일포장 창고, 묘목장을 갖게 되었다. 김형제상회는 주로 복숭아와 신종 넥타린 복숭아 등 새로운 과일의 품종 개발에 노력하였다. 김형순은 프레즈노(Fresno)에서 원예전문가 프레드 앤더슨(Fred Anderson)과 교류하였는데, 앤드슨은 80여 종 이상의 과일 특허권을 개발하였다. 그런데, 앤더슨은 김형제상회에 새 복숭아 품종을 독점할 수 있도록 허락해 주었던 것이다. 자두와 복숭아를 접목해 만든 털 없는(fuzzless) 복숭아, 즉 넥타린(Nectarine)은 병충해에 강할 뿐만 아니라, 생산량도 많고 당도도 높았다. 넥타린은 1936년 키즘(Kism)이라는 이름으로 출품되었다가, 1942년 '르 그랑드(Le Grand)' 또는 1950년 '선 그랑드(Sun Grand)'라는 이름으로 시장에서 판매되었다.[45] 그래서 김형제상회는 12개가 넘는 신품종을 개발하여 미국 정부로부터 특허권을 소유하고 있다.

　김형제상회의 묘목장과 과수원은 샌 화퀸(San Joaquin) 계곡에 있었다. 계곡의 벌판은 매우 건조하고 더웠으며, 한나절에는 화씨 105도 내지 110도 가량이나 되었다. 김형제상회의 주된 사업은 주택 정원조경과 과수원을 위한 묘목회사, 과수원, 과일 팩킹, 운송회사 등이다. 해방 전까지 재산평가는 리들리, 다뉴바, 프레즈노 등 6개 처에 산재한 500여 에이커의 농장과, 40만 달러의 팩킹시설, 10만 달러의 묘목장 등 150만 달러 가량의 부동산과,

[43] 「김운하가 필자에게 보낸 이메일(2021. 4. 12)」.
[44] Lee Houchins and Chang-su Houchins, 「The Korean Experience in America 1903-1924」, 『Pacific Historical Review』 43, 1974, p.563(김일수, 『뉴욕한인사회』, 路出版, 1990, 7쪽에서 재인용).
[45] Marn J. Cha, 『Koreans in Central California(1903-1957)』, University Press of America, 2010, p. 80.

700만 달러 가량의 동산을 소유하고 있었다. 매년 순수입은 1백만 달러를 넘어 독립운동 자금과 동포기관 운영의 최대의 자금조달처 역할을 했다.[46]

김형순이 미국에서 단시일에 사업에 성공할 수 있었던 비결은 어릴 때부터 미국인 선교사에게 영어를 배워 언어에 장애가 없었으며, 선교사들로부터 미국적 사고와 생활방식을 익혀 미국사회에 적응이 빨랐기 때문이다. 그리고 그의 사업 경영 수완은 하와이 농장에서 통역으로 일하면서 농장경영에 관한 경험을 배운 것이 도움이 되었다. 즉, 종업원들에게 숙소를 무료로 제공한 것이라든가, 한국인을 비롯하여 동양인들을 감독으로 쓴 것이 아니라, 백인을 고용하여 감독하게 한 것이라든가, 시간외 수당을 지급하지 않는 것 등이다.[47] 다시 말해 하와이 사탕수수농장주들이 그랬듯이 종업원들의 시간과 돈을 절약하기 위해 집단거주지를 만들어 주었다.[48] 이를 통해 노동의 효율성과 생산성을 높여 부를 축적할 수 있었다.

김형순은 농장을 경영하고 있을 당시인 1922년 1월경에 대한인국민회 다뉴바지방회의 실업부원으로 선임되어 활동하고 있었다.[49]

2) 미주 동포 지원 활동

김형순은 뛰어난 사업수완으로 부를 축적하였으나, 그것을 일신상의 부귀를 위해 사용하지 않았다. 사업을 통해 번 돈의 상당 부분을 독립운동과 동포사업을 위해 사용되었다. 그는 일찍이 인천 내리교회에서 세례

---

46 매년 그들은 1백만 달러의 소득을 올림으로써 한인사회에서 김형제상회는 제일 가는 기업이 되었다. 이같은 김형순의 활동으로 미연방 농무성은 김형순에게 '넥타린의 왕'(King of Nectarine)이라는 칭호를 공식적으로 증명하는 표창장을 주었다고 한다.
47 崔鳳潤, 『미국 속의 한국인』, 266쪽.
48 김형제상회의 평균임금은 낮은 수준이었는데, 시간당 50센트 내지 75센트 정도였다고 한다(崔鳳潤, 『미국 속의 한국인』, 128쪽).
49 『신한민보』 1922년 1월 26일자, 「다뉴바지방회보」.

를 받은 기독교인이다. 김형순이 리들리에 정착하기 1년 전에 6마일 떨어진 다뉴바 지역에 세워진 다뉴바 한인장로교회[50]가 있어 거기에서 교인으로 신앙생활을 하였다.

미주 이민사회에서 한인교회는 단순히 종교조직일 뿐만 아니라, 한인들의 고단한 삶의 휴식처이며, 독립운동을 후원하는 정치모임이기도 하였다. 김형순은 리들리에 정착한 후 예배당을 짓기로 마음먹었으나, 아직까지 경제적 여유가 없었다. 사업이 점차 번창하면서 그는 김형제상회의 가옥에 예배당을 설립하였고,[51] 그 교회가 1922년 3월 26일 한인감리교로 남감리교 선교부와 교섭하여 승격하였다. 하지만 리들리한인교회는 1931년 5월 남감리교회의 재정이 곤란하여 리들리한인교회는 장로교회로 넘기게 되었다. 그리고 리들리 한인장로교회는 이치완·마영준이 장로로, 김형순·이충기·강화중이 집사로 안수를 받았으며, 이살음이 목사로 부임하였다.[52] 1938년 김형순은 리들리의 제이 스트리트(J Street) 1408번지에 대지를 기증하고, 교인들이 목재를 구입하여 1939년 3월 새 교회를 건축하였다. 리들리 한인장로교회는 김형순의 대지를 기부하였고, 김형제상회와 국내 선교부와 각지 인사들의 의연금을 받아, 약 4,500달러의 예산으로 새 예배당을 건축하게 되었다.[53] 리들리 한인장로교회는 1939년 3월 1일 교회 봉헌식을 거행하고,[54] 그해 1939년 4월 장로교회 법인 관허를 신청하여 샌화킨노회에 정식

---

50 다뉴바 한인장로교회는 1912년 650달러를 모아 첫 예배 처소를 마련했으며, 미국인 린들리 부부의 도움으로 주일학교를 운영, 한인 어린이들에게 영어와 성경을 가르쳤다(차만재, 「美 본토 첫 한인타운: 리들리와 다이뉴바」, 53쪽). 교회건물은 1912년 10월 완공되었고, 해방후 한인들의 이주로 1958년 2월까지 46년간 지속되다가 폐쇄되었다(차만재, 「북. 중가주 한인 이민 역사 (1906-1958)」, 『한인이민 100주년 기념사업회 샌프란시스코 미국총회: 미주이민 100주년 기념 이민 역사 자료 세미나 자료집』, 2003년 6월 9일).
51 리들리 지방에는 1919년 2월 그 지방에 거주하는 한인들이 전성요 주택을 예배처로 정하고 남감리교 순행전도사 임정구를 청하여 예배를 보고 있었다.
52 『신한민보』 1931년 7월 2일자, 「리들리에 장로교회」.
53 『신한민보』 1939년 1월 12일자, 「리들리 한인장로교회」.
54 『신한민보』 1939년 3월 30일자, 「리들리 한인장로교회의 예배당 건축 역사」.

가입되었다.[55] 당시 교회에는 교인이 100여 명까지 이르렀으며, 김형순은 교회운영비와 담임목사 월급 등을 근 40여년 동안 지원하였다.[56]

또한 김형순은 경제적으로 어려운 동포들을 많이 도왔다. 결혼도 못하고 어렵게 살다 죽은 사람들을 위해 묘지를 구입 장례를 치르기도 하였으며, 교회 앞에 양로원을 지어 늙어서 오갈 때 없는 한인들을 살게 해주었다.

한편, 대한인국민회는 1935년 최진하가 총회장으로 선출된 이후, 1936년부터 총회관 건립을 위한 모금이 시작되어 1938년 로스앤젤레스 웨스트 제퍼슨 블러바드(West Jefferson Blvd.) 1368번지에 총회관을 건립하였다. 이후 대한인국민회는 샌프란시스코 시대를 마감하고, 로스앤젤레스 시대가 개막되어 재미한인 독립운동의 중심지가 되었다. 김형순은 로스앤젤레스 대한인국민회 총회관을 건립하는 건축기금 3만 달러 전액 중 김호와 함께 각각 1만 달러를 내었다. 이처럼 동포지원과 동포기관을 위해 그는 자신의 부를 아낌없이 기부하였던 것이다.

3) 대한인국민회의 재건 사업

김형순은 사업을 확장하면서도 계속해서 대한인국민회 사업에 적극 참여하며 독립운동을 지원하였다. 그의 사업이 번창하고 있을 때, 국내에서 3·1운동이 일어났다. 그는 사업관계상 적극적으로 독립운동을 후원하는 일에만 전념할 수 없었다. 그래서 그는 물질적으로 원조하는 방법을 택했다. 3·1운동 당시 『신한민보』에 보면, 1919년 4월 독립의연금으로 10달러를

---

55 김원용, 『재미한인오십년사』, 67~68쪽.
56 리들리 한인장로교회도 1952년 12월 교회 부지에 사택까지 신축하였으나 교포들의 분산으로 폐지되고 말았다.

내었고,[57] 5월에 구제금으로 5달러를 냈으며,[58] 7월에 6.75전달러를 내었다.[59]

3·1운동이 일어났을 당시까지 김형순은 샌프란시스코지방회에 소속되어 있었던 것같다. 리들리에서 샌프란시스코까지 상당한 거리가 있었기 때문에 국민회 활동을 하는데 지장이 있었다. 이에 김형순은 리들리에서 6마일 떨어진 다뉴바지방회로 옮겨서 활동을 시작하였다. 샌 화퀸 계곡에 있는 다뉴바는 리들리와 마찬가지로 비옥한 농장지대이다. 1908년부터 수확기만 되면 150~200명(많을 때는 200~300명)의 한인들이 모여들었다. 다뉴바는 미주 본토에서 한인들의 인구밀도가 가장 높은 곳의 하나로 부상되어, 1914년 5월 20일 다뉴바지방회가 설립되었다. 이때부터 다뉴바를 중심으로 한 중가주시대를 열렸다.[60]

다뉴바는 국내에서 독립선언을 하였다는 소식이 전해진 이후, 북미지역서 가장 먼저 독립선언 기념식을 거행한 곳으로 유명하다. 또한 다뉴바는 최초로 대한여자애국단이 결성되어 왜간장 안먹기 캠페인을 펼쳤으며, 1920년부터 매년 메인 스트리트(Main Street)에서 3·1만세운동기념 퍼레이드를 갖는 등 독립운동이 활발히 전개된 곳이다.[61] 이처럼 다뉴바지방회를 중심으로 독립운동이 활발히 일어나던 곳에서 김형순은 독립운동을 시작하였다. 그래서 1922년 임원들이 교체될 때, 김형순은 다뉴바지방회 실업부원으로 선정되었다.

그러나 1924년 이후 미주 한인사회는 아시아인의 이민을 전면금지한 미국 연방이민법으로 인해 더 이상의 한인이민이 없었다. 즉, 1924년 이민법

---

57 『신한민보』 1919년 4월 17일자, 「독립의연」.
58 『신한민보』 1919년 5월 17일자, 「구제합시다」.
59 『신한민보』 1919년 7월 15일자, 「二十一例 四二五二年 四月 一日로 六月 三十日까지」.
60 1911년 프레즈노(Fresno)의 지방회는 인구부족으로 폐쇄되었고, 다뉴바 지방회는 1917년 7월 자치제를 제정하고 경찰원과 상주원을 두었다(이자경, 「중가주 한인 이민사 개요」, 32쪽).
61 차만재, 「美 본토 첫 한인타운 : 리들리와 다이뉴바」, 53쪽.

에 의해 한인들의 이민이 완전히 금지된 이후 미주에서의 독립운동은 침잠하게 되었다. 새로운 이민법으로 본국에서 들어오는 새로운 운동자를 받아들이지 못하게 되었고, 인구이동이 줄어들면서 운동자 간의 세력교체가 원활히 이루지지 않아 활력을 잃어가고 있었다.[62]

한편 대한인국민회 북미지방총회는 하와이지방총회가 1921년 3월 대한인교민단으로 떨어져 나가자, 1922년 중앙총회를 폐지하고 북미·멕시코·쿠바에 있는 지방회만으로 대한인국민회를 재편성하였다. 김형순은 1914년부터 줄곧 대한인국민회 샌프란시스코·다뉴바 지방회의 회원으로 활동을 하고 있었다. 그렇지만 김형순은 이승만과도 개인적으로 매우 친밀한 사이였다. 그가 북미로 올 때 하와이를 들려 이승만을 방문하고 면담을 하였었다. 당시 이승만은 하와이 국민회에서 교회를 건립하기 위해 구입해 놓았던 엠마(Emma) 지역의 토지를 여자기숙사 부지로 내어줄 것을 요구하였다. 여자기숙사 건립문제는 국민회 대의회의 의결을 거쳐 참의원에 회부되었으나 부결되었다. 이렇게 되자 이승만은 하와이 국민회의 결정에 반발하고 엠마기지를 한인중앙학원에 줄 것으로 요구하였으며 그 소유권을 자신의 명의로 해달고 요구하였던 것이다. 이렇게 이승만이 여자기숙사 건립문제로 많은 사건이 있을 당시, 김형순은 이승만과 자주 편지를 주고 받으며 서로 간의 우의가 깊었다.[63]

1919년 3월 국내에서 독립을 선언한 이후 중국 상하이에 대한민국임시정부가 수립되었고, 그해 8월 이승만은 워싱턴에 구미위원부를 창설하였다. 그해 5월 말 상하이 임시정부에서는 애국금 3백만 달러를 모집하기로 하고,

---

62 김도형,「1930년대 초반 하와이 한인사회의 동향 - 교민총단관 점령사건을 통해서 -」,『한국근현대사연구』9, 1998.
63 「김형순이 이승만에게 보낸 편지(1919. 12. 6)」,『이승만 동문 서한집』, 중, 연세대출판부, 2009, 263쪽.

미주에서의 애국금 모집은 대한인국민회가 대리하게 하였다.[64] 그런데 이승만은 미주한인사회의 재정업무는 정부기관인 구미위원부가 맡고, 대한인국민회의 애국금 수합운동을 중단해야만 한다고 하였다. 이승만은 자신의 활동, 파리에서의 김규식의 활동, 그리고 상하이 임시정부의 유지 등에는 모두 돈이 필요함으로 활동자금을 마련하기 위해 공채표를 발행하겠다고 하였다. 이승만이 워싱턴에 구미위원부를 설치하면서 미주에서 독립운동자금의 모금과 관련하여 대한인국민회와 대립을 할 수밖에 없었다. 구미위원부와 대한인국민회 사이의 공채표-애국금 논쟁 때문에, 미주 한인들은 혼란스러웠다. 그래서 김형순은 1919년 12월 6일 이승만에게 편지로, 공채표 구입에 대해 문의를 하고, 외교활동이 어떻게 진행되고 있는지를 알려 달라고 하고, 마지막으로 미주에서 재정을 모집하여 임시정부에만 보내지 말고 국내에서 고난을 당하는 동포들에게 보내야만 한다고 하였다.[65]

이처럼 김형순은 대한인국민회의 회원으로 활동을 하고 있었지만, 개인적으로는 이승만과 상당한 친분을 가지고 있었던 것같다. 후대의 글이지만, 김형순은 "하와이나 미주에서 우리 대한사람들이 다같이 대한독립과 자유를 국민회원이나 동지회원이 원하고 부르짖고 물심양면으로" 힘쓰고자 하였다고 한다.[66] 그러나 미주 한인사회는 더욱 분열되었으며 어느 한쪽에 붙지 않을 수 없는 상황이었다. 김형순은 대한인국민회를 적극 지원하였으며, 안창호와도 빈번하게 연락을 주고받으며, 독립운동 지원과 동포들을 돕는 일을 하고 있었다.[67]

김형순은 1920년대에도 여러 가지 사업으로 매우 바빴음에도 불구하고 꾸준히 국민회 다뉴바지방회에서 적극적으로 활동하고 있었는데, 1921년

---

64 『신한민보』1919년 5월 29일자,「애국금 3백 만원을 모집」.
65 「김형순이 이승만에게 보낸 편지(1919. 12. 6)」,『이승만 동문 서한집』, 중, 263~265쪽.
66 김형순,「국민회와 동지회의 차이점」,『국민보』1952년 3월 12일자.
67 「金衡珣이 안창호에게 보낸 편지(독립기념관 소장 도산자료:A01272)」.

1월 그는 다뉴바지방회 실업부원으로 보결되었다.[68]

앞에서도 본 바와 같이, 김형순이 거주하였던 중가주 리들리에는 김형제상회의 건물을 얻어 남감리교회 선교부와 연락하여 1922년 3월 26일 한인남감리교회가 설립되었다. 리들리 한인남감리교회에 1928년 8월경 한석원이 목사로 부임하였고, 한석원은 리들리교회에 해동학교라는 국어학교를 설립하였다. 한석원 목사는 해동학교에서 아동가극을 재미 한인사회에 적응하도록 실험하였다. 아동가극 보급은 리들리의 재력가인 김형순과 그의 부인 한덕세가 적극적인 후원을 하였다. 왜냐하면 이들 부부의 두 딸이 음악에 관심을 가졌기 때문이다.[69] 1929년 3·1절 행사에서 리들리교회 해동학교와 주일학교 한인 2세들이 아동가극에 참가하였고, 이들은 그해 봄 부활절에는 샌프란시스코 한인감리교회에서 공연을 하였다. 한석원 목사의 아동가극에는 김형순과 한덕세 부부가 적극적으로 후원과 지원을 하였다.

리들리를 중심으로 활동하던 김형순은 1920년대 사업외에 대외적인 사회활동을 활발하게 하지는 않았다. 그렇지만 당시『신한민보』기사에 의하면, 리들리와 한인단체, 한인교회 등에서 자신이 가진 재력을 기부하는 활동은 매우 활발하게 하고 있었다. 1929년 말 국내에서 광주학생운동이 일어나면서, 독립운동의 열기가 미주에까지 미쳤다. 광주학생운동에 대해 일제가 한국 학생들에 대한 탄압하자, 뉴욕 한인들은 '뉴욕 동포 내지 학생운동 대책 강구회'를 조직하고 의연금을 거두었다.[70] 1930년 1월 27일 뉴욕에서는 한인공동회가 발기되었고, 시카고한인공동회(1930. 2. 3), 나성한인공동회(1930. 2. 9), 디트로이트한인공동회(1930. 2), 중가주한인공동회(1930. 3. 8) 등이 차례로 설립되었다.[71] 그동안 잠잠하던 이승만도 광주학생운동을 계

---

68 『신한민보』1921년 1월 26일자,「다뉴바지방회」.
69 안형주,『천안 만세운동과 미주민족운동』하, 성서와교회연구원, 2018, 379쪽.
70 『신한민보』1930년 2월 6일자,「뉴욕동포 제1차 회의」.
71 홍선표,『재미한인의 꿈과 도전』, 연세대출판부, 2011, 121쪽.

기로 그의 모든 시간을 민족운동에 투신해야만 한다고 선언하고는 1930년 2월 하와이섬에서 호놀룰루로 오게 되었다. 이때까지 명목만 유지하고 있던 그의 개인 조직인 동지회 재건사업에 착수하였다. 한편으로 미주 한인사회에는 국민회·동지회 간의 파벌싸움에 염증을 느끼고 있었으며, 당시 세력 간의 갈등에 불만을 가진 그룹들에 의해 통일운동이 추진되었다.

그리고 중가주지역에서는 1930년 3월 8일 광주학생운동을 후원하기 위해 다뉴바, 리들리, 팔리어(Parlier) 지역에 거주하는 한인 40여 명이 다뉴바 한인교회에서 중가주대한인공동회를 발기하였다. 중가주대한인공동회는 "독립운동에 관한 모든 일을 중가주 지방에 거주하는 대한인과 협동하여 진행하기로 함"이라 하여, 국내 학생운동에 대한 후원 뿐만 아니라 전 분야의 독립운동에 대해 관여하는 항구적인 단체로 나갈 것임을 밝혔다.[72] 국내 학생운동에 대해 헐버트의 전술을 후원하기 위한 의연금을 거두었는데, 김형순은 20달러를 기부하였다. 그리고 중가주대한인공동회에의 규칙을 제정하기 위한 규칙기초위원으로 김형순·한석원·강화중 3명이 선정되었다.

그리고 중가주대한인공동회의 회장으로 한인사회에 가장 재력이 많고 또 신망도 높았던 리들리의 김형순이 선임되었다. 그리고 부회장에는 이살음(다뉴바), 서기에는 진영규(오렌지 코버)·오림하(다뉴바), 회계에는 강화중(팔리어)·송태은(다뉴바)·이충기(리들리), 이사부원은 송천희·김수용·유도보·이대종·한석원·이민식 등이 선임되었다.[73] 중가주대한인공동회 회장 김형순은 국내 학생운동을 후원금 300달러를 모집하였으며, 인구세를 거두어 임시정부 재무부에 직접 납부하기로 하였다.

김형순은 김형제상회 경영에 바쁜 가운데에도 불구하고 중가주대한인공

---

72 『신한민보』 1930년 3월 27일자, 「중가주에 공동회는 영구 존속하기로」; 洪善杓, 「1930년대 在美韓人의 統一運動」 『한국독립운동사연구』 10, 1996, 200쪽.

73 『신한민보』 1930년 3월 27일자, 「중가주에 공동회는 영구 존속하기로」.

동회 회장을 맡아 1년 가까이 활발한 활동을 전개하였다. 그러나 사업관계로 더 이상 회장을 계속하기는 어려웠기 때문에, 1931년 7월 4일 선거에서 그의 가장 큰 지지자인 김호가 회장을 맡게 되었다. 그리고 부회장에는 오충국, 서기에는 진영규, 재무에는 송태은·이충기·강화중, 평의원에는 이민식·마영준·강화중이 선출되었다.[74]

일제의 만주침략으로 인해 만주에 대한 지배가 강화되면서 독립운동의 열기는 높아가자, 중가주한인공동회에서는 1931년 10월 17일 중국 상하이 한교전체대회와 행동일치를 꾀하기로 하고, 3개조의 결의안을 통과시키면서 재미한교연합회(在美韓僑聯合會)를 조직할 것을 제의하였다. 그리고 그해 11월 2일 중가주한인공동회는 국민회 총회장 백일규와 회의를 갖고, 만주사태를 당하여 재미한인동포가 임시정부를 중심으로 활동하기로 방침을 정하였다.[75] 1931년 11월 현재 중가주대한인공동회에서는 독립운동 자금을 모아 임시정부를 지원하기로 하고 188.75달러를 모금하였다.[76]

한편, 김형순은 1931년 3월 경남 마산에 거주하는 팔순 노모를 만나기 위해 고국을 방문하게 되었다.[77] 김형순은 고국 방문시 서울과 남부지방을 돌아보았으며, 일제 형사에게 계속해서 미행을 당하는 등 감시가 심해서 오래 있지 못하고 5월 5일 다시 미국으로 돌아왔다. 그는 미국에 돌아와서 신한민보 기자와의 인터뷰에서 "우리 조선사람은 다 죽었습니다. 해먹을만한 사업은 모두 왜놈이 하여 먹고 조선사람은 해 먹을 것이 없습니다. 농사를 해먹을랴도 돈이 없어 할 수 없고, 장사는 더구나 왜놈들 때문에 해먹을 수 없습니

---

74 『신한민보』 1931년 7월 16일자, 「중가주 한인공동회」.
75 홍선표, 『재미한인의 꿈과 도전』, 125~127쪽.
76 『신한민보』 1931년 11월 12일자, 「중가주공동회 일치로」.
77 『신한민보』 1931년 2월 26일자, 「김형순씨는 근성차로 환국」; 『신한민보』 1931년 5월 7일자, 「김형순 본국 여행담」.

다"라고 하였다.[78] 그리고 김형순은 "우리 민족이 남에게 먹혀도 불갱이 같은 왜놈에게 먹혀서 내지 동포들은 무진한 고통을 당하고 있습니다. 그네들의 오직 희망은 해외동포들인데 우리 해외동포들은 싸움들만 하고 있는 것이 한심한 일이외다"라고 하였다.

김형순이 고국을 방문하고 다시 미국에 왔을 때, 국내에서는 사회적으로 하나의 사건이 발생하였다. 『동아일보』 1931년 5월 13일자에 「2천원에 경매당하는 이충무공의 묘소위토」라는 제목으로 충무공을 모신 현충사의 위토공매(位土公賣) 문제가 기사화되었다.[79] 이 기사에 따르면, "임진란, 거북선과 함께 역사를 지은 민족적 은인 이충무공의 위토 60두락지기가 장차 경매에 붙을 운명에 있다"라고 하였다. 즉, 이충무공의 13대 종손 이종옥(李種玉)이 살림이 어려워지자 충무공의 위토를 1,300원에 빚을 얻었으나, 갚지 못하고 이자까지 붙어 2,400원이 되어 동일은행(同一銀行)에 들어갔다. 이에 동일은행에서는 1931년 5월 말까지 갚지 않으면 이충무공의 묘지위토를 경매처분할 수밖에 없다고 통지하였다. 이충무공 위토문제가 사회적 문제로 부상되면서 1931년 5월 23일 서울 수표동에 있는 조선교육협회에서 남궁훈·유진태 등의 통문으로 묘소, 위토문제 대책을 강구하는 회를 열고, 즉석에서 '이충무공유적보존회(李忠武公遺蹟保存會)'를 창립하게 되었다.[80]

김형순은 경남 통영 출신으로, 통영에는 이순신 장군의 사당인 충렬사가 건립되어 있었다. 이 때문에 그는 충무공에 대한 남다른 애정을 가지고 있었다. 그래서 그는 "한인 된 사람으로 이에 대하여 응종치 아니할 자 누가 있사오릿까"라고 하면서 적극적으로, 모금활동에 참여하였다.[81] 미주지역에서는

78　『신한민보』 1931년 5월 7일자, 「김형순 본국 여행담」.
79　『동아일보』 1931년 5월 13일자, 「二千圓빚에 競賣當하는 李忠武公의 墓所位土」.
80　김도형, 「1930년대 이충무공유적보존운동의 전개와 그 성격」, 『이순신연구논총』 15, 순천향대 이순신연구소, 2011 참조.
81　『신한민보』 1931년 7월 2일자, 「리충무공 유적보존에」.

"이충무공의 유적보존 성금은 해내 해외를 물론하고 한국 사람치고는 누구나 정성을 표하였"다.[82] 미주지역의 대표적인 한인단체인 대한인국민회에서는 각 지방회를 통해 성금을 모았다. 또한 경제적 처지가 열악한 멕시코지역 한인들도 성금을 보냈는데, 멕시코시티지방회에서는 18.25페소를,[83] 메리다지방회에서도 20페소를 신한민보에 보냈다.[84]

1930년대 초반부터 미주 한인사회에서는 다양한 통일운동론이 나타나기 시작하였다. 특히, 1931년 9월 일제가 만주를 불법적으로 침략하면서, 중가주대한인공동회와 북미 최대의 한인단체인 북미 대한인국민회가 공동으로 임시정부로 행동을 집중하자는 결의를 하였다. 그리고 그해 11월 9일 미주한인연합회 발기문을 발표하고, 12월 5일부터 7일까지 대한인국민회·나성한인공동회·중가주한인공동회·묵경자성단 등 4개 단체가 공동으로 '미주한인연합회'를 조직하였다. 북미의 다른 단체들도 미주한인연합회에 참여하면서, 미주한인연합회는 북미지역의 연합기관이 되었던 것이다. 그리고 1932년 1월 임시정부는 미주한인연합회를 공식기관으로 인정하였고, 연합회에서는 미국·멕시코·쿠바지역의 인구세와 의연금을 모금하여 임시정부에 보냈다.[85]

1932년 1월 8일 한인애국단 단원 이봉창이 일본 도쿄[東京]에서 일왕에게 폭탄을 던지는 의거를 일으켰으나 실패하고 말았다. 그리고 그해 4월 29일 중국 상하이 홍커우공원에서 한인애국단 단원 윤봉길이 일제 침략자들에게 폭탄을 투척하는 의거를 일으켰다. 윤봉길의사의 장쾌한 의거가 미주에 전해지면서 임시정부에 대한 지원활동이 대대적으로 전개되었다. 중가주에서는 1932년 5월 17일 다뉴바 교회에서 중가주한인공동회를 소집되었

---

82 『신한민보』1931년 7월 16일자,「리충무공 위한 성금」.
83 『신한민보』1931년 11월 19일자,「리충무공 유적보존금」.
84 『신한민보』1932년 1월 21일자,「리충무공 유적보존금」.
85 홍선표,『재미한인의 꿈과 도전』, 126~128쪽.

고, 회장 대리 김형순의 주제하에 임시정부를 지원하기 위한 의연금 모집을 하였다. 김형순이 15달러, 부인 한덕세가 5달러의 성금 등 모두 68.80달러를 모금하였다.[86]

김형순의 동지인 김호가 미주한인연합회에서 미주 한인사회의 통합운동을 전개하고 있다가, 1933년 4월 리들리에서 나성한인공동회에 함께 대한독립당을 창립하여 한국대일전선통일동맹에 가입하였다. 이후 미주의 한인단체들이 대일전선통일동맹에 가입하였다. 김형순은 대한인국민회의 회원으로서의 의무를 충실히 수행하였지만, 이승만과도 매우 친밀한 관계를 유지하고 있었다. 일제가 만주사변을 일으키자 국제연맹에서는 1932년 말부터 『리턴보고서』의 해석과 채택을 둘러싸고 중·일 간 치열한 외교전이 전개되고 있었는데, 이때 이승만은 국제연맹에 한국문제를 제출하고자 하였다.[87] 그는 1933년 1월 초부터 5월 중순까지 스위스 제네바에 머물며 국제연맹 및 그 회원국 대표들을 상대로 외교활동을 펼쳤다. 그런데, 이승만이 국제연맹에서 외교활동을 할 수 있게 재정적 지원은 김형순 등 중가주의 동포들이 맡았다. 이승만의 제네바 외교활동을 위해 김형순은 25달러를 냈다.[88] 그리고 김형순은 1933년 12월 구미위원부의 유지를 위한 재정을 모집하기 위해 스탁톤·새크라멘토·샌프란시스코 등지를 순행하였고,[89] 1934년 4월에는 구미위원부 잡지 출판을 후원하기 위해 샌프란시스코를 다녀왔다.[90]

한편, 1934년 7월 2일 김형순의 장녀 김동옥(메리)과 로스앤젤레스의 사업가인 김용중과 결혼을 하게 되었다.[91] 이승만의 충실한 추종자였던 김형순

---

86   『신한민보』1932년 5월 26일자, 「두 곳 공동회 임정 후원」.
87   고정휴, 『한국독립운동의 역사 – 1920년대 이후 미주·유럽지역의 독립운동』 54, 한국독립운동사연구소, 2009 참조.
88   『신한민보』1933년 1월 19일자, 「이승만 박사의 여비」.
89   『신한민보』1933년 12월 28일자, 「김형순씨 구미위원부 일로 순행」.
90   『신한민보』1934년 4월 26일자, 「김형순씨 잡지 사건으로 입항」.
91   『신한민보』1934년 7월 5일자, 「양 김씨의 백년가약」. 김형순의 장녀 김동옥은 메릴랜드 볼트

이 이승만과 다른 길을 가게 되는 데에는 두 사람 간의 개인적인 사정도 있었다. 차만재의 연구에 의하면, 이승만이 리들리에 들릴 때마다, 김형순에게 장녀 김동옥과 결혼을 하게 해달라고 하였다. 그런데 김형순의 부인 한덕세가 이를 허락하지 않았기 때문에 이승만과 김동옥은 결혼을 할 수가 없었다고 한다.[92] 이후 이승만은 스위스 제네바에 가서 국제연맹을 상대로 외교활동을 하고, 도너 프란체스카를 만나서 결혼을 하게 되었다. 그럼에도 불구하고 김형순은 1934년 12월 이승만 부부를 모시고 샌프란시스코에 갈 정도로 매우 가깝게 지냈다.[93] 1939년 7월 25일 동지회 주최로 로스앤젤레스 한인장로교회에서 열린 이승만 환영식에서 김형순은 이승만을 소개하는 역할을 맡기도 하였다.[94]

1935년이 되면서 대한인국민회는 총회장 백일규가 사퇴한 뒤, 그해 3월 최진하가 새로 총회장이 되고, 『신한민보』의 주필도 신두식으로 바뀌면서 새로운 변화를 맞이하였다. 이같은 변화에 따라, 북미의 한인들은 미주에서 역사와 전통이 가장 오래된 대한인국민회를 중심으로 합동운동을 하는 것이 최선이라고 보았다. 1936년 5월 17일 송헌주·최진하·송종의·김병연·홍언 등, 이살음·이순기·김성권·정지영·한승곤 등 22명의 대표자들이 중가주 리들리의 김형순의 사랑방에 초청되어 원탁회의를 가졌다. 거기에서 각 단체들이 대한인국민회의 재건이라는 대전제하에 하나로 연합하여 독립과 동포권익옹호운동을 펴나가기로 결의하였다. 1929년 말에 설립된 동지회 리들리지회와 1930년 3월 조직된 중가주한인공동회를 해소하고, 1936년 5월

모아에 있는 피바디 음악학교(Pepody Music Conservatory)에서 피아노를 전공하였다(『신한민보』 1930년 6월 19일자, 「김동옥양 하기에 근성차로」).

92 Marn J. Cha, 『Koreans in Central California(1903 – 1957)』, p.93.
93 『신한민보』 1934년 12월 13일자, 「김형순씨 상항 심방중」.
94 『신한민보』 1939년 8월 3일자, 「이승만 박사의 환영회」.

31일 김호·이살음의 주도로 대한인국민회 중가주지방회가 복설되었다.[95]

대한인국민회 중심으로 합동하고자 하는 미주한인들의 열망에 의해, 1936년 7월 4일부터 5일까지 샌프란시스코 총회관에서 특별대의원회를 개최하여 9개조의 의안을 통과시켰다. 통과된 주요한 의안은 첫 번째로 기존의 총회장제를 위원제로 바꾸고, 두 번째는 임시정부 후원과 로스앤젤레스에 총회관을 건축하기로 결의하였다.[96] 헌장을 수정해서 총회장제에서 위원제를 바꾸었기 때문에, 김형순은 그해 12월 7일에 열린 중가주지방회 지방집행위원으로 선출되었다.[97]

1937년 1월 3일부터 6일까지 샌프란시스코 총회관에서 대한인국민회 제1차 대표대회가 열렸다. 1월 5일 대표원회의에서 새 집행부를 구성하여, 중앙집행위원으로 김호·최진하·신두식·한시대·정몽룡·김동우·송종익·송헌주·김형순·임정구·황사선 등 11명을 선임하였다.[98] 중앙집행위원장 선거에서 송헌주가 당선되었으나, 개인사정으로 사면함으로써 김호가 중앙집행위원장에 선출되었다. 그리고, 중앙상무위원 총무 최진하, 선전 신두식, 구제 임정구, 교육 황사선, 실업 김동우, 중앙감찰위원에 김탁·황사용·조성학 등이 선출되었다. 1월 6일 회의에서는 전체대표대회 대표를 선출하였는데, 김형순과 이살음이 중가주 대표로 선출되었다.[99]

김호가 대한인국민회의 중앙집행위원장이 되고 또 김형순이 집행위원과 대표원에 선출되었다는 것은, 지금까지 대한인국민회를 이끌어온 지도적 인물과는 다른 측면에서 보아야만 한다. 김형순과 김호는 3·1운동 이후 지속

---

95 「재미한인사회 합동의 기쁜 소식」 『신한민보』 1936년 6월 4일자; 「국민회총회 기치하에 집중」 『신한민보』 1936년 6월 11일자.
96 『신한민보』 1936년 7월 9일자, 「대한인국민회 특별대의원회」.
97 『신한민보』 1936년 12월 17일자, 「중가주지방대회」.
98 『신한민보』 1937년 1월 14일자, 「신임 중앙 각부 임원」·「대표대회 기사」.
99 『신한민보』 1937년 1월 14일자, 「대한인국민회 제1차 대표대회 입안」.

적으로 독립운동을 후원해 왔으나, 이승만의 지도노선에도 적극적으로 동참하였던 인물이었다. 미주 한인사회의 합동운동이 일어나면서 대한인국민회를 중심으로 통합하자는 의견이 모아지면서, 김형순·김호와 같이 경제력을 갖추고 합리적인 인물이 대두하게 되었던 것이다. 김호가 중앙집행위원장에 선출될 수 있었던 것은, 그의 배후에 김형순이라는 든든한 경제적 지원군이 있었다는 것이 크게 작용하였다는 것은 의문의 여지가 없다.

김호는 대한인국민회 총회관을 로스앤젤레스로 옮기고 총회관 건축을 강력하게 추진하여, 1938년 4월 17일 로스앤젤레스에 총회관이 낙성식을 개최하게 되었다. 그는 자신의 새로운 지도력을 발휘하여 미주 한인사회를 대한인국민회를 중심으로 단결시켰을 뿐만 아니라, 회원과 재정·조직을 크게 일신시키고 청년부를 설치하는 등 많은 사업을 시행하였다.[100] 김호가 중앙집행위원장으로 있을 당시, 김형순은 중앙집행위원으로서 그리고 중가주지방회 지방집행위원으로 대한인국민회를 위해 열성적으로 활동을 하였다. 1938년도에도 중가주지방회 임원 선거에서 김형순은 감찰원과 지방대표로 선출되었다.[101]

1940년 12월 15일 중가주지방회 임원 선거 당시 대표원으로 선출되었고,[102] 1943년 3월 28일 중가주지방회 통상회의에서 집행위원장이 되었으며,[103] 1944년 중가주지방회에서는 선전위원을 맡았다.[104] 1941년 대한인국민회 제5차 대표대회 중가주지방 대표가 되어,[105] 1944년 대한인국민회 제9차 대표대회까지 중가주지방 대표로 활동하였다.[106]

---

100 홍선표, 『재미한인 독립운동의 표상, 김호』, 125쪽.
101 『신한민보』 1938년 2월 10일자, 「중가주지방회 임원 조직」.
102 『신한민보』 1940년 12월 26일자, 「리들리지방회」.
103 『신한민보』 1943년 4월 1일자, 「중가주지방회의 공결안」.
104 『신한민보』 1943년 12월 30일자, 「중가주지방회」.
105 『신한민보』 1941년 1월 9일자, 「대한인국민회 제5차 대표대회 입안」.
106 『신한민보』 1944년 12월 28일자, 「대한인국민회 제9차 대표대회 입안」.

이처럼 김형순과 김호는 1930년부터 1935년 독립운동이 지리멸렬할 때, 새로운 지도력으로 부상되었다. 김호는 민주적이고 좌우합작의 중도연합적인 다수지도체제에 의한 '중앙집행위원제'를 제안하여 지지를 얻게 되었다. 김형순은 김호의 든든한 지원자로서 대한인국민회 사업에 적극 동참하였을 뿐만 아니라, 지속적으로 재정적 지원을 아끼지 않았다.

4) 재미한족연합위원회 참가

1937년 일제가 중국을 침략하는 중일전쟁을 도발한 이후 중국 관내에 있는 독립운동 세력의 좌우 통합운동도 급속하게 진행되었다. 1939년 8월 치장[綦江]에서 좌우익 진영의 7개 정당 및 단체가 참가한 가운데 '7당 통일회의'를 열었으나 통일에 실패하고 말았다. 그러나 1940년 9월 15일 임시정부 주석 겸 한국광복군창설위원회 위원장 김구 명의로 "광복군은 중화민국 국민과 합작하여 두 나라의 독립을 회복하고자 공동의 적인 일본제국주의자들을 타도하기 위하여 연합군의 일원으로 항전을 계속한다"는 내용의 '한국광복군선언문'을 발표한 것이다. 마침 중국에서 광복군의 창설 소식이 미주에 전해지면서, 대한인국민회는 1940년 3월 임시정부 광복군 후원을 위한 모금운동을 실행하였으며, 그해 10월 20일 광복군 성립축하식을 거행하였다. 중가주 리들리한인교회에서 10월 11일 다뉴바·리들리·팔리어·생거 네 지방의 한인들이 모여 광복군 축하식을 거행하였다. 이날 축하식에서 이살음 목사가 독립군 조직의 약사를 설명하였고, 김형순은 광복군 창립의 축사를 하였다.[107]

1930년대 후반부터 미주 한인사회에서는 통합을 통해 새로운 독립운동 방안을 모색되기 시작하였다. 재미 한인단체들은 1941년 4월 독립운동의

---

107 『신한민보』 1940년 10월 17일자, 「중가주 광복군 축하식 성황」.

통일과 강화를 위해 호놀룰루에 모여 '해외한족대회'를 열었다. 해외한족대회에는 독립운동 전선을 통일하고 임시정부를 봉대하기 위해 '재미한족연합위원회'라는 연합기관을 설치하기로 결의하였다. 재미한인의 최고기관으로 재미한족연합위원회가 결성되어 로스앤젤레스에 집행부를, 호놀룰루에 의사부로 구성된 이원체제로 운영되었다.

미주 한인들의 활발한 연합운동의 결과 결성된 재미한족연합위원회에 김호가 집행위원장으로 선임이 되었다. 이때 김형순은 재미한족연합위원회의 재정위원장을 맡아 독립운동에 진력하고자 하였으나, 사업관계상 재미한족연합위원회의 활동 전면에 나설 수가 없었다. 이에 그의 사업파트너 김호를 후원하는 일에는 적극 동참하였다. 특히 재미한족연합위원회가 본격적인 독립운동을 전개하기 위해 독립금 모금활동과 재정지원활동을 통해 임시정부를 비롯한 독립운동 기관을 지원할 때 적극 지원하였다.

재미한족연합위원회가 조직되면서 김호와 김형순은 전쟁기간 중인 1941년 12월 22일 한인경위대(Korean Brigade, 일명 '맹호군')를 로스앤젤레스에서 편성시켰다.[108] 그 목적은 재미한인도 미군과 같이 항일전쟁에 참가하여 연합국의 승전에 이바지하는 동시에 조국의 독립을 위하여 생명을 내놓고 싸우겠다는 것이었다. 여러 가지 법적 절차문제 때문에 미국군대에 부속할 수는 없었고 캘리포니아주 민병대에 부속하게 되었다.[109]

김형순은 대한인국민회의 회원으로서 1940년 이래 1945년까지 중가주

---

[108] 한인경위대 창설에 대해 송철은 "김호 일파는 1941년 12월 22일 109명의 한인국방경위군을 나성에서 편성시켰다. 김호는 재미한족연합회의 집행부 위원장이라는 직위를 월권, 소위 맹호군을 창설했던 것이다. 그리고 이듬해 2월 말일에는 가주정부의 인가를 받고 이내 상하이 임시정부에 승인을 요청, 1942년 4월 26일경에는 완전히 합법적인 군사단체가 되고 말았다"라면서, 김호와 김형순 등이 주도하는 재미한족연합위원회의 활동을 비판하였다(이상수, 『송철회고록』, Keys Ad & Printing Co., 1985, 243쪽).

[109] 崔鳳潤, 『떠도는 영혼의 노래 – 民族統一의 꿈을 안고 – 』, 東光出版社, 1986, 78쪽.

지방회 대표원으로 활동을 하고 있었으며,[110] 1944년도와 1946년도에는 중가주지방회의 선전위원으로 선정되었다.[111]

　1903년 미주에 공식적으로 이민을 온 한인들은 1905년 일제에 의해 외교권을 빼앗겼고, 1910년 통한의 망국을 당하는 비운을 겪었다. 그후 미주 한인들은 조국의 독립을 위해 40년이라는 긴 세월 동안, 먹고 입을 것을 절약하여 300만 달러에 달하는 자금을 고국의 독립을 위한 재정으로 받쳤다.[112]

---

110 『신한민보』 1942년 1월 1일자, 「중가주지방회」; 『신한민보』 1944년 12월 28일자, 「중가주지방회」.
111 『신한민보』 1943년 12월 30일자, 「중가주지방회」; 『신한민보』 1945년 12월 13일자, 「중가주지방회」.
112 『국민보』 1957년 11월 27일자, 「우리의 과거와 현상」.

4 해방 후의 국내 동포 원조활동

해방 이후 김형순은 사업을 계속하는 한편, 1950년 1월 2일 대한인국민회의 중앙집행위원장으로 선임되었다. 그후 1960년까지 10년간 대한인국민회 집행위원장을 지내면서 한인동포들에게 봉사하였다.

조국이 해방이 되었으나 국내에서는 남북 간의 전쟁이 일어나는 비참한 모습을 목도하였다. 자신의 몸은 비록 2억 만리 미국에 있지만, 조국의 전쟁 소식은 그의 마음을 아프게 하였다. 전쟁으로 인해 폐허가 된 조국에 조금이라도 도움이 될까 하여, 그는 경기도 평택군 이북면에 '꽃동산 애육원'을 설립하여 전쟁 고아들을 돌보았으며, 1974년까지 매년 750달러를 기부하였다.[113]

또한 김형순은 돈이 없어 공부를 하지 못하는 학생들을 뒷받침해 주고자 하였다. 1957년 5월 리들리에서 조국의 재건과 민족의 장래를 위해 그는 김호·김원용 등 한국인 실업가들과 협의하여 한인재단(Korean Foundation)을 설립하기로 하였다. 한인재단의 설립목적은 "국내와 미국에 있는 한족의 고등교육과 과학적 지식을 증진하며 민주주의 이상을 발달"시키는데 두었다.[114] 한인재단은 이사부에 김형순·김호를 비롯하여, 김성락·김원용·강오

---

113 崔鳳潤, 『미국 속의 한국인』, 266쪽. 꽃동산 애육원은 원산맹학교 교사였던 李用馥이 김형순의 후원으로 1958년 3월 1일 설립하였다. 꽃동산 애육원은 김형순의 도움으로 주로 운영되어 왔으나, 1969년부터 김형순의 재정적 원조가 중단되었다고 한다(「맑고 깨끗하고 조용한 동산 – 꽃동산 애육원 편」, 『동광』, 한국복지재단, 1971, 35~36쪽).

114 한인재단은 목적의 달성을 위하여 다음과 같이 4항의 강령을 정하였다.
1. 민주주의 원리발전에 공헌이 될 기관과 국제친선과 세계평화에 진력하는 사업을 후원함.
2. 도미유학을 지원하는 유망한 학도들의 보증과 학교연락과 장학금을 주선하며, 학업을 중단하게 되는 경제곤란이 있을 때에 경제적 후원도 함.
3. 과학적·교육적 지식개발에 필요한 연구와 국문 또는 영문 출판을 원조함.
4. 한인재단은 교육적·자선적 행사만을 원조함(『국민보』 1958년 3월 26일자, 「중가주 한인재단의 결성과 그 강령 및 집행부 명단」).

산·안형일·최영용·남병현·신종호, 집행부에 김호(단장), 김성락(부단장), 김원용(총무 겸 재무), 김형일(서기), 위원부에 재정위원 강오산, 학무위원 최영용, 연구위원 남병현, 사교위원 안병주, 출판위원 송룡봉 등을 선임하였다. 김형순과 김호는 한인재단을 설립하는 데에 10여만 달러에 달하는 토지를 기부하였다.[115]

국내에서 6·25전쟁이 발발하고 부산에서 이승만 대통령은 재선이 어려워지자, 국회를 해산시키고 계엄령을 선포하고 국회의원들을 구속하였다. 그리고 1952년 7월 4일 계엄하에 대통령 직선제로 개헌안을 통과시키고 이승만이 대통령에 당선되었다. 이에 미주 대한인국민회에서는 집행위원장 김형순과 총무 최진하의 명의로, UN이사회장에게 이승만의 독단적 행동을 하지 못하게 해달라는 공함을 보냈다.[116] 리들리에 있는 김형순과 김호의 농장에는 여름방학이면 많은 한인 유학생들이 학비를 벌기 위해 그곳 농장에서 과일 따는 일을 하였는데, 1955년 여름방학에도 35명 정도의 유학생들이 농장에서 일을 하였다. 김형순은 한인 유학생들에게 "대한민국 대통령 이승만은 독재자요, 국내에서 백성들에게 학정을 쓴다고 격렬하게 비판하는 강연을 하였다"고 한다.[117]

한편, 김형순은 첫째 사위 김용중이 1943년 9월 워싱턴에 한국 독립문제를 본격적으로 선전·홍보하기 위해 비영리 기관으로 한국사정사(Korean Affairs Institute)를 설립하고, 11월 22일 『한국의 소리(The Voice of Korea)』라는 반(半) 월간의 영문 잡지를 발간하였다. 김용중은 평화적 한국통일과 중립화, 한국의 민주화를 위한 선전활동을 지속해 나갔다. 이 『한국의 소리』는 매달 한번씩 7천부를 발행하는데, 1년에 1만 5~6천 달러의 경비가 소용

---

115 『국민보』 1958년 12월 17일자, 「좋은 소식」.
116 『국민보』 1952년 7월 9일자, 「미주 한인국민회에서 이승만씨를 억제하라고 UN에 청구」.
117 『국민보』 1955년 8월 24일자, 「듣고 보는 대로」.

된다. 그런데, 사위 김용중이 발행하는 『한국의 소리』 출간에 그 경비는 대부분 장인이 되는 김형순이 전담하였다.[118] 그리고 김형순은 20만 달러와 김형제상회 소유의 농토 5백 에이커를 쾌척하여, 1974년까지 18년 동안 6백 여 명의 한국인 유학생들에게 장학금을 지급하였다. 이 재단이 1968년 해체될 때까지 총 30여만 달러의 장학금을 지급하였다.

또한 김형순은 김호·김원용·송철 등과 협의하여 교포사회를 위해 로스앤젤레스에 한인회관(Korean Center)을 세우고자 하였다. 1962년 2월 1일 캘리포니아한인센터설립위원회를 발족하고, 3월 15일 발기인 총회를 개최하였다.[119] 이때 김형순은 재정위원으로 참여하여, 건물 구입비의 절반을 기부하였으며, 나머지는 한인 실업가들과 김호·김원용·송철, 박정희 대통령 등의 기부로 7만 달러에 건물을 구입하였다.[120] 그래서 1963년 5월 5일 5백 여 명의 한인들과 내외귀빈이 참여한 가운데 로스앤젤레스에서 한인센터 개관식을 가졌다.[121]

한편 그는 40여 년간 과수와 묘목상을 해온 김형제상회를 1962년 140만 달러에 매각하고, 나머지 여생을 한인사회를 위해 봉사하고자 하였다. 해방 후 김형순은 해외지도자로 1966년 8월 15일 광복절 때 초청되어 한국을 방문하였으며, 1974년에 또 한 차례 방문하였다.

---

118 『국민보』 1958년 12월 17일자, 「한국사정사 소식」.
119 『국민보』 1962년 4월 4일자, 「캘리포니아한인센터설립위원회 발기인 총회(II)」.
120 崔鳳潤, 『미국 속의 한국인』, 269쪽.
121 『국민보』 1963년 5월 8일자, 「로스앤젤레스 한인센터 개관식」.

5 맺음말

　　김형순은 1921년 김형제상회를 설립하여 사업적으로도 성공하였지만, 사업의 수익금 대부분을 독립운동 자금과 동포기관 운영자금으로 지원하였으며, 평생을 조국의 독립과 국내외 한국인을 위해 살았다. 그는 거의 평생을 미국에서 살았으나, 한 번도 미국시민이 되려고 출원한 적이 없었다. 그는 줄곧 조국의 독립을 위해 살아왔고, 한국인의 한 사람으로서 죽고 싶어했다.[122] 그가 성실히 일하여 번 돈을 일신상의 편안함만을 추구하지 않았다. 조국의 독립과 한국인을 위한 일이라면 아무리 많은 비용이라도 아낌없이 희사하였다.

　　그가 처음 하와이에 농장 통역원으로 왔을 때는 자신의 나라가 있었으나, 다시 국내에 돌아갔을 때는 일제에 의해 국권이 빼앗겨 가는 상황이었다. 하와이에서 생활한 경험이 있는 그로서는 자유가 없는 국내에서의 생활은 의미가 없었다. 그때부터 그는 국권이 상실되어 가는 국내를 떠나 국제사회의 미아가 되어, 온갖 멸시를 받기 시작하였다. 중국 상하이에서, 다시 미국 본토에서 나라없는 백성으로서의 온갖 고초를 겪어야만 했다. 이에 그는 나라를 되찾겠다는 강한 열망을 가지고, 직접 독립운동의 일선에는 나서지 못했지만 늘 그가 선 자리에서 자신의 최선을 다하는 삶을 살아왔다.

　　1920년대 중반 이후 김형순은 김호와 더불어 막강한 재력과 민주적 지도력으로 독립운동을 후원하는 일과 동포기관을 지원하는 사업에 적극 동참하였다. 사업가로서 김형순은 현실주의에 입각한 실용적인 인물이었다. 따라서 그가 독립운동에 참여하는 방법도 미국적 실용주의와 민주적 방법을 통

---

[122]　崔鳳潤, 『미국 속의 한국인』, 266쪽.

해 현실적 실천을 모색하였다. 기존의 독립운동의 방향이 봉건적 지도력과 빈약한 경제력에 의지하여 전개되면서 침잠하던 시기, 그는 대한인국민회를 되살리는데 앞장서고 재미한족연합위원회를 재정적으로 뒷받침하는 활동에 전력을 기울였다.

그리고 해방 이후에도 대한인국민회 집행위원장으로서 장기간 봉사하면서 교포들의 어려움을 도왔으며, 미주 한인사회의 발전을 위해 자신의 재력을 아낌없이 투여였다. 또한 전쟁으로 잿더미가 된 국내의 현실을 감안하여 교육사업과 복지사업에 자신의 힘을 쏟고자 하였다.

하와이 노동이민의 통역으로 미주지역에 발을 들여놓은 이후 평생을 미국에서 독립운동과 동포들을 위해 살았던 김형순은 그의 손자 김운하의 집에서 말년을 보내다가, 1977년 1월 25일 91세로 별세하였다. 장례식은 대한인국민회장으로 치러졌으며, 유해는 189명의 한인들과 함께 리들리 공동묘지(Reedley Cemetery)에 안장되었다.

8장

윌로우스
한인비행가양성소와
노백린

1 머리말

　　미주의 한인들은 1920년 7월 5일 미국 북부 캘리포니아(California) 윌로우스(Willows)에서 일제와의 독립전쟁을 준비하기 위해 비행기 조종사를 양성하는 한인비행가양성소를 정식으로 개교하였다. 이 비행가양성소는 일제와 독립전쟁을 하려는 원대한 포부를 가지고 대한민국임시정부 군무총장 노백린과, 북가주 한인 재력가들의 열성으로 창립하게 되었다.

　　독립운동사에서는 미주에서 한인 비행가를 양성했던 기관을 일반적으로 '윌로우스 비행학교'라고 불렀다. 그리고 대한민국임시정부 군무총장 노백린이 주도하였기 때문에 '노백린 군단' 혹은 '비행군단·군단학교'라고도 하였으며, '한인비행기학교·한인비행학교' 등 다양한 명칭으로 불렸다. 그렇지만 이 비행학교는 1920년 7월 25일 정식으로 '비행가양성사 장정'을 제정하여 대외적으로 공표하였으며, 다음날인 7월 26일에는 '비행가양성사 취지서'를 발표하였다. 여러 가지 명칭으로 불렸지만, '장정'과 '취지서'에서 정식으로 '한인비행가양성소'라고 하였기 때문에, 여기에서는 그 이름을 사용하고자 한다.

　　한인비행가양성소는 노백린의 지휘와 미주 한인동포들의 노력과 헌신으로 탄생하였다. 비행학교를 설립하고 운영하는 데에는 엄청난 재정적 지출이 반드시 필요하였음은 두 말할 필요가 없다. 재정적 측면에는 김종림이라는 재력가의 헌신적 지원이 있었고, 그와 함께 비행가를 양성하여 독립전쟁을 준비해야 한다는 미주 동포들의 의지가 있어야만 했다. 이 같은 미주 한인동포들의 조국 독립에 대한 의지와 당시 미주에 있었던 노백린의 지도력이 합쳐져서 한인비행가양성소를 설립하고 운영할 수가 있었던 것이다.

　　우리 독립운동의 역사에서 미주 한인들이 비행가양성소를 설립하여 운영하였다는 것은, 미국에서 일제와 직접 독립전쟁을 하려는 의지가 담겨 있는 중요한 역사적 사실이다. 비록 비행학교는 30명도 되지 않는 한인청년들에게 1년도 되지 않은 짧은 기간 동안 비행술과 군사훈련 등을 연마하여 향후 독립전쟁에 참전시키려고 하였다. 한인비행가양성소에 입소한 미주지역 한인청년들은 일제와 공중전을 펼치겠다는 결의를 가지고 비행학교에서 훈련을 받았던 것이다. 그리고 비행가양성소에서 비행술과 군사 교육을 받은 한인청년들 가운데 박희성과 이용근은 대한민국임시정부 비행병 참위(소위)로 임명되었는데, 이는 미주에서 양성된 한인비행사들이 임시정부의 정식 국군이라는 것을 의미한다.

한인비행가양성소는 미주지역 독립운동의 역사에서는 빼놓을 수 없는 중요한 의의를 가진 기관이었다. 그렇기 때문에 비행가양성소의 설립과 관련되어 여러 선행 연구 성과가 있었지만, 본고에서는 이를 종합적으로 정리할 필요가 있다고 보았다. 그 이유는 첫 번째로, 기존의 연구에서는 비행학교 관련 자료를 정확하게 해독하지 못해 역사적 실체가 명확하게 밝혀지지 않았던 측면이 있었다는 점이다. 두 번째는 비행학교의 설립과 운영에 대해 새롭게 발굴된 자료를 통해 더욱 정밀하게 밝혀져야 하는 역사적 사실들이 남아 있다는 점 때문이다. 본고는 기존의 연구 성과에 크게 도움을 받았고, 또 새로운 자료를 통해 한인비행가양성소의 역사적 실체를 정확하게 확인하고자 한다.

2 비행가양성소의 설립 과정

  비행사를 양성하는 학교를 설립해야만 한다는 논의는 1919년 3·1운동 소식이 미주에 전해진 이후부터 시작되었다. 3·1운동 직후인 1919년 5월 미주의 한인청년들은 청년혈성단을 조직하였다. 청년혈성단은 민족 독립을 달성하기 위해 독립운동에 실용할 군사상·학술상 혹은 기예를 배우게 할 것을 강령으로 제정하였다. 청년혈성단의 발기인 23명 가운데 이용근·이용선·이초·장병훈·한장호 5명이 비행술을 배우기 위해 비행학교에 들어가거나 혹은 한인비행가양성소에 참여하였다.[1] 청년혈성단에서 독립운동에 필요한 군사·학술·기술을 연마하여, 일제와 최전선에서 싸울 비행기 조종사를 양성해야만 한다는 의견이 나왔기 때문에 이들이 비행술을 배웠던 것이다.

  그 후 비행술을 연마하여 독립전쟁에 대비하자는 문제를 제기한 것은 하와이에 있던 노백린이 북미지역으로 오면서 본격화되었다. 노백린은 대한제국의 군인으로, 군사를 양성하여 일제와 직접 싸움을 준비해야 한다는 독립운동 노선을 가지고 있었다. 3·1독립선언 이후 1919년 4월 11일 중국 상하이[上海]에서 대한민국임시정부가 수립되었고, 국내에서도 여러 임시정부 조직안이 나왔다. 그런데 4월 1일 국내에서 발표된 천도교계의 대한민간정부에서 노백린은 군무부장관에 선임되었고, 4월 9일 서울에서 발표된 조선민국임시정부에서도 군무경에 선임되었다. 그리고 4월 23일 이른바 '한성임시정부'가 공포되면서 그 조직 안에서도 군무부총장으로 선임되는 등 국내

---

1 『신한민보』 1919년 5월 31일자, 「청년혈성단 취지서」; 홍선표, 『재미한인 독립운동의 표상, 김호』, 독립기념관, 2012, 47쪽.

에서도 노백린의 군사적 능력이 높이 평가되고 있었다.

주지하다시피 1910년대 후반 하와이 한인사회는 분파투쟁으로 인하여 혼란을 거듭하고 있었다. 그런 가운데 국내에서 독립을 선언하였으며 중국 상하이에서는 대한민국임시정부가 수립되었고, 한성임시정부안도 미주 지역에 전해졌다.특히, 1919년 9월 상하이에 통합 대한민국임시정부가 성립되면서, 노백린은 군무총장에 임명되었다. 노백린은 임시정부 군무총장으로서의 역할을 수행하기 위해 하와이를 떠나, 미주에서 비행사를 양성하여 일제와 독립전쟁을 준비하게 되었던 것이다.

노백린은 1919년 10월 1일 하와이를 떠나 10월 5일 캐나다 밴쿠버에 상륙하여 미국 워싱턴 DC로 가려고 하였다.[2] 밴쿠버에 도착한 그는 "나의 뜻과 나의 말은 다른 것이 아니라, 우리의 나라를 찾는 싸움이며, 그 싸움을 우리의 손으로 비롯하고 끝까지 해 나가자고 할 뿐이외다"라고 하면서, 북미지역 동포들에게 독립전쟁의 포부를 말하였다.[3] 그리고 10월 11일에 시카고에 도착한 노백린은 "죽을진대 한번 용맹스럽게 독립전쟁을 하고 죽읍시다"라고 연설을 하였고,[4] 11월 6일 뉴욕에서는 독립전쟁을 수행하기 위해 무엇보다 한인들 간의 단합이 급선무임을 주장하였다.[5] 그 후 워싱턴 DC로 간 노백린은 시베리아에서 한국 독립군을 양성을 계획을 가지고 미국 정부와 교섭하였다. 곽림대의 회고에 의하면, 노백린은 시베리아에서 한국 민병을 모집하여 미국 원정대가 철도를 부설하는 일을 도와주고, 밤에는 군사훈련을 하여 독립군을 양성하려고 하였다고 한다. 시베리아에서 독립군을 양성하려는 그의 뜻은 이루지 못하였다. 그때 곽림대가 노백린에게 캘리포니아에서 '군

---

2 『신한민보』 1919년 10월 9일자, 「노백린 장군의 도미」.
3 『신한민보』 1919년 10월 14일자, 「노백린 장군의 보낸 글」.
4 『신한민보』 1919년 10월 18일자, 「시카고에서 로백린 총장을 환영」.
5 『신한민보』 1919년 11월 20일자, 「뉴욕에서 노장군 환영」·「쾌재 쾌재 군사가의 시국 연설」.

단'을 조직하여 사관을 양성할 것을 권유하였다.[6]

　미국 동부지방 순행을 마친 노백린은 샌프란시스코에 도착했다. 1920년 1월 15일 샌프란시스코의 대한인국민회에서는 그를 위해 대대적인 환영회를 개최하였다. 노백린은 곽림대가 제의한 군단 창설 계획을 가지고 캘리포니아로 왔기 때문에, 한인사회에서도 이미 그같은 계획을 잘 알고 있었던 것 같다. 1920년 1월 14일 시카고의 최능익이 중앙총회에 보낸 편지에, "노총장(盧總長)의 주영(主營)하시난 사(事)가 성연(成連)하시기를 바라나이다"라고 하는 것을 보아 어느 정도 짐작해 볼 수 있다.[7] 그래서 노백린의 환영회에서는 독립전쟁을 위한 군사훈련계획이 추진될 것임을 암시하였다.[8]

　아무튼, 노백린은 북미에 온 이후 줄곧 자신이 가지고 있었던 독립전쟁 방략에 대해서 미주 동포들에게 설명하고 동의를 구하였다. 미국 서부와 동부 12개 지역을 순방한 노백린은 샌프란시스코에 도착한 이후, 상하이 임시정부로부터 '시급속래(時急速來)', 즉 빨리 상하이로 와 달라는 전보를 받았다.[9] 그럼에도 불구하고 그는 미주에서 독립전쟁을 수행할 군사를 양성하여 원동에 보내고자 하는 뜻을 가지고 있었고, 최우선적으로 군사 양성을 위한 군사교육기관을 창설하고자 하였다.

　위에서도 언급한 바와 같이, 노백린이 시카고를 방문할 당시 곽림대를 중심으로 한 시카고 재류 한인들은 군무총장 노백린에게 캘리포니아에서 군인을 양성해 보는 것이 어떻겠느냐고 제안을 하였다. 그리고 군인 양성을 실현시키기 위해 노백린은 미국 서부의 중심지 캘리포니아로 갔고, 그곳에서 자

6　곽림대, 『못잊어 화려강산』, 대성문화사, 1973, 140~141쪽.
7　「최능익이 대한인국민회 중앙총회에 보낸 편지(1920. 1. 14)」(대한인국민회 소장자료).
8　홍선표, 「미주에서의 활동과 군사활동」, 『노백린의 생애와 독립운동』, 독립기념관 한국독립운동사연구소, 2003, 119쪽; 『신한민보』 1920년 1월 20일자, 「노백린 장군을 환영」·「군사와 외교의 통일」.
9　·「노백린 → 이승만91920. 2. 7)」, 『이승만 동문 서한집』 중, 연세대출판부, 2009, 269쪽.

신의 뜻을 이룰 수 있는 한인 동포들을 만나게 되었던 것이다. 노백린은 하와이에서 박용만이 대조선국민군단과 사관학교를 운영할 당시 함께 참여하였던 경험이 있었다. 대조선국민군단 창설 이후 1916년 12월 5일 노백린·조용하·조명구 세 명이 하와이에 도착하였는데,[10] 노백린은 평소 무장투쟁론을 주창하는 박용만의 독립운동 방략에 동참하여 하와이 도착 직후부터 대조선국민군단 별동대에 참여하고 있었다.[11]

샌프란시스코에 도착한 이후 노백린은 북가주의 한인 재력가들과 군단 창설에 대해 구체적으로 협의를 진행하였다. 그런데 노백린과 곽림대 등이 구상한 '군단'은 육군이나 해군이 아닌 비행기 조종사를 양성하는 것이었다. 곽림대의 회고에 의하면, 제1차 세계대전 당시 공중전이 매우 효율적인 전과를 거둘 수 있다는 것을 알았다고 한다. 그렇지만 일본에게는 공군 병력이 없다는 점에 착안하여, 우리가 만일 다소간 공군을 양성한다면 장래 독립전쟁을 할 때, 공중전을 할 수 있다고 생각하여 비행사를 양성하기로 하였다.[12] 노백린은 북가주 지역에서 대규모로 벼농사를 경영하는 한인 재력가들에게 비행군단 창설을 설득하였다. 군단과 비행학교를 설립하여 전술 및 비행술과 무선전신학을 교육함으로써 독립전쟁을 준비해야만 한다고 주장하였다.[13] 그래서 새크라멘토 계곡을 중심으로 벼농사를 경영하던 김종림·이재수·신광희 등 재력가들의 적극적인 재정 지원 하에 1920년 2월 20일 캘리포니아주 윌로우스 근처의 글렌 카운티(Glenn County)에 비행학교를 설립하기로 결정하였다.[14]

10 『신한민보』1916년 12월 21일자,「현해 난관을 깨친 3명사 하와이 오천 동포를 심방」.
11 김원용,『재미한인오십년사』, Reedley, 1959, 346~348쪽.
12 곽림대,『못잊어 화려강산』, 143~144쪽.
13 『독립신문』1920년 4월 17일자,「미주통신 군단학교에 관하야」.
14 홍선표는 군단의 발기일을『신한민보』1920년 2월 24일자「한인비행학교 설립」기사에서, 윌로우스에서 1920년 2월 20일 군단 설립을 결의하였다는 것을 근거로, 이날 군단 발기로 설명하고 있다(홍선표,「미주에서의 활동과 군사활동」, 228~229쪽; 홍선표,「미주한인의 군사활동 –

노백린이 북가주 윌로우스에 비행군단을 설립한 데에는, 그 지역에서 대규모 벼농사를 경영하고 있었던 김종림을 비롯한 한인 재력가들의 적극적인 후원이 있었기 때문이다. 김종림은 윌로우스에 3,000에이커의 대농장에서 벼농사를 경작하여 매년 15만 석을 수확하는 대농장주였다. 당시 1석당 8달러 정도 했는데, 김종림은 매년 120만 달러의 수입을 거두는 재력가였던 것이다. 그래서 그는 '쌀의 대왕(rice king)'이라는 별명을 얻었고, 그가 일군 부의 대부분은 비행학교의 설립과 운영에 제공되었다.

윌로우스 한인 재력가의 지원을 받기로 한 노백린은 그해 2월 5일 한인청년들이 비행훈련을 받고 있는 레드우드시 비행학교(Redwood City Aviation School)를 방문하였다. 3·1운동 이후 미주의 한인 청년들이 비행술을 배우기 위해 레드우드시 비행학교에 왔다. 레드우드시 비행학교는 샌프란시스코에서 북쪽으로 10여 마일 떨어진 곳에 있었는데, 이곳에는 비행기 5~6대와 교관 4~5명이 학생들에게 비행술을 가르치고 있었다. 이초(Charles Lee)와 이용선(Young S. Lee) 두 명의 한인 청년이 비행술을 배워 독립전쟁에 참가하고자 1919년 8월 25일 이 학교에 입학하였다.[15] 이어 8월 28일 오림하(Peter Ohu)가 입학하여, 모두 3명의 한인청년들이 레드우드시 비행학교에서 비행술을 배우게 되었다.[16] 이들 3명은 1919년 9월 이미 기초적인 비행훈련을 시작하였고,[17] 11월에는 벼농사에 종사하던 한인청년들이 비행술을 배우기 위해 레드우드시 비행학교에 왔다.[18] 이들이 비행학교에 온 목적은 훌륭한 비행술을 배워서 조국에 있는 동포들에게 그것을 가르치기 위한 것으로, 일제의 압제로부터 조국을 해방시키는 데에 도움이 되고자 함이었다.

　　노백린의 한인비행조종사양성소」, 『미주한인사회와 독립운동』 1, 박영사, 2013 참조).
15　『신한민보』 1919년 8월 26일자, 「2개 청년이 비행학교 입학」.
16　『신한민보』 1919년 9월 2일자, 「오림하 씨의 비행학교 입학」.
17　『San Francisco Call』 1919년 9월 24일자, 「Koreans Learning Aviation」.
18　『San Francisco Call』 1919년 11월 18일자, 「Koreans Study Aviation at Redwood」.

1919년 11월에는 이초, 이용선, 오림하를 포함하여 이용근(Young K. Lee), 장병훈, 한장호 등 6명의 한인청년들이 레드우드시 비행학교에 있었다.[19]

그러면, 노백린과 김종림 등 북가주의 재력가들이 비행학교 설립을 본격적으로 추진하기 시작한 것은 언제부터였을까? 이와 관련하여 구체적인 자료가 남아있지는 않지만, 『신한민보』 1920년 2월 24일자 「한인비행학교 설립」이라는 기사에 주목해 볼 필요가 있다. 왜냐하면, 이 기사에 '2월 20일 윌로우스 전보'로, "한인비행학교를 설립하기로 결정"하였다고 하였기 때문이다. 위의 『신한민보』 기사와 같이 2월 20일에 한인비행학교 설립을 결정했다 하더라도, 그 전부터 노백린과 윌로우스에 있는 한인 재력가들 간에는 비행학교 설립에 대한 상당한 논의가 있었다고 봐야 한다. 노백린이 샌프란시스코에 도착한 1920년 1월 중순 이후부터 본격적인 논의가 있었을 것으로 보인다. 2월 5일 노백린은 레드우드시 비행학교를 방문하였으며, 한인청년들이 군단에 참가하기 위해 2월 19일 시카고를 떠나, 2월 24일 새크라멘토에 도착하였다.[20]

그리고 2월 20일 윌로우스에서 노백린과 한인 재력가들이 비행학교를 설립하기로 결정한 것이다. 다시 말해, 그 전까지는 논의의 수준이었다고 하면, 2월 20일 이후부터 비행학교 설립을 정식으로 추진하기 시작하였다고 볼 수 있다. 비행학교로 사용할 건물은 『신한민보』 1920년 2월 24일자와 『독립신문』 1920년 5월 8일자 기사에, '플린트 학교'를 임시로 쓰기 위해 지방 학무감독에게 청원하였다고 하였다.[21] 그런데, 이들 신문기사에서 언급된 '플린트 학교'가 맞는지는 확인해 볼 필요가 있다. 왜냐하면 당시 윌로우스 지

---

19 『San Francisco Call』 1919년 11월 18일자, 「Koreans Study Aviation at Redwood」.
20 홍선표, 「미주에서의 활동과 군사활동」, 229쪽.
21 『신한민보』 1920년 2월 24일자, 「한인비행학교 설립」; 『독립신문』 1920년 5월 8일자, 「3만불을 비행학교에」.

방 교육청 자료에는 '플린트 학교'가 보이지 않기 때문이다.²² 후술하겠지만, '플린트학교'가 아니라 '퀸트 학교(Quint School)'의 오기로 판단된다.²³

노백린은 레드우드시 비행학교에 재학하고 있던 한인 청년들과 한인비행학교 창설에 대한 의견을 나누고 비행학교 설립에 대한 협조를 구하였다. 노백린의 군단 설립은 김종림과 협의하여 일사천리로 진행되고 있었다. 노백린은 비행군단 설립을 위해 새크라멘토에서 열성적으로 지휘를 하고 있었다. 『윌로우스 데일리 저널』1920년 3월 1일자에 실린 기사에 의하면, 노백린은 "(비행)학교에 필요한 교원과 비행기가 갖추어지면 곧 설립될 것이다. 그것의 목적은 일본으로부터 조국의 독립을 얻기를 원하는 한인 청년들에게 비행술을 가르치는 데에 있다"라고 분명히 밝혔다.²⁴

그런데, 당시 캘리포니아에서는 한인 비행학교 설립 반대운동이 크게 일어나고 있었다. 이에 대해 노백린은 "이 청년들이 후에 한국의 독립을 수호하는 전쟁에 참여하는 데 적합하다는 것을 안다면, 그 문제는 미국에서는 일어나지 않고 아시아에서 일어날 것이다. 그리고 나는 미국 국민들이 이 학교에 반대하는 이유를 모르겠다"라고 하였다. 아무튼, 노백린은 앞으로 독립전쟁에 필요한 비행술을 한인 청년들에게 가르칠 학교를 창설할 것이라는 점을 분명히 밝혔고, 미국인들에게 전혀 피해를 주지 않음을 강조하였다.

비행학교 설립이 결정된 이후 노백린은 비행장 건설을 위해 1920년 3월

---

22   County of Glenn State of California, School Directory, 1916 – 1917 County of Glenn State of California, Annual Report of Condition of the Public Schools in County of Glenn State of California, 1913 – 1914.

23   글렌 카운티 교육청에서 보유하고 있는 1910~1919년 기간 연간보고서에는 플린트 학교(Flint School)는 존재하지 않는 점을 고려할 때, 'Flint'는 'Quint'의 오자일 가능성이 높다(국외소재문화재재단, 「옛 윌로우스 한인비행학교 교사 및 비행장 위치에 관한 최종 보고서」, 2021.5, 9쪽). 홍선표는 처음 '플린트 학교'를 사용하기로 했으나, 캘리포니아 교육국과의 협의를 통해 곧 퀸스지역에 있는 퀸스학교로 옮긴 것으로 보인다고 보았다(홍선표, 「미주에서의 활동과 군사운동」, 231쪽).

24   『Willows Daily Journal』1920년 3월 1일자, 「Koreans to train Aviation here to fight the Japs」.

3일 새크라멘토를 떠나 윌로우스로 왔고, 천막에서 생활하면서 비행학교 창립에 몰두했다.[25] 비행학교를 설립하기 위해서 가장 필요한 것은 학교와 비행장의 부지를 구입하는 것이었다. 비행학교 설립에 필요한 모든 준비는 전적으로 김종림이 담당하였다. 김종림과 그의 부인 백 엘리스(Back Alice)는 벼농사에서 벌어들인 자금을 비행가양성소 설립에 사용하였다. 40에이커에 달하는 토지를 구입하였고, 비행학교의 건물은 1918년에 폐교된 퀸트 학교의 건물(Schoolhouse)을 임대하기로 하였다.

당시 캘리포니아에서는 반(反) 동양인 정서가 크게 일어나고 있었기 때문에, 학교 건물을 임대하는 것은 결코 쉽지가 않았다. 『윌로우스 데일리 저널』 1920년 2월 19일자 기사에 의하면, 김종림의 부인은 높은 교육을 받았고 영어를 유창하게 구사한다고 하였다. 엘리스는 교육청 감독 채니(S. M. Chaney)를 찾아가 한국인들의 비행학교 설립을 위해 학교 교사를 임대해 줄 것을 요청하였다.[26] 처음에는 학교에서 한인 학생 100명을 교육시킬 것이라고 하였으나, 다시 찾아가 15명으로 줄일 것이라고 하였다. 비행학교 건물 임대에 대해서는 김종림의 부인이 맡아서 처리하였다. 학교 이사들에 의해 제동이 걸렸지만, 비행학교 설립을 동의하면서 문제가 해결되었다.

『윌로우스 데일리 저널』에 소개된 비행학교 관련 기사를 토대로, 비행학교 건물에 대해 좀 더 살펴보자. 윌로우스 비행학교는 퀸트 지구(Quint District)에 설립되었던 퀸트 학교의 교실을 임대하여 사용하였다. 퀸트 학교는 1914년 9월 14일 콜루사 카운티(Colusa County) 내 퀸트 지구 공립학교로 개교하였으나, 1918년 학생 수가 감소하여 1917~1918년 학사 일정을 마지막으로 폐교 후 교사(校舍)가 방치되어 있었다. 폐교된 교사를 김종림의

---

25 「노백린 → 이승만(1920. 3. 5)」, 『이승만 동문 서한집』 중, 연세대출판부, 2009, 272쪽.
26 『신한민보』 1920년 2월 24일자, 「한인비행학교 설립」이라는 기사에는, '플린트 학교'라고 하였으나, 이는 '퀸트 학교'의 오자이다.

사진 1 1920년 윌로우스 한인비행가양성소 교사 건물 사진(독립기념관 소장자료)

부인 백 엘리스가 글렌 카운티 교육청(Glenn County Board of Education)과 협의하여 교실 건물을 임대받게 되었던 것이다.

  1920년 당시 윌로우스 비행학교로 사용되었던 교사 건물의 모습은, 현재 독립기념관에서 소장하고 있는 〈사진 1〉에서 확인된다. 〈사진 1〉은 가로 10.8cm, 세로 6.8cm 위쪽에는 'Training Camp, Willows, Cal.'라고 쓰여 있어, 비행학교 건물 사진이라는 것을 확인할 수 있다. 비행학교의 교육장은 퀸트 학교의 교실을 사용하였고, 그 외 행정사무는 교실 뒤편에 있는 두 개의 소규모 건물을 사용한 것으로 추측된다. 비행학교 교육장으로 사용된 교실은 20명 내외의 학생들이 수업을 받을 수 있는 작은 목재 건물(One-room Schoolhouse)이고, 정면에 양문형 정문이 있고, 양쪽에 창문이 있다. 그리고 교실 오른쪽 뒤편에 있는 창고에서 비행기 수리 등을 교육한 것 같다. 건물 교실 뒤에 낮은 막사가 보이는데 이것은 비행학교 학생들이 기숙하였던 막사였던 것으로 추정된다. 〈사진 1〉에는 창고 건물 옆에 희미하게 군복을 입은 학생들이 이야기를 하고 있는 모습이 보인다.

그리고 비행학교의 비행장(Aviation Field)을 운영하기 위해 김종림이 토지 40에이커를 구입하였다. 캘리포니아주에서 동양인의 토지 소유를 금지하는 법안이 1920년 11월 11일에 통과되었는데 김종림은 그 이전에 토지를 임대하였다.[27] 비행학교에는 비행술을 교수하기 위한 비행사와 비행기 관련 교원, 그밖에 학생들을 위한 체육과 영어 교사도 채용할 예정이었다.

한인비행가양성소에서 비행술을 가르치는 데 사용할 최신 기종의 비행기 3대를 구입할 예정이었고, 비행장과 격납고도 건립하고자 하였다. 그 외에 비행기를 완벽하게 수리할 수 있는 수리공 두 명을 채용하여 관리하려고 하였다. 비행술 교육에 사용할 비행기는 원래 3대를 구입할 예정이었으나, 여의치 못하여 2대만 우선 구입하였다. 비행기는 군무총장 노백린이 직접 레드우드시 비행학교를 방문하여 구입하였고, 레드우드시 비행학교의 교관으로 있던 브라이언트(Henry Bryant)를 고용하기로 계약하였다.[28]

비행학교를 창립하는 데에는 임시정부 군무총장 노백린의 열성이 크게 작용하였다는 점에 대해서는 이미 언급한 바와 같다. 노백린은 윌로우스에서 천막 생활을 하면서 비행학교 설립에 매진하고 있었고, 당시 비행학교 설립에 대해서는 임시정부 국무총리 이동휘에게도 보고를 하였다. 1920년 4월 13일 국무총리 이동휘가 노백린에게 보낸 편지에 의하면, 노백린의 비행대는 10대 정도의 비행기를 확보한다는 계획이 있었다고 한다. 그러나 이동휘는 노백린에게 비행대 즉 비행군단의 설립은 필수불가결한 일이기는 하지만 군

---

[27] 미국 시민권이 없었던 김종림은 외국인의 토지 소유를 제한하는 캘리포니아주 외국인토지법 적용대상이기 때문에 비행학교 부지를 구매할 수 없었다. 그래서 당시 Kim & Porter 합자회사의 미국인 동업자 F. M. Porter가 샌프란시스코에 거주 중인 P.B. Cross에게 비행학교 부지를 포함한 일대 약 1,520에이커 규모의 농지를 1919년 1월 1일부터 1922년 12월 31일까지 임대하였다(국외소재문화재단, 「옛 윌로우스 한인비행학교 교사 및 비행장 위치에 관한 최종 보고서」, 2021.5, 17쪽).

[28] 『신한민보』 1920년 6월 22일자, 「우리 비행기학교가 이제야 비행기 두 척과 백인 교사」.

무총장이 직접 담당할 일이 아니라면서 속히 중국으로 올 것을 요청하였다.[29]

실제적으로 비행학교를 설립하고 운영하기 위해서는 재정적 부담이 많을 수밖에 없었다. 그런데 재정적 부담에는 대한인국민회 중앙총회 임시재무를 맡고 있었던 김종림의 역할이 절대적이었다. 김종림은 비행학교 설립에 필요한 비용으로 약 3만 달러를 예상했는데, 비용의 대부분은 김종림 자신이 부담하고, 나머지는 북가주지역 한인들 22명이 담당하기로 하였다.[30] 『독립신문』 1920년 4월 17일자 기사에 의하면, 김종림이 2만 달러를 내고 토지 40에이커를 운동장으로 기부하였다고 한다.[31] 이로 보아 비행학교 창설을 위해 김종림이 미화 2만 달러와 40에이커의 비행장 부지를 제공한 것으로 보인다.

노백린이 비행학교를 설립하여 군사교육을 실시하게 되자, 노동개진당의 총무 이살음이 찾아와 노동개진당에서 비행학교 운영을 하겠다고 제안하였다. 그러나 노백린은 비행학교는 국민 전체 기관이기 때문에, 어느 특정 당이나 정파와 제휴할 수 없다고 하면서 거절하였다. 그 후 대한인국민회 중앙총회 총무 곽림대가 찾아와서, 비행학교를 전적으로 도울 것이니 중앙총회에 위임해 달라고 하였다. 그러나 노백린은 의식비와 잡비는 필요 없고, 중앙총회에서는 비행기와 무기 구입비를 지원해 달라고 요청하였다.[32] 노백린의 요청에 대해 중앙총회 평의회에서는 비행학교의 비행기 구입 등에 필요한 자금을 "일전도 더 쓰지 못하게" 하는 결의를 하였다.[33]

캘리포니아주 백인들의 반 동양인 정서 때문에 비행학교 설립은 순조롭

---

29 「노백린 → 이동휘(1920. 4. 13)」, 『이승만 동문 서한집』 중, 278~279쪽.
30 『신한민보』 1920년 3월 9일자, 「노백린 총장의 경영」.
31 『신한민보』 1920년 2월 24일자, 「한인비행학교 설립」; 홍선표, 「미주한인의 군사활동 - 노백린의 한인비행조종사양성소」, 『미주한인사회와 독립운동』 1, 박영사, 2013 참조.
32 「노백린 → 이동휘(1920. 5. 19)」, 『이승만 동문 서한집』 중, 285~286쪽.
33 「윤병구가 노백린에게 보낸 편지(1920. 4. 29)」(대한인국민회 소장자료).

지만은 않았다. 노백린과 김종림 등 북가주의 한인들이 비행학교를 설립하려고 할 당시, 캘리포니아주에서는 배일운동이 최고조에 달하고 있었다. 캘리포니아를 중심으로 일본인 배척운동의 선두주자였던 맥클래치(Valentine Stuart McClatchy, 1857~1938)는 ① 일본인의 이민을 절대적으로 막을 것, ② 캘리포니아주의 일본인 출생률이 백인 출생률의 5배나 되기 때문에 일본인의 결혼을 엄금할 것, ③ 일본인에게는 공민권을 완전히 금지할 것, ④ 토지 대부권을 제한할 것 등의 배일법안을 캘리포니아주 의회에 제의하였다.[34] 캘리포니아에서의 배일운동은 그동안 아시아인배척연맹(Asiatic Exclusion League)이 주도하였는데, 경제적·인종적 근거로 일본인 이민을 반대하였으며 법률 제정, 보이콧, 반일본 선전 등의 활동을 전개하였다.[35] 1920년 9월에는 아시아인배척연맹을 대신하여 캘리포니아합동이민위원회(California Joint Immigration Committee)가 결성되어 활동을 이어나갔다.

캘리포니아에서 반 아시아인 운동이 크게 일어날 당시 한인비행학교 설립이 널리 알려지게 되었다. 밴 버나드(Van Bernard) 14개 카운티 보호연합회(Fourteen Counties Protective Association) 회장은, 한인 비행학교가 백인들에게 '위협적인(menace)' 존재라고 주장하였다. 그는 "이미 비행가양성소가 설립되었고 그곳에 있는 비행기들은 캘리포니아의 평화에 위협적"이라고 하였다. 따라서 "비행학교를 설립한 한국인들은 이것이 평화적이며 전적으로 미국적인 사업이라고 주장하고 있음에도 불구하고, 가정과 농장을 가지고 있는 우리들은 이들 민족(한국민족-필자)에 의해 위협을 당하고 있다." 그러면서 밴 버나드는 '불원하는 외국인들(undesirable aliens)'의 침해로부터 캘리포니아주에 있는 미국인의 이익을 보호하기 위한 입법을 요구하였다.[36]

---

34 『신한민보』 1920년 7월 22일자, 「새크라멘토상업회의 배일」.
35 김지원, 「미국의 일본인 배척운동과 한인 사진신부의 이주, 1910~1924」, 『미국사연구』 44, 2016, 290~293쪽.
36 『Willows Daily Journal』 1920년 2월 26일자, 「Van Bernard sees Menace in Korean Flying

밴 버나드를 비롯한 캘리포니아의 반아시아인주의자들은 김종림이 주도하는 비행학교 설립에 반대가 심하였다. 비행학교 설립을 추진하고 있던 노백린(로파린, Palin K. Law) 군무총장은 직접『새크라멘토 비(Sacramento Bee)』의 기자와 만나, 이것은 한국 독립운동의 일부이고, 그 일은 동양에 관련된 것이기 때문에 미국과는 전혀 관련이 없는 일이라고 해명하였다.[37] 노백린과 함께 이를 추진하고 있던 김종림도 비행학교의 설립 목적이, "영어를 읽고, 쓰고, 말하기를 가르쳐 훌륭한 미국인(good Americans)을 만드는 데에 있다"라고 강조하였다.[38] 그렇지만 윌로우스 현지 신문들도 한인들이 비행학교를 설립하여 청년들을 교육하는 목적이, 일본에게 빼앗긴 자신들의 조국 독립을 위한 활동이라는 것을 너무나 잘 알고 있었다.

School」.
[37]『신한민보』1920년 3월 9일자, 「노백린 총장의 경영」.
[38]『Willows Daily Journal』1920년 2월 19일자, 「Koreans to have Aviation Field」.

3 비행가양성소의 조직과 운영

비행학교 설립이 추진되고 있을 당시인 1920년 3월 1일, 독립선언 제1주년 기념식이 대한인국민회 중앙총회의 주관 하에 새크라멘토, 다뉴바, 로스앤젤레스 세 지역에서 거행되었다. 3월 1일은 한국독립을 평화적으로 선포한 날로 미주 한인들에게는 커다란 의미를 가졌기 때문에 중앙총회에서 기념식을 주관하여 진행되었다. 독립선언 1주년을 기념하기 위해 북가주지역에 있었던 한인들은 새크라멘토로 집결하였다. 이날 레드우드시 비행학교에서 수학하던 학생들이 중가주 다뉴바의 대행렬 위로 비행하기 위해 프레즈노까지 왔으나, 폭우 때문에 행렬에 참석하지 못하였다.[39] 새크라멘토에서도 3월 1일 비가 많이 와서 축하비행을 할 수 없게 되었는데,[40] 이용선은 새크라멘토에서 다뉴바까지 비행기를 몰고 갔으나 비 때문에 다뉴바를 14마일 남겨두고 비행을 할 수가 없었다.[41] 그렇지만 이용선은 3시간, 이초는 2시간이나 비행하여 현지로 날아갔다는 데에 커다란 의미가 있었다.[42]

대한인국민회 중앙총회 독립기념 제1주년 기념식 때 축하비행까지 준비한 것은, 비행학교 설립을 염두에 두고 미주 동포들에게 이를 널리 알리려는 목적을 가지고 있었다. 이미 비행학교에서 비행술을 교습할 교육장 임대도 마쳤고, 학생 모집을 시작하여 3월 초순에 응모한 학생이 22명에 달하였

---

39 『신한민보』 1920년 3월 12일자, 「다뉴바 구역 독립선언 제2년 경축 장관」.
40 『신한민보』 1920년 3월 6일자, 「북가주구역 경축회 예식 거행에 대한 공포」.
41 Marn J. Cha, 『Koreans in Central California(1903-1957)』, University Press of America, 2010, 170쪽.
42 『독립신문』 1920년 5월 11일자, 「한인의 손으로 최초의 비행」.

다.⁴³ 1920년 5월 19일자로 노백린이 이동휘에 보낸 편지에 의하면, 이미 20명의 청년들이 군사를 배우기 위해 새크라멘토로 왔다고 한다.⁴⁴ 『신한민보』 1920년 3월 19일자 기사에 의하면, 24명의 건장한 청년들이 윌로우스 비행학교에 입학하기 위해 모였다고 한다.⁴⁵ 그리고 그들의 명단이 다음과 같이 게재되어 있었다.

최명길, 김태선, 박유대, 조기호, 최능익, 박대일, 신영철, 조종익, 정이용, 정홍성, 정몽룡, 홍종만, 도진환, 신형곤, 임상희, 이영기, 김전, 손이도, 이도선, 박희성 (이외 4명은 이름 미상)

비행학교에 모인 위의 명단 가운데에는 시카고에 있던 한인 청년들이 많았다. 아마도 곽림대의 영향을 받아 비행학교로 온 것으로 추측된다. 1920년 4월 3일 노백린이 곽림대에게 보낸 편지에, "두 번 보내신 편지를 잘 받아 보았소이다. 내게 이르신 말씀은 다 받아 차리겠나이다"라고 하였다.⁴⁶ 이것으로 보아, 곽림대가 노백린에게 군단 설립과 운영에 대해 많은 조언을 한 것은 틀림이 없다.

아무튼 비행술을 배우기 위해 윌로우스로 온 24명의 한인청년들이 정확하게 언제부터 교육을 받기 시작되었는지에 대한 자료는 없다. 위에서도 본 바와 있는, 1920년 5월 19일자로 노백린이 이동휘에게 보낸 편지에는, "3월 3일 윌로우스 미지방공학교(美地方空學校)로 와서 학업을 시작하여 지금 계속하고 있습니다"라고 하고 있다.⁴⁷

---

43 『신한민보』 1920년 3월 9일자, 「로백린 총장의 경영」.
44 「노파린(노백린) → 이동휘(1920. 5. 19)」, 『이승만 동문 서한집』 중, 285쪽.
45 『신한민보』 1920년 3월 19일자, 「비행학교 생도의 집합」.
46 「노파린(노백린)이 곽림대에게 보낸 편지(1920. 4. 3)」 (대한인국민회 소장자료).
47 「노파린(노백린) → 이동휘(1920. 5. 19)」, 『이승만 동문 서한집』 중, 285쪽.

이처럼 3·1독립선언 기념식 당시에 새크라멘토로 온 한인청년들이, 윌로우스의 폐교된 학교에서 3월 3일부터 학업을 시작하였다. 『콜루사 데일리 선』1920년 3월 5일자 기사에도, 30명의 한인 학생들이 새크라멘토에서 기차를 타고 윌로우스 근처의 퀸트 지역에 왔고, 오후에 자동차로 학교로 갔다고 하였다.[48]

위에서도 본 1920년 5월 19일자로 노백린이 이동휘에게 보낸 편지에 의하면, 지난 42일간 주야로 군사교육을 계속하여 지금은 초등 군사교육을 마쳤다고 하였다. 즉, 노백린은 윌로우스에 온 한인청년들에게 이미 42일간 초등 군사교육을 실시하였던 것이다. 5월 19일부터 42일을 역산하면, 4월 7일이 된다. 윌로우스에 온 한인청년들은 4월 7일부터 본격적으로 기초 군사교육을 받았다고 할 수 있다. 그렇다면, 3월 3일부터 학업을 시작하였다는 것은, 군사교육은 아니고, 영어 등 일반학과를 교육받았던 것으로 보아야만 한다. 그리고 4월 7일부터 본격적으로 군사훈련이 시작되었던 것이다. 노백린은 윌로우스에 온 학생들에게 군사훈련을 시키기 위해 3월 29일 샌프란시스코에 와서 군복과 군모, 그리고 필요한 군사 기구를 사가지고 4월 1일 돌아갔다.[49]

그런데 『독립신문』1920년 4월 20일자 '미주통신'에 실린 기사에 의하면, "군무총장 노백린 각하의 지휘 하에 우리 재미(在美) 한 청년들은 군단학교를 설립하고, 전술(戰術) 급(及) 비행술과 무선전신학을 공부하기 시작한지 이미 3일이 지났습니다"라고 하였다.[50] 하지만 위의 신문에는, 이 기사를 보낸 날짜가 기재되어 있지 않아서, 정확한 날짜를 산정할 수가 없다. 앞의 편지에서 본 바와 같이, 4월 7일부터 군사교육을 시작하였다고 하면, '미주

---

48 『Colusa Daily Sun』1920년 3월 5일자, 「Korean School of Aviation at Willows」.
49 『신한민보』1920년 4월 9일자, 「로백린 총장의 내상」.
50 『독립신문』1920년 4월 20일자 「미주통신; 군단학교에 관하야」.

사진 2 윌로우스 한인비행가양성소 군사훈련 장면

통신'은 3일 후인 4월 10일에 보낸 것이 된다.

　위의 노백린이 이동휘에게 보낸 편지에 의하면, 윌로우스에 온 30명의 한인청년들은 노동과 군사훈련을 병행하는 둔전병식(屯田兵式)으로 군사훈련과 생활을 하였다. 한인 청년들은 노동하면서 1일에 5달러 25센트를 받는데, 1달러 25센트는 의식비(衣食費)로 떼고, 그 나머지는 저축을 하였다. 학생들은 저축한 돈의 반절을 비행과 무선전신 교육비에 충당하였고, 나머지는 마술(馬術)과 사격 교육비에 충당하였다. 당시 학생들이 어떤 방법으로 군사훈련을 받았는지에 대한 기록이 전혀 남아 있지 않기 때문에 구체적인 것은 알 수 없다. 그렇지만, 노백린 군단학교에서 훈련을 받았던 학생들의 사진 여러 장이 현재 남가주대학 도서관 디지털 아카이브(USC, Libraries Korean American Digital Archives)에 소장되어 있어, 이를 통해 군사훈련의 내용을 미루어 짐작해 볼 수가 있다.

　윌로우스 한인비행가양성소 건물이 찍힌 사진 4장이, 남가주대학 도서관 디지털 아카이브에 소장되어 있다. 〈사진 2〉는 윌로우스 비행학교 학생

사진 3 　한장호　　　　　　　사진 4 　칼김(Karl Kim)

14명이 군복을 입고 총을 들고 있는 사진이 있다. 이 사진은 비행학교 교육장 건물 옆쪽에서 찍은 것으로, 한 명은 총에 착검을 하고 10명은 실제 소총을 가지고 있고, 두 명은 권총을 착용하고 있다. 이를 통해 학생들은 군복과 군모 등 완전한 군인 복장을 갖추고 실제 소총과 긴 칼을 가지고 군사훈련을 받았던 것으로 추측된다. 학생들이 모두 긴 칼을 차고 있지 않은 것으로 보아, 긴 칼은 지휘용으로 선임자 혹은 교관급 학생들에게 지급되었을 것이다. 비행학교의 학생들은 노동과 군사훈련을 병행하는 둔전병식으로 군사교육이 실시되었기 때문에, 군사훈련은 노동을 하지 않는 시간에 실시될 수밖에 없었다.

〈사진 2〉에는 비행학교 교육장 건물이 왼쪽에 비스듬히 찍혀 있어 학교 교실의 옆쪽 모습을 볼 수 있다. 이 사진을 통해 비행학교 교사의 옆은 6쪽의 대형 유리창이 있었던 것이 확인된다. 위의 단체사진 외에 비행학교 학생들의 개별 사진이 3장 더 있다. 첫 번째 사진은 한인비행가양성소의 한장호가 군복을 입고 긴 군사용 칼을 차고 학교 건물 앞에서 찍은 사진이고(사진 3), 두 번째 사진은 칼김(Karl Kim)이 한장호와 같은 모자와 군복을 착용하고 같

은 건물 앞에서 찍은 사진이다(사진 4). 세 번째 사진은 이름을 알 수 없는 학생이 긴 칼을 차고 군복을 입고 학교 건물 뒤쪽 혹은 옆쪽에서 찍은 사진이다(사진 5). 그런데, 한장호와 칼김은 같은 모양의 모자를 쓰고 있지만, 세 번째 학생 사진에는 〈사진 2〉의 모자와 같은 형태의 것을 쓰고 있다.

〈사진 3〉은 한장호가 한인비행학교 교사 정면에서 찍은 것으로, 〈사진 1〉의 건물 앞에서 찍은 것이다. 이 사진에 의하면, 비행학교 교사의 정문은 두 쪽으로 되어 있고, 정문의 양쪽에 유리창이 있다. 〈사진 4〉도 칼김이 한장호와 거의 같은 장소에 찍은 것이다. 그런데, 두 사진을 자세히 보면 교실 정문은 경첩이 양쪽으로 개방될 수 있는 형태라는 것을 알 수가 있다. 또 다른 사진에는 "To my dearest friend Mr. Hahn"이라고 하여 '한장호'에 준 사진도 있다. 비행학교 학생이 긴 칼을 차고 비행학교 교실 뒤쪽 혹은 옆쪽에서 찍은 사진으로 보인다. 이로 보아, 비행학교 교사의 뒤쪽과 옆쪽은 나무로 막혀 있었다고 판단된다.

윌로우스 한인비행학교에서의 군사교육과 둔전병식 생활은 그다지 쉽지가 않았다. 이곳에 온 한인 청년들 가운데에는 군사훈련과 생활에 적응하지 못하고 떠나는 경우도 있었던 것 같다. 앞의 노백린이 곽림대에게 보낸 편지에 따르면, 레드우드시 비행학교에서 교육을 받던 오림하도 노백린의 권유에 따라 윌로우스에 왔으나 얼마 안되어 떠났다.[51] 오림하는 아마도 레드우드시 비행학교에서 학업을 마치기 위해서 떠났던 것 같다.

앞에서 살펴본 바와 같이 노백린의 군단학교는 적어도 1920년 4월 7일부터 군사교육을 실시하였는데, 그해 4월 윌로우스에 있는 서양인 영업회사 혹하이어 회사에서 100달러를 기부하였고, 스파야라는 중국인도 20달러를 내놓았다. 그리고 비행학교를 방문하는 한인 동포들은 학생들을 위해 음식을

---

51 「노파린(노백린)이 곽림대에게 보낸 편지(1920. 4. 3)」(대한인국민회 소장자료).

대접하였으며, 미국인 비행사들도 비행기를 타고 와서 관람을 하였다.[52] 그렇지만, 윌로우스 비행학교와 비행장 마련을 위한 자금상의 문제가 여의치 않아 정식 개교는 계속 연기되었다. 『윌로우스 데일리 저널』의 기사에 의하면, 비행학교에 응모한 10여명의 학생들이 있었기 때문에, 퀸트학교 건물에서 군사전술 교육, 영어와 항공 수업만을 진행하고 있었다.[53] 그러다가 6월 22일 첫 번째 비행기가 비행학교에 도착하였고, 6월 24일 두 번째 비행기가 도착하였다. 윌로우스 비행학교에 들어온 비행기는 홀스코트 모터(Hall-Scott Motor)를 장착한 최신, 최고의 기종의 'Standard J-1'이었다.[54] 현지 지역 신문인 『콜루사 헤럴드』 1920년 7월 29일자 기사에 의하면, "윌로우스 근방에 있는 14명의 학생들이 한인 비행학교에 등록을 했다"고 한다.[55]

첫 번째 비행기가 도착할 무렵 레드우드시 비행학교의 교관이었던 '해피 브라이언트(Happy Bryant)'가 비행가양성소의 교관으로 오게 되었다. '해피 브라이언트'는 그의 별칭이고, 원래 이름은 '헨리 브라이언트(Henry Bryant)'이다.[56] 그 외 레드우드시 비행학교를 졸업한 사람들이 교관으로 참여하였다. 오림하와 이용선이 1920년 5월 25일 레드우드 비행학교를 우등으로 졸업하였고,[57] 6월 17일에는 한장호·이용근·장병훈 3명이 레드우드

52 『신한민보』 1920년 4월 20일자, 「윌로우스 군단 찬조한 분들」.
53 『Willows Daily Journal』 1920년 6월 22일자, 「Airplane for Korean School Arrives Today」.
54 『Willows Daily Journal』 1920년 6월 22일자, 「Airplane for Korean School Arrives Today」; 『Willows Daily Journal』 1920년 6월 24일자, 「2nd Airplane for Korean School Arrives Today」. Standard J-1 기종은 Curtiss JN-4를 보완하여 임시방편으로 제작된 것이다.
55 『Colusa Herald』 1920년 7월 29일자, 「General news Items」.
56 『Madera Mercury』 1920년 3월 3일자, 「Henry Bryant Drops Down for a Few Days」. 홍선표의 논문에는 프랑크 브라이언트(Frank K. Bryant)라고 하였으나(홍선표, 「미주에서의 활동과 군사운동」, 134쪽), 『신한민보』 1920년 3월 12일자 「다뉴바구역 독립선언 제2년 경축 장관」이라는 기사에, "다뉴바 구역 경축회는 비행사 헨느리 부라안트 씨에게 국민회 명의로 은잔을 주어 그 섭섭한 정을 위로하였더라"라고 하여, 분명히 '헨리 브라이언트'라고 말하고 있다. '프랑크 브라이언트'는 헨리 브라이언트의 형제로, 그는 1920년 3월 당시 레드우드에서 비행학교를 운영하고 있었다.
57 『신한민보』 1920년 5월 28일자, 「제1회 비행가로」.

비행학교를 졸업하였다.[58] 그 후 오림하·이용선과 함께 이초도 이 학교를 졸업하고 한인 세 명이 같이 비행가양성소에서 교관 브라이언트를 돕는 조교사의 역할을 맡게 되었다.[59]

윌로우스에서 한인들이 세운 비행가양성소는 미국 전역에 소개되면서, 샌프란시스코에 있는 연합 영화 뉴스사(the Associated Screen News Co.)에서 이를 영화로 만들려고 하였다.[60] 퀸트 지역에서 주목을 받고 있는 한인 비행학교를 주로 영화에 담으면서, 이를 통해 전 미주지역에 글렌(Glenn) 지방을 홍보하는 것이다. 1920년 7월 5일 한인비행학교의 개교식이 윌로우스에서 성대하게 거행되었는데, 여러 지역에서 온 동포 200여명이 개교식에 참여하였다.[61]

4월 초부터 모집된 학생들에게 군사교육을 시켰고, 비행기가 도착하자 비행술도 가르쳤다. 그러나 정식으로 한인비행학교의 개교는 7월 5일부터라고 할 수 있다.『신한민보』1920년 7월 15일자의 「한인비행기학교의 개교식」이라는 기사에, "7월 5일 윌로우스에서 한인비행가양성소 개학식을 거행하였다"고 하였다.[62] 지금까지 일반적으로 '비행군단' 혹은 '한인비행학교'라고 불렸던 비행학교의 명칭을, 정식으로 '한인비행가양성소'라고 하여 개학식을 가진 것이다. 그리고 비행가양성소를 실제적으로 운영하는 주체인 '비행가양성사'라는 조직을 만들었다.

---

58 『신한민보』1920년 6월 22일자, 「비행기 졸업생 또 세 분이 계속하여 펄펄 나아온다」.
59 『Willows Daily Journal』1920년 6월 24일자, 「2nd Airplane for Korean School Arrived Today」.
60 『Willows Daily Journal』1920년 9월 4일자, 「Korean Aviation School to be Seen in the Movies」.
61 『신한민보』1920년 7월 15일자, 「한인비행기학교의 개교식」.
62 그런데, 일제의 정보자료에 의하면, 1920년 7월 7일 우병옥·오림하·이용근·이초 4명이 조선인비행학교의 제1회 졸업식을 거행하였다고 한다(「國外情報 : 最近歐美에 있어서 不逞鮮人의 行動(1920. 9. 20)」,『不逞團關係雜件 – 朝鮮人の部 – 在歐米(4)』. 그러나 일제의 이 정보는 윌로우스 비행학교의 졸업식이 아니고, 한인청년 4명이 레드우드시 비행학교 등에서 졸업하였다는 것을 말하는 것이다.

비행가양성소와 군단을 설립하는 데에 주도적인 역할을 한 노백린은 임시정부 군무총장으로서의 소임을 다하기 위해 중국으로 가지 않을 수가 없었다. 비행학교와 비행가양성소가 일단 자리를 잡자 1920년 8월 중국으로 가기 위해 윌로우스를 떠났다. 그래서 그는 하와이로 가서 그곳에서 임시정부 대통령 이승만, 학무총장 김규식을 만났고, 이승만이 임병직을 데리고 먼저 중국으로 떠나고 노백린은 김규식과 함께 상하이로 갔다.

한인비행학교 개교식에서는 헨리 브라이언트 교관과 오림하가 조종하는 두 척의 비행기가 축하 비행을 하여 관람객에게 흥미를 주었다.『신한민보』 기사에 의하면, 개교식이 있은 후에 비행학교 설립을 주도한 인사들이 다시 모여, 비행학교의 유지 및 확장 방침을 위해 '비행가양성사'라는 단체를 조직하였다고 한다. 즉, 비행학교를 운영하고 유지할 수 있는 조직체가 반드시 필요하였는데, 그것을 '비행가양성사'라고 하였다.

'비행가양성사'는 총재에 김종림, 서기에 강영문, 재무에 이재수·신광희, 간사에 진영규·양순진·이암·윤응호·임치호·마춘봉·이운경·한성준·송승균·이진섭을 선임하였다. 비행가양성사의 주요 임원들은 비행학교 설립을 주도한 윌로우스 지역의 한인 재력가들이었다. 비행가양성사는 이들 임원 외에 41명의 사원을 두었는데, 사원들은 매월 10원 이상의 월례금을 내게 하였다. 그밖에 사원과 여러 동포들의 기부금이 있었으며, 사원을 더 모집하기로 결정하였다. '비행가양성사 장정'을 마련하기 전까지 임시로 감독에 곽림대와 학생 중에서 임시 임원을 맡겨 사무를 진행하게 되었다. 비행가양성사를 설립된 이후 7월 25일 정식으로 '비행가양성사 장정'을 제정하여 대외적으로 공표되었다. 비행학교를 실질적으로 운영하는 감독에 곽림대를 정식으로 임명하였다.[63]

그러면, '비행가양성사 장정'을 통해 비행학교의 조직과 운영에 대해 살펴

---

[63] 『신한민보』 1920년 8월 5일자,「윌로우스에 대한인비행가구락부가 성립」.

보자. '비행가양성사 장정'은 전체 7장 제22조와 부록 제9조로 구성되었는데, 그 내용은 다음과 같다.[64]

제1조   본 단체는 비행가양성사라 함.
제2조   본사의 목적은 조국의 독립전쟁을 위하여 비행가를 양성함에 있음.
제3조   본사의 위치는 합중국 캘리포니아에 둠.
제4조   본사는 본사의 목적한 사업에 대하여 성의가 있는 17세 이상의 한인 남녀로 조직함.
제5조   본사의 사원으로 삼 개월을 계속하여 월례금을 궐납하는 자는 사원의 자격이 없음.
제6조   본사의 임원은 아래와 같음.
　　일. 총재 1인
　　이. 부총재 1인
　　삼. 서기 1인
　　사. 재무 2인
　　오. 간사 약간인
제7조   본사의 사원은 발언권과 피선거 표결권이 있음.
제8조   본사의 사원은 월례금의 필납과 집회시에 출석과 본사의 명령을 복종하는 의무가 있음.
제9조   본사의 임원은 장정 범위 안에서 입안된 사무를 집행하는 권리와 사업의 성적을 갖춰 총회에 보고하는 임무가 있음.
제10조 본사 임원의 직무는 아래와 같음.
　　일. 총재는 본사를 대표하여 모든 사무를 총리함
　　이. 부총재는 총재를 도와 일을 보며 총재가 흠궐될 시에 대리함을 얻음

64　『신한민보』 1920년 8월 12일자, 「비행가양성사 장정」.

삼. 서기는 모든 문사를 관리함

사. 재무는 모든 재정을 처리함

오. 간사는 총재의 요구에 응하여 사무를 협찬함

제11조　임원의 임기는 만 1개년으로 정함(연임과 재선의 제한이 없음).

제12조　본사의 재정 수입은 사원의 월례금과 기부금과 학생의 학비로 정함.

제13조　본사의 재정 지출은 본사의 목적 사업에 수용으로 정함.

제14조　본사의 월례금은 10원으로 정함.

제15조　본사의 집회는 아래와 같음.

일. 정기총회

이. 특별회

삼. 임원회

제16조　본사의 정기총회는 사원 삼분지 일 이상의 수만으로 개회함을 얻으되, 회기는 매년 3월 1일로 정함(경절이나 일요일이 될 때에는 임원부의 의결로 임시 개정할 수 있으며, 시간은 임원부가 의정함).

제17조　특별회와 임원회는 일이 있는 대로 총재가 소집함(10인 이상의 동의가 있는 때에는 총재가 특별회를 소집함).

제18조　본사의 벌칙은 아래와 같음.

일. 벌금

이. 정권

삼. 출사

제19조　본 사원으로 본사의 명예를 손상하거나 재정상 손해를 끼치는 때에는 사원은 임원부가 총회가 이를 처리함.

제20조　본사의 존립 기한은 만 2개년으로 정함. 필요한 때에는 총회의 의결로 연장함을 얻음.

제21조　본사를 폐지하는 경우에는 총회로 이를 정함.

제22조　본 장정에 미비한 사업은 총회에서 이를 의정함.

〈부록〉

제1조　본사의 사무처리는 출석원 이분의 일 이상의 수효로 결정함.
제2조　총회나 특별회가 모이기 어려운 경우에는 통신으로 처리함.
제3조　본사는 본사의 목적을 이루기 위하여 비행가양성소를 설립함.
제4조　비행가양성소는 감독 1인을 두어 관리함.
제5조　비행가양성의 감독은 임원부가 선정함.
제6조　비행가양성소에 입학하는 학생은 학비로 150원을 필납케 함.
제7조　비행가양성소의 학생으로 학업을 마치기 전에 퇴학하거나 학업을 필한 후라도 공정부 소관 군무부에 1년 이상 근무치 아니하는 경우에는 상당한 계산을 그동안 경과한 학비를 징수함(이러한 일은 감독과 임원이 합석 처리함).
제8조　비행가양성소에는 재무 찬무원 1인을 두어 ○○무를 협찬케 함
제9조　본부측에 미비한 사항은 세칙에 의지하여 일을 처리함.

위와 같이 「비행가양성사 장정」이 공포한 다음날인 7월 26일자로 「비행가양성사 취지서」를 다음과 같이 발표하였다.[65]

미주에 재류하는 우리의 형편으로는 명수(名數)가 적으니 육군을 편성함에 넉넉지 못하고 오직 널린 금전을 거두어 재력의 일부를 당함이 의무의 하나라 하겠으니, 이는 이 원동이나 어느 다른 천지에서는 할 수 없는 비행가 양성이 그 사업이 올시다.

지금 원동에서는 이 사업만은 미주에 재류하는 우리에게 의뢰하고 믿고 맡기는 바, 만일 우리가 좋은 위치와 기회와 힘을 가지고도 저들의 바람을 공급치 못하면 이는 곧 의무를 저바림과 같은 허물이 우리에게 있습니다. 그런 고로 우리는 혈전

---

[65] 『신한민보』 1920년 8월 12일자, 「비행가양성사 취지서」.

에(血戰) 공급하기 위하여 위선 헌신하는 청년들을 모아 비행술과 무선전신법을 실습케 하는 바, 이 사업에 됨을 도웁기 위하여 비행가양성사라는 단체를 조직하고 그 장정을 만들어 우리 동포에게 넓히 고하오니 누구시던지 혈전의 필요를 깨닫거던 속히 본사에 참가하여 군사의 준비로는 유일무이한 이 사업으로 하여금 우리나라에 많은 공(功)이 되게 하시기를 바라나이다.

위의 장정과 취지서에서 밝힌 바와 같이, 비행가양성사의 목적은 "조국의 독립전쟁을 위하여 비행가를 양성"하는 것이고, 비행가를 양성하는 사업을 돕는 것이 '비행가양성사'라는 조직이다. 다시 말해, '비행가양성사'는 비행학교를 유지하는 주체이고, 학교 운영에 모든 책임을 가지고 있다. 비행가양성소는 감독의 책임하에 교육을 담당하고, 비행가양성사는 운영에 대한 모든 책임을 맡았다.

비행학교를 창립할 당시 미국 현지 신문은 한인 학생들이 대략 30명 정도라고 보도되고 있었다. 앞에서 본 바와 같이, 『신한민보』 1920년 3월 19일 자에 24명의 한인 청년들이 비행학교에 왔다고 하였다. 비행학교가 정식 개교한 이후인 7월 6일 비행학교에는 15명 정도였으나, 10명이 더 입학을 준비하여 있었다고 하였다.[66]

비행학교 설립 초기에는 둔전병식으로 운영하여 학생들이 자비로 모든 비용을 부담하였으나, 비행학교가 정식 개교한 이후 비행학교 학생들은 비행술 등을 교육받았고, 여가시에는 사역을 스스로 담당하였다. 비행가양성소의 일체의 재료는 총재인 김종림이 제공하였으며, 일반적인 것은 분담한 것 같다. 비행기 2대로 교육을 하다가 학생 수가 늘어나 1대를 더 주문하였고,

---

66 『신한민보』 1920년 7월 15일자, 「한인비행기학교의 개교식」; 홍선표, 「대한민국임시정부의 공군 건설 계획과 추진」, 『군사』 97, 2015, 188쪽.

무선전신 기계도 주문하였다.[67] 그리고 비행학교의 교관 브라이언트를 도와서 레드우드시 비행학교를 졸업한 이초와 이용선이 조교사 임무를 맡았다.[68]

윌로우스 비행학교가 개교한 이후 정상적으로 운영되고 있을 때인 1920년 8월 5일, 대한인국민회 북미지방총회장 강영소가 비행가양성소가 있는 김종림의 농장에 도착하였다. 강영소는 한인비행가양성소 방문 당시 16명의 학생들이 기숙하는 데에서 숙박을 하고, 다음날 아침 일찍 비행기 연습장에 가서 훈련하는 것을 보았다고 한다.[69] 강영소가 비행학교를 순방할 때, 16명의 학생들이 비행술을 교육받고 있었던 것은 분명한 것 같다. 왜냐하면, 비행가양성소가 성립된 이후 비행학교에서 교육을 받던 학생들을 중심으로, 장차 비행가회(飛行家會)로 발전시키기 위한 목적으로 '대한인 비행가 구락부'를 조직하였다. 비행가 구락부의 부원은 16명이고, 회장(chairman)은 한장호이고, 앞으로 임원들을 선정하여 완전한 법인 자격을 갖추기로 하였다.[70] 한인비행가양성사의 총재인 김종림이 실습용 비행기와 기타 설비 일체를 공급하는 데에 많은 도움을 주었기 때문에, 학생들은 그의 애국열성에 보답하기 위해 은으로 만든 빙컵을 선사하였다.

이처럼 1920년 8월 초 비행학교의 비행술 교관에는 헨리 브라이언트, 조교사에는 이초와 이용선이 담당하였다. 김종림이 매달 3,000달러 정도를 희사하여 교사들의 월급과 비행기 연료 등을 공급하는 등 비행사 양성의 재정적으로 책임을 전담하다시피 하였다. 곽림대의 회고에 의하면, 김종림은 비행가양성소 운영에 필요한 모든 경비를 마련해 주고, 무선전(無線戰)까지 실습할 기구를 마련하였다. 그러나 비행기양성소 감독 곽림대가 켄터키사관학

---

[67] 홍선표,「대한민국임시정부의 공군 건설 계획과 추진」, 188쪽.
[68] 『신한민보』 1920년 8월 5일자,「윌로우스에 대한인비행가구락부가 성립」.
[69] 『신한민보』 1920년 8월 26일자,「북가주 순행기」.
[70] 『신한민보』 1920년 8월 5일자,「윌로우스에 대한인비행가구락부가 성립」.

교에 가게 되었다.[71]

한인비행가양성소의 전체 모습을 구체적으로 알려주는 자료는 없지만, 남가주대학 도서관 디지털 아카이브에 소장된 사진을 통해 추측해 볼 수 있을 것이다. 한인비행학교 전경을 보여 주는 2장의 사진이 있다.

첫 번째 사진은 널리 알려진 바와 같이, '미국 가주 한인비행대. 노백린 장군지위(휘) 하에'라고 쓰인 사진이다(사진 5). 이 사진에 의하면, 비행가양성소에는 모두 3대의 비행기가 보인다. 1920년 6월 말 한인비행학교에는 두 번째 비행기가 도입되었고, 시기는 알 수 없지만 세 번째의 비행기가 온 것 같다. 그래서 모두 3대의 비행기로 비행술을 교육하였던 것으로 추측된다.

그리고 두 번째는 '윌로우스 비행가양성소(飛行家養成所)'라고 적힌 사진이다(사진 6). 이 사진에도 비행기 3대가 보이고, 비행기 꼬리에 태극마크를 그려 넣었고, 비행기 옆에는 'K.A.C'라고 쓰여져 있다. 'K.A.C'는 'Korean Aviation Corps'의 영문 약자이다. 즉, '한인비행가양성소'를 뜻한다. 이 사진에는 비행기 한 대가 나무로 만든 간이 격납고에 있고, 또 한 대의 비행기에서 실제 교육을 하고 있다. 그리고 나머지 한 대의 비행기는 창고 같은 곳에서 수리를 받고 있다. 이들 사진을 통해서, 비행가양성소에서는 3대의 비행기로 비행술을 교육하였고, 비행기 수리 창고, 격납고, 활주로 등을 갖추고 비행술에 대한 체계적인 교육을 진행했던 것으로 판단된다.

그러면 비행학교의 규모는 어느 정도인가 하는 점이다. 이에 대한 정확한 자료는 현재 남아있지 않다. 그렇지만, 한인들의 비행학교 설립을 반대하였던 밴 버나드 14개 카운티 보호연합회 회장의 인터뷰 기사에서 어느 정도 규모를 짐작해볼 수 있을 것 같다. 그는 "40에이커의 땅이 비행학교를 위해 팔렸다고 하였다."[72] 40에이커 모두가 비행가양성소의 부지로 활용된 것은 아

---

71 곽림대, 『못잊어 화려강산』, 144~146쪽.
72 『Willows Daily Journal』 1920년 2월 26일자, 「Van Bernard sees Menace in Korean flying

사진 5 한인비행가양성소의 비행기와 학생들

사진 6 한인비행가양성소의 비행기와 간이 격납고

니겠지만, 그 규모는 작지 않다. 40에이커는 16만 1,874평방미터약 4만 9천 평이고, 축구장 22개의 크기이다.

그런데 한인비행가양성소 총재로 운영자금의 대부분을 부담하였던 김종림은 1920년 가을 추수기에 북가주에서는 미증유의 대홍수가 일어나 막심한 피해를 입었다. 김종림이 윌로우스에서 경작하던 벼 농지면적은 총 7,000에이커에 달하였다고 한다.[73] 1920년 추수를 앞두고 윌로우스 일대에 홍수가 계속되면서 추수를 할 수가 없게 되었다. 이에 따라 김종림 등 한인 벼농사 경영자들은 큰 피해를 입었고, 쌀농사를 통해 얻어질 수익의 상당 부분을 비행가양성소의 운영자금으로 제공하였던 김종림 등의 후원자들은 더이상 지원을 할 수 없게 되었다. 비행기가 고장이 나도 수리할 비용이 없어 방치되고, 그러면서 교관과 학생들이 떠나게 되었다.

1920년 12월 운영자금이 없었기 때문에 비행학교는 사실상 폐쇄되고 말았다. 비행가양성소가 폐쇄된 이후 이곳에서 비행술을 연마하던 학생들은 다시 다른 비행학교로 가거나 혹은 학업을 포기하였다. 1921년 1월 박희성(Howard S. Park)과 홍종만은 윌로우스 비행학교에서 교육을 받고, 새크라멘토 비행장에 들어가 비행술을 연습하였고, 3월에는 이용근과 정몽룡도 새크라멘토 비행학교로 와서 비행술을 연마하였다.[74] 박희성은 비행술이 너무 뛰어나 한인학생들만 아니라, 미국인들도 놀랐다. 그래서 박희성은 새크라멘토 비행장에서 경비(經費) 없이 비행술을 공부하고, 항공면허를 받기 위해 레드우드시 비행학교에 왔다. 그런데 레드우드시 비행장에서 항공면허시험을 치르는데, 마지막에서 6천 피트를 오르다가 비행기가 고장 나서 3백 피트

School」.
[73] 이명화, 「재미 실업가 김종림의 생애와 독립운동」, 『한국독립운동사연구』 43, 126쪽. 그러나 『신한민보』 1921년 10월 27일자, 「북가주 순행기」에는 김종림이 3,300에이커의 농원을 경작하고 있었다고 하였다.
[74] 『신한민보』 1921년 3월 31일자, 「우리 비행학생 성적」.

에서 떨어졌다. 그가 면허시험을 보던 비행기는 완전히 파손되고 박희성은 30분간 기절하였다가 깨어났으나, 아래 부분을 크게 다쳐 샌프란시스코 세인트 프란시스 병원에서 수술을 받았다.[75]

미국 현지 신문에도, 박희성은 비행사 면허시험을 보던 중인, 산호세(San Jose) 근처의 버니 평야(Varney Field)에서 300피트 아래로 추락을 하였다고 보도되었다. 신문 기사에 의하면, 그는 성공적으로 비행을 하였지만, 비행기 기체 꼬리 부분에 문제가 생겨 땅과 충돌하고 말았다고 한다.[76] 그럼에도 불구하고 박희성은 비행기 잔해에서 탈출하여 도움 없이 걸어 나올 수가 있었고, 샌프란시스코의 병원에 입원을 하였으나 목숨을 잃지는 않았다.[77] 박희성이 항공면허시험을 본 비행기는 레드우드시 비행학교 교관이 면허시험을 보라고 특별히 빌려준 것이었다. 그리고 박희성과 같이 졸업시험을 보려고 온 이용근·정몽룡도 그의 비행기 추락사고로 인하여 졸업시험을 보지 못하였다.[78]

박희성의 비행기 추락사건 이후 비행가양성사의 총재였던 김종림은 대한인국민회 북미지방총회장 최진하에게 청원서를 내고, 대한인국민회에서는 최대한 협조하기로 하였다.[79] 그러나 박희성의 사고 이후 비행가양성소는 1921년 4월에 정식으로 폐쇄하였다. 『윌로우스 데일리 저널』의 기사에 의하면, 박희성이 부상을 당한 이후 한인비행가양성소는 다시 문을 열려고 노력을 하였다.[80] 그러나 재정적 지원을 담당했던 김종림이 파산하였기 때문에, 다시 문을 열 수가 없었다. 비행기 추락사고로 면허시험을 치르지 못했

---

75 『신한민보』 1921년 4월 14일자, 「박희성씨의 중상」.
76 『Willows Daily Journal』 1921년 4월 11일자, 「Willows Aviator Injured Trying for a License」.
77 『Willows Daily Journal』 1921년 4월 12일자, 「Aviator Not Badly Injured」.
78 『신한민보』 1921년 4월 14일자, 「이·정 양씨도 졸업 지체」.
79 『신한민보』 1921년 5월 5일자, 「비행학교를 도웁시다」.
80 『Willows Daily Journal』 1921년 6월 1일자, 「To Reopen Korean Aviation Field」.

던 박희성과 이용근은 1921년 5월 22일 새크라멘토 비행장에서 다시 면허시험을 치렀고, 7월 7일자로 국제항공증서를 발급받았다.[81] 국제항공증서를 획득한 박희성과 이용근은 7월 18일 대한민국임시정부 육군 비행병 참위로 임명되었다.[82] 임시정부에서 박희성과 이용근 두 사람을 비행병 참위로 임명하였다는 것은, 임시정부의 군인으로 정식 임명한 것이라고 보아야만 한다.

81　박희성(Howard S. Park)의 국제항공면허증은 현재 독립기념관에 소장되어 있다(자료번호 1-011486).
82　『독립신문』 1921년 8월 15일자, 「비행 졸업생 포상」 및 「敍任 及 辭令」.

4 맺음말

　　우리 역사상 최초로 비행사를 양성하는 '비행가양성소'라는 학교가 1920년 7월 5일 미국 캘리포니아주 윌로우스에서 정식으로 설립되어 운영되었다. 이 비행학교에서 비행술과 군사교육을 받은 한인청년들은 향후 독립전쟁에 참가하여, 일제와의 공중전에 전개하고자 하였다. 이같은 독립전쟁에 대한 열망으로 미주의 한인들은 광활한 북부 캘리포니아의 농장지대에 한인청년들을 모아 '한인비행가양성소'라는 비행학교를 창설하였던 것이다.

　　대한민국임시정부 군무총장 노백린과 북가주지역 한인 재력가들은 제1차 세계대전 당시 공중전의 중요성에 착안하여, 일제와의 독립전쟁을 준비하기 위해 한인청년들에게 비행술을 교습할 비행학교를 설립하게 되었다. 비행학교의 창설준비는 1920년 1월 노백린이 샌프란시스코에 오면서 본격화되었으며, 2월 20일경 노백린과 윌로우스의 한인 재력가들과 비행학교 설립을 결의하였다. 한인비행학교의 설립은 노백린의 지휘 하에 윌로우스 재력가들의 재정적 후원으로 1920년 2월 말 퀸트 학교의 건물을 비행학교로 임대하고, 김종림이 제공한 40에이커의 토지가 비행장으로 사용되기로 하였다. 그후 미주 각지에서 노백린의 비행학교에 입학하기 위해 한인청년들이 속속 윌로우스 지방으로 모여들었다. 그래서 3월 3일부터 일반교양과 이론을 중심으로 일반학과를 교습하였고, 4월 7일경부터 한인청년들을 상대로 본격적인 군사훈련과 영어 등을 가르쳤다. 그리고 그해 6월 22일 첫 번째 비행기가 비행학교에 도착하였고, 6월 24일 두 번째 비행기가 도착하였다.

　　교육용 비행기 두 대와 교관 등을 갖춘 이후 1920년 7월 5일 '한인비행가양성소'를 정식으로 개교하게 되었고, 비행가양성소 개소와 함께 이를 운영할 '비행가양성사'라는 단체를 조직하였다. '비행가양성사'는 실제적으로 비행학교를 운영하는 주최로서, 학교 운영의 모든 재정적 책임을 전담하였다. 비행사양성사는 재정적으로 공헌한 김종림이 총재를 맡았고, 윌로우스 지방의 한인 재력가들이 모두 동참하였다. 그러나 한인비행가양성소는 1920년 가을부터 시작된 대홍수로 이를 후원하는 김종림의 벼농사에 커다란 피해를 주었다. 그래서 그해 12월부터 김종림 등 한인 후원자들의 재정적 지원이 없어지면서 한인비행가양성소는 사실상 폐쇄될 수밖에 없었다. 그리고 비행학교에 교육을 받던 한인청년들은 다른 비행학교로 전학을 가던가 아니면 학업을 포기하였다.

한편, 한인비행가양성소에서 교육을 받던 박희성이 1921년 5월 항공면허시험을 보다가 추락하는 사고를 당하였다. 그럼에도 불구하고 박희성은 부상을 딛고 다시 항공면허시험에 응시하여 그해 7월 국제항공면허시험에 합격하였다. 국제항공면허시험에 합격한 박희성과 이용근은 대한민국임시정부 육군 비행병 참위로 정식 임명되었다.

미주에서 비행가를 양성하여 일제와 독립전쟁을 수행하겠다는 원대한 꿈을 가지고 설립된 한인비행가양성소는, 1년도 되지 못하고 폐쇄되고 말았다. 한인비행학교의 폐쇄는 학교 창설을 주도한 인물들의 의지와 전혀 상관없이, 오직 자연적인 재해로 인해 더 이상 재정적 지원이 불가능하였기 때문에 폐쇄될 수밖에 없었다. 만일, 북가주 한인 재력가들이 새크라멘토 계곡에서 대홍수가 없이 지속적으로 대규모 벼농사를 경작하였다면, 한인비행가양성소에서도 계속해서 한인청년들이 비행술을 익힐 수 있었을 것이다. 그리고 그곳에서 양성된 한인 비행가들은 원동으로 파견되어 일제와의 공중전을 준비하는 독립군이 되었을 수도 있다.

1903년 하와이 이민이 시작된 이래로 미주지역 한인들의 경제적 상태는 매우 열악하였다. 빈약한 경제력에도 불구하고 미주 한인들은 의무금, 독립금, 혈성금, 21례, 애국금 등의 독립운동 자금을 제공하여 임시정부 등의 독립운동 단체를 후원하였다. 특히, 대규모 재정이 필요한 비행학교의 설립과 운영에는 재력가들의 헌신적인 후원 없이는 불가능하였고, 김종림 등 한인 재력가들은 자신이 가진 모든 것을 헌신하며 한인 비행가를 양성하여 독립전쟁을 통해 민족의 자유와 독립을 쟁취하려고 하였다.

100년 전에 미주의 한인들에 의해 일제와 독립전쟁을 위한 한인비행가양성소가 설립되어 운영되었다는 것은, 우리 독립운동에서는 매우 의미가 있는 역사적인 활동이었다고 할 수 있다.

9장

3·1독립선언서 국외 전파자 V. S. 맥클래치

1 머리말

　　3·1운동은 우리 민족이 일제의 식민지배로부터 벗어나 자주민임과 독립국임을 선포하고, 독립을 쟁취하기 위해 전국적으로 만세운동을 일으켜 거족적으로 항쟁한 독립운동이었다. 한국민들은 독립을 선언한 1919년 3월 1일부터 태극기를 들고 만세를 외치며 평화적인 방법으로 일제의 경찰과 군대에 저항하였다. 그래서 만세시위운동의 현장을 실제로 본 서양인 외교관이나 선교사들은 3·1운동을 '수동적 저항(passive resistance)'이라고 표현하였다.

　　그런데 3·1운동 현장에는 미국 캘리포니아에서 발행되는 『새크라멘토 비(Sacramento Bee)』의 편집인(publisher)이자 AP통신사의 이사(director)인 발렌타인 맥클래치(Valentine Stuart McClatchy, 1857~1938)가 1919년 3월 3일부터 이틀 반 동안 서울에 있었다. 그는 극동지방을 여행 중에 우연히 서울에 들렸다가 3·1운동을 보게 되면서 만세시위를 취재하였을 뿐만 아니라, 3·1독립선언서 영문 번역본을 입수하여 이를 국외사회에 전달하여 전 세계에 알렸다. 그리고 그는 한국에서 일어난 3·1운동을 「세계사에서 이상을 위해 조직화된 수동적 저항의 가장 위대한 사례(The Greatest Example in World History of Organised Passive Resistance for an Ideal)」라고 극찬하였다.

　　맥클래치는 한국민이 독립을 선언한 3·1독립선언서를 외부세계에 전달하여 미국 신문에 게재되어 국제사회에 알렸다. 그리고 자신이 발행인으로 있는 『새크라멘토 비』 1919년 4월 3일자에 북미지역 최초로 독립선언서 영역본 전문을 게재하였다. 그후에도 그는 자신이 서울에서 보고 들은 3·1운동의 실상을 미국 언론에 전파하였으며, 3·1운동에 대한 책자를 발행하고 이를 전 세계에 널리 배포하여 한국독립운동의 정신을 널리 알리고자 하였다. 3·1운동과 독립선언서를 널리 선전하는 한편, 맥클래치는 재미 한국독립운동 세력들과도 지속적으로 교류하면서 미국내의 반일운동과 배일운동을 일으키는 데에도 열성적으로 활동하였다.

　필자는 맥클래치가 3·1독립선언서 영역본을 최초로 외부세계에 전달하였다는 것을 밝히는 논문을 발표한 바 있다.[1] 이 논문에서는 독립선언서가 한국에서 선교활동을 하던 선교사와 영어에 능숙한 한국인들에 의해 영어로 번역되어 외부세계에 전달되었다는 것을 밝혔다. 맥클래치가 전달한 독립선언서 영역본이 미국의 신문에 게재되었고, AP통신을 통해 전 세계에 알려지게 되었다고 하였다. 그렇지만 맥클래치가 어떻게 독립선언서 영역본을 입수하여 어떤 과정을 통해 미주 언론에 게재되었는가에 대한 세부적인 사실들은 관련 자료를 충분히 확보하지 못하여 정확하게 파악하지 못한 측면이 있었다. 그래서 본고에서는 맥클래치 자신이 직접 쓴 신문기사와 편지 등을 통해, 독립선언서 영역본의 전달과정에 대해 구체적으로 밝히고자 한다. 그리고 맥클래치가 미국에서 3·1운동을 널리 선전하였다는 것과, 재미 한국독립운동 세력과 지속적으로 교류하는 등을 활동을 하였다는 점에 대해서도 살펴보고자 한다.

1　김도형, 「3·1독립선언서 영역본의 국외 전파 연구」, 『국학연구』 40, 한국국학진흥원, 2019.

2   서울 방문과 3·1운동 현장 목격

1919년 1월 4일 『새크라멘토 비』의 발행인 맥클래치는 그의 부인과 함께 샌프란시스코에서 텐요마루[天洋丸]를 타고 세 달 동안 아시아 지역으로 여행을 떠났다.[2] 그의 여행 목적은 원동특별통신원의 자격으로 극동지역을 돌아보면서 국제적 정세를 취재하는 것이었다. 맥클래치는 캘리포니아의 저명한 언론인이며 대부호이며, 『데일리 비(Daily Bee)』(『새크라멘토 비』로 개칭) 신문사의 창립자인 제임스 맥클래치(James McClatchy)의 아들로 태어났다. 그는 1883년 그의 아버지가 사망하자, 그후 40년간 그의 형제들과 함께 신문사를 공동으로 경영하였다. 그러다가 1923년 8월 31일 맥클래치는 자신이 가지고 있던 『새크라멘토 비』와 『프레즈노 비(Fresno Bee)』의 주식을 그의 동생인 찰스 맥클래치(C. K. McClatchy)에게 양도하면서 신문사 경영에서 물러났다.[3]

1919년 3월 당시 맥클래치는 『새크라멘토 비』의 발행인이며, AP통신사의 이사로서 있었다. 그는 그의 부인과 함께 러시아 연해주, 중국 만주지역을 돌아보고, 1919년 2월 25일 블라디보스토크에서 중국 안둥현[安東縣]을 거쳐 한국에 들어오게 되었다. 맥클래치 부부는 3월 3일 안둥현에서 기차를 서울에 도착하여 조선호텔에 여장을 풀었다. 그런데 서울에 도착한 그날은 대한제국의 황제인 광무제의 인산날인 3월 3일이었다.

맥클래치는 미국으로 돌아간 이후, 서울에서의 활동을 『새크라멘토 비』에

2   『The San Francisco Examiner』 1919년 1월 4일자, 「Sacramento Publisher Sails for Orient Today」.
3   『Sacramento Bee』 1923년 9월 1일자, 「C. K. McClatchy Family Becomes Sole Owner Sacramento and Fresno Bee」.

연재한 논설을 모아, 그해 8월 『아시아의 독일(The Germany of Asia)』이라는 책자로 제작하여 10센트짜리 우표만 동봉하면 무료로 보내주었다.[4] 『아시아의 독일』은 '극동에서 일본의 정책(Japan's Policy in the Far East)'이라는 부제와 함께, 일본의 "미국에 대한 평화적 침투가 미국의 상업적·국가적 이익에 어떤 영향을 미치는가"라는 것을 보여 주기 위해 발행하였다. 이 책자는 두 개의 편으로 구성되었는데, 제1편은 맥클래치가 『새크라멘토 비』 1919년 4월 5일부터 18일까지 연재한 것으로 일본의 동아시아 정책을 중심으로 그들의 선전술책을 폭로하고 있다. 제2편은 1919년 7월 9일, 11일, 13일자 『새크라멘토 비』에 실린 것으로, 일본의 미국이민정책에 대한 문제를 다루고 있다.

맥클래치가 '아시아의 독일'이라고 책자의 제목을 정한 이유는, 일본이 독일과 같이 침략적 야심을 가지고 있을 뿐만 아니라, 그 정책이 독일과 같이 잔인하고 무도하기 때문이었다. 일본은 모든 면에서 독일을 모범으로 삼아 독일식 사상과 독일식 제도를 채용하고 있다고 그는 보았다. 일본의 군대는 독일식으로 조직되고 독일식으로 교육되고, 경찰과 간첩제도도 독일식이라고 하였다.[5] 『아시아의 독일』 제2편에서는, 미국에 있는 다양한 미·일 친선단체가 일본을 선전하는 데에 이용되고 있다고 하면서 일본의 선전술을 폭로하였다.[6]

맥클래치가 발행한 『아시아의 독일』은 한국 독립운동계에도 상당한 영향을 미치게 되었다. 그래서 이 책자의 제1편은 중국 상하이[上海]에 있는 대한민국임시정부의 기관지 『독립신문』에 「동아(東亞)에 재(在)한 미일(美日) 양

---

4   V. S. McClatchy, 『*The Germany of Asia – Japan's Policy in the Far East –* 』, *Sacramento Bee*, 1919.
5   V. S. McClatchy, 『The Germany of Asia』, 5~6쪽; 『독립신문』 1920년 5월 15일자, 「東亞에 在한 美日 兩國의 爭鬪(三)」.
6   V. S. McClatchy, 『The Germany of Asia』, 23쪽.

국(兩國)의 쟁투(爭鬪)」라고 하여, 1920년 5월 8일부터 6월 17일까지 8회에 걸쳐 발췌 번역되어 게재되었다.

그러면, 맥클래치가 서울에서 도착한 이후 그가 목격한 3·1운동에 대해서 살펴보자. 앞에서 언급한 바와 같이, 맥클래치 부부는 1919년 3월 3일 서울에 도착하여 취재활동을 시작하였는데, 이에 대해 『새크라멘토 비』 1919년 4월 5일자에 다음과 같이 실었다.

나는 나의 아내(Mrs. McClachy)와 시위가 있었던 한국의 수도 서울에서 이틀 반 동안 있었다. 오랜 동안 한국에 거주하면서 모든 상황에 대해 잘 알고 있고, 또 한국인의 신임을 받고 있고, 많은 사례와 중요한 사건들을 목격한 여러 미국인과 유럽인과의 교류를 통해 중요한 정보들을 얻었다. 이틀 반 동안 우리는 자유로이 군중들이 있는 거리를 인력거로 돌아다니며 스냅 사진을 찍는 것이 허락되었다. 그러나 우리는 한국인과 대화를 하지 않았는데, 그들에게 고통을 주지 않기 위해서였다. 우리는 일찍이 두 명의 사복 형사가 따라다닐 것이라는 경고를 받았다. 형사들은 우리가 업무와 대화를 하기 위해 멈추는 곳마다, 그리고 특별히 우리가 한국인들과 이야기 하는지에 대해 조사를 하였다.[7]

맥클래치는 그의 부인과 함께 서울에 입성하여 3월 5일까지 만세시위 현장을 돌아다니며 취재활동을 벌였던 것이다. 3월 3일은 광무황제의 인산날이기 때문에 전국에서 많은 사람들이 서울로 올라왔다.[8] 맥클래치 부부는 3월 3일 서울에 도착하였기 때문에, 3월 1일 당일 독립선언과 만세시위를

7　『Sacramento Bee』 1919년 4월 5일자, 「Korea's Play for Independence is Direct result of the War and Principles it Disseminated」(V. S. McClatchy, 『The Germany of Asia』, 6쪽); 『독립신문』 1920년 6월 17일자, 「東亞에 在한 美日兩國의 爭鬪(八)」.

8　V. S. McClatchy, 『The Germany of Asia』, 16쪽; 『신한민보』 1919년 4월 8일자, 「주먹으로 혁명한 것을 목격한 자의 말」.

직접 보지는 못하였다. 당시 상황에 대해서는 서울에 있던 서양인들로부터 이야기를 들을 수밖에 없었다. 그는 3월 1일 서울에 일어난 만세시위운동은 두 가지 절차로 진행되었다고 들었다. 하나는 탑골공원에 모여 독립선언서를 낭독하는 것이고, 또 하나는 수천 명이 만세를 부르며 평화적인 시위운동을 벌이는 것이었다. 그리고 그가 들은 것은 한국인들이 독립을 선언한 후 한국의 각 도시에서 평화로운 시위운동이 거행되었고, 3월 17일 그가 일본 요코하마[橫濱]에서 배를 타고 떠날 때까지 그러한 만세시위운동은 계속되었다고 하였다. 한국인의 만세시위운동에 대해 처음에는 일제 경찰과 헌병들이 제지를 하지 않았지만, 나중에는 일본군들이 마구 때렸고, 총과 칼을 사용하였다. 3월 1일 오후에 150명의 시위 군중들이 체포되어 감옥에 가두어졌고, 그들 가운데 중상을 입은 자도 많았다고 하였다.[9]

3월 1일 독립을 선언하고 서울에서 격렬한 만세시위가 벌어졌지만, 광무황제의 인산날인 3월 3일에는 별다른 시위가 없었다. 3월 1일 대규모 시위운동으로 대대적인 검거선풍이 일어나자, 서울 시내는 한동안 잠잠한 침묵이 흘렀다. 그러나 다음날인 3월 4일에는 서울에서 전차 내에서나 혹은 가두에서 만세시위가 있었고, 『국민회보』 등의 지하신문이 배포되고 독립운동을 선동하는 벽보 등이 붙어져 있었다.[10] 그런데 3월 5일 아침 8시 남대문 역 앞에서 학생 주도로 제2회 독립만세운동이 시작되어 서울의 각급 학교 학생과 평양 등지에서 온 학생, 시위를 구경하던 시민이 합류하는 대규모 시위운동이 일어났다. 3월 5일 아침 시위가 시작되고 수천 명의 군중이 남대문 근처로 모여들자 경계 중이던 순사가 그들을 저지하였다.[11] 학생들은 붉은 수건을 흔

---

9   V. S. McClatchy, 『The Germany of Asia』, 17쪽; 『신한민보』 1919년 4월 8일자, 「주먹으로 혁명한 것을 목견한 자의 말」.
10 金正明 編, 『朝鮮獨立運動』 I, 原書房, 1967, 「朝鮮獨立運動に關する件(第5報)」, 319-320쪽.
11 金正明 編, 「朝鮮獨立運動に關する件(第6報)」, 324쪽.

들며 분위기를 고조시켰고, 독립을 고취하는 인쇄물을 군중에게 배포했다.

위와 같이 3월 5일 학생들이 주도한 대규모의 만세시위가 남대문 역에서 시작되어 서울시내의 각 지역으로 확산되었다. 맥클래치는 3월 5일 만세운동 시위 현장을 목격하였다. 맥클래치는 『새크라멘토 비』 1919년 4월 5일자에 만세시위 현장을 다음과 같이 설명하고 있다.

> 다소 비슷한 시위가 월요일(3월 3일 - 필자)과 수요일(3월 5일 - 필자)에도 있었다. 그러나 길게 지속되지는 않았고, 일본인들이 준비가 되어 있어 수백 명의 시위대들이 죄수가 되었고, 그들 중에 몇 명의 여학생들도 있었다. 다른 도시에서도 시위는 비슷한 형태로 일어났다. 이같은 체포과정에서 다소의 가혹함은 항상 있었다. 곤봉을 가진 일본인 노동자들에게 끌려가고, 목을 가죽 끈으로 헌병들에게 구인되고, 양손을 묶인 채로 가는 여학생들을 목격한 사람들이 나에게 말해주었다. 3월 6일 우리가 서울을 떠날 때까지, 내가 아는 한 서울에서 화기(火器)가 일본인들에 의해 사용되지는 않았다. 그리고 곤봉에 맞아 수많은 사람들이 부상을 당하였고, 총과 칼로 맞았으나, 죽은 한국인들은 없었다.

맥클래치는 3월 5일 서울에서 만세시위를 직접 보기도 하고, 3월 6일까지 주위 사람들로부터 들은 것에 대해, 위와 같이 4월 5일자 『새크라멘토 비』에 기사로 작성하여 실었다. 그가 쓴 기사는 4월 6일자 『샌프란시스코 이그재미너』에도 그대로 실렸다. 3월 6일 아침 맥클래치 부부는 서울을 떠나려고 할 때, 각 성문과 큰 거리에 붙은 한국인 지도자들이 붙인 선언문 벽보를 보게 되었다. 벽보의 내용은 그를 남대문역까지 안내해 준 한국어를 잘 아는 서양인 선교사가 다음과 같이 번역을 해주었다.

> 한국인들은 일본과 전 세계에 대해 자신들이 자주민이 된 것이라는 의도 때문에, 그들이 부상과 체포를 당하면서도 자제심과 인내심을 가졌고 그 방법으로 축하하

라는 두 번째 선언문이 벽보에 붙여졌다. 한국인으로서 고난을 당하는 마지막 사람이 남을 때까지 견디고, 폭력과 재산상의 피해를 주지 말아야만 한다고 하였다. 선언문에서는 "그런 짓을 하는 놈은 나라의 역적이고, 그리고 가장 심각한 피해를 주는 것이다"라고 하였다.[12]

위와 같이 맥클래치는 3·1운동 당시 한국인들은 철저한 비폭력과 평화시위로 일관하고 있다는 점을 강조하고 있다. 그런데 맥클래치는 서울에 있는 동안 한국인들과는 접촉을 하지 않았다. "한인들과 담화를 하지 못한 것은 그네들이 우리로 인연하여 무슨 방해를 받지나 않을까 함"이라고 하였다. 그렇지만 그는 한국의 독립운동에 대해 좀 더 알기 위해, 오랫동안 한국에 살면서 한국인의 신임을 받고 있는 미국인과 유럽인과 많은 대담을 나누었다. 중국 안동현에서 서울에 들어오는 기차에서, 또 서울에서 부산으로 가는 기차에서 여러 명의 서양인을 만나 한국의 사정에 대해 자세히 들었다. 맥클래치는 3·1운동과 한국인들의 만세시위운동에 대해, 일제는 군경을 동원하여 폭압적으로 탄압을 가하였지만, "한국 어린이들은 등교를 하지 않고, 모든 공적인 시설과 수공업 회사 등에 출근을 하지 않는 등, 한국인들은 모든 학교를 닫는 수동적인 저항 정책을 수행하였다"라고 하였다.

그러면 맥클래치는 서울에서 어떻게 한국 독립운동에 대한 정보를 수집하였는가에 대해 살펴보자. 그는 3월 6일 서울에서 부산으로 왔고, 다시 배를 타고 일본으로 왔다. 일본에서는 3월 17일 요코하마에서 신요마루[春洋丸]를 타고 3월 27일 하와이의 호놀룰루항에 도착하였다. 맥클래치는 한국에서 일어난 3·1운동을 직접 목격하고 호놀룰루에 도착한 첫 번째 사람이었

12 『San Francisco Examiner』 1919년 4월 6일자, 「Korean Uprising an Unarmed Revolution」; V. S. McClatchy, 『The Germany of Asia』, p. 17; 『신한민보』 1919년 4월 10일자, 「맥클래취씨가 목도한 불근 주먹으로 일어난 한국 혁명의 진상(두 번째 이음)」.

기 때문에, 호놀룰루에 도착하자마자 하와이의 영자신문인 『퍼시픽 콤머셜 애드버타이저(The Pacific Commercial Advertiser)』(이하 『애드버타이저』로 줄임)와 인터뷰를 하였다. 그의 인터뷰 기사는 『애드버타이저』 1919년 3월 28일자 1면과 2면에 실렸는데, 한국에서 만세시위와 일제의 탄압에 대해 자신이 본 것을 사실 그대로 말하였다.[13] 그리고 그는 대한인국민회 하와이지방총회의 기관지 『국민보』의 기자 승룡환과도 인터뷰를 하였다. 승룡환은 3월 28일 오후 4시 45분에 맥클래치를 찾아가서 올스탄딜 빌딩에서 35분가량 면담을 하였다.[14] 승룡환과 맥클래치와 면담한 내용은 『국민보』 3월 29일자에 게재되었는데, 그가 서울에서 목격한 사실에 대해 다음과 같이 말하였다.

> 그때에 서울클럽(미국영사가 조직한 지단) 회원들이 일인들에 난폭한 행동을 막고저 하야 일인의 캡틴들을 찾아다닐 때에 일인 순사들은 서울클럽 회원들을 (백인, 한인) 다수히 잡아 가는 것을 보았고, 또 당일 밤새도록 한인들은 울며 소리를 지르는 것을 들었으며, 그 익일에도 서울 안 각 처에서 한인들과 일병과 충돌되었다는 벽보를 보았소이다.[15]

위의 기사 내용으로 보아, 맥클래치 부부는 조선호텔에서 멀지 않은 정동의 미국총영사관을 찾아갔을 것으로 생각된다. 서울에 있는 외교관들과 서양 선교사들로 구성된 '서울클럽(Seoul Club)' 회원들과 만나, 한국 독립운동의 상황에 대해 자세히 설명을 들었음에 틀림이 없다. 위에서 말한 '서울클럽'은 한말에는 '외교관구락부'라는 명칭으로, 서울에 있었던 외교관들이 모

---

13 『The Pacific Commercial Advertiser』 1919년 3월 28일자, 「McClatchy sees Koreans clubbed as revolt opens」.
14 『국민보』 1919년 3월 29일자, 「왜놈의 말은 한인 령수들을 다잡았다 하고」.
15 위와 같음.

였던 곳이었다.[16] 서울클럽에는 선교사부터 사업가와 광산업자, 교사, 골수 모험가들까지 관심사가 크게 다른 이들의 모임이었다. 대부분 서울에 있는 서양 선교사들이지만, 그 가운데는 외교관과 사업가들도 있었다.[17]

아무튼 맥클래치 부부는 서울에서 이틀 반을 머물다가, 3월 6일 기차를 타고 부산으로 왔다. 부산에서 얼마나 머물렀는지는 알 수 없다. 그러나 그가 쓴 『아시아의 독일』에 일본에서 2주간 머물렀다고 한 것으로 보아, 3월 6일 부산에서 배를 타고 일본에 도착한 것으로 추측된다.[18] 이들 부부는 3월 17일 요코하마에서 신요마루 선편으로 27일 호놀룰루에 왔고, 다음날 하와이를 출발하여 4월 2일 샌프란시스코에 도착하였다.[19]

16 이순우, 『정동과 각국공사관』, 하늘재, 2012, 258~261쪽.
17 메리 린리 테일러 지음, 송영달 옮김, 『호박 목걸이』, 책과함께, 2014, 150~152쪽.
18 『독립신문』1920년 5월 8일자, 「東亞에 在한 美日 兩國의 爭鬪(一)」.
19 『The Japan Advertiser』1919년 3월 10일자, 「Foreign Mails」.

3   3·1독립선언서의 국외 전달

　　　　　　서울 태화관에서 민족대표 33인의 이름으로 발표된 3·1독립 선언서는 천도교에서 운영하는 보성사에서 1919년 2월 27일 인쇄되었다. 인쇄된 독립선언서는 그 다음날인 28일부터 천도교·기독교·불교의 교단 조직과, 학생들을 통해 전국에 배포되었다. 3월 1일 독립선언서가 전국적으로 배포되자, 일제는 이것이 외국으로 나가지 못하도록 하였다. 맥클래치는 일제가 독립선언서를 외국으로 나가지 못하게 하기 위해 집집마다 수색하고 모든 사람을 검색하였다고 하였다. 그는 서울에 있을 때 YMCA회관에 있는 미국사람 두 명이 독립선언서를 옮겨 써 감추었다고 하여, 잡혀서 몸을 검사 당하는 것을 직접 보았다고 한다. 일제는 독립선언서가 외부세계로 나가는 것을 막기 위해 내국인·외국인 모두 검사를 철저히 하였다. 그럼에도 불구하고, 3·1독립선언서가 국외로 전달되었다.

　　필자는 맥클래치가 최초로 독립선언서 영역본을 외부세계로 가져가 언론을 통해 국제사회에 알렸다는 사실을 밝힌 바 있다. 이 논문에서 3·1운동 당시 AP통신사 서울 통신원인 앨버트 테일러(Albert Wilder Taylor)가 입수한 독립선언서를, 맥클래치가 가져와 미국의 AP통신사에 전달하였다고 추측하였다. 이같이 추측한 근거는 앨버트 테일러의 부인 메리 테일러(Mary Linely Taylor)가 쓴 『호박 목걸이(Chain of Amber)』라는 자서전에 나오는 이야기에서 비롯되었다. 앨버트 테일러는 그의 부인이 입원한 세브란스병원에 숨겨진 독립선언서를 발견하고 그것을 그의 동생 윌리암 테일러(William W. Taylor)에게 주었고, 윌리엄 테일러는 독립선언서를 구두 뒤축에 숨겨 도쿄로 가서 그것을 전신으로 미국에 보냈다고 한다. 그러나 『호박 목걸이』에 쓰여진 내용은 역사적 자료로 전혀 확인되지 않는다. 그런데 『신한민보』

1919년 4월 8일자 기사에 맥클래치가 독립선언서를 서울에서 입수하여 구두 속에 숨겨서 AP통신사에 전달하였다고 하였다. 『호박 목걸이』와 『신한민보』의 공통점은 독립선언서를 '구두 속에 숨겨서' 가져갔다는 것이다. 그래서 필자는 윌리암 테일러가 독립선언서를 구두 뒤축에 숨겨서 도쿄에 가서 전신으로 AP통신에 알린 것이 아니라, 당시 서울에 온 『새크라멘토 비』의 발행인 맥클래치에게 독립선언서를 주었을 가능성이 더 높다고 보았다.[20]

그런데 필자가 위의 논문을 작성할 당시 맥클래치가 독립선언서의 영문 번역문을 어디에서 어떻게 입수하였으며, 어떤 과정을 통해 미주의 신문에 게재하게 되었는지에 대해 명확히 밝히지 못하였다. 맥클래치가 독립선언서 영역본을 서울에서 직접 가져왔거나, 아니면 도쿄에서 번역본을 만들었는가는 명확하지 않다. 우선 첫 번째로 독립선언서 영역본을 서울에서 가져왔을 가능성에 대해 검토해 보자. 맥클래치는 서울에서 선언서 영역본을 입수하여 이것을 도쿄로 가져왔다고, 1919년 4월 5일자 『새크라멘토 비』에 실린 기사에서 다음과 같이 말하였다.

내가 아는 한, 그 문서(독립선언서 – 필자)의 첫 번째 정확한 번역본은 내가 가져온 것이고, 그리고 출판을 위해 도쿄에 있는 『재팬 애드버타이저』와 AP통신에 제공하였다. 일본정부가 그것의 발행을 금지하였다. 그리고 내가 알 수 있는 한, 미국에 도달한 첫 번째 (독립선언서 영역본 – 필자) 사본은 내가 샌프란시스코로 가져왔고, AP통신사에 의해 배포되었다.[21]

맥클래치는 1919년 4월 2일 샌프란시스코항에 도착하였고, 4월 5일자에

---

20 김도형, 「3·1독립선언서 영역본의 국외 전파 연구」, 365~367쪽.
21 『Sacramento Bee』 1919년 4월 5일자, 「Korea's Play for Independence is direct result of the War and Principles it disseminated」.

자신이 발행인으로 있는 『새크라멘토 비』에 한국에서 본 3·1운동에 대해 자세한 기사를 직접 작성하였다. 그리고 그가 작성한 기사는 『샌프란시스코 이그재미너』 4월 6일자에도 그대로 실렸다. 위의 기사에 따르면, 맥클래치는 한국에서 가져온 독립선언 영어본의 출판을 위해 도쿄에 있는 『재팬 애드버타이저』 신문사와 AP통신에 전달하였다고 한다. 그런데, 일본에서 영역본 독립선언서는 정부당국의 금지로 발행되지 못하였다. 그렇지만 그는 독립선언서 영역본의 사본(copy)을 샌프란시스코로 가져와 이를 AP통신에 주어 외부로 배포하게 하였다고 하였다. 위의 기사에는 분명히 맥클래치 자신이 독립선언 영역본을 가지고 와서 『재팬 애드버타이저』와 AP통신 도쿄 지국에 전달하였다고 하였다.

그러면 맥클래치는 어떻게 독립선언 영역본을 입수하게 되었는가 하는 점이다. 앞에서도 언급한 바와 같이 맥클래치는 서울에서 이틀 반 동안 체재하면서 그곳의 서양인들과 접촉하였고, 한국인과는 만나지도 않았다고 하였다. 그렇다면 맥클래치는 서울에 있는 서양인으로부터 선언서 영어본을 입수하였을 것이다. 앞 장에서도 언급한 바와 같이, 맥클래치는 한국에 도착하여 '서울클럽' 회원들과 접촉을 하였다. 서울클럽에는 다양한 사람들이 있었지만, 주로 서양 선교사들이 대부분이었다. 그런데 여기서 꼭 짚고 넘어가야만 하는 사실이 하나있다. 맥클래치는 1919년 3월 당시 『새크라멘토 비』의 발행인이기도 하지만, AP통신사의 이사(director)이기도 하다는 점이다.[22] 그는 이전에 AP통신사의 회장으로도 근무하였다. 3·1운동 당시 서울에는 AP통신사의 지국이 없었기 때문에, 광산업자인 앨버트 테일러가 AP통신사의 서울 통신원으로 취재활동을 하고 있었다. 테일러도 서울에서 오랫동안 생활을 하였기 때문에 자연스럽게 서울클럽의 회원이 되었다.

---

22 『Sacramento Bee』 1919년 4월 3일자, 「Declaration of Korea's Independence Points to Sunrise of New Hope」.

서울에 도착한 맥클래치는 광무황제의 장례를 취재하고 있던 AP통신사 통신원 테일러를 만났을 것으로 추측된다. 필자의 논문에서는, 앨버트 테일러가 입수한 독립선언서를 당시 서울에 온 맥클래치에게 주었고, 맥클래치가 그것을 구두 뒤축에 숨겨서 미국으로 가져간 것으로 추론하였다. AP통신 통신원 앨버트 테일러가 독립선언서를 AP통신 이사인 맥클래치에게 주었을 가능성이 높다. 하지만 그것을 확인할 수 있는 자료는 현재까지 발견되지 않는다. 또 맥클래치가 서울에서 입수한 독립선언서가 국한문본인지, 아니면 영어 번역본인지도 확실하지 않다. 만일 앨버트 테일러가 맥클래치에게 독립선언서를 전달하였다고 하면, 이는 영어로 번역된 독립선언서를 주었을 것이다. 3월 1일 독립선언서가 서울에 있는 서양인들에게도 배포되었기 때문에, 영어로 번역할 충분한 시간적 여유는 있었고, 선언서를 영어로 번역할 수 있는 능력을 가진 선교사들도 있었다. 따라서 테일러는 독립선언서 영역본을 구하여 맥클래치에게 전달하였을 가능성도 있고, 테일러의 집사로서 영어를 잘 구사하는 '김상언'이라는 사람이 독립선언서를 번역하였을 수도 있다.

맥클래치는 1919년 4월 5일자 『새크라멘토 비』에 분명히 자신이 독립선언서 영역본을 가지고 도쿄에 왔다고 하였다. 그러나 『새크라멘토 비』 1919년 4월 3일자에는, 그가 영역본 독립선언서를 가지고 도쿄에 왔는지 혹은 국한문본 독립선언서를 가지고 왔는지가 의심되는 다음과 같은 기사가 실렸다.

> **번역본은 전달자(messenger)에 의해 AP통신 도쿄지국에 전달되었고, 그리고 그것이 맥클래치에게 주어져 미국에 가져왔다.** (The translation was forwarded by messenger to the Associated Press Bureau at Tokio, and by it given to McClatchy to bring to the United States.)[23]

---

23 위와 같음.

위의 기사에 의하면, 어느 '전달자(messenger)'가 독립선언서 번역본을 AP통신 도쿄지국에 전해주었고, 맥클래치는 AP통신 도쿄지국에 전달된 독립선언서 영역본을 가지고 온 것으로 되어 있다. 이는 앞의 4월 5일자 『새크라멘토 비』에 실린 기사와는 확실하게 내용에 차이가 있다. 위의 기사에 의하면, 맥클래치는 서울에서 독립선언서 영역본을 입수했을 가능성보다는, 도쿄에서 입수했을 가능성이 훨씬 높아 보인다. 그런데 이 신문기사에는 독립선언서 영역본을 AP통신 도쿄지국에 전달한 사람이 누구인지를 밝히지 않고 있다. 맥클래치가 독립선언서의 '전달자'가 누구인지 몰라서 그랬는지, 아니면 굳이 '전달자'를 알리지 않기 위해 익명으로 했는지는 알 수 없다. 위의 기사 내용에 따르면, 『새크라멘토 비』 4월 5일자의 맥클래치 자신이 서울에서 입수하여 AP통신사에 전달하였다는 말은 사실이 아닌 것이 된다.

맥클래치는 3·1독립선언서를 한국에서 가져온 과정에 대해 『새크라멘토 비』 1919년 8월 1일자에 논설로 작성하여 발표하였다. 그리고 자신이 작성한 논설들을 모아 『아시아의 독일』이라는 팸플릿으로 제작하였는데, 그 내용은 다음과 같이 실었다.

> 한국 독립 'manifesto' 혹은 'declaration'의 사본이 3월 6일 나의 돈 넣은 혁대 (money belt)에 넣어서 서울에서 가져왔다. 이것이 전 세계에 알려진 모든 사본의 아버지(daddy)이다. 그리고 나머지는 현재 워싱턴에 있는 대한민국임시정부의 대통령 이승만 박사의 문서고에 있다. 이 문서의 사본이 도쿄와 호놀룰루에서 신문과 신문사 특파원들을 위해 만들어졌고, 여러 언론들을 위해 샌프란시스코에서 미국 전역에 전송되었고, 여러 지역에 흩여져 있는 한인사회를 위해 사본들이 제공되었다.[24]

---

24 V. S. McClatchy, 『The Germany of Asia』, P. 3.

위의 인용문에 의하면, 맥클래치는 1919년 3월 6일 서울에서 독립선언서를 입수하여 그것을 자신의 '돈을 넣는 혁대' 속에 감추어 가지고 왔다고 분명히 말하고 있다. 그는 독립선언서를 서울을 떠나기 전에 누군가에게 받았던 것이다. 그런데 문제는 맥클래치가 서울에서 가져온 독립선언서가 국한문본의 '사본'인지, 영역본의 '사본'인지를 설명하지 않고 있다는 점이다.

맥클래치가 독립선언서의 영역본을 서울에서 입수하였다면, 앞에서 언급한 바와 같이 AP통신 서울통신원인 앨버트 테일러로부터 전달받았을 가능성이 높다는 것은 분명하다. 그렇지만 맥클래치 부부가 서울에 머문 이틀 반 동안의 짧은 시간에 독립선언서 영역본을 입수하기는 용이치 않았을 수도 있다. 맥클래치가 서울에서 가져온 독립선언서는 영역된 것이 아니라, 보성사에서 인쇄된 독립선언서일 가능성도 있다. 다시 말해, 맥클래치는 인쇄본 독립선언서를 서울에서 입수하여, 일본에 와서 『재팬 애드버타이저』와 AP통신에 주었을 수도 있다. 그리고 일본에서 국한문으로 된 독립선언서를 영어로 번역하여, 이것을 가지고 미국으로 와서 AP통신사에 전달하였을 가능성도 있다.

필자가 맥클래치가 독립선언서 영어 번역본을 도쿄에서 입수하였을 것으로 추론하는 근거는, 영어로 번역된 독립선언서가 최초로 1919년 3월 28일자 하와이의 영자신문 『애드버타이저』에 전문이 게재되었다는 점 때문이다. 맥클래치는 독립선언서 영역본 사본을 가지고 3월 27일 호놀룰루항에 도착하였다. 『애드버타이저』 3월 28일자 1면에는 「독립선언서(Manifesto)」 영역본과 함께 3월 14일자 도쿄 특신 기사도 함께 실었다.[25]

---

25 『The Pacific Commercial Advertiser』 1919년 3월 28일자, 「Japan's Yoke Thrown off – World asked to support move」.

도쿄 3월 14일 (애드버타이저 특신)

동봉한 선언서는 아마도 현재까지 일본에 도달한 한국대표단(민족대표 - 필자)에 의해 서울에서 발행된 독립선언서의 유일한 사본이고, 여기에서 그것의 출판은 일본 내무성에 의해 금지되고 있다.(Tokio, March 14, (Special to the Advertiser) - The accompanying manifesto is probably the only copy of the declaration of independence issued at Seoul by the Korean committee to reach Japan to date and its publication here has been interdicted by the Japanese Home Office.)

위의 기사에서, 3월 14일에 도쿄에서 '동봉한 선언서(the accompanying manifesto)'를 하와이의 『애드버타이저』에서 받았다는 것인지, 아니면 '동봉한 선언서'가 『애드버타이저』 3월 28일자에 실린 독립선언서 영역본을 말하는 것인지는 분명하지 않다. 그렇지만 『애드버타이저』 3월 28일자 1면에 독립선언서 영역본과 함께 3월 14일 도쿄 특신을 게재한 것으로 보아, '동봉한 선언서'는 같은 날짜 1면에 실린 독립선언서 영역본을 말하는 것으로 보아야만 할 것같다. 위의 신문기사를 『국민보』 1919년 3월 29일자에 「본항 애드버타이저 동경 통신원 3월 14일 특신」이라고 하여, "경성에서 왜놈지방 관리에게 압수당한 대한독립임시정부 대표원들이 서명한 독립선언서가 금일 동경에 달하였다"고 하였다.[26] 『애드버타이저』 신문사에서 독립선언서를 입수하게 된 경위에 대해서, 『국민보』 3월 29일자에는 "이는 합중국 비밀 정탐원이 동양으로부터 와 『애드버타이저』 3월 28일호에 기재한 것"이라고 하였다.[27] 그러나 『국민보』 6월 4일자에는 "『국민보』 3월 29일호의 발포한 대한독립선언서는 가주(加州) 새크라멘토 합성보사장 맥클래춰 씨가 동양으

---

[26] 『국민보』 1919년 3월 29일자, 「본항 애드버타이저 동경 통신원 3월 24일 특신」.
[27] 『국민보』 1919년 3월 29일자, 「대한독립 광복의 선언문이 세계에 현출」.

로부터 본항(호놀룰루항 - 필자)에 상륙하였을 때에, 애드버타이저에 주어 기재한 것을 역재(譯載)한 바"라고 분명히 말하고 있다.[28] 따라서, 3월 28일자 『애드버타이저』에 실린 독립선언서 영역본은 맥클래치가 제공한 것이 분명하다.

필자는 위에서 살펴본 바와 같이, 맥클래치가 독립선언서 영역본을 서울에서 가져왔을 가능성과 또 독립선언서 국한문본을 일본 도쿄로 가져와 이를 영어로 번역하였을 가능성 두 가지로 살펴보았다. 그럼에도 불구하고 필자는 맥클래치가 독립선언서 영역본을 서울에서 입수하였을 가능성이 높다고 판단한다. 왜냐하면, 맥클래치 자신이 1934년 4월 18일자로 '리한(Lyha, 이용직·한길수 - 필자)'에게 다음과 같은 내용의 편지를 보냈기 때문이다.

친애하는 리한씨

나는 아마도 (1934년 - 필자) 3월 14일자의 편지에 언급한 것과 같이, 다음과 같은 이유로 국민회를 신뢰합니다. 나는 1919년에 한국의 서울에 있었고, 당시 다음의 독립선언서는 우드로 윌슨에 의해 선포된 민족자결의 원칙을 이행하려는 한국인에 의해 만들어졌습니다. 나는 그 훌륭한 선언서의 영어 번역본을 나의 '돈을 넣는 혁대(money belt)'에 넣어서 가져왔고, 그리고 내가 샌프란시스코에 도착하여 그것을 4열 기사와 관련하여 출판을 위해 주었습니다. 일본의 검열 때문에, 이것이 외부세계에 전파된 혁명의 첫 번째 진정한 이야기입니다. 최초로 『새크라멘토 비』에 출판되었고, 그리고 미국에 있는 허스트(Hearst)계 모든 신문들에 전송되었습니다.[29]

---

28 『국민보』 1919년 6월 4일자, 「대한독립선언서」.
29 「캘리포니아 합동이민위원회 맥클래치(V. S. McClachy)가 하와이 호놀룰루의 리한(이용직과 한길수)에게 보낸 서한(1934.4.18.)」(독립기념관 소장자료번호 3-011649-014-0001).

위와 같이 맥클래치는 '이용직과 한길수'에게 보낸 편지에서, 독립선언서의 영어 번역본을 자신의 혁대에 넣어가지고 왔다고 분명히 언급하고 있다. 이로 보아, 맥클래치는 서울에서 독립선언서 영역본을 자신의 혁대 속에 감추어 가지고 일본으로 가져왔다고 보아야만 한다.

4 3·1운동에 대한 평가 및 견해

맥클래치는 독립선언서 영역본을 샌프란시스코에 가져와 AP 통신사에 주었으며, 자신이 발행인으로 있는 『새크라멘토 비』 1919년 4월 3일자에 전문을 게재하였다. 그는 독립선언서 영역본을 직접 가져왔기 때문에 선언서의 내용을 자세히 살펴볼 수가 있었다. 맥클래치는 "한국 독립선언서는 광명정대하고 유려한 문장으로 되어 있으며, 결코 책임의 전가를 목적하지 않고 자신을 책려하는 동시에 부정과 폭력으로 피탈한 조국의 광복을 선언하였다"고 하였다. 그리고 그는 독립선언서에서 한국민이 독립을 선언한 취지와 독립의 당위성에 대해 다음과 같이 말하고 있다.

예를 들면, 독립선언서의 원본이 외부에 알려지는 막기 위한 압력과 저지에 모든 진력을 기울였다. 만세시위가 개시될 때부터 전국에서 발행된 독립선언서는 온건하며, 위엄이 있으며, 우아한 문체로 쓰여 졌고, (일본을 - 필자) 비난하는 데에만 편중되지 않고, 한국인 자신들의 고난을 책망하고 있을 뿐이다. 그러나 한국인들은 (일제에 의해 - 필자) 강제적이고 불공정하게 박탈당한 민족적 권리를 되찾을 것을 주장하였다. 다른 어떤 방법보다도, 일본이 한국의 독립을 회복시키는 것이 세계의 신뢰를 얻고 극동에서 영원한 평화를 보장하는 방향이라고 제시하고 있다.[30]

위와 같이 맥클래치는 독립선언서를 읽어 보고, 한국민이 독립을 선언한 취지에 대해 크게 공감을 하고 있다는 것을 알 수 있다. 그는 한국에서 평화

---

[30] V. S. McClatchy, 『The Germany of Asia』, p. 16; 『신한민보』 1919년 4월 8일자, 「주먹으로 혁명한 것을 목견한 자의 말」.

적으로 독립 만세를 부르는 현장을 목격하였을 뿐만 아니라, 한국민의 독립 의지를 오롯이 담은 독립선언서 영역본을 미국에 가져와서 미국의 언론기관에 제공하였다. 그래서 맥클래치는 4월 2일 샌프란시스코에 도착하여, 『샌프란시스코 이그재미너』와 한국 독립운동에 대해 인터뷰를 하였고, 그 내용은 4월 3일자 『샌프란시스코 이그재미너』에 실렸다. 그리고 맥클래치는 『샌프란시스코 이그재미너』와 인터뷰한 것과 거의 같은 내용을, 4월 5일자 『새크라멘토 비』에도 그대로 실었다. 맥클래치는 자신이 목격한 한국에서의 3·1운동에 대해, 그가 발행인으로 있는 『새크라멘토 비』 1919년 4월 5일자 논설에서, 3·1운동을 다음과 같이 평가하였다.

서구세계에는 창세기 이래로 한국인의 독립 시위의 의미와 관련된 진정한 사실들을 알지 못한다. 3월 1일에 기념행사는 아마도 지금까지 전 세계에 알려지지 않은 하나의 이상을 실현하기 위한 전국적인 자기통제와 조직화된 수동적 저항의 가장 아름다운 사례일 것이다.[31]

맥클래치는 3·1운동을 '전국적인 자기 통제와 조직화된 수동적인 저항의 가장 아름다운 사례'라고 극찬을 하였다. 그가 3·1운동의 만세시위를 보고 가장 감동한 이유는, 일제 경찰과 군인들의 무력 탄압에도 불구하고 한국인들이 평화적인 시위운동을 벌였다는 점 때문이다. 한국민들은 일제 군경의 무자비한 탄압을 받으면서도 그에 대해 강력하게 대항하지 않고 비폭력으로 저항하였다. 그래서 만세시위의 현장을 목격한 서양인 선교사나 언론인들은 3·1운동을 '수동적 저항'이라고 표현하였고, 『재팬 애드버타이저』

---

31 『Sacramento Bee』 1919년 4월 5일자, 「Korea's Play for Independence is Direct result of the War and Principles it Disseminated」; 『신한민보』 1919년 4월 8일자, 「주먹으로 혁명한 것을 목견한 자의 말」.

3월 7일자 1면 맨 첫 줄에 '수동적으로 저항하는 서울 봉기(Seoul Uprising in Passive Resistance)'라고 기사 제목을 붙였다.[32]

3·1운동 당시 한국에 있었던 서양인들의 눈에는 만세운동이 '수동적 저항'으로 보였을 것이다. 재한 선교사들의 보고서에도 '수동적 저항'이라고도 표현을 사용하지만, 이보다 적극적인 표현으로 '수동적 혁명(passive revolution)이라고도 하였다.[33] 한국인들은 태극기를 든 손 이외에는 맨주먹으로 만세를 외쳤을 뿐, 아무것도 하지 않았다. 3·1운동 현장을 본 맥클래치는 앞에서도 언급한 바와 같이, 첫 번째는 공원에 모여 독립선언서를 낭독하고, 두 번째는 수천 명이 거리로 나가 행진을 하는 것이라고 하였다. 흰 옷을 입은 한국인들은 "만세! 대한독립 만세! 만만세!"라고 부르며 행진을 한다고 하였다. 일제가 야만적인 탄압을 가함에도 불구하고 시위대들은 적극적으로 저항하거나 보복을 하지 않는 것을 본 맥클래치는 다음과 같이 말하고 있다.

만세시위에서 이상한 점은 독립선언서 말한 것과 지도자들의 권고에 따라, 한국인에 의해 아무런 재산상의 손해가 없고, 폭력적 시도가 없었다는 것이다. 심지어 체포 당시 헌병이나 군인들에게 불필요한 야만적 행위를 당하여도 보복을 하지 않았다. 이는 한국인의 성질이 날 때에도, 그리고 그들이 폭도의 형태로 격앙되었을 때도 더 깜짝 놀라게 한다.[34]

위와 같이 맥클래치는 야만적인 탄압을 가하는 일제의 군경에 대해서도, 한국인들은 독립선언서의 비폭력 정신에 의거해 전혀 저항을 하지 않았다

32　『The Japan Advertiser』 1919년 3월 7일자, 「Seoul Uprising in Passive Resistance」.
33　「The Failure of Japanese Imperialism in Korea」, 『재한선교사보고문건』(독립기념관 소장자료 번호 007630-04-0021).
34　V. S. McClatchy, 『The Germany of Asia』, p. 18. 『신한민보』 1919년 4월 10일자, 「맥클래취 씨가 목도한 불근 주먹으로 일어난 한국 혁명의 진상(두 번째 이음)」.

는 것을 말하고 있다. 그는 서울 거리에서 일본 군인이 한국 여학생들에게 뺨을 때리고, 목을 가죽으로 묶은 채로 끌고 가는 것을 직접 보았다. 그래서 그는 "일본을 '극동의 독일(Germany of the Far East)'이라고 표현한 제임스 페런(James Phelan) 캘리포니아주 상원의원의 말을 입증하는 무자비한 얘기가 현재 한국에서 행해지고 있다"고 하였다.[35]

한국인들이 일제의 무자비한 폭력 앞에서도 당당하게 독립선언을 하고 대규모 시위운동을 벌이는 궁극적인 목적은 일제로부터 독립을 쟁취하기 위한 것이라고 할 수 있다. 맥클래치는 한국인들이 3·1운동을 일으키게 된 이유는, 파리에서 강화회의가 개최되면 윌슨의 민족자결주의의 원칙이 한국에도 적용되어 독립을 인정하게 될 것이라고 예상한 일부 한국인들의 잘못된 믿음 때문에 일어나게 되었다고 보았다.[36] 맥클래치가 이렇게 판단한 것은, 그가 3·1운동 당시 서울에서 만났던 서양인들로부터 전해들은 이야기에 영향을 받았다고 보인다. 그리고 또 일본에서 발간되는 영자신문에서 3·1운동이 민족자결주의에 현혹되어 일어났다는 그릇된 선전을 그대로 믿었기 때문이라고 할 수 있다.

---

35 『San Francisco Examiner』 1919년 4월 3일자, 「Girls Lashed in Pairs by Thumbs, Tactics used Scored as "Teutonic"」.
36 『Sacramento Bee』 1919년 4월 5일자, 「Korea's Play for Independence is direct result of the War and Principles it disseminated」; 『San Francisco Examiner』 1919년 4월 6일자, 「Korean Uprising an Unarmed Revolution」; 『신한민보』 1919년 4월 12일자, 「맥래취씨가 목도한 불근 주먹으로 일어난 한국 혁명의 진상(세 번째 이음)」.

5 미주 한인들과의 교류활동

맥클래치는 3·1운동을 목격하고 이를 미국사회에 알린 유명한 언론인이기 때문에, 미국 정치계에서도 그의 활동에 주목을 하고 있었다. 1919년 12월 15일 미국 하원 외교위원회에서 한국문제 청문회가 개최되었다. 이 청문회에서는 3·1운동을 직접 목격한 맥클래치에게 참석하여 증언을 해달라고 요청하였다. 그렇지만 맥클래치는 개인적인 사정으로 한국문제 청문회에 참석을 하지 못하였다. 그는 12월 10일 미국 하원 외교위원회의 윌리암 매이슨(William E. Mason)에게 편지로, 한국민에게 동정을 표하지만 청문회에 참석하지 못함을 알렸다.[37] 그렇지만, 그가 쓴 『새크라멘토 비』에 게재한 「세계사에서 이상을 위해 조직화된 수동적 저항의 가장 위대한 사례」라는 논설을, 청문회에서 읽어주기 바란다는 부탁하였다. 맥클래치는 12월 11일 윌리암 매이슨에게 한국민의 자유와 민족자결을 바란다는 편지를 보냈다.[38] 그리고 그는 같은 날 구미위원부 위원장 김규식에게도 하원 외교위원회의 윌리암 매이슨에게 보냈던 편지를 동봉하여 서신을 보냈다.[39]

맥클래치가 한국독립운동의 실상을 미국사회와 미국민에게 알리는 활동을 하였기 때문에, 미국 의회에서도 그가 목격한 3·1운동 상황에 대해 증언을 해달라고 요청을 하였던 것이다. 이처럼 그가 3·1운동 이후 미국에서 한국 독립운동을 알리는 데에 크게 공헌한 것은 사실이다. 그러면 맥클래치가 그렇게 열렬히 한국 독립운동을 동정하고, 일본을 비판한 근본적인 이유가

---

[37] 「V. S. McClatchy → William E. Mason(1919.12.10.)」, 『The Syngman Rhee Correspondence in English』 Vol.4, Institute for Modern Korean Studies Yonsei University, 2009, 583쪽.
[38] 「V. S. McClatchy → William E. Mason(1919.12.11.)」, 위의 책(Vol.4), 588-589쪽.
[39] 「V. S. McClatchy → Kuisic Kimm(1919.12.11.)」, 위의 책(Vol.4), 583쪽.

어디에 있었는가 하는 점이다. 맥클래치는 3·1운동 이전부터 미국에서 일본인에 대한 배척운동을 주도하고 있었다. 캘리포니아에서는 아시아인배척연맹(Asiatic Exclusion League)이 결성되어 미국에 있는 일본인을 배척하는 운동이 본격화되었다. 맥클래치가 주도하는 아시아인배척연맹에서는 경제적·인종적 근거로 일본인 이민을 반대하였으며 법제정, 보이코트, 반일본 선전 활동을 전개하였다.[40]

캘리포니아를 중심으로 일본인 배척운동의 선두주자였던 맥클래치는 일본인 사진신부의 입국과 관련하여, 일본인 자녀의 출생률을 높이기 때문에 일본인들이 미국사회에 위협이라고 선전하였다.[41] 그는 미국에서 일본인의 출생률 증가는 신사협정의 의도에 위배된다고 하면서 배일법안을 제정해야만 한다고 주장하였다. 캘리포니아에서의 배일운동은 그동안 아시아인배척연맹이 주도하였으나 그 활동이 미미하였다. 그래서 1920년 9월 아시아인배척연맹을 대신하여 캘리포니아합동이민위원회(California Joint Immigration Committee)가 결성되었고, 맥클래치는 이 위원회의 집행위원으로 활동하고 있었다. 캘리포니아의 대표적 일본인 배척주의자인 맥클래치는 일본인이 시민권에 부적격인 어느 인종보다도 더 위험한 존재라고 하였다. 이와 같은 일본인 배척주의자들의 노력에 의하여, 미국 상원과 하원 모두 1924년 이민법(Immigration Act of 1924)이 절대 다수로 가결시켰다. 1924년 이민법의 배척조항에 따라 '시민권에 부적격인 외국인'은 '10개의 조항'에 해당되는 자를 제외하고는 모두 배척되어 일본인과 한인 사진신부의 입국이 중단되었다.[42]

맥클래치가 1919년에 극동지방을 순방한 이유도, 제1차 세계대전 이

---

40 김지원, 「미국의 일본인 배척운동과 한인 사진신부의 이주, 1910~1924」, 『미국사연구』 44, 2016, 290~293쪽.
41 『신한민보』 1920년 7월 22일자, 「새크라멘토상업회의 배일」.
42 김지원, 「미국의 일본인 배척운동과 한인 사진신부의 이주, 1910~1924」, 306~307쪽.

후 일본의 교묘한 정책을 조사하기 위한 목적이었다. 그런데 마침 서울에서 3·1운동이 일어나, 한국인들이 일본 식민지로부터의 독립을 요구하는 반일운동을 보게 되었던 것이다. 맥클래치의 배일적인 주장과 한국의 반일 독립운동은 내용적으로 엄청난 차이가 있지만, 궁극적으로는 '반일·배일'이라는 동일한 목적을 지향하고 있다. 미주에서 한국 독립운동 세력과 맥클래치의 배일운동은 묘하게도 일치하는 측면이 있었기 때문에, 같은 목적하에 양자는 서로 간을 필요로 하게 되었던 것이다.

맥클래치는 영향력 있는 언론사 사주로서 한국 독립운동을 미국사회에 알리는 활동을 전개하자, 미주 한인사회에서도 그의 활약상에 주목을 하게 되었다. 특히 3·1운동이 일어난 이후 미국에서 활발한 활동을 벌이던 이승만도 1919년 6월 11일 맥클래치에게 편지를 보내, 독립선언서를 처음 가져온 것에 대해 그를 추켜 세우고 주었다. 그리고 필라델피아에서 개최되는 한인회의(Korean Congress)에 참석해 연설을 해달라고 부탁하였다.[43] 그리고 이승만은 1919년 12월 11일자 편지에서, 맥클래치에게 『아시아의 독일』책자를 더 보내달라고 요청하였다.[44] 구미위원부에서도 『독일의 아시아』의 중요성에 대해 언급할 예정이라고 답장을 하였다.[45] 이승만과 맥클래치는 그후에도 자주 편지를 주고 받았는데, 1922년 6월 11일자 편지에서 이승만은 한국 독립운동을 도와 준 것에 고마움을 표하고, 다시 그가 독립선언서를 미국에 가져온 것에 대해 감사하고 조만간 만나자고 하였다.[46]

1921년 10월 29일부터 하와이 호놀룰루에서는 세계신문기자대회가 개최

---

43 「Syngman Rhee → V. S. McClatchy(1919.6.11.)」, 『The Syngman Rhee Correspondence in English』 Vol.1, Institute for Modern Korean Studies Yonsei University, 2009, 115쪽.
44 「V. S. McClatchy → Syngman Rhee(1919.12.13.)」, 『The Syngman Rhee Correspondence in English』 Vol.2, Institute for Modern Korean Studies Yonsei University, 2009, 287쪽.
45 「Syngman Rhee → V. S. McClatchy(1919.12.18.)」, 위의 책(Vol.1), 211쪽.
46 「Syngman Rhee → V. S. McClatchy(1922.6.11.)」, 위의 책(Vol.1), 454쪽.

되었다. 이 대회에는 전 세계에서 모든 언론인들이 참석하였으며, 맥클래치도 여기에 참석하였다. 하와이의 한인사회에서도 세계신문기자대회를 통해 한국의 독립을 선전할 좋은 기회로 보았다. 그래서 10월 27일 저녁 호놀룰루 누아누우 YMCA에서 정한경과 김동성의 초청으로 이 대회에 참석한 기자들을 위한 성대한 만찬회를 개최하였다. 이 만찬회에서는 『새크라멘토 비』의 주필 맥클래치가 연단에 청하였고, 청중들은 "그를 가르쳐 한국 독립운동에 유공(有功)한 이라 하여 열정으로 갈채하에 무한히 환영하난 뜻을 표"하였다.[47]

미주의 한인들은 맥클래치가 독립선언서를 가져와 국제사회에 알린 것에 대해 매우 고마움을 표하였다. 맥클래치가 주장하는 배일 및 반일에는 적극 찬성하지만, 일본인으로서의 법적 지위를 가진 한인들도 미국 이민의 배척 대상이 된다는 것도 사실이었다. 그렇기 때문에, 재미 한인들은 3·1운동 이후 잠시 맥클래치의 배일운동에 대해 적극 찬동하였지만, 그같은 이유 때문에 그와의 적극적인 교류는 없었다. 그러다가 1930년대 초반 하와이에서 한길수를 중심으로 배일운동이 일어나면서, 하와이 한인들의 반일운동과 맥클래치의 배일운동 간의 서로 정보를 교환하며 협조적인 모습을 보여준다.

하와이에서 반(反)일본인 활동을 하던 한길수는 1933년 3월 초 하와이 국민회 총회장 이정건과 선전부장 정두옥의 공동명의로 작성한 「하와이 일본인 여론조사」라는 보고서를 하와이 미육군 정보당국에 제출하였다. 이 보고서의 주요내용은 하와이에 세 종류의 일본인 지하조직이 있다는 것이다. 이로 인해 하와이에는 미연방 수사국의 요원이 상주하여 조사하기 시작하였고, 한길수가 이용직의 도움을 받아 이같은 보고서를 작성하였음이 밝혀졌다. 이후 한길수는 이용직과 함께 한인혁명당이라는 비밀정보 단체를 만들어 활동하였으며, 1933년 4월 20일에는 한길수와 이용직은 '한국인의 호소(Korean's Appeal)'라는 문건을 만들어 미국 전쟁부 장관에게 보냈다. 이들

---

47 『신한민보』 1921년 11월 24일자, 「하와이 한인소식」.

두 사람은 비밀정보 요원임을 표시하기 위해 '리한(W. K. Lyhan)'이라는 이름을 사용하였다. '리한'은 이용직의 영문이름 'William Lee Yongchik'과 한길수의 영문이름 'Kenneth Haan'을 합성한 별칭이다.⁴⁸

한길수와 이용직은 'Lyhan'이라는 이름으로 1933년 11월 21일 하와이 학교 위원회 위원장 조지 콜린스(GerogeM. Collins)에게, 하와이 공립학교에서 일본을 선전하는 것에 반대하는 계획서를 보냈다. 맥클래치는 당시 공식적으로 캘리포니아 합동이민위원회(California Joint Immigration Committee)의 집행이사라는 직책으로 배일운동을 펼치고 있었다. 한길수와 이용직 두 사람은 자신들이 취득한 하와이에서 일본인들에 대한 정보를 맥클래치에게 보내, 하와이의 일본인들이 일본제국을 위해 충성하고 있어 위험하다는 점을 강조하였다. 그리고 맥클래치는 이같은 사실을 1934년 1월 10일자 편지로 이승만에게도 알렸다.⁴⁹ 맥클래치는 앞에서도 본 바가 있는 1934년 4월 18일 '리한'에게 다음과 같은 내용의 편지를 보냈다.⁵⁰

우리는 하와이의 주승격(州昇格)을 위해 의회에 요청한 공인된 계획에 관심이 있습니다. 나는 당신이 나에게 준, 일본인들이 참정권을 통해 하와이의 정책을 통제할 것이라는 확실한 견해에 대한 그런 계획의 일반적인 정서에 관련한 정보에 감사드립니다. (중략) 나는 당신들이 나에게 이에 대해 보내준 정보와 당신들의 원고에서 비슷한 문제들에 대해 감사드립니다. 그리고 당신들이 여기에서 원하는 그런 정보에 반응해주어서 감사합니다.

---

48   방선주, 「한길수와 이승만」, 『이승만 연구』, 연세대출판부, 2000, 328~331쪽; 홍선표, 「1900~1930년대 하와이 한인사회의 선전·외교 활동」, 『한국민족운동사연구』 89, 2016, 30~32쪽.
49   「V. S. McClatchy → Syngman Rhee(1934.1.10.)」, 『The Syngman Rhee Correspondence in English』 Vol.3, Institute for Modern Korean Studies Yonsei University, 2009, 337~338쪽.
50   「캘리포니아 합동이민위원회 맥클래치(V. S. McClachy)가 하와이 호놀룰루의 리한(이용직과 한길수)에게 보낸 서한(1934.4.18.)」.

한길수와 이용직은 맥클래치에게 하와이에서 자신의 활약상을 담은 자료를 계속해서 제공하고 있었다. 한길수는 하와이의 일본인 사회에서 일본식 교육의 위험성을 선전하면서, 하와이의 주승격을 반대하는 운동을 펼치고 있었다. 캘리포니아에서 배일운동의 선봉에서 활동하던 맥클래치에게 한길수의 하와이 일본인의 위험성 주장은 매우 흥미를 끌었음에 틀림이 없다. 한길수와 이용직은 이후에도 맥클래치에게 자신들의 반일 활동을 알리기 위한 자료들을 꾸준히 보냈을 것으로 보이지만 더 이상의 자료로 확인이 되지 않는다. 또한 이승만과 맥클래치도 자주 서신으로 연락을 취했던 것 같다. 왜냐하면 이승만의 『영문 여행일기』 1934년 12월 28일자에 의하면, 두 사람은 샌프란시스코에서 점심식사를 하였다고 한다.[51]

그후 나이가 많았던 맥클래치가 1938년 5월 16일(17일?) 81세로 사망을 하게 되었다. 『국민보』 1938년 5월 18일자에 「친한파 인사 매클래취씨 별세」라고 하여 다음과 같은 부고가 실렸다.

기미년 운동에 한국독립운동 때에 한국을 일부러 심방하고, 한국 독립선언서를 손수 가지고 와서 영문번역으로 세계에 먼저 반포한 미국신문계의 원동통신 대가 『새크라멘토 비』 신문의 주인 맥클래취씨는 5월 16일에 별세하였다더라.[52]

『국민보』는 맥클래치가 3·1독립선언서 영역본을 가지고 와 전 세계에 알렸던 인물로 '좋은 친구'라고 하였다. 맥클래치가 미주 한인사회에서 '좋은 친구'가 된 것은 3·1독립선언서를 가져와 미국사회에 알리고, 또 미주에서 한국독립운동을 지지하며 독립운동 세력과 꾸준히 교류를 하였기 때문일 것이다.

---

51 이승만, 『국역 이승만 일기』, 대한민국역사박물관, 2015, 258쪽.
52 『국민보』 1938년 5월 18일자, 「친한파 인사 매클래취씨 별세, 좋은 친구가 별세」.

6 맺음말

　　미국 캘리포니아의 저명한 언론인이며 미국에서 배일운동의 선도주자인 V. S. 맥클래치는 3·1운동이 일어날 당시인 1919년 3월 3일부터 이틀 반 동안 서울에서 있었다. 그는 서울에 체류하는 기간에 만세시위운동의 장면을 직접 보았을 뿐만 아니라, 군중들이 모여 시위를 하는 현장을 인력거를 타고 다니면서 사진을 찍고 취재를 하였다. 그리고 맥클래치는 서울에서 입수한 독립선언서를 몰래 숨겨서 가져와, 외부세계에 알리는 데에 가장 중요한 역할을 하였다.

　　3·1독립선언서는 한국 민족이 일제의 식민지배로부터 벗어나 독립국과 자주민임을 선포하고, 동양의 평화와 인류의 공영을 위해 반드시 독립이 되어야만 한다는 것을 세계만방에 표방하였다. 3·1운동의 정수라고 할 수 있는 귀중한 독립선언서를 국외로 가져가 국제사회에 알리는 데에는, 맥클래치라는 미국 언론인의 역할이 지대하였다. 그가 서울에서 가져온 독립선언서는 일본 도쿄에 있는 언론기관에도 제공되었고, 그리고 그것을 미주로 가져가 하와이 영자신문 『애드버타이저』 1919년 3월 28일자에 게재하였다. 그리고 북미에서는 최초로 자신이 발행인으로 있는 『새크라멘토 비』 1919년 4월 3일자에 전문을 실었으며, AP통신사에도 제공되어 전 세계에 한국이 독립을 선언하였다는 것을 널리 알려지게 되었다.

　　그뿐 아니라 맥클래치는 자신이 서울에서 목격한 한국 독립운동의 상황을 정확하게 자신이 발행인으로 있는 『새크라멘토 비』에 게재하였고, 3·1운동을 "세계사에서 이상을 위해 조직화된 수동적 저항의 가장 위대한 사례"라고 극찬하였다. 그는 3·1운동 현장을 자신이 본 그대로의 실상을 미주의 언론에 전파하였으며, 그 자신이 직접 쓴 3·1운동에 대한 신문기사를 『아시아의 독일』이라는 책자로 발간하여 한국 독립운동을 널리 알리고자 하였다.

필자는 3·1독립선언서 영역본의 국외전파에 대해 논문을 발표하였지만, 관련 자료가 충분히 확보되지 못하여 맥클래치의 역할을 정확하게 파악하지 못한 측면이 있었다. 그런데 맥클래치에 대해 자료를 더 보완하여 3·1독립선언서 영역본 전파뿐만 아니라, 그후 한국독립운동과 관련된 자료를 종합적으로 새롭게 조명하고자 하였다. 그리고 3·1운동 이후 맥클래치가 미국 내에서 일본인의 출생률이 높다는 것을 근거로 배일운동을 주도하고 있었으며, 미주지역 한인들과 광범위하게 교류하면서 한국독립운동을 선전하는 역할도 수행하였다. 맥클래치의 배일적인 주장과 한국의 반일 독립운동은 내용적으로 엄청난 차이가 있지만, 궁극적으로는 '반일·배일'이라는 동일한 목적을 지향하고 있다. 그러면서 미주의 한국독립운동 세력과 맥클래치의 배일운동은 묘하게도 일치하는 측면이 있었기 때문에, 같은 목적하에 양자는 서로 간의 교류를 하게 되었던 것이다. 그렇지만 한국에 매우 우호적인 서양인들이 가지고 있었던 동양인에 대한 인종적인 관점에서의 한계는 맥클래치에게도 분명히 있었다.

10장

도산 안창호의 '여행권'과 독립운동

1 머리말

'여권(passport)'이란 외국을 여행하는 사람의 신분이나 국적을 증명하고 상대국에 그 보호를 의뢰하는 문서를 말한다. 우리나라에 여행권제도가 처음 도입되었을 때 여권에 대한 적당한 용어가 없어 증명서류를 의미하는 '집조(執照)'라는 단어를 사용하였다. 그러나 집조라고 하면 관청에서 발급되는 증명서류를 통칭하는 것으로, 여권이라는 의미는 없는 일반명사였다. 오늘날의 여권을 지칭하는 우리 용어로는 '여행권'이 널리 사용되었던 것이다. 그리하여 1902년 11월 대한제국 정부는 하와이 이민을 목적으로 제정한 「유민원규칙(綏民院規則)」에 공식적으로 '여행권'이라는 용어를 법령상에서 명명하였던 것이다.

그런데, 현재 사용되고 있는 '여권'이라는 용어는 1905년 '을사늑약'으로 외교권을 강탈한 일제가 통감부를 설치하여 우리 주권을 침탈하는 과정에서 여행권 발행권도 함께 빼앗아갔고, 1906년 9월 통감부령 제34호로 「한국인 외국 여권 규칙」을 제정하여 '여행권'의 발행권을 장악하였다. 그 후 여행권이라는 우리의 용어는 쓸 수 없게 되었고, 일제강점하에 여행권이라는 용어 대신에 '여권'이라는 일본식 용어가 사용되었고 현재도 그것을 그대로 쓰고 있다.

여권이라는 용어는 1878년 2월 20일 일본에서 제정된 「해외여권규칙」에서 유래한다. 일제의 식민지가 되는 과정에서 여행권이라는 우리의 용어는 없어지고 일본식 용어를 사용할 수밖에 없었다. 일제에 의해 강요된 「한국인 외국여권 규칙」으로 여권발급권이 장악당하면서 한국인들은 외부세계와의 교통이 철저하게 차단당하였을 뿐만 아니라, 우리의 용어까지도 빼앗긴 것이다.[1]

일제에게 나라를 빼앗긴 경술국치 이후에도 국외의 한국인들은 여권 대신에 여행권이라는 용어를 사용하였다. 일제 강점기 미주지역이나 중국에서 발행되었던 신문이나 잡지에서는 모두 여행권이라고 썼고, 대한민국임시정부에서도 '여행증서'라는 이름으로 여권을 발행하였다. 일제의 압제에서 벗어나고 대한민국 정부가 수립된 이후에도 일상생활에서는 여행권이라고 썼고, 1949년 9월에 제정된 「외국유학생 자격규정」에도 공식적인 용어로 여행권이라고 불렀다. 이처럼 국외의 한국인들은 여권이라는 용어를 쓰지 않았을 뿐만 아니라, 정부 수립 후 '해외여행권'이라고 하여 발행하는 등 '여권'이라고 부르기 보다는 여행권이라는 용어가 훨씬 많이 쓰였다.

여행권은 일반 역사 기록에는 없는 여행권 소지자의 구체적인 여행기록이 고스란히 담겨있어 이것을 활용한다면 기존에 확인할 수 없었던 부분까지 역사연구 영역을 확대할 수 있다. 안창호는 전 세계를 무대로 독립운동을 전개하였기 때문에, 독립운동가들 가운데 가장 많은 '여행권'을 사용한 인물이라고 할 수 있다. 도산은 평생 4~5종의 여행권을 사용하였을 것으로 추측되는데, 현재 독립기념관에는 세 종류가 소장되어 있다. 그리고 1924년 미국에 입국하기 위해 발급받은 중국호조와 미국비자, 러시아에서 발급받은 체류허가증 등을 통해 그의 독립운동 행적을 살펴보고자 한다.

---

1   '여권'이라는 용어에 대해서는 김도형, 「여권은 일제 잔재…여행권으로 바뀌야」, 『경향신문』 2011년 1월 10일자 29면.

2 대한제국 발행 집조

안창호는 1902년 미국 유학을 가기 위해 대한제국 외부(外部)로부터 '집조'를 발급받았다. 이 집조는 그가 1902년부터 1918년 멕시코를 순행할 때까지 사용되었다. 지금 독립기념관에 소장되어 있는 안창호 집조는 대한제국 외부에서 발급한 것으로, 안창호와 부인 이혜련은 각각 한문으로 된 집조를 가지고 캐나다 밴쿠버를 거쳐 미국 시애틀항으로 가서 다시 샌프란시스코 이민국을 통해 미국에 들어갔다.

「안창호의 집조」는 광무 6년(1902) 8월 9일 대한제국 외부에서 51번째로 발급되었다. 이 집조에 의하면 평안도 평양에 거주하는 "사인(士人) 안창호(安昌鎬)"라고 적혀 있어 우리가 알고 있는 한자 이름인 '안창호(安昌浩)'와 다르다.[2] 대한제국 외부로부터 집조를 발급받은 안창호는 미국에 가기 위해 서울주재 미국총영사관에서 입국사증(visa)을 발급받게 된다. 그의 집조 뒷면에는 다음과 같은 내용의 미국총영사관이 발급한 입국사증이 있다.

US Consular Creast(?), SEOUL KOREA AUG 23 1902

Passport for a subject of the Empire of Korea

An Chang Ho. Visaed the 23rd, Day of August, 1902.

담당 영사 싸인

US Consul General

---

[2] 안창호의 한자명은 원래 '安昌鎬'였으나 미국에 건너가서 활동할 때부터 '安昌浩'를 사용하였다. 그가 왜 한자명을 바꾸었는지는 알려져 있지 않다.

위의 기록을 통해 안창호는 1902년 8월 23일자로 서울에 주재하는 미국 총영사관으로부터 입국사증을 발급받았다는 것을 확인할 수 있다. 입국사증을 받은 도산은 어떤 경로를 통해 미국으로 갔는지는 알 수가 없다. 곽림대의 「안도산」에는 "일본과 뱅쿠버를 경유하여 마침내 미국 상항에 도착하니 때는 1902년 10월 14일이었다"라고 한다.[3] 그의 집조 앞면에도 캐나다 밴쿠버(Vancouver)라고 찍힌 인장 옆에 1902년 10월 7일자 미국 이민국장(US Immigration Service Commissioner) 인장과, 10월 14일자 샌프란시스코항 미국 이민국 인장 두 개가 찍혀있다.

이것으로 미루어 보아 안창호는 일본에서 캐나다 밴쿠버를 경유하여 1902년 10월 7일 미국에 입국한 것을 알 수 있다. 한인 이민자들 가운데는 미국으로 직행하는 배가 없을 경우 대개 밴쿠버를 경유하여 입국하였다. 도산과 같은 경로로 미본토에 도착한 방사겸의 『평생일기』에 그 같은 상황이 자세히 기록되어 있다. 하와이에서 배를 탄 방사겸은 밴쿠버항에 도착하여 그곳 해관에 소지금 부족으로 약 3개월가량 수감되어 있다가 배를 타고 시애틀로 왔다. 조그마한 배로 시애틀로 온 그는 그곳 해관에서 수속을 밟고 기차를 타고 샌프란시스코로 갈 수 있었다고 한다.[4]

도산 부부는 미국에 도착하여 샌프란시스코 차이나타운에서 방황하다가, 서울에서 본 적이 있는 드류(A. D. Drew) 박사를 만나서, 이스트 오클랜드(East Oakland)에 있는 드류 박사의 집에서 숙식을 하게 되었다. 그때 샌프란시스코 클로니클 기자가 한국에서 온 사람이 있다고 하여 드류 박사의 집에 가서 도산 부부를 인터뷰하고, 『샌프란시스코 클로니클』 1902년 12월 7일자 11면에 전면 게재하였다.[5] 이 기사에 의하면, 도산 부부는 일본에서 증기

---

3 곽림대, 「안도산」, 『도산안창호전집』 11, 도산안창호기념사업회, 2000, 470쪽.
4 방사겸, 『방사겸 평생일기』, 독립기념관 한국독립운동사연구소, 2006, 18~20쪽.
5 『San Francisco Chronicle』 1902년 12월 7일자, 「Corea The Sleeping Land, Its Queer People Strange Customs and coming Awakening」.

선을 잘못 타서 미국으로 가는 배가 아닌 밴쿠버로 가게 되었다고 한다. 『국민보』1958년 4월 23일자의 「대한인국민회 역사 간략」이라는 기사에 보면, "안창호, 1902년 10월에 안창호 씨가 동부인하고 시애틀 시쾡모바항을 경유하여 도미하셨다가 1907년 1월에 귀국하신 후 1911년 9월분에 재도미하셨습니다"라는 내용이 있다. 이 기사에 의하면, 안창호 부부는 1902년 10월 시애틀의 시쾡모바항을 경유하여 샌프란시스코로 갔다고 한다.

안창호 부처가 1902년 10월 7일자로 미국에 입국한 것은 확실한데, 왜 날짜가 다른 두 개의 인장(stamp)이 찍혀 있을까 하는 점이다. 하나는 "U.S. Immigration Service, OCT 7 1902, Commissioner"라고 하여, 1902년 10월 7일 미국 이민국 국장의 인장이다. 또 다른 하나는 "U.S. Immigration Service, OCT 14 1902, Port of San Francisco"라고 하여, 1902년 10월 14일 미국 이민국 샌프란시코항구의 인장이다.

두 개의 인장은 도산 부처의 입국 경로를 밝힐 수 있는 단초가 된다고 생각되는데, 당시 미국 입국절차에 대해 정확히 알지 못하기 때문에 이유는 알 수 없다. 다만, 두 가지로 가능성으로 추단을 해 볼 수가 있다.

첫째로, 도산 부처는 캐나다 밴쿠버항구에서 시애틀 시쾡모바항으로 들어왔다. 이때가 10월 7일 가능성이다. 캐나다에서 시애틀로 들어와 미국 이민국에서 수속을 밟고 그의 집조에 인장을 찍은 것은 아닌가 추측된다. 그 이유는 10월 7일자 인장 바로 위에 'From Canada'라는 인장이 또 찍혀 있기 때문이다. 캐나다에서는 굳이 'From Canada'라는 인장을 찍을 이유가 없고, 캐나다를 경유하여 시애틀에 들어왔기 때문에 '캐나다로부터'라는 인장을 찍을 것이다. 앞의 방사겸의 경우에서 보았다시피 시애틀항의 이민국을 거치면서 그곳에서 찍힌 인장으로 봐야 할 것이다. 만약 이같이 추론한다면, 도산 부처는 1902년 10월 7일자로 시애틀에 도착하였다고 보는 것이 맞다.

두 번째는 캐나다로부터 시애틀을 경유하여 1902년 10월 7일 샌프란시스코에 도착하여 미국 이민국으로부터 인장을 받고, 10월 14일에 정식으로 입국이 허가되어 샌프란시스코항 이민국장으로부터 인장을 받은 경우이다. 보통 아시아 이민자들은 샌프란시스코에 도착하면 일단 이민국이 있는 천사도(Angel Island)에서 신체검사 등 입국절차를 받고 1주일 정도 대기하였다가, 샌프란시스코로 들어가는 것이 일반적인 절차였다. 따라서 도산 부처도 시애틀에서 10월 7일 샌프란시스코에 도착하여 천사도에서 신체검사 등을 받고 1주일 대기하였다가 10월 14일 샌프란시스코 항구에 있는 이민국을 통해 정식으로 미국에 입국하였을 것으로 추단된다. 위의 두 가지 가능성 가운데 어느 것이 사실에 부합하는지는 현재로는 알 수가 없지만, 미국의 이민 절차를 좀 더 검토하면 쉽게 풀릴 수 있는 문제라고 생각된다.

한편, 미국에서 활동하던 안창호는 국내에 국권회복 단체 결성을 위해 1907년 1월 미국을 떠나 2월에 국내에 들어왔다. 그는 국내 들어와 신민회를 창설하는 등 국권회복운동을 전개하였다. 그러나 국권이 침탈되는 상황에서 국내에 있기가 어려워 1908년 국내를 빠져나가기 위해 통감부 경성이사청(京城理事廳)에 여권을 신청하였다. 일제 통감부에서는 안창호가 위험인물로 보고 그에 대한 여권 발급을 거부하였다.[6] 아무튼 안창호는 일제의 회유와 감시망을 피해 1910년 4월 18일 중국 웨이하이[威海]로 도피하여 칭타오[靑島]로 갔다. 그는 칭타오에서 4월 20일 블라디보스토크로 가기 위한 비자를 얻기 위해 러시아총영사관이 있는 치푸[芝罘, 현재 烟台]로 갔다.[7]

그 후 안창호는 그해 7월 러시아 연해주 블라디보스토크로 가려고 상하이에서 러시아 배를 탔으나, 그 배가 일본을 들리기 때문에 어쩔 수 없이 중도에서 내렸다. 그리고 8월 3일 경 옌타이[烟台]에서 배를 타고 칭타오로 갔다.[8] 당시 국내를 탈출한 독립운동가들은 칭타오에 집결시켰는데, 여기에는

---

6   국사편찬위원회,『고종시대사』제6권, 1972, 742쪽.
7   박재섭·김형찬 편저,『나의 사랑 혜련에게』, 小花, 1999, 56쪽.
8   박재섭·김형찬 편저,『나의 사랑 혜련에게』, 57쪽.

김희선, 유동열, 김지간, 신채호, 이강, 이종호, 이종만, 정영도 등이 모였다. 안창호를 비롯한 독립운동가들은 중국 지린성[吉林省] 미샨[密山]에 사관학교를 설립하기로 하고, 또 사관학교의 교원으로는 이갑, 김희선, 유동열, 신채호로 결정하였다. 이 회담을 우리 독립운동사학계에서는 '청도회담'이라고 한다.[9] 그리고 청도회담에서 결의된 사항은 이종호가 3천 달러의 자금을 내기로 하여 길림성 밀산현에 미국사람이 경영하던 태동실업회사의 땅 약 십리평방 가량을 사서 개간하는 동시에 사관학교를 세워 독립군을 양성하자는 안이었다. 유동열·이갑·김희선이 군대교련을, 신채호가 일반교양 교수를 맡고, 김지간이 토지경영 책임을 지기로 하여 도산과 이갑은 블라디보스토크를 거쳐서 들어갔다. 그리고 다른 이들은 육로를 통해 길림으로 들어가기로 하였다. 그러나 이 계획은 나중에 이종호가 출자를 거부함으로 실현되지 못하였다.[10]

아무튼, 안창호는 이갑의 의견으로 블라디보스토크로 가서 연해주와 만주의 상황을 시찰하고 태도를 결정하자고 하였다. 안창호와 같이 활동을 하였던 이강(李剛)은 후일 자신이 이때 겪은 일을 「샌프란시스코에서 블라디보스토크」라는 기사에서 다음과 같이 기록하고 있는데,

> 상하이에서 블라디보스토크(海蔘威)로 가는데 무명(無名)한 사람들은 여행권을 사가지고 다닐 수 있었지마는 안창호 선생과 이갑 씨 같은 이는 본명(本名)을 내놓지 않으면 어디 갈 수가 없었다. 그러나 여행권을 내주는 사람이 없었다. 나는 그 여행권을 얻기 위하여 칭타오 상하이로 베이징[北京]·옌타이로 몇 번을 왕래하였는지 모른다. 겨우 옌타이 영사의 호의로 여행권을 얻게 된 두 분은 상하이를 떠나는 배에 올랐다. 배가 떠난 후에 비로소 그 배가 나가사키[長崎]에 들른다는

9 　주요한, 『秋丁 李甲』, 대성문화사, 1964, 51쪽.
10 　주요한 편, 『안도산전서』, 삼중당, 1963, 116~117쪽.

것을 안 두 분은 절대절명 그 배에서 내리지 않으면 안되었다. 그러나 이미 떠난 배가 ㅇㅇ[글자가 확인 안 됨 - 필자] 없는 두 사람을 내려주기 위하여 다시 돌아갈 리 만무하다. 두 분은 황포강 푸른 물결 위에 홀로 우뚝 솟은 등대 위에 내렸다. 우뚝 솟은 등대 위에 처량한 물결 소리를 들으면서 지나가는 배를 기다리던 그들의 심사를 생각할 때에! 두 분은 세 시간 만에 상하이로 돌아가는 배를 만났다.[11]

이강의 회고와 같이 안창호는 중국 옌타이에 있는 러시아총영사관에서 연해주로 들어갈 수 있는 여행권을 발급받았다고 한다. 그리고 주요한이 쓴 『안도산전서』에도 이강에게서 전해들은 이야기를 보다 자세히 싣고 있다. 예를 들면, 이강이 베이징으로 가서 무난히 정식 여행권을 얻었다고 한다.[12] 또한 『속편 도산 안창호』에 의하면, 상하이의 러시아인으로부터 소개장을 받아 베이징에 있는 러시아대사관에서 그것을 가지고 가니까, 옌타이에 있는 영사관에 가라고 하여 거기서 여행권을 정식으로 얻었다고 하였다.[13]

그러나 당시의 상황에 대한 이강의 설명이 전적으로 옳은 것은 아닌 것 같다. 왜냐하면 안창호는 이때까지도 대한제국 외부에서 발급된 집조를 가지고 외국을 돌아다니고 있었기 때문이다. 이강이 말한 '여행권'이란 '입국사증(visa)'을 말하는 것일 것이다. 당시 도산은 1902년 대한제국 외부에서 발급한 집조를 가지고 있었다. 따라서 그가 소지했던 대한제국 집조의 뒷면을 보면, 그의 행적을 정확하게 알 수가 있다. 청도회담을 마친 안창호는 이강의 설명처럼 러시아로 가려고 다시 치푸[Чифу]에 있는 러시아총영사관으로 갔다. 그는 러시아 입국 비자를 받기 위해 양력으로 1910년 7월 21일(러시아력 7월 8일)자로 치푸주재 러시아제국총영사관 부영사로부터 소개장을 받은

11   李剛, 「桑港에서 海參威」, 『東光』 1931년 10월호.
12   주요한 편, 『안도산전서』, 603~604쪽.
13   박현환 편, 『續篇 島山 安昌浩』, 三協文化社, 1954, 142~143쪽

것이 확인된다.[14] 또한 안창호가 소지하고 있었던 대한제국 집조의 뒷면에는 치푸 주재 러시아 총영사관에서 연해주로 여행할 수 있게 비자를 발급한다는 러시아 부영사의 서명이 있는 것에서 다시 한 번 확인된다.

이상의 내용을 정리하면, 도산은 이갑과 함께 상하이에서 배를 타고 블라디보스토크로 가려다가 중간에서 내렸고, 8월 초에 옌타이에서 배를 타고 다시 칭타오로 갔다가 그곳에서 배를 타고 8월 23일경 블라디보스토크에 도착한 것 같다. 왜냐하면 안창호가 1910년 9월 4일자로 그의 아내 이혜련에게 보낸 편지를 보면, "나는 한 열흘 전에 이 해삼위까지 평안히 왔소이다"라고 한 것으로 그렇게 짐작할 수 있다.[15]

치푸주재 러시아총영사관 부영사가 안창호 앞으로 발급해 준 소개장 밑에는 블라디보스토크에 있는 러시아 당국의 스탬프에 '8월 15일'이라는 날짜가 찍혀 있다. '8월 15일'은 러시아력이므로, 양력으로 계산하면 '8월 28일'이 된다. 따라서 안창호는 8월 23일경에 블라디보스토크에 도착하여 28일에 러시아 당국에 신고한 것이라고 판단된다. 기존의 안창호에 대한 전기류에는 1910년 7월 혹은 9월경에 블라디보스토크에 도착한 것으로 되어 있지만, 이상의 자료를 통해 볼 때 도산은 8월 23일경에 블라디보스토크에 도착한 것이 분명하다.

안창호는 블라디보스토크에 도착하여 러시아 당국에 신고한 다음날 일제에게 나라가 망하였다는 경술국치의 소식을 듣게 되었던 것이다. 러시아 블라디보스토크에 도착한 도산은 연해주 일대와 흑룡주까지 가서 국민회 조직을 확장하는 등 독립운동을 전개하였다.

---

14 『도산안창호전집』 5, 도산안창호선생기념사업회, 2000, 164~165쪽.
15 박재섭·김형찬 편저, 『나의 사랑 혜련에게』, 58쪽.

3 블라디보스토크 청국영사관 발급 호조

　　　　　안창호는 경술국치 이전에 국내를 빠져나왔고 유럽을 경유하여 미국에 다시 입국하였다. 그러나 나라를 잃은 백성으로서 그는 국경을 넘을 때마다 여행권사증(旅行券査證)에 국적이 문제가 되었다. 왜냐하면 대한제국이 일본의 식민지가 되었기 때문에 한국민은 일본국민이 되어 일본여권을 가져야만 했기 때문이다. 그렇지만 도산은 러시아지역 여행 중 러시아제국으로부터 입국사증을 발급받았다. 중국 치푸주재 러시아제국총영사관 부영사로부터 받은 소개장을 가지고 블라디보스토크에 도착한 도산은 러시아당국으로부터 그곳에 체재할 수 있는 체류허가서를 받아야만 했다. 현재 독립기념관에 소장된 안창호의 러시아제국 체류허가서에는 다음과 같이 기록되어 있다.

　　서류 No. 146　　인세(印稅) 징수(8.30)

　　일련번호 No. 88

　　신장 : 2 아르신[16] 6½ 베르쇼크[17]

　　연령 : 33세

　　특징 : 이 비자의 소지자인 한국 신민 안창호에게 (빈칸) 기간 동안, 즉 1910년 8월 30일부터 1911년 8월 30일까지 러시아제국 영내에 거주하는 것을 허락함. 이 기간 경과 후 소지자는 이 비자를 새로운 비자로 교체해야 함.

　　No. 88

16　러시아 단위 ; 1 아르신 = 0.7미터.
17　러시안 단위 ; 1 베르쇼크 = 4.4센티미터.

(비자 발행 기관 또는 발행자)

[서명 E. Сериш?(식별 안 됨)]

연해주

부총독 [서명](식별 안 됨)

안창호가 러시아 당국으로부터 받은 체류허가서는 그가 블라디보스토크에 도착하면서 곧바로 발급받은 것이라고 추측된다. 위의 체류비자 내용에서 보면 '8.30'이라는 날짜가 수기로 쓰여져 있다. '8.30'은 러시아당국이 안창호에게 체류허가서를 발급한 날짜라고 생각되는데, 이는 분명히 러시아력을 말하는 것으로 판단된다. 이를 양력으로 계산하면 9월 16일이 된다. 따라서 그는 러시아 각 지역을 안전하게 다니기 위해 1910년 9월 16일자로 러시아의 연해주 당국으로부터 체류허가서를 발급받았던 것이다. 이 체류허가서로 인해 그는 약 1년간 러시아지역에 머물 수가 있었던 것이다.

연해주와 러시아 일대의 독립운동을 모색하던 안창호는 1911년 1월 블라디보스토크에서 중국으로 들어가기 위한 여행권이 필요하였다. 이 당시 안창호는 블라디보스토크 주재 청국총영사관으로부터 '호조(護照)'를 발급받아 중국에 들어갔다. 그는 그해 5월부터 8월까지 블라디보스토크에서 북만주 목릉(穆陵)을 향하여 출발하여 치타·이르크츠크·페테레스부르그·베를린을 경유하여 영국 런던에 도착하였다.

현재 독립기념관에 소장되어 있는 안창호의 청국 호조에는 1911년 1월 '전한교무원(前韓敎務員)' '안광택(安廣宅)'에게 블라디보스토크에서 만주지방으로 여행을 할 수 있게 호조를 발급하다고 적혀있다.[18] 즉, 안창호는 당시 '안광택'이라는 이름으로 활동하였기 때문에 전 한국 교무원 안광택 명의로 청국 블라디보스토크총영사관에서 호조를 발급받았던 것이다. 그는 이 호조

---

18 『도산안창호전집』5, 193쪽.

를 가지고 1911년 2월 7일 중국으로 들어가 신민회의 독립군 기지가 있는 봉밀산으로 행하였다.[19] 만주지방에 태동실업회사의 토지구입 관계를 살피기 위해 부득이 중국으로 들어갈 수밖에 없었고, 이를 위한 중국 총영사관에서 발급하는 '호조'가 필요하였던 것이다.

　북만주와 연해주 일대를 돌아다니며 독립운동을 모색하던 안창호는 7개월가량 활동하다가 러시아의 수도 상트 페테르스부르크로 향하였고, 그곳에서 이갑과 작별하고 1911년 8월 독일의 베를린에 잠간 머문 후 영국 런던으로 들어갔다. 당시 도산이 소지하고 있던 여행권이 어떤 것이었는지는 알 수가 없다. 다만 이광수가 쓴 『도산 안창호』에는 "한국신민이라는 옛날 여행권은 가끔 말썽을 일으켰다. 더구나 일본과는 동맹국이던 영국에서는 '일본신민'이라고 선언하기를 요구하였으나 정치망명가라는 것으로 무사히 통과되었다"고 한다. 이로 보아 1911년 당시에도 그는 여전히 대한제국 외부에서 발급한 '집조'를 사용하고 있었던 것 같지만 확실하지는 않다.

　안창호는 영국 글래스고항에서 1911년 8월 26일 배를 타고 9월 3일 미국 뉴욕항에 도착하였다.[20] 도산은 영국에서 9,400톤급의 칼레도니아(Caledonia)를 타고 미국으로 향했다. 뉴욕항에 입항한 이민자들의 자료를 정리한 엘리스재단(Ellis Island Foundation)의 자료에 의하면, 안창호는 'HO AN'이라는 이름으로 1911년 9월 3일 뉴욕항에 입항한 것으로 기록돼 있다. 그의 입국서류에는 국적란에 'Korea'라고 기재되어 있으며, 직업란에는 교육가(school manager), 최종목적지는 캘리포니아 리버사이드로 적혀 있다.[21] 안창호는 뉴욕항에 도착한 다음날인 9월 4일 "오늘이야 미국에 왔나 보오. 어제 저녁 여덟 시에 뉴욕에 상륙하여 여관서 자고, 지금 일어났소이

19　『신한민보』 1911년 3월 15일자, 「안창호씨의 소식」.
20　박재섭·김형찬 편저, 『나의 사랑 혜련에게』, 65쪽.
21　안창호의 뉴욕항 입항기록은 엘리스재단에서 인턴으로 근무하였던 금교혁에 의해 발굴되어 소개된 바 있다(『연합뉴스』 2009년 10월 22일자 참조).

다"라는 내용의 편지를 아내 이혜련에게 보냈다.[22]

이광수는 그의 책에서 안창호가 미국에 다시 들어갈 때 'without passport(無旅行券)'으로 여행하게 되었다고 한다.[23] 당시 도산이 미국에 재입국할 때 아무런 여행권을 사용하지 않았다고 한다. 이광수의 말대로 'without passport'였는지, 대한제국 집조였는지 정확하게 알 수가 없다. 그러나 1902년에 발급된 대한제국 집조에는 미국에 재입국할 무렵 뉴욕이민국의 인장은 찍혀 있지 않은 것으로 보아, 이것을 사용하지는 않은 것은 분명하다. 그런데 국적을 'Korea'라고 한 점은 도산이 대한제국의 집조를 보여주었지만 더 이상 존재하지 않는 나라의 여행권이기 때문에 '무여행권'으로 처리되지 않았나 추측된다.

22 「안창호가 이혜련에게 보낸 편지(1911. 9. 4)」(USC 소장 자료).
23 李光洙, 『島山 安昌浩』, 島山安昌浩先生記念事業會, 1947, 96쪽(『島山 安昌浩 全集』12, 2000, 138쪽 所收).

4   멕시코 순행과 여행권

안창호는 멕시코 한인들의 초빙으로 1917년 10월부터 1918년 8월까지 10개월가량 멕시코 전역을 순행하면서 한인들을 위무하고 한인사회에 독립운동에 활기를 불어 넣었다.[24] 안창호가 멕시코로 가기 위해서는 국경을 지나가야만 하기 때문에 여행권이 필요하였다. 그래서 그는 로스앤젤레스에 있는 멕시코영사관에 가서 메리다지역을 1917년 11월 1일부터 1918년 5월 29일까지 여행하기 위한 여행권을 발급받았다. 또한 안창호는 멕시코에 갔다가 다시 미국으로 재입국하기 위해 자신의 신분을 증명할 수 있는 공증서류를 1917년 10월 9일자로 작성하였다.[25]

안창호는 1917년 10월 12일 산호세호를 타고 샌프란시스코를 출발하여, 11월 28일 유카탄의 메리다에 도착하였다.[26] 안창호는 멕시코 순행을 통해 국민회를 중심으로 한인사회를 단결시켰고, 노동신용을 회복시켜 경제적으로 안정시켰으며, 각종 악습을 철폐하는 등 한인사회에 새로운 질서를 정립시켰다.

멕시코 순방을 마친 안창호는 1918년 5월 26일 메리다 한인들의 전별을 받고, 프로그레소항구에서 배를 타고 탐피코로 향하였다.[27] 5월 30일 베라크루스항에 도착하였으며, 6월 3일 탐피코시를 심방하였으며, 8월 29일 로스

---

24   안창호의 멕시코 순행에 대해서는 다음의 논문에 자세히 나와 있다. 김도형, 「도산 안창호의 멕시코 순행과 그 위업」, 『도산학연구』 13, 2010.
25   「안창호 신원진술서(Affidavit of C. H. Ahn, Korea)」(독립기념관 소장자료).
26   박재섭·김형찬 편저, 『나의 사랑 혜련에게』, 85쪽.
27   『신한민보』 1918년 6월 13일자, 「중앙총회장 안창호씨의 소식」.

앤젤레스에 도착하였다.[28]

안창호가 멕시코를 순방한 이후 미국으로 돌아가는 과정은 멕시코의 유카탄을 방문할 때보다 더욱 험난하고 복잡하였다. 왜냐하면 그가 미국으로 들어가기 위해서는 일정한 절차가 필요했기 때문이다. 그는 1918년 5월 26일 메리다를 출발하여 베라크루스를 거쳐 6월 3일 탐피코를 방문하고, 정확한 날짜는 알 수 없지만 6월 12일 이전에 멕시코시티에 도착하였던 것 같다.[29] 그가 멕시코시티에 간 이유는 미국에 가기 위한 수속을 밟기 위해서였다. 미국정부에서는 새로 법령을 반포하여 멕시코에서 미국으로 들어가려면 미국인이나 외국인들은 미국영사의 허가를 얻어야만 했다.[30] 그래서 안창호는 멕시코시티에 있는 미국총영사관에 가서 미국으로 들어갈 수 있는 허가를 받으려고 하였다.

그러나 문제는 당시 안창호는 1902년 대한제국에서 발급받은 집조를 소지하고 있었기 때문이다. 그는 그것을 가지고 멕시코시티 주재 미국총영사관을 찾아갔다. 미국 총영사관에서는 처음에 그에게 입국 허가를 내준다고 하여, 6월 12일에 총영사관으로 오라고 하였다. 그러나 도산이 미국영사관에 가니 그곳에서는 대한제국이 일제에 식민지가 되었기 때문에 일본영사의 여행권을 가지고 오라고 하였다.[31] 이에 안창호는 대한제국이 망하기 전에 나라를 떠났기 때문에 자신은 일본국민이 아니고 대한제국의 신민임을 주장

---

28 『신한민보』 1918년 9월 19일자, 「편안히 돌아오신 중앙총회장」.
29 안창호가 멕시코시티에 도착한 정확한 날짜는 알 수 없지만, 도산이 부인 이혜련에게 보낸 편지에 보면 6월 12일 이전에 멕시코시티에 있는 미국영사관에 간 것을 알 수 있다(「안창호 → 이혜련(1918. 6. 22)」, 『도산안창호전집』 1, 522쪽).
30 「안창호 → 이혜련(1918. 6. 22)」, 『도산안창호전집』 1, 522쪽.
31 멕시코시티에 있는 미국영사관에서 일본 여행권을 요구하였다는 것에 대해서는 안창호가 이혜련에게 보낸 편지에 "일본영사의 여행권이 없이는 해줄 수 없다"라고 한 내용에서 알 수 있다(「안창호 → 이혜련(1918. 6. 22)」, 『도산안창호전집』 1, 522쪽). 또 최정식이 1918년 7월 1일자로 안창호에게 보낸 편지 가운데 "美領事의 指揮가 日領事의 旅行券을 得來後에 許入云"이라는 내용이 있다(『도산안창호전집』 3, 625쪽).

하였지만 전혀 받아들여지지 않았다.

그래서 그는 다시 미국 입국허가를 얻기 위해 멕시코 중서부 할리스코(Jalisco)주의 주도이며 멕시코 제2의 도시인 과달라하라(Guadalajara)로 갔다. 그가 그곳에 정확히 언제 도착하였는지는 확언할 수 없지만, 적어도 6월 26일 경에는 과달라하라에 있었던 같다.[32] 과달라하라에 있는 미국영사관에 가서 입국 허가를 신청하였다.[33] 그는 과달라하라에 있는 프란세스 호텔(Hotel Frances)에 머물면서 미국 입국허가를 받으려고 기다리고 있었다. 그런데, 1918년 6월 29일자로 과달라하라의 미국영사관으로부터 다음과 같은 답장을 받았다.[34]

> 귀하께서는 단지 미국으로 돌아가는 길에 과달라하라를 통과하는 것일 뿐이기 때문에 본 영사관에서는 귀하께서 자국의 여권을 소지하고 있다 하여도 어떤 허가를 내어드릴 수가 없습니다. 귀하께서는 이곳을 단지 통과하시는 것뿐입니다. 본 영사관에서 해드릴 수 있는 것은 귀하께서 자국의 여권을 획득하시거나 아니면 원래 계획대로 멕시코의 노갈레스(Nogales)로 가시라는 조언입니다. 그곳에서 미국에 입국하시기 전에 멕시코 노갈레스에 있는 미국영사와 입국을 의논하시기 바랍니다.

안창호가 1918년 7월 6일자로 이혜련에게 보낸 편지에 의하면, "이곳(과달라하라 – 필자) 미국 영사한테 말한즉 미국 영사의 인준장이 없어도 들어갈 수 있다 하기로" 노갈레스로 가기로 하고, 골라마 · 만산니요와 마사틀랜드

---

32 김기창이 1918년 7월 10일자로 안창호에게 보낸 편지에, 도산이 6월 26일과 28일에 김기창에서 편지를 보냈다는 내용이 있다(『도산안창호전집』 3, 115~116쪽).
33 박재섭 · 김형찬 편저, 『나의 사랑 혜련에게』, 93~94쪽.
34 『도산안창호전집』 5, 873~874쪽.

를 거쳐 노갈레스로 갔다.[35] 그는 미국과 멕시코 국경도시인 노갈레스로 갔다. 그러나 과달라하라에서 노갈레스까지 육로로 갈 수가 없어 멕시코 남부의 항구인 만사니요항으로 왔고 그곳에서 다시 배를 타고 노갈레스에서 가장 가까운 항구로 갔을 것으로 추정되지만 어느 항구에 도착하였는지는 알 수가 없다. 다만 만사니요항에서 노갈레스로 가려면 가장 가까운 항구인 푸엘토 페나스코(Puerto Penasco)항에 상륙하였을 것으로 추측된다. 이곳에서 육로로 노갈레스에 당도하였던 것 같다. 아무튼 1918년 7월 13일경 노갈레스에 도착한 안창호는 그곳에 있는 루한 호텔(Hotel Lujan)에 숙소를 정하고 노갈레스 이민국을 찾아가 자신이 소지한 '집조'를 내밀고 미국 재입국을 요구하였다. 이에 노갈레스 이민국에서는 7월 23일 아침 9시까지 오라고 하여 찾아가니 처음에는 입국을 허가할 것같이 하더니, 다시 엘파소이민국에 연락하여 알려준다고 하였다.[36] 안창호는 루한 호텔에서 머물면서 엘파소이민국으로부터 입국 허가가 나오기를 기다리다가, 8월 26일에 다시 미국영사관에 찾아갔더니 다음날 오라고 하였다.[37] 현재 독립기념관에 소장되어 있는 안창호의 대한제국 집조의 뒷면에는 다음과 같은 내용의 인장과 서명이 있다.

Admitted Straight 4T25600(HT25600?) 8/27/18

Passed Immigration Service

이민감독관 서명

Aug 27 1918 Immigration Inspector

Nogales Arizona

---

35 박재섭·김형찬 편저, 『나의 사랑 혜련에게』, 93~94쪽.
36 「安昌浩가 Y. H. Park에게 보낸 서신(1918.12.15)」, 『도산안창호전집』 1, 325~327쪽.
37 「안창호 → 이혜련(1918. 8. 26)」, 『도산안창호전집』 1, 526쪽.

"Admitted Straight"라는 의미는 'straight away' 혹은 'straight up'으로 아무런 문제(without problem 혹은 without detour)가 없다는 뜻이다. 그리고 그 뒤에 적혀있는 "4T25600" 혹은 "HT25600"는 입국지위(immigration status)와 입국번호라고 추측된다. 이를 통해 안창호는 1918년 8월 27일 미국 애리조나주 노갈레스에 있는 이민국에 접수하고 입국이 허가되었다. 그래서 8월 27일 미국 입국을 허가하는 영사의 서명을 받고 29일 로스앤젤레스에 돌아왔던 것이다.

『신한민보』 1918년 9월 5일자에 의하면, "오랫동안 멕시코 동포 심방중에 계시던 중앙총회장 안창호 선생은 28일 미국 노갈레스로부터 발정하여 국치일 로스앤젤레스 사택에 안착하였다"고 하였다.[38]

---

38   『신한민보』 1918년 9월 5일자, 「중앙총회장 환착」.

5 필리핀 시찰 당시 중화민국 호조

    3·1운동 이후인 도산은 독립운동을 하기 위해 미국 중국 상하이로 갔다. 그는 1918년 8월 멕시코에서 미국으로 들어올 때 소지했던 대한제국 집조가 더 이상 '여권'으로 사용할 수 없게 되었다는 것을 잘 알고 있었다. 그렇기 때문에 중국으로 가려면 새로운 여권을 발급받아야만 했다. 한국은 일본에 합병되었기 때문에, 일본으로부터 여권을 받아야만 했다. 그렇지만 안창호는 일제의 신민이라는 것을 거부하였기 때문에 샌프란시스코에 있는 일본총영사관에 가서 여권을 받지는 않았다. 그러면 어떤 방법으로 중국 상하이로 갈 수 있었을까.

    도산은 1919년 3월 28일 미국 관세청(Customs Service) 재무국(Treasury Department)으로부터 '무여권'으로 미국을 떠날 수 있는 허가를 받았다. 현재 남아 있는 문서에 의하면, "1919년 4월 1일 샌프란시스코에서 산타크루즈호(Str. Santa Cruz)를 타고 필리핀섬을 경유하여 무여권으로 미국 떠나 중국으로 가는 것을 허가한다"라고 기재되어 있다.[39] 이같은 허가를 받은 안창호는 4월 2일 샌프란시스코에서 배를 타고 9일 하와이 호놀룰루항을 거쳐, 29일 필리핀의 마닐라항에 도착하였고 홍콩을 거쳐 상하이로 들어갔다.[40] 마닐라에서 안창호는 중국으로 들어가는 배를 기다리며 2주간 머물면서 필리핀총독과 미국영사를 만나 홍콩과 상하이로 들어가는 안전문제를 협의하

---

[39] 「W. R. Hamilton → Customs Officers(1919. 3. 28)」, 『The Syngman Rhee Correspondence in English, 1904~1948』 vol IV, Institute for Modern Korean Studies Yonsei University, 2009, 156쪽.

[40] 이 같은 경로는 그가 4월 29일 마닐라에 도착하여 샌프란시스코의 대한인국민회에 전보 보냈기 때문에 확인이 된다(「안창호가 대한인국민회로 보낸 전보 기록(1919. 4. 29)」).

였다. 그리고 그는 홍콩에 도착하여 현순을 만나 무사히 5월 25일 상하이로 들어갈 수가 있었다.[41]

그후 그는 중국에서 대한민국임시정부를 중심으로 활동하다가 국민대표회의 이후 다시 미국으로 들어오려고 하였다. 그런데, 대한제국 때에 사용하던 '집조'만 가지고 있었기 때문에 다시 미국에 입국하려면 새로운 '여행권'이 필요하였다. 아마도 이때 '중국호조'를 발급받았을 것으로 추측된다. 그런데 안창호는 1921년 9월 미국에 가기 위해 입국신청을 하였지만 거부당하였다고 한다. 그 후 그는 가족을 만나기 위해 중국 상하이에 있는 미국영사관에 입국사증을 신청하였으나 또 거절당하였다. 이에 도산은 서재필에게 통지하여 미국에 입국할 수 있게 해 달라고 하였다. 도산의 부탁을 받은 서재필은 구미위원부에 의뢰를 하였고, 이승만은 구미위원부 고문 돌프가 미국무부와 교섭을 하였고, 스펜서 상원의원이 국무부에 편지를 보냈으나 미국 입국이 거절되었다고 한다.[42]

그러나, 곽림대의 「안도산」에 보면, 안창호의 부탁을 받은 서재필은 그의 미국 입국비자를 받기 위해 스펜서 상원의원에게 부탁하였다고 한다. 스펜서 상원의원이 말하기를 "국무성에서도 안창호의 입국비자를 거절하면서 발표하기를 한국인 인도자로 지금 워싱턴에 주재한 인물의 보도에 의하면 안창호는 공산당원이라 하였은 즉 그러한 보도가 있음에도 불구하고 비자를 수여할 수가 없다"는 회신을 받았다고 한다.[43]

서재필에게 미국 입국비자를 부탁하기 전에 안창호는 당시 미국정부와 교섭할 수 있는 워싱턴에 있는 구미위원부에 자신의 입국사증 문제를 교섭해 달라고 부탁하였던 것이다. 3·1운동 이후 '입국사증'이 없는 한인들이 미국

41　주요한 편, 『안도산전서』 상, 이규갑, 「한성임시정부수립의 전말」, 『신동아』 1969년 4월호, 185쪽.
42　「안창호씨 도미설」, 『태평양잡지』 1923년 3월 1일.
43　곽림대, 「안도산」, 565쪽.

에 입국하기 위해서는 미주와 유럽지역의 외교를 전담하는 구미위원부가 미국정부와 교섭을 통해 미국에 들어갈 수가 있었다. 그러나 안창호가 1923년 다시 미국에 들어오려고 하였을 때 윤승렬이 구미위원부의 신형호에게 보낸 편지를 보면 다음과 같다.

> 안씨가 도미(渡美)할 경영이라는 제하에 여행권을 얻지 못한다 말씀하셨으니 미정부에서 안씨가 우리 광복사업에 방해하였다 하여 얻지 못함입니까? 귀부(貴府, 구미위원부 – 필자)에서 여행권 내는 권력이 아직 없음입니까? 이 말씀을 하는 것은 저간(這間) 안씨에 도미는 고사하고 귀부는 여행권 내는 권력만 있고 보면 미정부는 후일 후책(厚責)을 우리에게 표시함을 명백히 알겠습니다.[44]

이에 대해 구미위원부의 신형호가 보낸 답장에 의하면, "우리가 우리 민족의 여행권 없이 내왕에 마련하는 것은 미국 관리와 비밀 통정으로 하였으나 안씨(안창호 – 필자)는 행동이 파괴적이라 그러함인지 미국에 다시 오는 것을 이번에는 거절하였습니다. 위원부에서 힘을 써서 안씨를 들어오게 하여야 하였으나(안씨가 들어와 무슨 행패를 하든지 불계하고) 미국정부에서 이미 안씨의 행동을 알고 부인하는 데야 어찌합니까"[45]라고 하였다. 당시 미국에 있는 한인들은 '패스포트'도 '여행권'이라고 하였고, '비자'도 '여행권'이라고 불렀다. 아무튼 구미위원부도 안창호의 입국사증(여행권) 문제를 해결해 주지 못한다고 하였다.

그후 중국지역에서 독립운동을 하던 도산은 1924년 11월 22일 상하이를 출발하여 하와이를 거쳐 12월 16일 샌프란시스코를 통해 미국에 상륙하였

---

44 「윤성렬 → 신형호(1923. 4. 7)」, 『이승만 동문 서한집』 상, 연세대출판부, 2009, 289쪽.
45 「신형호 → 윤성렬(1923. 4. 11)」, 『이승만 동문 서한집』 상, 257쪽.

다.⁴⁶ 곽림대의 「안도산」에 의하면, 중국인으로 여행권을 내어 가지고 도미하였다고 한다.⁴⁷ 이로 볼 때 당시 그가 소지했던 여권은 중국에서 발행된 것으로 추정된다. 그는 1922년에 중국에 입적하여 '중국호조'를 받아 가지고 미국에 입국하였던 것이다.

안창호는 호놀룰루에 도착하여 사흘간 머문 후 12월 10일 매소니아(Matsonia)호를 타고 16일 샌프란시스코에 도착하였다.⁴⁸ 그런데 안창호가 중국에서 미국으로 가기 위해 '중국외교부특파강소교섭원(中國外交部特派江蘇交涉員)'이 1924년 10월 20일자로 발급한 호조를 소지하고 입국하였다. 이때 발급된 중국 호조에 중국이름은 '안창호(晏彰昊)'이고, 1877년 11월 11일생으로 직업은 '교원(敎員)'이라고 되어 있다.⁴⁹ 그리고 도산은 미국에 입국하기 위해 1924년 11월 13일자로 중국 상하이 주재 미국영사관에서 'Section 6'의 비자를 받았다.⁵⁰ 안창호의 입국은 미국 이민국에 의해 철저하게 조사되었는데, 그는 1925년 6월 3일 시카고에 있는 노동부의 이민국에서 조사를 받았다. 도산은 미국에 입국하기 위해 상하이 주재 미국영사관에서 'Section 6 Certificate'의 비자를 받았다. 당시 미국은 이민법률로서 동양인배제법을 적용되던 시기이기 때문에, 단기 여행자로서 'Section 6 Certificate'의 여행비자로 입국을 하였던 것이다. 또한 이민국에서는 안창호의 입국목적과 활동 등에 대해 조사하였는데, 미국 조사관은 그에게 러시아의 소비에트 정부에 대해 관심이 있는지에 대해 질문을 하였고, 그는 직접적이던 간접적이던 관심이 없다고 대답했다.⁵¹

46 『신한민보』 1924년 12월 4일자, 「안창호씨 도미설」.
47 곽림대, 「안도산」, 565쪽.
48 『신한민보』 1924년 12월 18일자, 「안창호씨 도착」.
49 안창호가 미국에 가기 위해 소지한 중국 호조는 북미주한인이민100주년 기념화보 편찬위원회가 발행한 『태평양을 가로지른 무지개』(크리스천 헤럴드, 2006) 101쪽에 실려 있다.
50 안창호의 미국 비자는 위의 책 100쪽에 실려 있다.
51 [Ahn Chang Ho](25/40/24 National Archives and Records Administration Pacific

도산은 1925년 4월부터 7월까지 미국 동부지방을 순회하며 교포들을 만나고 연설하였고, 유타주 솔트레이크를 방문하여 이상촌 건설을 위한 조사를 하였다. 이어 11월에는 캘리포니아 각지를 순방하였다.[52] 1년 정도 미국에서 활동하던 안창호는 1926년 3월 1일 하와이 호놀룰루항에 도착하여 2주 정도 머물고자 하였으나 이민국에서 허락하지 않았다. 그래서 그는 오스트레일리아로 가는 배를 타고 3월 15일 페고페고(Pango Pango)라는 섬을 거쳐, 17일에는 수바(Suva)섬에, 23일 오스트레일리아 시드니(Sydney)에 도착하였다.[53]

도산은 4월 14일 시드니를 출발하여 16일에는 오스트레일리아 퀸즈랜드주의 주도인 브리스베인(Brisbane)이라는 곳에 다달았다.[54] 그리고 4월 22일 홍콩에 거쳐 5월 16일 중국 상하이에 온 안창호는 만주 등을 오가며 독립운동을 전개하였다.[55] 그러던 그가 1929년 2월 9일부터 3월 30일까지 50여 일간 필리핀 각지를 시찰하고 중국으로 다시 돌아갔다.

안창호가 필리핀을 시찰하였을 사용된 '중국호조'는 현재 독립기념관에 소장되어 있는데, 1929년 2월 1일자로 중화민국 외교부 상하이 지점에서 발급된 '호조'를 소지하고 필리핀에 갔다. 이 '호조'에는 앞의 호조와 같이 이름을 '안창호(晏彰昊)'로 되어 있으며, 나이는 51세, 직업은 교원, 태어난 곳은 쟝쑤성[江蘇省], 국적은 중국, 신장은 5피트 8인치, 기간은 1년, 만기는 1930년 1월 31일로 기재되어 있다. 이 여행권은 중화민국 외교부와 미국 영사관의 여행권을 받았다고 한다.[56] 도산은 중국정부로부터 여행권을 발급

Region(Laguna Niguel).
52 『신한민보』1925년 11월 12일자, 「안도산 선생의 북가주 순행」.
53 박재섭·김형찬 편저, 『나의 사랑 혜련에게』, 145·148쪽.
54 박재섭·김형찬 편저, 『나의 사랑 혜련에게』, 150쪽.
55 박재섭·김형찬 편저, 『나의 사랑 혜련에게』, 151쪽.
56 안창호, 「比律賓視察記」, 『삼천리』3월호, 1933, 10쪽.

받고 1929년 2월 9일 상하이에서 미국배를 타고 마닐라항에 도착하였다.[57]

안창호가 필리핀을 방문한 가장 주요한 목적은 만주지역에서의 이상촌 건설과 독립운동 기지개척이 여의치 않은 관계로 '남방'지역에서 이를 진행시키기 위함이었다.[58] 그는 만주의 한인들을 이곳으로 이주시켜 독립운동기지를 건설하고자 한 것이었다. 때문에 제일 먼저 필리핀 이민국을 방문하여 한인들의 이주문제를 협의하였다. 그러나 그의 희망과는 달리 한인들의 필리핀 이주는 쉽지 않았다. 당시 필리핀 이민국장은 "조선인은 일본인임으로 여행권과 보증금으로 50원 이상만 지니고 오면 입국을 선선히 허가하겠노라"는 입장을 보였다.[59] 그렇지만 현실적으로 일본여권을 받는 것도 불가능하였거니와 보증금으로 한 사람당 50원의 자금을 확보한다는 것은 더더욱 어려운 일이었다. 이에 안창호는 만주지역에서 필리핀으로 한인을 이주시키는 것이 어렵다고 판단하게 되었다. 그럼에도 불구하고, 그는 당시 필리핀 상원의장 케손(Quezon)을 비롯한 민주당 영수들과 만나 계속적으로 한인의 이주문제를 협의하였다.

안창호가 필리핀을 방문했을 당시 그곳에 재류하는 한인들은 모두 52명이었다. 이들은 조국을 잃은 국제적 미아 신세임에도 조국의 독립을 위한 열성을 갖고 있었다. 그래서 중국 상하이에 있는 안창호를 필리핀으로 초청하여 대한인국민회의 사업을 남방의 필리핀에서도 계승하고자 하였던 것이다. 안창호는 필리핀 동포들의 뜻을 받아들여 필리핀 최초의 한인단체인 '대한

57　안창호가 필리핀에 갈 때 소지한 중국호조는 1959년 3월 도산의 장남 안필립이 고국을 방문했을 당시 金長燮과 房極杓가 안필립에게 전달한 것이다. 이 중국호조는 원래 진남포에서 도산을 2년간 극진히 모셨던 吳德煥이 보관하고 있던 것이다(『경향신문』 1959년 3월 21일자, 「필립안 고국에 온 보람」).

58　안창호의 필리핀 순행에 대해서는 필자의 다음 글에 자세히 언급되어 있다. 김인덕·김도형, 『한국독립운동의 역사(1920년대 이후 일본·동남아지역 민족운동)』 55, 한국독립운동사연구소, 2008, 254~262쪽.

59　안창호, 「比律賓視察記」, 10~11쪽.

인국민회 필리핀지부'를 설립하였던 것 같다. 왜냐하면 1929년 3월 1일자로 필리핀 교민 강진수가 신한민보사에 보낸 소식에는 "조국에 대한 의무를 만분지 일이라도 다하여 볼가하는 열렬한 생각으로 금년에 우리 국민회가 성립되게 되었습니다"라고 말하는 것으로 보아 확실하다.[60] 필리핀 교민들이 국민회의 '지부' 혹은 '지방회'를 설립한 것은 분명히 독립운동을 지원하고자 하는 열망이 있었기 때문이었다.

한편, 안창호는 필리핀 마닐라에서 동포들과 함께 '삼일절 기념행사'도 거행하였다. 또한 그는 만주에 있는 한인들을 필리핀으로 이주시켜 독립운동 기지로 개척하기 위한 목적을 가지고 있었기 때문에 벼농사에 적합한 지역도 둘러보았다. 안창호는 필리핀 방문시 유명한 명승지를 유람하였지만 단순한 관광만을 염두에 두지 않았고 한인들의 이주가 가능한 곳에 주목하였는데, 그곳이 루손(Luzon)섬 북구 벵케트(Benguet)주의 바기오(Baguio)지역이었다.[61] 바기오지역은 소나무가 많아 '소나무의 도시'라고도 불리는 곳으로 20세기 초 미국 식민지배자들의 휴양지(hill station)로 개발되었고, 1920년대는 아시아의 열대지방에서 가장 살기 좋은 곳으로 명성이 나 있는 곳이었다. 기후 조건도 가장 더울 때 섭씨 26도를 넘지 않고 여름에는 평균 섭씨 20도 정도로 항상 서늘한 기후를 지니고 있었다. 그렇기 때문에 안창호는 이곳이 한국의 봄과 가을에 가까운 날씨로 인하여 한인들을 이주시키기에 가장 적합한 곳이라고 판단하였기 때문에 바기오지역을 방문하였던 것으로 생각된다.[62]

---

60 『신한민보』1929년 4월 11일자,「필리핀 동포의 三一절 안도산의 심방」.
61 안창호가 필리핀의 바기오를 방문할 때 여러 장을 사진을 찍었는데 그때 찍은 사진이 현재 독립기념관에 소장되어 있다(국가보훈처·독립기념관, 『국외독립운동사적지 실태조사보고서 - 동남아지역 - 』IV, 2006, 132~143쪽 참조).
62 안창호가 생각한 이상적인 이상촌의 모습은 산과 강이 있고 땅이 비옥한 지점에 200호 정도의 집단촌락을 설치하되, 도로망과 상하수도 등을 현대적으로 시설하고, 가옥도 한국건축의 특징을 살리면서 현대식 생활을 할 수 있는 지역을 상정하였다(주요한 편, 『안도산전서』상, 400쪽).

안창호는 1929년 2월 23일부터 26일까지 바기오시를 중심으로 루손섬 북쪽의 여러 곳을 둘러보았다. 쾌적한 날씨와 기온으로 루손섬 북쪽은 벼농사에 아주 적합하였는데, 발릴리(Balili)강 주변을 둘러싼 귀새드(Guisad)·루크방(Lucban)·트리니다드(Trinidad)지역에는 농사를 짓고 살 수 있는 좋은 환경적 조건을 갖추고 있었다. 이 때문에 1900년 초반부터 일본인들이 이곳으로 이주하기 시작하였으며, 농사를 지을 수 있는 수량도 풍부했고 그곳에서 생산된 작물을 판매할 수 있는 가까운 시장도 있었다. 이에 따라 안창호는 강을 따라 펼쳐진 들판에 벼를 경작하고 산쪽 경사면에는 밭작물을 경작할 수도 있으리라고 판단한 것으로 짐작된다.

필리핀 순방을 마친 안창호는 원래의 목적을 달성하지 못했지만, 필리핀에 대한인국민회 필리핀지부를 설립하고, 앞으로 만주의 한인들을 이주시킬 수 있는 곳을 둘러보는 등 어느 정도 성과를 거두었다.[63] 그리고 그는 일제의 감시를 피해 그해 3월 30일 동포들의 뜨거운 송별을 받으며 선편으로 필리핀을 떠나 중국으로 돌아왔다.

---

[63] 1929년에 설립된 필리핀 국민회는 그 후 『신한민보』에 거의 언급되지 않는 것으로 보아 별다른 활동을 하지 않은 것으로 판단된다. 1942년 일본군이 필리핀을 점령하면서 필리핀의 한인들은 뿔뿔이 흩어졌고, 1945년 2월 마닐라가 미군에 의해 탈환되면서 필리핀의 한인들은 3·1절을 맞이하여 '필리핀 한인동맹회'가 조직되었으며, 그해 9월 8일 '대한인국민회 필리핀지방회'를 재건하였다(박윤화, 「재필 한인의 임무①」, 『신한민보』 1946년 7월 11일자). 이 때 재건된 국민회의 위원장은 박윤화였으며 그는 해방후 한인들의 단결과 경제적 향상을 위해 1946년 7월 '3대 정책'을 발표하였다(『신한민보』 1946년 7월 11일자, 「A 3 Point Program for Koreans in the Philippine Republic」; 『국민보』 1946년 8월 14일자, 「비도 한인 국민회 정책 발표」).

6 맺음말

    안창호는 평생을 거의 국외에서 독립운동을 하였기 때문에 그의 일거수일투족은 그가 소지했던 '여행권'에 그대로 증명되고 있다. 따라서 여기에서는 안창호가 소지했던 '여행권'을 통해 그의 독립운동 행적을 자세하게 검토해 보았다. 그런데, 이 논문에서 살핀 여행권외에 안창호에게는 또 하나의 '여행권'이 더 남아있을 가능성이 있다. 그의 마지막 여행권이라고 할 수 있는 것으로 1932년 4월 29일 윤봉길의거 직후 프랑스 경찰에게 압수당한 것도 중국정부에서 발행한 '호조'이다. 윤봉길의거 때 일본영사관 경찰들은 사건의 배후 인물을 체포하기 위해 프랑스 경찰의 협조를 받아 프랑스 조계로 갔다. 이때 일제는 이유필을 주범으로 생각하고 그를 체포하기 위해 그의 집으로 갔으나 그는 이미 피신을 하였기 때문에 그곳에 잠복해 있다가 우연히 안창호가 들어왔다. 프랑스경찰은 안창호를 체포하였는데, 그가 말하기를 "나는 중국인이다"라고 주장하였다.

    안창호는 중국에서 독립운동을 편하게 하기 위해 1922년 중국정부에 귀화를 신청하여, 제8531호의 「중국귀화증명서」를 취득하였던 것이다.[64] 이에 프랑스 경찰들은 그가 중국인임을 증명해 보라고 하였더니, 안창호는 그의 동서인 김창세의 병원이 있는 상하이 환용로(環龍路) 206호(260호?)로 가서 귀화증명서와 중국공안국에서 발급한 '호조'를 제시하였다. 안창호는 이를 통해 자신의 국적이 중국임을 계속 주장하였지만 피체되고 말았다.[65]

    안창호의 마지막 여행권은 이때 프랑스 경찰에 피체되면서 압수당해 현

---

64   대한민국임시정부기념사업회, 『프랑스 소재 한국독립운동 자료집』 I, 2006, 22쪽.
65   국사편찬위원회, 『대한민국임시정부 자료집』 28, 2008, 52쪽.

재 남아있지 않다. 압수된 중국호조를 그의 장남 필립(Philip Ahn)이 상하이 주재 프랑스총영사에게 돌려달라고 요청하였다.[66] 1932년 안창호가 피체될 때 소지하였던 '호조'는 분명히 중국공안국에서 발급한 것이었고, 언제 어떻게 발급되었는지는 알 수가 없다. 다만, 추측하기로는 1929년 필리핀을 순행한 이후에 다시 발급받았을 가능성이 제일 높다.

'여행권'에는 일반 역사 기록에는 없는 소지자의 구체적인 여행기록이 담겨있다. 따라서 안창호의 독립운동 행적을 그가 직접 소지했던 '여행권'을 통해 기존에 보지 못한 부분을 재조명하였다.

---

66 대한민국임시정부기념사업회, 『프랑스 소재 한국독립운동 자료집』 I, 67~68쪽.

참고문헌

신문류

『황성신문』, 『대한매일신보』, 『제국신문』, 『동아일보』, 『시대일보』, 『조선중앙일보』, 『매일신보』, 『대동공보』, 『공립신보』, 『신한민보』, 『국민보』, 『태평양주보』, 『단산시보』, 『독립』, 『연합회보』, 『동지별보』, 『한인협회공보』, 『우라키』, 『조선의용대통신』, 『日布時事』, 『布蛙報知』, 『The Pacific Commercial Advertiser』, 『The Honolulu Star Bulletin』, 『San Francisco Chronicle』, 『San Francisco Call』.

자료

『고종실록』, 『각사등록』, 『주한공사관기록』, 『조선총독부관보』.

姜德相 編, 『現代史資料』25 (三一運動編 一), みすず書房, 1970.

국가보훈처, 『미주한인민족운동자료』, 1998.

국가보훈처, 『Napko Project of OSS - 재미한인들의 조국 정진 계획 - 』, 2001.

국가보훈처, 『OSS(Office of Strategic Service) 재미한인자료』, 2005.

국가보훈처, 『장인환·전명운의 샌프란시스코의거 자료집』 I·II, 2008.

국가보훈처, 『태평양잡지』 I·II, 2013.

국가보훈처, 『미주한인 기독교잡지 - 포와한인교보·한인교회보·한인기독교보 - 』, 2014.

국가보훈처, 『미주한인 민족운동 잡지』, 2019.

국가보훈처·독립기념관, 『국외독립운동사적지 실태조사보고서(멕시코·쿠바 속편)』 V, 2006.

국사편찬위원회, 『統監府文書』 5권, 1999.

국사편찬위원회, 『대한인국민회와 이승만(1915~36년간 하와이 법정자료)』, 1999.

국사편찬위원회, 『국역 윤치호 영문일기』 6, 2015.

국사편찬위원회, 『대한민국임시정부 자료집』 1~45, 2005~2011.

국사편찬위원회, 『한국독립운동사 자료』(3·1운동편), 1975.

국사편찬위원회, 『한국독립운동사』 자료 4(임정편Ⅳ), 1974.

국사편찬위원회, 『한민족독립운동사자료집』 13, 1990.

국회도서관, 『韓國民族運動史料(중국편)』, 1976.

국회도서관, 『韓國民族運動史料(3·1운동편)』 3, 1979.

金正明 編, 『朝鮮獨立運動』 1 分冊, 原書房, 1967.

金鉉九, 『自敍傳』·『雩南略傳』·『又醒遺傳』·『儉隱遺傳』·『玉溪略傳』(필사본).

노재연, 『재미한인사략』 상권, 로스앤젤레스, 1964.

대한민국임시정부기념사업회, 『프랑스 소재 한국독립운동 자료집』 I, 2006.

도산안창호선생기념사업회·도산학회, 『도산 안창호 전집』, 2000.

도산안창호선생기념사업회·도산학회, 『미주 국민회 자료집』, 경인문화사, 2005.

독립기념관 한국독립운동사연구소, 『中國新聞 韓國獨立運動記事集』(Ⅰ)·(Ⅱ)(Ⅲ), 2013·2014·2015.

독립운동사편찬위원회, 『독립운동사』 2·4·5·6, 1971·1972·1972·1973.

우남이승만문서편찬위원회 편, 『雩南李承晩文書』東文篇, 연세대학교 현대한국학연구소, 1998.

연세대 현대한국학연구소, 『이승만 동문 서한집』 상·중·하, 연세대학교출판부, 2009.

연세대 현대한국학연구소, 『The Syngman Rhee Telegrams』 vol.Ⅳ, 2000.

윤소영 편역, 『日本新聞 韓國獨立運動記事集(Ⅰ)』, 독립기념관 한국독립운동사연구소, 2009.

중앙일보사·연세대 현대한국학연구소, 『우남이승만문서(동문편)』, 1998.

홍선표 편, 『재미한족연합위원회 회의록』, 연세대학교출판부, 2005.

洪焉, 『東海詩鈔』, 1932.

단행본

姜信杓, 『檀山社會와 韓國移住民』, 韓國研究院, 1980.

구대열, 『한국국제관계사연구』 2, 역사비평사, 1995.

高承濟, 『韓國移民史研究』, 章文閣, 1973.

고정휴, 『이승만과 독립운동』, 연세대학교출판부, 2004.

고정휴, 『한국독립운동의 역사-1920년대 이후 미주·유럽지역의 독립운동』 54, 한국독립운동사연구소, 2009.

고정휴, 『3·1운동과 임시정부 수립외 숨은 주역, 현순』, 독립기념관 한국독립운동사연구소, 2016.

고정휴, 『태평양의 발견, 대한민국의 탄생』, 국학자료원, 2021.
곽림대, 『못잊어 화려강산』, 대성문화사, 1973.
김구, 도진순 주해, 『백범일지』, 돌베개, 1997.
김도태, 『서재필박사자서전』, 을유문화사, 1972.
김도형, 『미주한인사회의 한국독립운동』, 역사공간, 2021.
김도훈, 『미 대륙의 항일무장투쟁론자, 박용만』, 독립기념관 한국독립운동사연구소, 2010.
김성은 외, 『한국근대여성의 미주지역 이주와 유학』, 한국학중앙연구원출판부, 2018.
김승태 편역, 『3·1독립운동과 기독교』Ⅲ, 한국기독교역사연구소, 2019.
김승태·박혜진 엮음, 『내한 선교사 총람, 1884-1984』, 한국기독교역사연구소, 1994.
김승태·유진·이항, 『강한 자에는 호랑이처럼, 약한 자에는 비둘기처럼』, 서울대학교출판문화원, 2012.
김신행, 『새하늘과 새땅을 향하여-LA연합감리교회의 100년 역사』, LA연합감리교회, 2004.
金源模 역, 『알렌의 日記』, 단국대학교출판부, 1991.
김원용, 『재미한인오십년사』, Reedley, 1959.
김일수, 『뉴욕한인사회』, 路出版, 1990.
김정인·이정은, 『국내 3·1운동』Ⅰ, 독립기념관 한국독립운동사연구소, 2009.
李炳憲, 『三一運動秘史』, 時事時報社出版局, 1959.
나카타 아키후미 지음, 박환무 옮김, 『일본의 조선통치와 국제관계』, 일조각, 2008.
동학농민혁명태안군기념사업회, 『태안지역 갑오동학농민혁명 자료집』, 2005.
매티 윌콕스 노블 지음, 손현선 옮김, 『매티 노블의 조선회상』, 좋은씨앗, 2010.
메리 린리 테일러 지음, 송영달 옮김, 『호박 목걸이』, 책과함께, 2014.
문옥표·이덕희·함한희·김점숙·김순주 외, 『천연희 사진신부 이야기』, 일조각, 2017.
문충한, 『의사 장인환』, 청조사, 2008.
閔丙用, 『美州移民100年: 初期人脈을 캔다』, 한국일보사, 1986.
박재섭.김형찬 편저, 『나의 사랑 혜련에게』, 小花, 1999.
박춘석 편저, 『동학혁명과 태안』, 도서출판 가야, 2001.
박현환 편, 『續篇 島山 安昌浩』, 三協文化社, 1954.
방사겸, 『평생일기』, 독립기념관 한국독립운동사연구소, 2006.
方善柱, 『在美韓人의 獨立運動』, 한림대학교 아시아문화연구소, 1989.
방선주선생님저작집간행위원회 편, 『재미한인의 독립운동』, 선인, 2018.
북미주한인이민100주년 기념화보 편찬위원회, 『태평양을 가로지른 무지개』, 크리스천 헤럴드, 2006.

서영해 저, 김성혜 역, 『어느 한국인의 삶』, 역사공간, 2019.

서울역사박물관, 『딜쿠샤와 호박목걸이』, 2018.

鮮于學源, 『아리랑 그 슬픈 가락이여』, 大興企劃, 1984.

손세일, 『이승만과 김구(1975-1919)』 1부 3권, 나남, 2008.

손세일, 『이승만과 김구』 제3권, 조선뉴스프레스, 2015.

신성려, 『하와이 移民略史』, 고려대학교 민족문화연구소, 1988.

안형주, 『박용만과 한인소년병학교』, 지식산업사, 2007.

안형주 편저, 『죽사 안창호선생 자료집』, 죽산안씨문화연구회, 2012.

안형주, 『천안만세운동과 미주민족운동』 상·하, 성서와교회연구원, 2018.

오영섭·홍선표 외, 『이승만과 하와이 한인사회』, 연세대학교 대학출판문화원, 2012.

오일환·공정자, 『구한말 한인 하와이 이민』, 인하대학교 출판부, 2004.

유동식 감수, 성백걸 지음, 『샌프란시스코의 한인과 교회』, 상항한국인연합감리교회100년사 편찬위원회, 2003.

유동식, 『하와이의 한인과 교회』, 그리스도연합감리교회, Honolulu, 1985.

유영익, 『이승만의 삶과 꿈』, 중앙일보사, 1996.

윤병석, 『국외한인사회와 민족운동』, 일조각, 1990.

윤병욱, 『나라 밖에서 나라 찾았네』, 박영사, 2006.

이경원·김익창·김그레이스, 장태환 옮김, 『외로운 여정』, 고려대학교 출판문화원, 2016.

이광수, 『島山 安昌浩』, 島山安昌浩先生記念事業會, 1947.

이덕희, 『하와이 이민 100년: 그들은 어떻게 살았나?』, 중앙M&B, 2003.

이덕희, 『한인기독교회, 한인기독학원, 대한인동지회』, 한인기독교회·동지회, 2008.

이덕희, 『하와이 대한인국민회 100년사』, 연세대학교 대학출판문화원, 2013.

이덕희, 『이승만의 하와이 30년』, 북앤피플, 2015.

이명화, 『신대한 건설의 비전, 무실역행의 독립운동가, 송종익』, 독립기념관 한국독립운동사연구소, 2016.

이상수, 『송철회고록』, Keys Ad.& Printing Co, 1985.

이선주·로버타 장, 『하와이 한인사회의 성장사 1903-1940: 초창기 이민자들과 인터뷰』, 이화여자대학교출판부, 2014.

李元淳, 『人間 李承晩』, 新太陽社, 1965.

李元淳, 『世紀를 넘어서: 海史李元淳自傳』, 新太陽社, 1989.

李求弘, 『韓國移民史』, 中央新書, 1979.

林炳稷, 『林炳稷回顧錄』, 女苑社, 1964.

張伯逸, 『義士 田明雲』, 集文堂, 1997.

장태한·캐롤박 지음, 장태한·윤지아 옮김, 『미주한인사』, 고려대학교 출판문화원, 2019.

鄭斗玉, 『在美韓族獨立運動實記』(『한국학연구』 3 별집, 인하대학교 한국학연구소, 1991, 소수).

정병준, 『우남 이승만 연구』, 역사비평사, 2005.

정용욱, 『해방 전후 미국의 대한정책』, 서울대학교출판부, 2003.

정한경 저, 김재현 역, 『한국의 사정-일본의 한국지배와 한국독립운동의 발전에 대한 증거자료 모음집』, 키아츠, 2019.

존차 지음, 문형렬 옮김, 『버드나무 그늘아래』, 문학세계사, 2003.

주요한 편, 『안도산전서』 상, 삼중당, 1963.

주요한, 『秋丁 李甲』, 대성문화사, 1964.

차경수, 『호박꽃 나라사랑』, 기독교문사, 1988.

최기영, 『한국근대계몽운동연구』, 일조각, 1997.

최봉윤, 『미국속의 한국인』, 종로서적, 1983.

최봉윤, 『떠도는 영혼의 노래-民族統一의 꿈을 안고-』, 동광출판사, 1986.

최재학, 『우운 문양목 선생의 생애』, 문경출판사, 2005.

최재학, 『독립운동가 문양목 평전』, 문양목선생기념사업회, 2015.

한시준, 『한국광복군연구』, 일조각, 1993.

한우성·장태한, 『1920, 대한민국 하늘을 열다』, 21세기북스, 2013.

한철호 역, 『미국의 대한정책 1834~1950』, 한림대학교 아시아문화연구소, 1998.

한철호, 『한국근대 주일한국공사의 파견과 활동』, 푸른역사, 2009.

허정, 『우남 이승만』, 태극출판사, 1970.

허정, 『내일을 위한 證言』, 샘터사, 1979.

玄圭煥, 『韓國流移民史』 下, 語文閣, 1967.

玄楯, 『布哇遊覽記』, 日韓印刷株式會社, 1909.

호세 산체스 지음, 서성철 옮김, 『회상-멕시코 유카탄 반도의 한국인들과의 삶과 노동-』, 재외동포재단, 2005.

洪其杓, 『內里百年史』, 基督敎大韓監理會 仁川內里敎會, 1985.

홍석창 편저, 『제물포지방 교회사 자료집』, 에이멘, 1995.

홍선표, 『재미한인의 꿈과 도전』, 연세대학교출판부, 2011.

홍선표, 『재미한인 독립운동의 표상, 김호』, 독립기념관 한국독립운동사연구소, 2013.

홍선표, 『재미한인 독립운동을 이끈 항일 언론인, 백일규』, 독립기념관 한국독립운동사연구소, 2018.

『나성한인연합장로교회 70년사』, 1976.

『샌프란시스코지역과 한인들-샌프란시스코 한인이민100년사』 I, 미주한인이민100주년기념사업 샌프란시스코지역사업회 샌프란시스코편찬위원회, 2004.

Jhon K. 玄, 洪性傑 譯, 『國民會 略史』, 고려대학교 민족문화연구소, 1986.

Barbra Kim Yamashita 저, 최영석 역, 『와히아와 한인교회 역사 1919-1987년』, 1987.

Dae-Sook Suh(ed), 『The Writings of Henry Cu Kim』, University of Hawaii Center for Korean Studies, Honolulu, 1987.

Easurk Emsen Charr, 『The Golden Mountain』, University of Illinois Press, 1996.

Hye Seung Chung, 『Hollywood Asian: Philip Ahn and the Politics of Cross-Ethnic Performance』, Temple University Press, 2006.

Hyung-chan Kim and Wayne Patterson(ed.), 『The Koreans in America, 1882-1974』, Dobbs Ferry, New York: Oceana Publications Inc., 1974.

Sonia Shinn Sunwoo, 『초기이민;Korea Kaleidoscope』, Korean Oral History Project No.1, Sierra Mission Area United Presbyterian Church, USA, 1982.

Jose Sanchez Pac, 『Memorias de la vida y obra de los coreanos en México desde Yucatán』, México, 1973.

Lee Kyung Won, Lule & Grace Kim, 『Lonesome Journey: The Korean American Century』, UC Riverside Press, 2016.

Margaret K. Pai, 『The Dreams of Two Yi-min』, University of Hawaii Press, Honolulu, 1989.

Marn J. Cha, 『Koreans in Central California(1903-1957)』, University Press of America, 2010.

Mary Palk Lee · Sucheng Chan(ed.), 『Quiet Odyssey -A Pioneer Korean Women in America』, University of Washington, 1990.

Oliver Robert, 『Syngman Rhee, the man behind the myth』, New York, Dodd Mead, 1954.

Peter Hyun, 『In The New World』, University of Hawaii Press, Honolulu, 1995.

Roger Daniels, 『Coming to America-A History of Immigration and Ethnicity in American

Life-』, Harper Perennial, 2002.

Sonia Shinn Sunoo, 『Korean Picture Brides-A Collection of Oral Histories-』, Xlibris Corporation, 2002.

Sonia Shinn Sunwoo, 『초기이민; Korea Kaleidoscope』(Korean Oral History Project No.1, Sierra Mission Area United Presbyterian Church, USA, 1982.

Soon Hyun, 『My Autobiography』, 연세대학교 현대한국학연구소, 2003.

Soo-young Chin, 『Doing what had to be done-The Life Narrative of Dora Yum Kim-』, Temple University Press: Philadelphia, 1999.

Wayne Patterson, 『Korena Frontier: Immigration to Hawaii, 1896-1910』, Honolulu, University of Hawaii Press, 1988.

Wayne Patterson, 『The Ilse: The First Generation Korean immigrants in Hawaii, 1903-1973』, Honolulu, University of Hawaii Press, 2000.

Yong-ho Choe(ed), 『From the Land of Hibiscus』, University of Hawaii Press, 2007.

논문·논설류

고정휴, 「3·1운동과 미국」, 『3·1민족해방운동 연구』, 청년사, 1989.

고정휴, 「대한민국임시정부 미주지역 독립운동-재정문제를 중심으로-」, 『대한민국임시정부 수립80주년기념논문집』 상, 국가보훈처, 1999.

고정휴, 「第2次 世界大戰期 在美韓人社會의 動向과 駐美外交委員部의 活動」, 『國史館論叢』 49, 1993.

고정휴, 「대한인동지회 회원 분석」, 『한국민족운동사연구』 40, 2004.

고정휴, 「하와이 中韓民衆同盟(1938-1945) 연구」, 『한국근현대사연구』 34, 2005.

구대열, 「영국과 한국독립운동」, 『한민족독립운동사』 6, 1989.

김원모, 「韓國의 對美 依存政策과 民族運動」, 『開化期 韓美 交涉關係史』, 단국대학교출판부, 2003.

김대완, 「하와이 초기이민에 대한 연구」, 감리교신학대학교 석사논문, 2008.

김도형, 「1930년대 초반 하와이 한인사회의 동향」, 『한국근현대사연구』 9, 1998.

김도형, 「하와이 3·1운동과 한인사회의 동향」, 『한국근현대사연구』 21, 2002.

김도형, 「태평양전쟁기 재미한인의 '전시행동'」, 『역사문화연구』 21, 한국외국어대학교 역사문화연구소, 2004.

김도형, 「태평양전쟁기 하와이 포로수용소의 한인 전쟁포로 연구」, 『한국독립운동사연구』 22,

독립기념관 한국독립운동사연구소, 2004.

김도형, 「멕시코 이민과 독립운동」, 『멕시코 移民 100년의 回想』, 인천광역시 역사자료관 역사문화연구실, 2005.

김도형, 「멕시코, 쿠바 한인들의 독립운동」, 『중남미 한인의 역사』, 국사편찬위원회, 2007.

김도형, 「태평양전쟁기 한인사회의 동향」, 『북미주 한인의 역사』(상), 국사편찬위원회, 2007.

김도형, 「전명운의 생애와 스티븐스 처단의거」, 『한국독립운동사연구』 31, 독립기념관 한국독립운동사연구소, 2009.

김도형, 「3·1운동기 미주 한인사회의 동향과 대응」, 『한국근현대사연구』 50, 2009.

김도형, 「하와이 대조선독립단의 조직과 활동」, 『한국독립운동사연구』 37, 독립기념관 한국독립운동사연구소, 2010.

김도형, 「도산 안창호의 멕시코 순행과 그 업적」, 『도산학연구』 13, 도산학회, 2010.

김도형, 「1930년대 이충무공유적보존운동의 전개와 그 성격」, 『이순신연구논총』 15, 순천향대 이순신연구소, 2011.

김도형, 「여행권(집조)을 통해 본 초기 하와이 이민의 재검토」, 『한국독립운동사연구』 44, 독립기념관 한국독립운동사연구소, 2013.

김도형, 「이봉창의거의 역사적 성격과 그 평가」, 『백범과 민족운동 연구』 10, 2013.

김도형, 「안창호의 위임통치청원 관련 자료 검토」, 『한국근현대사연구』 68, 2014.

김도형, 「도산 안창호의 '여행권'을 통해 본 독립운동 행적」, 『한국독립운동사연구』 52, 독립기념관 한국독립운동사연구소, 2015.

김도형, 「한국 근대 旅行券(旅券) 제도의 성립과 추이」, 『한국근현대사연구』 77, 2016.

김도형, 「홍언의 미주지역 독립운동자금 모금활동」, 『동북아연사논총』 54, 2016.

김도형, 「3·1독립선언서 영역본의 국외 전파 연구」, 『국학연구』 40, 2019.

김도형, 「한국 민족의 독립의지를 국제사회에 알린 '3·1독립선언서'」, 『대산문화』 71, 2019년 봄호.

김도형, 「이혜련, 도산의 아내」, 『여성독립운동가열전』, 세창출판사, 2021.

김도형, 「윌로우스 한인비행가양성소 사진 소개」, 『한국독립운동사연구』 75, 2021.

김도형, 「3·1독립선언서 국외전파자 V. S. 맥클래치」, 『원불교사상과 종교문화』 90, 2021.

김도훈, 「공립협회(1905~1909)의 민족운동 연구」, 『한국민족운동사연구』 4, 1989.

김도훈, 「1910년대 박용만의 정치사상」, 『한국민족학연구』 4, 단국대학교 한국민족학연구소, 1999.

김도훈, 『1910년 전후 미주지역 공립협회·대한인국민회의 민족운동연구』, 국민대학교 박사논문, 2019.

金東煥, 「興士團과 同志會」, 『平和와 自由』, 三千里社, 1932.

김승태, 「3·1독립운동과 선교사들의 대응에 관한 연구」, 『한국독립운동사연구』 54, 독립기념관 한국독립운동사연구소, 2013.

김운하, 「한국 첫 미주 이민단의 지도자: 김형순 선생의 요약된 생애」, 『중가주 한인역사의 재조명』, 2003.

김운하, 「미주 한인 최초 백만장자 김형순」, 『월간 코리언드림』 Vol.4 No.3, 2003년 5월호.

김원모, 「장인환의 스티븐즈 사살사건 연구」, 『동양학』 18, 1988.

김지워, 「미국의 일본인 배척운동과 한인 사진신부의 이주, 1910~1924」, 『미국사연구』 44, 2016.

김희곤, 「하와이 노동이민자의 삶과 민족운동」, 『안동학연구』 3, 2004.

稻葉强, 「太平洋戰爭中の在美朝鮮人運動」, 『朝鮮民族運動史研究』 7, 1991.

木村建二, 「20世紀初頭における朝鮮人のソキニコ移民」, 『商學研究科紀要』 16, 早稻田大學大學院商學研究科, 1983.

박미영, 「재미작가 홍언의 지조 형식 모색과정과 선택」, 『시조학논총』 18, 2002.

박미영, 「재미작가 홍언의 몽유가사·시조에 나타난 작가의식」, 『시조학논총』 21, 2004.

박미영, 「재미작가 홍언의 미국기행시가에 나타난 디아스포라적 작가의식」, 『시조학논총』 25, 2006.

朴順東, 「侮蔑의 時代」, 金相賢 편, 『實錄 民族의 抵抗 3; 侮蔑의 時代.學兵手記集』, 한샘文化社, 1977.

박용옥, 「미주 한인여성단체의 광복운동 지원 연구-대한여자애국단을 중심으로」, 『진단학보』 78, 1994.

朴津觀, 「田明雲傳(논 획순)」, 『新東亞』 1968년 10월호.

방선주, 「3·1운동과 재미한인」, 『한민족독립운동사』 3, 국사편찬위원회, 1988.

방선주, 「金憲植과 3·1운동」, 『在美韓人의 獨立運動』, 한림대학교 아시아문화연구소, 1989.

방선주, 「在美 3·1運動 總司令官 白一圭의 鬪爭一生」, 『수촌 박영석교수 화갑기념 한국민족운동사론』, 탐구당, 1992.

방선주, 「1930-40년대 歐美에서의 獨立運動과 列强의 反應」, 『梅軒尹奉吉義士義擧第60周年紀念 國際學術大會, 韓國獨立運動과 尹奉吉義士』, 1992.

방선주, 「李承晩과 委任統治案」, 『在美韓人의 獨立運動』, 한림대학교 아시아문화연구소, 1993.

방선주, 「美洲地域에서 韓國獨立運動의 特性」, 『한국독립운동사연구』 7, 독립기념관 한국독립운동사연구소, 1997.

방선주, 「한길수와 이승만」, 『이승만연구-독립운동과 대한민국 건국-』, 연세대학교출판부, 2000.

방선주, 「홍언과 국민회」, 『재미한인의 독립운동』, 한림대학교 아시아문화연구소, 1989.

방선주, 「한인 미국이주의 시작-1903년 공식이민 이전의 상황진단」, 『한국사론』 39, 국사편찬위원회, 2003.

윤병석, 「미주지역 한인사회의 동향과 조국독립운동」, 『두계 이병도박사 구순기념 한국사학논총』, 1987.

李剛, 「桑港에서 海參威」, 『東光』 1931년 10월호.

이광수, 「나의 고백」, 『이광수전집』 7, 삼중당, 1971.

이규갑, 「한성임시정부수립의 전말」, 『신동아』 1969년 4월호.

이덕희, 「하와이 한인 여성단체들의 활동, 1903-1945」, 『근대의 이민과 인천』, 인천역사자료관 역사문화연구실, 2004.

이덕희, 「이승만과 하와이섬의 동지촌」, 『북미주한인의 역사(하)』, 국사편찬위원회, 2007.

이덕희, 「초기 하와이 한인들에 대한 견해」, 『한국기독교와 역사』 30, 2009.

이덕희, 「이민동포의 『양의사 합전』과 『대동위인 안중근전』」(미발표 원고), 2020.

이명화, 「재미 실업가 김종림의 생애와 독립운동」, 『한국독립운동사연구』 43, 2013.

이은선, 「하와이 최초의 독립운동 단체 신민회의 조직과 영향」, 『신학연구』 63, 2013.

이현주, 「재미한족연합위원회 대표단의 귀국과 정치활동」, 『한국독립운동사연구』 20, 독립기념관 한국독립운동사연구소, 2003.

장규식, 「1900-1920년대 북미 한인유학생사회와 도산 안창호」, 『한국근현대사연구』 46, 2008.

차만재, 「美 본토 첫 한인타운: 리들리와 다이뉴바」, 『중가주 한인역사의 재조명』, 2003. 2. 1.

차만재, 「북, 중가주 한인 이민 역사(1906-1958)」, 『한인이민 100주년 기념사업회 샌프란시스코 미국총회: 미주이민 100주년기념 이민 역사 자료 세미나 자료집』, 2003년 6월 9일.

張基永, 「OSS의 韓國人」, 『신동아』 1967년 9월호.

정병준, 「1919년 이승만의 임정 대통령 자임과 '한성정부' 법통론」, 『한국독립운동사연구』 16, 독립기념관 한국독립운동사연구소, 2001.

정병준, 「해제」, 『Napko Project of OSS-재미한인들의 조국 정진 계획-』, 국가보훈처, 2001.

정병준, 「金龍中의 생애와 독립·통일운동」, 『역사문제연구』 12, 2004.

정병준, 「박순동의 항일투쟁과 미전략첩보국(OSS)의 한반도침투작전」, 『지방사와 지방문화』 6-2, 2003.

鄭濟愚, 「竹嵓 田明雲 硏究」, 『한국독립운동사연구』 10, 독립기념관 한국독립운동사연구소, 1996.

조규태, 「동학농민군 문양목의 미주지역에서의 민족운동과 사회·경제적 생활」, 『동학학보』 48, 2018.

趙東杰, 「臨時政府 樹立을 위한 1917년의 〈大同團結宣言〉」, 『韓國民族主義의 成立과 獨立運動史硏究』, 지식산업사, 1989.

趙東杰, 「자유한인보와 한인포로명부」, 『한국학논총』 13, 국민대학교 한국학연구소, 1990.

최기영, 「미주 대동보국회의 국권회복운동」, 『한국근대계몽운동연구』, 일조각, 1997.

최기영, 「조선의용대와 미주한인사회」, 『한국근현대사연구』 11, 1999.

최기영, 「1930~40년대 미주기독교인의 민족운동과 사회주의-이경선을 중심으로-」, 『한국기독교와 역사』 20, 2004.

최기영, 「미주지역 민족운동과 홍언」, 『한국근현대사연구』 60, 2012.

崔永浩, 「韓國人 初期 하와이 移民-始作과 終末의 動機-」, 『全海宗博士 華甲紀念 史學論叢』, 일조각, 1979.

崔昌熙, 「韓國人의 하와이 移民」, 『국사관논총』 9, 국사편찬위원회, 1988.

한시준, 「도산 안창호의 피체와 석방운동」, 『역사학보』 210, 2011.

홍선표, 「1910년대 후반 하와이 한인사회의 동향과 대한인국민회의 활동」, 『한국독립운동사연구』 8, 독립기념관 한국독립운동사연구소, 1994.

홍선표, 「미주한인의 군사활동-노백린의 한인비행조종사양성소」, 『미주한인사회와 독립운동』, 박영사, 2013.

홍선표, 「1930년대 在美韓人의 統一運動」, 『한국독립운동사연구』 10, 독립기념관 한국독립운동사연구소, 1996.

홍선표, 「李承晩의 統一運動-1930년 하와이 同志美布大會를 前後로-」, 『한국독립운동사연구』 11, 독립기념관 한국독립운동사연구소, 1997.

홍선표, 「하와이 해외한족대회 연구」, 『한국독립운동사연구』 13, 독립기념관 한국독립운동사연구소, 1999.

홍선표, 「미주에서의 활동과 군사활동」, 『노백린의 생애와 독립운동』, 독립기념관 한국독립운동사연구소, 2003.

홍선표, 「해방 이전 대한인동지회의 조직과 활동」, 『한국독립운동사연구』 33, 독립기념관 한국

독립운동사연구소, 2009.

홍선표, 「1900~1930년대 하와이 한인사회의 선전·외교 활동」, 『한국민족운동사연구』 89, 2016.

홍선표, 「미주한인의 군사활동-노백린의 한인비행조종사양성소」, 『미주한인사회와 독립운동』, 박영사, 2013.

홍윤정, 「독립운동과 비행사 양성」, 『국사관논총』 107, 2005.

Duk Hee Murabayashi, 「Korean Passengers Arriving at Honolulu 1903-1905」, Center for Korean Studies University of Hawaii.

Do-hyung Kim & Yong-ho Choe, 「The March First Movement of 1919 and Koreans in Hawaii」, 『From the Land of Hibiscus』, University of Hawaii Press, 2007.

Kim Bernice Bong Hee, 「The Koreans in Hawaii」, 『Social Science』 Vol.9, No.4, October 1934.

George Heber Jones, 「The Koreans in Hawaii」, 『The Korean Review』 1906년 11월호(RAS Korea Reprinting Series, Kyung-in Publishing Co.).

Kingsley K. Lyu, Korean Nationalist Activities in Hawaii and Continental United States, 1900-1945, Part I·Part II, Amerasia, 4:1·4:2, 1977.

Yong-ho Choe, 「Early Korean Immigration」, 『From the Land of Hibiscus: Koreans in Hawaii』, University of Hawaii Press, 2007.

Wayne Patterson, 「Korean Immigration to the Yucatan at the Turn of the Century: The Diplomatic Consequences」, 24th Annual Convention of the International Studies Association, Mexico, D.F., 1983 April(「세기의 전환점에서의 멕시코 유카탄에 대한 한국인 이민문제-외교적으로 미친 영향력 고찰」 번역 프린터본.

원제목 및 게재지

1장 안창호의 미주 재류시기 독립운동
「안창호의 미주지역 독립운동의 전개」, 도산학회 정기학술회의 발표, 2018. 11. 9.

2장 미주 한인 동포의 어머니, 이혜련
「도산의 아내, 미주 한인동포의 어머니」, 『여성독립운동가열전』, 세창출판사, 2021.

3장 전명운의 샌프란시스코의거
「전명운의 생애와 스티븐스 처단의거」, 『한국독립운동사연구』 31, 2008.

4장 홍언의 독립운동자금 모금활동
「홍언의 미주지역 독립운동자금 모금활동」, 『동북아역사논총』 54, 2016.

5장 미주 한인사회를 개척한 지도자 문양목
「우운 문양목의 생애와 독립운동」, 태안독립운동 학술회의, 태안군, 2010. 12. 17.

6장 북미·하와이의 독립운동가 김현구
「김현구의 독립운동과 그 성격」, 옥천출신 독립운동가 학술대회, 옥천문화원, 2020. 11. 23.

7장 김형순의 동포 지원활동
「김형순의 생애와 독립운동」, 미주 한인이민100주년기념학술세미나, 한국근현대사학회, 2003. 12. 12.

8장 윌로우스 한인비행가양성소와 노백린

「윌로우스 한인비행가양성소 사진 소개」, 『한국독립운동사연구』 75, 2021(발표논문 : 「윌로우스 한인비행가양성소의 설립과 운영」, 임시정부 비행학교의 역사적 가치와 보존방안 학술대회, 국립항공박물관, 2021. 8. 12).

9장 3·1독립선언서 국외 전파자 V. S. 맥클래치

「3·1운동 국외 전파자 V. S. 맥클래치」, 『원불교사상과 종교문화』 90, 원불교사상연구원, 2021.

10장 도산 안창호의 '여행권'과 독립운동

「도산 안창호의 여행권(집조)을 통해 본 독립운동 행적」, 『한국독립운동사연구』 52, 2015.

찾아보기

ㄱ

강명화 139, 140
강영각 130~132, 240
강영문 309
강영복 232
강영소 23, 47, 216, 314
강영승 135, 216
강영효 235~237
강오산 280, 281
강진수 380
강화중 263, 269, 270
고덕화 238
공립협회 18, 19, 24, 53, 59, 85, 92~94, 98, 107~110, 113, 118, 119, 121, 125, 162, 171, 203
곽림대 29, 49, 289~291, 302, 314, 377
교민총단관 점령사건 232~234
구미위원부 129, 133~139, 141~145, 150~152, 155, 156, 159, 212~216, 218~222, 224~267, 349, 375, 376
구종곤 186
국민대표회의 13, 53, 375
권도인 238
길선주 35
김경 42, 47

김경선 260
김경제 165
김광재 232
김구 56, 220, 225, 236
김국범 22
김규성 202
김규식 56, 135, 152, 254, 267, 309, 347
김규흥 201, 202
김기만 201
김기원 201
김길연 95
김동성 350
김동옥 273, 274
김동우 275
김득수 209
김밀리사 178
김백수 236
김병모 17
김병연 274
김성구 250
김성권 25, 274
김성락 280
김성무 15~17, 92
김성제 221
김세근 186

김수용 269
김승제 136~138
김양수 221
김여식 210
김영기 240
김영욱 207
김영일 120
김영훈 130~132
김예윤 236
김용중 273, 281, 282
김원용 229~239, 280~282
김원장 137
김원택 178
김윤배 229, 238
김윤오 14
김이제 91
김전 302
김정진 215, 218
김종림 122, 291, 292, 295, 297~300, 309, 313, 314, 317~322
김종학 29, 189, 191
김주현 188
김지간 362
김진호 229, 238, 239
김찬일 17
김탁 275
김태선 302
김하식 252
김학규 56
김형일 281
김형제상회 256, 260~263, 268, 269, 282, 283
김형택 236
김호 194, 216, 239, 248, 259, 260, 270, 273, 275~278, 280~283
김호식 252
김홍기 221
김훈 50
김희선 362

ㄴ

남궁염 47
남병현 281
남정헌 162, 178, 179, 181
노정일 208
노훈 186

ㄷ

대독립당 51
대동교육회 169
대동보국회 24, 85, 98, 107, 108, 113, 118~120, 162, 170, 171, 174, 175, 179
대조선국민군단 186~189, 291
대조선독립단 237
대한민국임시정부 13, 41, 132, 133, 217, 218, 266, 286, 288, 289, 320, 321, 327, 375
대한여자애국단 68, 76
대한인교민단 235, 266
대한인국민회 13, 24~28, 35, 40, 44, 45, 53, 65, 93, 121, 128~132, 134, 155, 159, 162, 179~185, 191, 196, 213~215,

249, 256, 264~267, 272, 275~277, 280, 284, 290, 298, 301, 318
대한인 비행가 구락부 314
대한인총대표회의 209
도진호 239, 240
도진환 302
독립협회 57, 88, 89
동명학원 51
동우회사건 76
동의회 109
동지회미포대회 228~229, 232
드류(A. D. Drew) 14, 58, 359

ㄹ

레드우드시 비행장 317
레드우드시 비행학교 292~294, 297, 306, 314

ㅁ

마영준 263, 270
문경호 92
문상도 164
문우목 168, 192, 194
문장준 165
문필원 194
미주한인연합회 272, 273
민찬호 33, 229, 239, 240
민한옥 232

ㅂ

바레트(John Barret) 104

박대일 302
박봉래 133
박봉집 238
박상하 28, 232, 238
박성겸 17
박승지 17
박영순 17, 19, 92
박용만 12, 28~30, 111, 162, 176, 178, 181, 183~189, 195, 196, 198, 202, 204, 205, 228, 244, 291
박유대 302
박윤화 381
박이조 236
박장순 178
박종수 186, 188
박진관 92
박진섭 208
박희성 287, 302, 317, 318, 321
박희인 166
방사겸 121, 137, 178
방화중 121
백 엘리스(Back Alice) 295, 296
백일 165
백일규 28, 120, 164, 192, 205, 210, 214, 218, 270, 274
밴 버나드(Van Bernard) 299, 300
부인친애회 67, 68
북미실업주식회사 24
브라이언트(Henry Bryant) 297, 307, 314
비행가양성사 309, 312, 321

ㅅ

삼두지도체계 40
3·1운동 13, 35~38, 40, 67, 68, 122, 123, 128, 129, 132, 139, 150, 155, 158, 191, 208~210, 213, 214, 219, 264, 265, 275, 288, 324, 325, 331, 336, 344, 345, 348~350, 353, 374
서재필 33, 41, 50, 53, 54, 209, 217, 219, 375
서진수 233, 236
석대원 215
소약국동맹회 33
손병희 35
손이도 302
송룡봉 281
송석준 19
송세인 208, 221
송종의 274
송종익 239, 275
송진중 236
송진헌 110, 202
송천희 269
송철 282
송태은 269, 270
송헌주 274, 275
수양동우회 14
스티븐스(Durham White Stevens) 84, 85, 90, 96~103, 106, 108, 112, 114~120, 125, 126, 162, 170~176, 203
승용환 235
신광희 291, 309

신달윤 19
신두식 274, 275
신민회 19, 20, 61, 361, 367
신백희 165
신성원 191
신영철 302
신익희 254
신종호 281
신중현 233
신채호 56, 362
신한부인회 68
신형곤 302
신형호 178, 208, 220, 222, 376
신흥우 178, 209
심의성 202

ㅇ

안병주 281
안수산 77
안신호 57
안영칠 29
안영호 236
안원규 186, 238, 239, 240
안정수 167, 209, 251, 252
안중근 56, 110
안택주 226
안현경 29, 239
안형일 281
애국동지대표회 111, 176
앨버트 테일러(Albert Wilder Taylor) 334, 336, 337, 339

양성학 236
양유찬 232, 238
양주삼 101, 105, 106
엄인섭 110
여운형 254
여운홍 208
염광섭 50
오림하 269, 292, 293, 306, 308
오충국 270
옥종경 208
우병옥 308
워싱턴회의 151, 219, 221
원영의 201
위임통치청원 34, 214, 215
윌리엄 매이슨(William E. Mason) 347
유근 201
유도보 260, 269
유동면 188
유동열 362
유명옥 236
유민원규칙 356
유일한 209
유진석 236, 240
윤병구 25, 28, 36, 111, 204, 218
윤봉길 13, 53, 72, 272
윤영선 208
윤용선 240
윤치영 227
윤홍섭 49, 221, 226
이갑 21, 22, 64, 180, 362, 364
이강 15, 16, 18, 19, 23, 362, 363

이경직 202
이광수 367, 368
이대위 17, 29, 92, 180, 216
이대종 269
이대진 236
이도선 302
이동휘 302, 303, 304
이명섭 178
이명우 229
이민식 269, 270
이범진 93
이봉수 236
이봉창 272
이살음 269, 274, 275, 298
이상설 84, 86, 109
이상재 35
이상호 229
이석관 56
이수선나 250
이순기 274
이승만 12, 29, 30, 33, 35, 36, 107, 108,
133, 150, 162, 177, 187, 195, 196,
198, 207, 212~232, 234, 240, 241,
244, 245, 266~268, 273, 274, 276,
281, 309, 349, 351, 352, 375
이시영 133
이에스더(Esther) 250
이영기 302
이영하 120
이용근 287, 288, 293, 308, 317, 319, 321
이용선 288, 292, 293, 301, 314

이용직 229, 230, 234, 235, 341, 342, 350, 351, 352
이용하 180
이원순 229, 232, 239, 240
이일 98, 120, 171
이재성 122
이재수 19, 291, 309
이정 22
이정건 236~238, 350
이정권 186
이종관 239
이종만 362
이종호 23, 362
이찬성 185
이철원 226
이초 288, 292, 293, 301, 308, 314
이춘호 208
이충기 263, 269, 270
이충무공유적보존회 271
이치권 109
이치영 186
이치완 263
이태모 123
이태성 240
이토 히로부미[伊藤博文] 110
이학현 98, 119, 120, 172, 175
이호 186
이회영 56
이흥만 122
임동식 176
임두화 208

임병직 309
임봉춘 188
임상희 302
임성우 237, 238, 242
임용호 221, 226
임응천 186, 188
임정구 130, 210, 218, 275
임준기 18, 19, 122
임초 49

ㅈ

장경 17, 92, 169
장경화 167
장덕수 49, 221, 224~226
장병훈 288, 293
장인환 84, 86, 99, 100, 102~110, 112~115, 117~120, 122, 125, 172~175, 203
재미한족연합위원회 240, 241, 277, 278, 284
전경무 240
전동삼 17
전득부 215
전성근 87
점진학교 57
정남교 188
정도원 23
정두옥 235, 238, 350
정몽룡 275, 302, 317
정봉관 238
정순만 110, 198, 202, 204
정양필 221

정영도 362
정운서 238
정월터 240
정이용 302
정인과 216
정인수 29, 239, 252
정재관 15, 16, 19, 98, 119, 172, 175
정지영 274
정태은 178, 205, 221
정태화 233
정한경 33, 36, 49, 137, 207, 214, 215, 218, 350
정홍성 302
제1차 한인회의 209, 244
조광원 240
조기호 302
조명구 291
조병옥 49
조병요 236, 237, 238
조봉식 201
조성학 215, 275
조세은 238
조소앙 220
조순희 90
조용하 291
조종익 302
조지 스턴(George W. Stearn) 216
조지 존스(George Heber Jones) 167, 168, 250, 252
조진찬 176
조한독립연맹회 133

존 바레트(John Barret) 104
존슨(P. L. Johnson) 177, 205
주미외교위원부 240, 241
주영환 29
주요한 363
중가주대한인공동회 269, 270, 272, 274
진영규 269, 270

ㅊ

차신호 235, 239
청년혈성단 288
최능익 290, 302
최명길 302
최병덕 31
최선주 239
최성대 232
최순주 226
최영기 229
최영용 281
최익현 198, 199, 201, 205, 245
최정식 370
최정익 98, 119, 171, 175, 181
최준옥 260
최진하 215, 274, 275, 281, 318
최찬영 236
최창덕 221, 225, 239
최홍위 232
친목회 17, 19, 58, 92

ㅋ

카글린(Nathan Coghlan) 103~106

칼김(Karl Kim) 305
코이케 초조[小池張造] 113, 173

ㅍ

페럴(Robert Ferrel) 104

ㅎ

하상옥 23, 215
하야시 다다스[林董] 113
하와이애국단 236
한국대일전선통일동맹 273
한국독립당 하와이 총지부 236
한국부인회 68
한국사정사 281
한길수 235, 236, 238, 240, 341, 342, 350~352
한덕세 254, 258, 260, 268, 274
한석원 268, 269
한승곤 274
한시대 275
한인경위대 123, 278
한인부인회 68
한인비행가양성소 286~288, 297, 305, 308, 315, 317, 320, 321
한인소년병학교 177, 204, 244

한인재단 280, 281
한인학생동맹회 205
한인합성협회 24, 108, 121, 179, 184
한장호 288, 293, 305, 314
한재명 25, 181, 215
한치운 186, 188
한태경 186, 188
함동철 110
해외한족대회 239, 278
허정 47, 220, 223, 226
헤밋사건 28
현순 35, 36, 67, 130, 167, 216~219, 253, 375
홍승국 110, 111, 202~205, 208, 209
홍승하 167
홍종만 302, 317
홍한걸 238
홍한식 29
황사선 275
황사용 28, 275
황인환 238
황창하 50
황휴 47
흥사단 23, 48, 66, 165

미주 한인사회의
독립운동가

초판 1쇄 인쇄 2022년 3월 31일
초판 1쇄 발행 2022년 4월 10일

지은이   김도형

펴낸이   주혜숙
펴낸곳   역사공간
등록   2003년 7월 22일 제6-510호
주소   04000 서울특별시 마포구 동교로 19길 52-7 PS빌딩 4층
전화   02-725-8806
팩스   02-725-8801
이메일   jhs8807@hanmail.net

ISBN   979-11-5707-452-5 93910

• 책값은 뒤표지에 있습니다. 잘못된 책은 바꾸어 드립니다.